Das Fernabsatzsystem

# Europäische Hochschulschriften

Publications Universitaires Européennes
European University Studies

**Reihe II**
**Rechtswissenschaft**

Série II Series II
Droit
Law

**Bd./Vol. 4844**

PETER LANG
Frankfurt am Main · Berlin · Bern · Bruxelles · New York · Oxford · Wien

Martin Robert Loock

# Das Fernabsatzsystem

PETER LANG
Internationaler Verlag der Wissenschaften

**Bibliografische Information der Deutschen Nationalbibliothek**
Die Deutsche Nationalbibliothek verzeichnet diese Publikation in der Deutschen Nationalbibliografie; detaillierte bibliografische Daten sind im Internet über <http://www.d-nb.de> abrufbar.

Zugl.: Göttingen, Univ., Diss., 2008

D 7
ISSN 0531-7312
ISBN 978-3-631-59196-3



www.peterlang.de

**Meinen Eltern**

# Vorwort

Die vorliegende Arbeit wurde im Wintersemester 2007/2008 von der Juristischen Fakultät der Georg-August-Universität zu Göttingen als Dissertation angenommen. Ich bedanke mich bei Frau Prof. Dr. Christiane Wendehorst, LL.M. für die Betreuung der Arbeit und für die Erstellung des Erstgutachtens und bei Herrn Prof. Dr. Martin Ahrens für die Erstellung des Zweitgutachtens. Dank schulde ich auch meinen Eltern, die durch ihre tatkräftige Unterstützung zum Gelingen dieser Arbeit beigetragen haben.

Köln, im November 2008 Martin Robert Loock

# Inhaltsverzeichnis

# Abkürzungsverzeichnis

| | |
|---|---|
| a.A. | anderer Ansicht |
| a.a.O. | am angegebenen Ort |
| ABl. EG | Amtsblatt der Europäischen Gemeinschaft |
| Abs. | Absatz |
| AcP | Archiv für die civilistische Praxis |
| a.E. | am Ende |
| a.F. | alte Fassung |
| AfP | Archiv für Presserecht/Zeitschrift für Medien- und Kommunikationsrecht |
| AG | Amtsgericht/Aktiengesellschaft |
| AGBG | Gesetz zur Regelung des Rechts der Allgemeinen Geschäftsbedingungen |
| AnwGH | Anwaltsgerichtshof |
| Art. | Artikel |
| Aufl. | Auflage |
| BB | Betriebs-Berater |
| Begr. | Begründer |
| BGB | Bürgerliches Gesetzbuch |
| BGB-InfoV | Verordnung über Informations- und Nachweispflichten nach bürgerlichem Recht |
| BGBl. | Bundesgesetzblatt |
| BGH | Bundesgerichtshof |
| BGHZ | Sammlung der Entscheidungen des Bundesgerichtshofes in Zivilsachen |
| BRAO | Bundesrechtsanwaltsordnung |
| BR-Drs. | Bundesratsdrucksache |
| BT-Drs. | Bundestagsdrucksache |
| Btx | Bildschirmtext |
| BVerfG | Bundesverfassungsgericht |
| BVerfGE | Sammlung der Entscheidungen des Bundesverfassungsgerichts |
| bzw. | beziehungsweise |
| ca. | circa |
| CR | Computer und Recht |
| DAR | Deutsches Autorecht |
| DB | Der Betrieb |
| ders. | derselbe |
| d.h. | das heißt |
| dies. | dieselbe/dieselben |

| | |
|---|---|
| DIN | Deutsche Industrie-Norm |
| DÖV | Die Öffentliche Verwaltung |
| DRiZ | Deutsche Richter-Zeitung |
| DStR | Deutsches Steuerrecht |
| DStRE | Deutsches Steuerrecht-Entscheidungsdienst |
| DuD | Datenschutz und Datensicherheit |
| DVBl. | Deutsches Verwaltungsblatt |
| DZWir | Deutsche Zeitschrift für Wirtschaftsrecht |
| | |
| E-Commerce | Electronic Commerce |
| EG | Europäische Gemeinschaft |
| EGBGB | Einführungsgesetz zum Bürgerlichen Gesetzbuch |
| EGV | Vertrag zur Gründung der Europäischen Gemeinschaft |
| Einl. | Einleitung |
| E-Mail | Electronic Mail |
| endg. | endgültig |
| EU | Europäische Union |
| EuGH | Europäischer Gerichtshof |
| EuZW | Europäische Zeitschrift für Wirtschaftsrecht |
| EWG | Europäische Wirtschaftsgemeinschaft |
| EWiR | Entscheidungen zum Wirtschaftsrecht |
| EWS | Europäisches Wirtschafts- und Steuerrecht |
| | |
| FernAbsÄndG | Gesetz zur Änderung der Vorschriften über Fernabsatzverträge bei Finanzdienstleistungen |
| FernAbsFinanzDLRL | Fernabsatzrichtlinie über Finanzdienstleistungen (RL 2002/65/EG) |
| FernAbsG | Fernabsatzgesetz |
| FernAbsRL | allgemeine Fernabsatzrichtlinie (RL 97/7/EG) |
| f. | folgende |
| ff. | fortfolgende |
| Fn. | Fußnote |
| | |
| GewArch | Gewerbearchiv |
| GRUR | Gewerblicher Rechtsschutz und Urheberrecht |
| GRUR Int. | Gewerblicher Rechtsschutz und Urheberrecht, Internationaler Teil |
| | |
| HausTWG | Gesetz über den Widerruf von Haustürgeschäften und ähnlichen Geschäften |
| Hrsg. | Herausgeber |
| | |
| IPrax | Praxis des Internationalen Privat- und Verfahrensrechts |
| i.S.d. | im Sinne des/im Sinne der |
| i.V.m. | in Verbindung mit |

JA ................................ Juristische Ausbildung
Jura ............................. Juristische Ausbildung
JuS .............................. Juristische Schulung
JZ ................................ Juristenzeitung

Kap. ............................ Kapitel
Kom ............................ Kommission
K&R ............................ Kommunikation und Recht

LG ............................... Landgericht
Ls. ............................... Leitsatz

m. Anm. ....................... mit Anmerkung
m.w.N. ......................... mit weiteren Nachweisen
MDR ........................... Monatsschrift Deutsches Recht
MMR ........................... Multimedia und Recht

NJ ................................ Neue Justiz
NJW ............................ Neue Juristische Wochenschrift
NJW-RR ...................... NJW-Rechtsprechungs-Report Zivilrecht
Nr. ............................... Nummer/Nummern
NRW ........................... Nordrhein-Westfalen
NZM ........................... Neue Zeitschrift für Miet- und Wohnungsrecht

OLG ............................ Oberlandesgericht
OLGVertrÄndG .......... Gesetz zur Änderung des Rechts der Vertretung durch Rechtsanwälte vor den Oberlandesgerichten

PAngV ......................... Preisangabenverordnung

RBerG ......................... Rechtsberatungsgesetz
RegE ........................... Entwurf der Bundesregierung
RIW ............................ Recht der Internationalen Wirtschaft
RL ............................... Richtlinie
Rn. .............................. Randnummer/Randnummern
RRa ............................. Reise-Recht aktuell
Rspr. ............................ Rechtsprechung
RTkom ........................ Zeitschrift für das Recht der Telekommunikation und das Recht der elektronischen Medien
RVG ............................ Rechtsanwaltsvergütungsgesetz

S. ................................. Seite/Seiten/Satz
Slg. .............................. Sammlung der Rechtsprechung des Gerichtshofes der Europäischen Gemeinschaften

| | |
|---|---|
| SMS | Short-Message-Service |
| sog. | sogenannte/sogenannter/sogenanntes |
| | |
| u.a. | unter anderem |
| UKlaG | Unterlassungsklagengesetz |
| Urt. | Urteil |
| usw. | und so weiter |
| UWG | Gesetz gegen den unlauteren Wettbewerb |
| | |
| v. | vom |
| Var. | Variante |
| VerbrKrG | Verbraucherkreditgesetz |
| VersR | Versicherungsrecht |
| vgl. | vergleiche |
| VuR | Verbraucher und Recht |
| VVG | Gesetz über den Versicherungsvertrag |
| | |
| WM | Wertpapiermitteilungen |
| WRP | Wettbewerb in Recht und Praxis |
| | |
| z.B. | zum Beispiel |
| ZBB | Zeitschrift für Bankrecht und Bankwirtschaft |
| ZEuP | Zeitschrift für Europäisches Privatrecht |
| ZGR | Zeitschrift für Unternehmens- und Gesellschaftsrecht |
| ZIP | Zeitschrift für Wirtschaftsrecht |
| zit. | zitiert |
| ZLR | Zeitschrift für das gesamte Lebensmittelrecht |
| ZPO | Zivilprozessordnung |
| ZUM | Zeitschrift für Urheber- und Medienrecht |
| ZVglRWiss | Zeitschrift für Vergleichende Rechtswissenschaft |

# Literaturverzeichnis


*Aigner, Dietmar/Hofmann, Dietrich,* Virtuelle Kaufhäuser - Auswirkungen des Fernabsatzgesetzes, MultiMedia und Recht 2001, Beilage 8, S. 30-34, München 2001

*Dies.*, Fernabsatzrecht im Internet, München 2004

*Alexy, Robert,* Theorie der juristischen Argumentation, 3. Auflage, Frankfurt am Main 1996

*Arnold, Arnd/Dötsch, Wolfgang,* Verschärfte Verbraucherhaftung beim Widerruf?, Neue Juristische Wochenschrift 2003, S. 187-189, München - Frankfurt am Main 2003

*Arnold, Dirk,* Verbraucherschutz im Internet, Computer und Recht 1997, S. 526-532, Köln 1997

*Artz, Markus,* Wirklich kein Umsetzungsbedarf bei Art. 7 Abs. 1 der Fernabsatzrichtlinie?, Verbraucher und Recht 1999, S. 249 f., Neuwied 1999

*Ders.*, Hürden auf dem Weg zu einem Fernabsatzgesetz, Verbraucher und Recht 1999, S. 393-397, Neuwied 1999

*Bach, Albrecht,* Direkte Wirkung von EG-Richtlinien, Juristenzeitung 1990, S. 1108-1116, Tübingen 1990

*Backu, Frieder,* Rechtliche Probleme beim Autokauf im Internet, Deutsches Autorecht 2001, S. 106-113, München 2001

*Bamberger, Heinz Georg/Roth, Herbert (Hrsg.),* Kommentar zum Bürgerlichen Gesetzbuch, Band 1 (§§ 1 – 610), München 2003, (zit.: *Bearbeiter*, in: Bamberger/Roth)

*Bartholomeyczik, Horst,* Die Kunst der Gesetzesauslegung, Frankfurt am Main 1951

*Baum, Michael/Trafkowski, Arnim,* Anwaltstätigkeit und Fernabsatzgesetz, Computer und Recht 2001, S. 459-463, Köln 2001

*Becker, Rolf,* Das neue Fernabsatzgesetz, München 2000

*ders./Föhlisch, Carsten,* Von Quelle bis eBay: Reformaufarbeitung im Versandhandelsrecht, Neue Juristische Wochenschrift 2005, S. 3377-3381, München - Frankfurt am Main 2005

*Berger, Christian,* Rechtliche Rahmenbedingungen anwaltlicher Dienstleistungen über das Internet, Neue Juristische Wochenschrift 2001, S. 1530-1536, München - Frankfurt am Main 2001

*Ders.*, Die Neuregelung des verbraucherrechtlichen Widerrufsrechts in § 361a BGB, Jura 2001, S. 289-293, Berlin - New York 2001

*Biernoth, Christian,* Zivilrechtlicher Erwerberschutz beim Teleshopping, Dissertation Universität Gießen, Sinsheim 1999

*Blaurock, Uwe,* Verbraucherkredit und Verbraucherleitbild in der Europäischen Union, Juristenzeitung 1999, S. 801-809, Tübingen 1999

*Bleckmann, Albert,* Probleme der Auslegung von EWG-Richtlinien, Recht der Internationalen Wirtschaft 1987, S. 929-935, Heidelberg 1987

*Bodewig, Theo,* Die neue europäische Richtlinie zum Fernabsatz, Deutsche Zeitschrift für Wirtschaftsrecht 1997, S. 447-455, Berlin - New York 1997

*Boente, Walter/Riehm, Thomas,* Besondere Vertriebsformen im BGB, Jura 2002, S. 222-230, Berlin - New York 2002

*Borges, Georg,* Verbraucherschutz beim Internet-Shopping, Zeitschrift für Wirtschaftsrecht 1999, S. 130-136, Köln 1999

*Ders.,* Weltweite Geschäfte per Internet und deutscher Verbraucherschutz, Zeitschrift für Wirtschaftsrecht 1999, S. 565-573, Köln 1999

*Börner,Fritjof/Rath, Michael/Sengpiel, Markus,* Fernabsatzrecht - Leitfaden mit Gestaltungshinweisen, Köln 2001

*Brechmann, Winfried,* Die richtlinienkonforme Auslegung, Dissertation Universität München, München 1994

Brockhaus, Die Enzyklopädie in vierundzwanzig Bänden, 21. Band, 20. Auflage, Leipzig - Mannheim 1998

Brockhaus, Computer und Informationstechnologie, Leipzig - Mannheim 2003

*Brönneke, Tobias,* Neue Maßstäbe im Verbraucherrecht: Das Fernabsatzgesetz, Verbraucher und Recht 2000, S. 117 f., Kriftel 2000

*Brox, Hans,* Allgemeiner Teil des BGB, 28. Auflage, Köln - Berlin - München 2004

*Bruhn, Manfred/Homburg, Christian (Hrsg.),* Gabler Marketing Lexikon, Wiesbaden 2001

*Bülow, Peter,* Neue Rechtsprechung zur Telefonwerbung, Wettbewerb in Recht und Praxis 1978, S. 774 f., Frankfurt am Main 1978

*Ders.,* Einseitiger Verzicht des Verbrauchers auf sein Widerrufsrecht?, Zeitschrift für Wirtschaftsrecht 1998, S. 945-948, Köln 1998

*Ders.,* Fernabsatzrichtlinie und Verbraucherkreditgesetz, Deutsche Zeitschrift für Wirtschaftsrecht 1998, S. 89-94, Berlin - New York 1998

*Ders.,* Unsinniges im Fernabsatz, Zeitschrift für Wirtschaftsrecht 1999, S. 1293-1296, Köln 1999

*Ders./Artz, Markus,* Fernabsatzverträge und Strukturen eines Verbraucherprivatrechts im BGB, Neue Juristische Wochenschrift 2000, S. 2049-2056, München - Frankfurt am Main 2000

*Dies. (Hrsg.),* Handbuch Verbraucherprivatrecht, Heidelberg 2005

*Bultmann, Fritz A./Rahn, Gerd-Jürgen,* Rechtliche Fragen des Teleshopping, Neue Juristische Wochenschrift 1988, S. 2432-2438, München - Frankfurt am Main 1988

Bundesverband des Deutschen Versandhandels e.V. (Hrsg.), Versandhandel in Deutschland, 5. Auflage, Frankfurt am Main 2002

*Bunte, Hermann-Josef,* Zusendung unbestellter Waren - Gedanken zu einem alten, neuen Thema, Festschrift für Alfred-Carl Gaedertz, S. 87-97, München 1992

*Burgard, Ulrich,* Online-Marktordnung und Inhaltskontrolle, Wertpapier-Mitteilungen 2001, S. 2102-2113, Frankfurt am Main 2001

*Bürger, Michael,* Das Fernabsatzrecht und seine Anwendbarkeit auf Rechtsanwälte, Neue Juristische Wochenschrift 2002, S. 465-470, München - Frankfurt am Main 1988

*Ders.*, Anmerkung zu AG Wiesloch, Urteil vom 16.11.2001 - 1 C 282/01, Juristenzeitung 2002, Tübingen 2002

*Büring, Ralf/Edenfeld, Stefan,* Anwaltliche Beratung über die Telefon-Hotline?, Monatsschrift für Deutsches Recht 1999, S. 532-535, Köln 1999

*Bydlinski, Franz,* Juristische Methodenlehre und Rechtsbegriff, 2. Auflage, Wien - New York 1991

*Canaris, Claus-Wilhelm,* Das Rangverhältnis der „klassischen" Auslegungskriterien, demonstriert an Standardproblemen aus dem Zivilrecht, Festschrift für Dieter Medicus, S. 25-61, München 1999

*Ders.*, Wandlungen des Schuldvertragsrechts - Tendenzen zu seiner „Materialisierung", Archiv für die civilistische Praxis Band 200 (2000), S. 273-364, Tübingen 2000

*Cichon, Caroline,* Internet-Verträge, 2. Auflage, Köln 2005

*Classen, Claus Dieter,* Zur Bedeutung von EWG-Richtlinien für Privatpersonen, Europäische Zeitschrift für Wirtschaftsrecht 1993, S. 83-87, München - Frankfurt am Main 1993

*Dafner, Carolin,* Das öffentliche Wirtschaftsrecht der Teledienste unter besonderer Berücksichtigung des Teleshopping und Telebanking, Dissertation Universität München, München 2003

*Dallmer, Heinz,* Das System des Direct Marketing - Entwicklungsfaktoren und Trends, in: *Dallmer, Heinz (Hrsg.)*: Das Handbuch Direct Marketing & More, S. 3-32, 8. Auflage, Wiesbaden 2002

*Degenhart, Christoph,* Rechtliche Aspekte des Teleshopping, Zeitschrift für Urheber- und Medienrecht 1995, S. 353-360, Baden-Baden 1995

*Dilger, Petra,* Verbraucherschutz bei Vertragsabschlüssen im Internet, Dissertation Universität Tübingen, München 2002

*Dörner, Heinrich,* Rechtsgeschäfte im Internet, Archiv für die civilistische Praxis, Band 202 (2002), S. 363-396, Tübingen 2002

Duden, Das große Wörterbuch der deutschen Sprache, Band 6, Band 9, Mannheim 1999

*Eckert, Hans-Werner,* Teleshopping - Vertragliche Aspekte eines neuen Marketingkonzepts, Der Betrieb 1994, S. 717-723, Düsseldorf - Frankfurt am Main 1994

*Eichhorn, Bert,* Internet-Recht, Köln 2000

*Ende, Lothar/Klein, Alexander,* Grundzüge des Vertriebsrechts im Internet, München 2001

*Engisch, Karl,* Einführung in das juristische Denken, 9. Auflage, Stuttgart - Berlin - Köln 1997

*Ernst, Stefan,* Verbraucherschutzrechtliche Aspekte des Internets, Verbraucher und Recht 1997, S. 259-264, Neuwied 1997

*Ders.,* Aktuelle Fragen der Online-Vermarktung von Reiseleistungen, Reiserecht aktuell 2001, S. 111-115, Neuwied 2001

*Ders.,* Anmerkung zu OLG Hamm, Urteil vom 14.12.2000 - 2 U 58/00, Computer und Recht 2001, S. 121 f., Köln 2001

*Everling, Ulrich,* Zur Auslegung des durch EG-Richtlinien angeglichenen nationalen Rechts, Zeitschrift für Unternehmens- und Gesellschaftsrecht 1992, S. 376-395, Berlin - New York 1992

*di Fabio, Udo,* Richtlinienkonformität als ranghöchstes Normauslegungsprinzip, Neue Juristische Wochenschrift 1990, S. 947-954, München - Frankfurt am Main 1990

*Felke, Klaus/Jordans, Roman,* Der Referentenentwurf für die Umsetzung der Fernabsatzrichtlinie für Finanzdienstleistungen, Wertpapier-Mitteilungen 2004, S. 166-171, Frankfurt am Main 2004

*Dies.,* Umsetzung der Fernabsatzrichtlinie für Finanzdienstleistungen, Neue Juristische Wochenschrift 2005, S. 710-712, München - Frankfurt am Main 2005

*Fischer, Nikalaj,* Das verbraucherschützende Widerrufsrecht und die Schuldrechtsreform, Der Betrieb 2002, S. 253-258, Düsseldorf 2002

*Flegel, Volker,* Electronic Shopping, in: *Tietz, Bruno (Hrsg.):*Handwörterbuch des Marketing, S. 555-567, 2. Auflage, Stuttgart 1995

*Flume, Werner,* Vom Beruf unserer Zeit für Gesetzgebung, Die Änderungen des BGB durch das Fernabsatzgesetz, Zeitschrift für Wirtschaftsrecht 2000, S. 1427-1430, Köln 2000

*Freund, Torsten,* Der Vorschlag einer EU-Richtlinie über den Verbraucherschutz bei Vertragsabschlüssen im Fernabsatz, Festschrift für Norbert Horn, S. 228-254, Berlin - New York 1997

*Fuchs, Andreas,* Zur Disponibilität gesetzlicher Widerrufsrechte im Privatrecht, Archiv für die civilistische Praxis Band 196 (1996), S. 313-394, Tübingen 1996

*Ders.,* Das Fernabsatzgesetz im neuen System des Verbraucherschutzrechts, Zeitschrift für Wirtschaftsrecht 2000, S. 1273-1287, Köln 2000

*Gaertner, Reinhard/Gierschmann, Sibylle,* Das neue Fernabsatzgesetz, Der Betrieb 2000, S. 1601-1606, Düsseldorf - Frankfurt am Main 2000

*Gellermann, Martin,* Beeinflussung des bundesdeutschen Rechts durch Richtlinien der EG, Dissertation Universität Osnabrück, Köln - Berlin - Bonn - München 1994

*Gilles, Peter,* Das Recht des Direktmarketing, Heidelberg 1982

*Ders.,* Recht und Praxis des Telefonmarketing, Neue Juristische Wochenschrift 1988, S. 2424-2431, München - Frankfurt am Main 1988

*Glöckner, Jochen,* „Cold Calling“ und europäische Richtlinie zum Fernabsatz - ein trojanisches Pferd im deutschen Lauterkeitsrecht, Gewerblicher Rechtsschutz und Urheberrecht - Internationaler Teil 2000, S. 29-37, Sinsheim 2000

*Godefroit, Christoph,* E-Commerce aus der Sicht des deutschen Vertragsrechts, Deutsches Steuerrecht 2001, S. 400-408, München - Frankfurt am Main 2001

*Gößmann, Christine,* Electronic Commerce, Die EU-Fernabsatzrichtlinie und ihre Auswirkungen auf den Handel über neue Medien, MultiMedia und Recht 1998, S. 88-92, München 1998

*Götz, Volkmar,* Europäische Gesetzgebung durch Richtlinien - Zusammenwirken von Gemeinschaft und Staat, Neue Juristische Wochenschrift 1992, S. 1849-1856, München - Frankfurt am Main 1992

*Grapentin, Sabine,* Vertragsschluss bei Internet-Auktionen, Gewerblicher Rechtsschutz und Urheberrecht 2001, S. 713-716, München - Frankfurt am Main 2001

*Greff, Günter,* Telemarketing und Call-Center, in: *Dallmer, Heinz (Hrsg.):* Das Handbuch Direct Marketing & More, S. 251-264, 8. Auflage, Wiesbaden 2002

*Grigoleit, Hans Christoph,* Besondere Vertriebsformen im BGB, Neue Juristische Wochenschrift 2002, S. 1151-1158, München - Frankfurt am Main 2002

*Grundmann, Stefan,* Richtlinienkonforme Auslegung im Bereich des Privatrechts - insbesondere: der Kanon der nationalen Auslegungsmethoden als Grenze?, Zeitschrift für Europäisches Privatrecht 1996, S. 399-424, München 1996

*Gutsche, Alfried H.,* Das Mailing im Dialogmarketing, in: *Dallmer, Heinz (Hrsg.)*: Das Handbuch Direct Marketing & More, S. 239-250, 8. Auflage, Wiesbaden 2002

*Haneklaus, Winfried,* Direktwirkung von EG-Richtlinien zu Lasten einzelner?, Deutsches Verwaltungsblatt 1993, S. 129-134, Köln - Berlin - Bonn - München 1993

*Härting, Niko,* Referentenentwurf für ein neues Fernabsatzgesetz, Computer und Recht 1999, S. 507-511, Köln 1999

*Ders.*, Verbraucherwerbung nach dem Fernabsatzgesetz, Computer und Recht 2000, S. 691-696, Köln 2000

*Ders.*, Erstkontakt mit dem Verbraucher nach dem Fernabsatzgesetz, Der Betrieb 2000, S. 2312-2314, Düsseldorf - Frankfurt am Main 2000

*Ders.*, Fernabsatzgesetz - Kurzkommentar, Köln 2000

*Ders.*, Das Widerrufsrecht des Verbrauchers nach § 3 FernAG, Verbraucher und Recht 2001, S. 11-14, Neuwied 2001

*Ders.*, Fernabsatz - Änderungen durch das Schuldrechtsmodernisierungsgesetz, Monatsschrift für Deutsches Recht 2002, S. 61-66, Köln 2002

*Ders.*, Internetrecht, 2. Auflage, Köln 2005

*Ders./Schirmbacher, Martin,* Fernabsatzgesetz - Ein Überblick über den Anwendungsbereich, die Systematik und die wichtigsten Regelungen, Monatsschrift für Deutsches Recht 2000, S. 917-922, Hamburg 2000

*Dies.,* Fernvertrieb von Finanzdienstleistungen an Verbraucher: Umsetzung der Fernabsatzrichtlinie für Finanzdienstleistungen, Der Betrieb 2003, S. 1777-1782, Düsseldorf 2003

*Hartung, Stephanie G./Hartmann, Alexander,* „Wer bietet mehr?" - Rechtssicherheit des Vertragsschlusses bei Internetauktionen, MultiMedia und Recht 2001, S. 278-286, München 2001

*Hartung, Wolfgang/Römermann, Volker (Hrsg.),* Marketing- und Management-Handbuch für Rechtsanwälte, München 1999

*Heinrichs, Helmut,* Das Widerrufsrecht nach der Richtlinie 97/7/EG über den Verbraucherschutz bei Vertragsabschlüssen im Fernabsatz, Festschrift für Dieter Medicus, S. 177-197, Köln - Berlin - Bonn - München 1999

*Heiderhoff, Bettina,* Internetauktionen als Umgehungsgeschäfte, MultiMedia und Recht 2001, S. 640-643, München 2001

*Hensen, Horst-Diether,* Fernabsatzgesetz oder: Man könnte heulen, Zeitschrift für Wirtschaftrecht 2000, S. 1151 f., Köln 2000

*Herzberg, Rolf D.,* Kritik der teleologischen Gesetzesauslegung, Neue Juristische Wochenschrift 1990, S. 2525-2530, München - Frankfurt am Main 1990

*Heß, Burkhard,* Anmerkung zu EuGH, Urteil vom 14.07.1994 - C-91/92 - „Faccini Dori", Juristenzeitung 1995, S. 150-152, Tübingen 1995

*Hilf, Meinhard,* Die Richtlinie der EG - ohne Richtung, ohne Linie?, Europarecht 1993, S. 1-22, Baden - Baden 1993

*Hilke, Wolfgang,* Kennzeichnung und Instrumente des Direktmarketing, in: *Hilke, Wolfgang (Hrsg.):* Direkt-Marketing, S. 5-27, Wiesbaden 1993

*Hoenike, Mark/Hülsdunk, Lutz,* Die Gestaltung von Fernabsatzangeboten im elektronischen Geschäftsverkehr nach neuem Recht - Gesetzesübergreifende Systematik und rechtliche Vorgaben vor Vertragsschluss, MultiMedia und Recht 2002, S. 415-420, München 2002

*Dies.,* Rechtliche Vorgaben für Fernabsatzangebote im elektronischen Geschäftsverkehr bei und nach Vertragsschluss - Ein Überblick über die gesetzlichen Anforderungen und die Rechtsfolgensystematik bei Verstößen, MultiMedia und Recht 2002, S. 516-520, München 2002

*Hoeren, Thomas,* E-Business und die Rezession: Was wird vom elektronischen Handel bleiben? Neue Juristische Wochenschrift 2002, S. 37, München - Frankfurt am Main 2002

*Ders.,* Virenscanning und Spamfilter - Rechtliche Möglichkeiten im Kampf gegen Viren, Spams & Co., Neue Juristische Wochenschrift 2004, S. 3513-3517, München - Frankfurt a.M.

*Ders./Oberscheid, Jörn,* Verbraucherschutz im Internet, Verbraucher und Recht 1999, S. 371-387, Neuwied 1999

*Hoeren, Thomas./Sieber, Ulrich (Hrsg.),* Handbuch Multimedia-Recht, München 2005

*Hoffmann, Jochen,* Spezielle Informationspflichten im BGB und ihre Sanktionierung, Zeitschrift für Wirtschaftsrecht 2005, S. 829-840, Köln 2005
*Ders./Höpfner, Ulrich,* Verbraucherschutz bei Internetauktionen, Europäisches Wirtschafts- und Steuerrecht 2003, S. 107-114, Heidelberg 2003
*Hofmann, Horst-Herbert,* Telefonwerbung: nicht nur lästig, sondern unlauter, Wettbewerb in Recht und Praxis 1970, S. 8 f., Frankfurt am Main 1970
*Hök, Götz-Sebastian,* Teleshopping in der deutschen Medienordnung, Monatsschrift für Deutsches Recht 1989, S. 769-775, Köln - Hamburg 1989
*Holland, Heinrich,* Direktmarketing, München 1993
*Hommelhoff, Peter,* Zivilrecht unter dem Einfluß europäischer Rechtsangleichung, Archiv für die civilistische Praxis, Band 192 (1992), S. 71-107, Tübingen 1992
*Ders.,* Verbraucherschutz im System des deutschen und europäischen Privatrechts, Heidelberg 1996
*Hönn, Günther,* Wirksamkeitskontrolle als Instrument des allgemeinen Privatrechts zur Bewältigung von Ungleichgewichtslagen, Juristenzeitung 1983, S. 677-688, Tübingen 1983
*Hoppmann, Carsten,* Der Vorschlag für eine Fernabsatzrichtlinie für Finanzdienstleistungen, Versicherungsrecht 1999, S. 673-682, Karlsruhe 1999
*Horn, Christian,* Verbraucherschutz bei Internetgeschäften, MultiMedia und Recht 2002, S. 209-214, München 2002
*Hübner, Ulrich,* Herausforderungen an einen europäischen Rechtsrahmen für E-Commerce, Europäische Zeitschrift für Wirtschaftsrecht 2001, S. 225, München - Frankfurt am Main 2001
*Kaestner, Jan/Tews, Nicole,* Neue Informationspflichten durch das Gesetz zur Änderung der Vorschriften über Fernabsatzverträge bei Finanzdienstleistungen, Wettbewerb in Recht und Praxis 2005, S. 379-385, Frankfurt am Main 2005
*Kaiser, Andreas/Voigt, Dennis,* Vertragsschluss und Abwicklung des Electronic Commerce im Internet - Chancen und Risiken, Kommunikation und Recht 1999, S. 445-453, Heidelberg 1999
*Kamanabrou, Sudabeh,* Die Umsetzung der Fernabsatzrichtlinie, Wertpapier-Mitteilungen 2000, S. 1417-1426, Frankfurt am Main 2000
*Kessler, Jürgen,* Rechtliche Aspekte des Teleshoppings - zu den normativen Grenzen eines neuen Marketing-Konzepts, Wettbewerb in Recht und Praxis 1991, S. 285-291, Frankfurt am Main 1991
*Köhler, Helmut,* Die Rechte des Verbrauchers beim Teleshopping (TV-Shopping, Internet-Shopping), Neue Juristische Wochenschrift 1998, S. 185-190, München - Frankfurt am Main 1998
*Kothe, Wolfgang,* Vertragsfreiheit und gestörte Vertragsparität, Zeitschrift für Bankrecht und Bankwirtschaft 1994, S. 172-178, Köln 1994
*Kronke, Herbert,* Electronic Commerce und Europäisches Verbrauchervertrags-IPR, Recht der Internationalen Wirtschaft 1996, S. 985-993, Heidelberg 1996

*Langenfeld, Christine,* Zur Direktwirkung von EG-Richtlinien, Die Öffentliche Verwaltung 1992, S. 955-965, Stuttgart 1992

*Larenz, Karl,* Methodenlehre der Rechtswissenschaft, 6. Auflage, Berlin - Heidelberg - New York - Toronto 1991

*Ders. (Begr.)/Wolf, Manfred,* Allgemeiner Teil des Bürgerlichen Rechts, 9. Auflage, München 2004

*Laufs, Adolf/Uhlenbruck, Wilhelm,* Handbuch des Arztrechts, 3. Auflage, München 2002

*Lehmann, Michael (Hrsg.),* Rechtsgeschäfte im Netz - Electronic Commerce, Stuttgart 1999

*Lehr, Gottlieb,* Versandhandel und Direktmarketing, in: *Dallmer, Heinz (Hrsg.)*: Das Handbuch Direct Marketing & More, S. 315-355, 8. Auflage, Wiesbaden 2002

*Leible, Stefan/Sosnitza, Olaf,* Telefonwerbung und Fernabsatzrichtlinie, Kommunikation & Recht 1998, S. 283-292, Heidelberg 1998

*Lenz, Carl Otto,* Entwicklung und unmittelbare Geltung des Gemeinschaftsrechts, Deutsches Verwaltungsblatt 1990, S. 903-910, Köln - Berlin - Bonn - München 1990

*Leupold, Andreas,* Die massenweise Versendung von Werbe-eMails: Innovatives Direktmarketing oder unzumutbare Belästigung des Empfängers?, Wettbewerb in Recht und Praxis 1998, S. 270-280, Frankfurt am Main 1998

*Link, Jörg,* Direct Marketing: Chancen im E-Business, in: *Dallmer, Heinz (Hrsg.):* Das Handbuch Direct Marketing & More, S. 87-103, 8. Auflage, Wiesbaden 2002

*Lorenz, Stephan,* Im BGB viel Neues: Die Umsetzung der Fernabsatz-Richtlinie, Juristische Schulung 2000, S. 833-843, München - Frankfurt am Main 2000

*Ders.,* Zeitschriftenabonnements im Internet - heute und morgen, Neue Juristische Wochenschrift 2001, S. 2230 f., München - Frankfurt am Main 2001

*Lüdemann, Peter,* EG-Recht und nationales Steuerrecht, Betriebs-Berater 1992, S. 1606-1614, Heidelberg 1992

*Lütcke, Jens,* Fernabsatzrecht, München 2002

*Lutter, Marcus,* Die Auslegung angeglichenen Rechts, Juristenzeitung 1992, S. 593-607, Tübingen 1992

*Ders.,* Europäisches Unternehmensrecht, 4. Auflage, Berlin - New York 1996

*Mankowski, Peter,* E-Commerce und internationales Verbraucherschutzrecht, MultiMedia und Recht 2000, Beilage 7, S. 22-37, München 2000

*Ders.,* Schwebende Wirksamkeit unter § 361a BGB - Probleme, Reaktionsmöglichkeiten, Kritik und Korrektur -, Wertpapiermitteilungen 2001, S. 793-802 (Teil I), S. 833-843 (Teil II), Frankfurt am Main 2001

*Ders.*, Fernabsatzrecht: Information über das Widerrufsrecht und Widerrufsbelehrung bei Internetauftritten, Computer und Recht 2001, S. 767-775, Köln 2001

*Ders.*, Zur Neuregelung der Widerrufsfrist bei Fehlen einer Belehrung im Verbraucherschutzrecht, Juristenzeitung 2001, S. 745-751, Tübingen 2001

*Martinek, Michael/Semler, Franz-Jörg (Hrsg.),* Handbuch des Vertriebsrechts, München 1996, (zit.: *Bearbeiter*, in: Handbuch des Vertriebsrechts)

*Martinek, Michael,* Verbraucherschutz im Fernabsatz - Lesehilfe mit Merkpunkten zur neuen EU-Richtlinie, Neue Juristische Wochenschrift 1998, S. 207 f., München - Frankfurt am Main 1998

*Martis, Rüdiger/Meinhof, Alexander,* Verbraucherschutzrecht, 2. Auflage, München 2005

*Marx, Claudius,* Nicht nur im Internet: harmonisierter Verbraucherschutz im Fernabsatz, Wettbewerb in Recht und Praxis 2000, S. 1227-1237, Frankfurt am Main 2000

*Meents, Jan Geert,* Verbraucherschutz bei Rechtsgeschäften im Internet, Dissertation Universität Münster, Köln 1998

*Ders.*, Ausgewählte Probleme des Fernabsatzgesetzes bei Rechtsgeschäften im Internet, Computer und Recht 2000, S. 610-614, Köln 2000

*Meilicke, Wienand,* Zur Bedeutung der richtlinienkonformen Auslegung, Betriebs-Berater 1992, S. 969-975, Heidelberg 1992

*Meisterernst, Andreas,* Tücken des Fernabsatzgesetzes, Zeitschrift für das gesamte Lebensmittelrecht 2001, S. 489-492, Hamburg 2001

*Meub, Michael,* Fernabsatz und E-Commerce nach neuem Recht, Der Betrieb 2002, S. 359-363, Düsseldorf - Frankfurt am Main 2002

*Micklitz, Hans-Wolfgang,* Rundfunkrechtliche Fragen des Teleshoppings, Neue Juristische Wochenschrift 1990, S. 1569-1575, München - Frankfurt am Main 1990

*Ders.*, Der Vorschlag für eine Richtlinie des Rates über den Verbraucherschutz bei Vertragsabschlüssen im Fernabsatz, Verbraucher und Recht 1993, S. 129-139, Düsseldorf 1993

*Ders.*, Ein einheitliches Kaufrecht für Verbraucher in der EG?, Europäische Zeitschrift für Wirtschaftsrecht 1997, S. 229-237, München - Frankfurt am Main 1997

*Ders.*, Perspektiven eines Europäischen Privatrechts, Zeitschrift für Europäisches Privatrecht 1998, S. 253-276, München 1998

*Ders.*, Die Fernabsatzrichtlinie 97/7/EG, Zeitschrift für Europäisches Privatrecht 1999, S. 875-902, München 1999

*Ders.*, Vertragsschlussmodalitäten im Diskussionsentwurf eines Schuldrechtsmodernisierungsgesetzes, Verbraucher und Recht 2001, S. 71-78, Neuwied 2001

*Ders.*, Fernabsatz und E-Commerce im Schuldrechtsmodernisierungsgesetz, Europäische Zeitschrift für Wirtschaftsrecht 2001, S. 133-143, München - Frankfurt am Main 2001

*Ders./Reich, Norbert,* Die Fernabsatzrichtlinie im deutschen Recht, Baden-Baden 1998

*Dies.*, Umsetzung der EG-Fernabsatzrichtlinie, Betriebs-Berater 1999, S. 2093-2100, Heidelberg 1999

*Micklitz, Hans-Wolfgang/Tonner, Klaus,* Vertriebsrecht - Handkommentar, Baden-Baden 2002, (zit.: *Bearbeiter*, in: Handkommentar Vertriebsrecht)

*Möllers, Thomas M. J.,* Die Rolle des Rechts im Rahmen der europäischen Integration, Tübingen 1999

*Morath, Mona,* Anwendbarkeit des Fernabsatzgesetzes auf Immobiliennachweis- und -vermittlungsverträge, Neue Zeitschrift für Miet- und Wohnungsrecht 2001, S. 883-885, München - Frankfurt am Main 2001

*Moritz, Hans-Werner,* Quo vadis elektronischer Geschäftsverkehr?, Computer und Recht 2000, S. 61-72, Köln 2000

*Neises, Reiner,* Konsequenzen für Immobilienmakler aus dem Fernabsatzgesetz - Das Ende der telefonischen Wohnungsvermittlung?, Neue Zeitschrift für Miet- und Wohnungsrecht 2000, S. 889-894, München - Frankfurt am Main 2000

*Ders.,* Gesetzliche Neuregelungen für Time-Sharing durch das Fernabsatzgesetz, Neue Zeitschrift für Miet- und Wohnungsrecht 2000, S. 1033-1037, München - Frankfurt am Main 2000

*Neuhausen, Walter,* Möglichkeiten und Grenzen des Direct Response Television, in: *Dallmer, Heinz (Hrsg.):* Das Handbuch Direct Marketing & More, S. 279-293, 8. Auflage, Wiesbaden 2002

*Nordemann, Wilhelm,* Telefonwerbung - bald ganz verboten?, Archiv für Presserecht 1991, S. 484-487, Düsseldorf 1991

*Obert, Anne,* Anmerkung zu OLG Hamm, Urteil vom 14.12.2000 - 2 U 58/00, Zeitschrift für Urheber- und Medienrecht 2001, S. 249 f., Baden-Baden 2001

*Oelrich, Carsten,* Fernabsatz von Lebensmitteln - Konsequenzen aus dem neuen FernAbsG, Zeitschrift für das gesamte Lebensmittelrecht 2001, S. 45-64, Hamburg 2001

*Ory, Stephan,* Vom Teleshopping zum elektronischen Anzeigenblatt?, Archiv für Presserecht 1988, S. 120-124, Düsseldorf 1988

*Palandt, Otto (Begr.),* Kurzkommentar zum Bürgerlichen Gesetzbuch, 65. Auflage, München 2006, 60. Auflage, München 2001, (zit.: *Bearbeiter*, in: Palandt)

*Pernice, Ina Maria,* Internetrecht in der Praxis, Berlin 2001

*Piepenbrock, Hermann-Josef/Schmitz, Peter,* Fernabsatzgesetz: Neuer Rechtsrahmen für E-Commerce Kommunikation & Recht 2000, S. 378-386, Heidelberg 2000

*Präve, Peter,* Der Vorschlag für eine EG-Fernabsatzrichtlinie aus versicherungsrechtlicher Sicht, Versicherungsrecht 1993, S. 1066-1070, Karlsruhe 1993

*Pützhoven, Andreas,* Europäischer Verbraucherschutz im Fernabsatz - Die Richtlinie 97/7/EG und ihre Einbindung in nationales Verbraucherrecht, Dissertation Universität Greifswald, München 2001

*Rath-Glawatz, Michael/Dietrich, Christian,* Zur Anwendbarkeit des Fernabsatzgesetzes auf das Anzeigengeschäft, Zeitschrift für Medien- und Kommunikationsrecht 2000, S. 505-510, Düsseldorf 2000

*Rebmann, Kurt (Hrsg.)/Rixener, Roland (Hrsg.)/Säcker, Franz Jürgen (Hrsg.),* Münchener Kommentar zum Bürgerlichen Gesetzbuch, Band 1, Allgemeiner Teil (§§ 1-240, AGB-Gesetz), 4. Auflage, München 2001, Band 2, Schuldrecht - Allgemeiner Teil , (§§ 241-432, FernAbsG), 4. Auflage, München 2001, Band 2a, Schuldrecht - Allgemeiner Teil (§§ 241-432), München 2003, Band 3, Schuldrecht - Besonderer Teil I (§§ 433-606, Finanzierungsleasing, VerbrKrG, HausTWG, Erbschaft- und Schenkungsteuergesetz, MHG, HeizkostenV), 3. Auflage, München 1995, (zit.: *Bearbeiter*, in: Münchener Kommentar)

*Reich, Norbert,* Rechtsangleichung und Verbraucherschutz - Werbung, Vertragsrecht, Haftung, Vertrieb, Verbraucherpolitische Hefte 1992, S. 197-215, Düsseldorf 1992

*Ders.,* Die neue Richtlinie 97/7/EG über den Verbraucherschutz bei Vertragsabschlüssen im Fernabsatz, Europäische Zeitschrift für Wirtschaftsrecht 1997, S. 581-589, München - Frankfurt am Main 1997

*Ders./Nordhausen, Annette,* Verbraucher und Recht im elektronischen Geschäftsverkehr, Baden-Baden 2000

*Reich, Norbert/Micklitz, Hans – W.,* Europäischer Verbraucherschutz, 4. Auflage, Baden-Baden 2003

*Ridder, Christa-Maria,* Teleshopping - elektronisches Versandhaus oder Fernsehprogramm?, Media Perspektiven 1995, S. 414-427, Frankfurt am Main 1995

*Riehm, Thomas,* Das Gesetz über Fernabsatzverträge und andere Fragen des Verbraucherrechts, Jura 2000, S. 505-513, Berlin - New York 2000

*Ring, Gerhard,* Fernabsatzgesetz, Bonn 2000

*Röhl, Klaus F.,* Allgemeine Rechtslehre, 2. Auflage, Köln - Berlin - Bonn - München 2001

*Römermann, Volker/Funke, Abogada Sabina,* Anwaltshotlines - Ein Überblick über System und Rechtsprechung, Monatsschrift für Deutsches Recht 2001, S. 1-9, Köln 2001

*Roßnagel, Alexander (Hrsg.),* Recht der Multimedia-Dienste, München 2005

*Roth, Birgit/Schulze, Götz,* Verbraucherschutz im Electronic Commerce, Recht der Internationalen Wirtschaft 1999, S. 924-933, Heidelberg 1999

*Roth, Gregor/Groß, Marco,* Pflichtangaben auf Geschäftsbrief und Bestellschein im Internet, Kommunikation & Recht 2002, S. 127-135, Heidelberg 2002

*Roth, Herbert,* Das Fernabsatzgesetz, Juristenzeitung 2000, S. 1013-1019, Tübingen 2000

*Roth, Wulf – Henning,* Europäischer Verbraucherschutz und BGB, Juristenzeitung 2001, S. 475-490, Tübingen 1990

*Rott, Peter,* Informationspflichten bei Fernabsatzverträgen als Paradigma für die Sprachenproblematik im Vertragsrecht, Zeitschrift für Vergleichende Rechtswissenschaft Band 98 (1999), S. 382-409, Heidelberg 1999

*Ders.,* Widerruf und Rückabwicklung nach der Umsetzung der Fernabsatzrichtlinie und dem Entwurf eines Schuldrechtsmodernisierungsgesetzes, Verbraucher und Recht 2001, S. 78-87, Neuwied 2001

*Ruff, Andreas,* Vertriebsrecht im Internet, Der Vertrieb und Fernabsatz von Waren und Dienstleistungen, Berlin - Heidelberg - New York 2003

*Rüfner, Thomas,* Virtuelle Marktordnungen und das AGB-Gesetz, MultiMedia und Recht 2000, S. 597-602, München 2000

*Ders.,* Verbindlicher Vertragsschluss bei Versteigerungen im Internet, Juristenzeitung 2000, S. 715-720, Tübingen 2000

*Rüthers, Bernd,* Rechtstheorie, 2. Auflage, München 2005

*Schirmbacher, Martin,* Verbrauchervertriebsrecht, Dissertation Universität Erlangen-Nürnberg, Baden-Baden 2005

*Schlehofer, Horst,* Juristische Methodologie und Methodik der Fallbearbeitung, Juristische Schulung 1992, S. 572-578, 659-664, München - Frankfurt am Main 1992

*Schmidt-Räntsch, Jürgen,* Zum Fernabsatzgesetz, Zeitschrift für Bankrecht und Bankwirtschaft 2000, S. 344-349, Köln 2000

*Ders.,* Zum Gesetz über Fernabsatzverträge und andere Fragen des Verbraucherrechts sowie zur Umstellung von Vorschriften auf Euro, Verbraucher und Recht 2000, S. 427-435, Neuwied 2000

*Ders.,* Das Gesetz über Fernabsatzverträge und andere Fragen des Verbraucherschutzrechts, Deutsche Richter-Zeitung 2000, S. 434-436, Köln 2000

*Schmitt, Hansjörg,* Online-Kaufverträge über „Intangible Goods" und der Anwendungsbereich von Verbraucherschutzgesetzen, Computer und Recht 2001, S. 838-845, Köln 2001

*Schmittmann, Jens M.,* Geschäfte und Werbung im Internet - Auswirkungen der Fernabsatz-Richtlinie der EU, Datenschutz und Datensicherheit 1997, S. 636-640, Braunschweig - Wiesbaden 1997

*Ders.,* Rechtliche Aspekte der Short-Message-Service-Werbung, MultiMedia und Recht 1998, S. 346-349, München 1998

*Schneider, Harald,* Standes- und wettbewerbsrechtliche Grenzen der Internet-Präsentation von Anwälten, Monatsschrift für Deutsches Recht 2000, S. 133-138, Köln 2000

*Schöttle, Hendrik,* Zur Bedeutung des neuen Fernabsatzrechts für die Anwaltshomepage, Neue Juristische Wochenschrift 2005, S. 1979-1982, München - Frankfurt am Main 2005

*Schroeder, Werner,* Teleshopping und Rundfunkfreiheit, Zeitschrift für Urheber- und Medienrecht 1994, S. 471-482, Baden-Baden 1994

*Ders.,* Die Auslegung des EU-Rechts, Juristische Schulung 2004, S. 180-186, München - Frankfurt am Main 2004

*Schulte-Nölke, Hans,* Auswirkungen der Fernabsatz-Richtlinie, Neue Juristische Wochenschrift 1998, S. 210 f., München - Frankfurt am Main 1998
*Schulze, Reiner (Hrsg.),* Bürgerliches Gesetzbuch - Handkommentar, 4. Auflage, Baden - Baden 2005, (zit.: *Bearbeiter*, in: Handkommentar BGB)
*Schwarz, Mathias (Hrsg.),* Recht im Internet, Augsburg 2002
*Seiler, Christian,* Auslegung als Normkonkretisierung, Heidelberg 2000
*Sester, Peter,* Vertragsabschluss bei Internet-Auktionen, Computer und Recht 2001, S. 98-108, Köln 2001
*Spetzler, Eugen,* Die Kollision des Europäischen Gemeinschaftsrechts mit nationalem Recht und deren Lösung, Recht der Internationalen Wirtschaft 1990, S. 286-290, Heidelberg 1990
*Ders.,* Die richtlinienkonforme Auslegung als vorrangige Methode steuerjuristischer Hermeneutik, Recht der Internationalen Wirtschaft 1991, S. 579-582, Heidelberg 1991
*Spindler, Gerald,* Vertragsschluss und Inhaltskontrolle bei Internet-Auktionen, Zeitschrift für Wirtschaftsrecht 2001, S. 809-819, Köln 2001
*Ders./Wiebe, Andreas,* Internet-Auktionen und Elektronische Marktplätze, 2. Auflage, Köln 2005
*Steckler, Brunhilde,* Die wettbewerbsrechtlichen Lauterkeitskriterien bei der Verwendung teletechnischer Kommunikationsmedien im Direktmarketing, Gewerblicher Rechtsschutz und Urheberrecht 1993, S. 865-875, Weinheim 1993
*Steinbeck, Anja,* Werbung von Rechtsanwälten im Internet, Neue Juristische Wochenschrift 2003, S. 1481-1487, München - Frankfurt am Main 2003
*Steins, Clemens Tobias,* Entwicklung der Informationspflichten im E-Commerce durch Rechtsprechung und Schuldrechtsreform, Wertpapiermitteilungen 2002, S. 53-60, Frankfurt am Main 2002
*Stock, Günther,* Fernabsatzgesetz, Gewerbearchiv 2000, S. 471-475, Berlin 2000
*Taupitz, Jochen/Kritter, Thomas,* Electronic Commerce - Probleme bei Rechtsgeschäften im Internet, Juristische Schulung 1999, S. 839-846, München - Frankfurt am Main 1999
*Teuber, Hanno/Melber, Michael,* „Online-Auktionen" - Pflichten der Anbieter durch das Fernabsatzrecht, Monatsschrift für Deutsches Recht 2004, S. 185-190, Köln 2004
*Thorn, Karsten,* Verbraucherschutz bei Verträgen im Fernabsatz, Praxis des Internationalen Privat- und Verfahrensrechts 1999, S. 1-9, Bielefeld 1999
*Tonner, Klaus,* Das neue Fernabsatzgesetz - oder: System statt „Flickenteppich", Betriebs-Berater 2000, S. 1413-1420, Heidelberg 2000
*ders.,* Das Fernabsatzgesetz - (k)ein Thema für die Tourismuswirtschaft?, Reise-Recht aktuell 2000, S. 163-165, Neuwied 2000
*Töpfer, Armin,* Direktmarketing mit neuen Medien, in: *Hermanns, Arnold/ Flegel, Volker (Hrsg.):*Handbuch des Electronic Marketing, S. 663-682, München 1992

*Ulrici, Bernhard,* Zum Vertragsschluss bei Internetauktionen, Neue Juristische Wochenschrift 2001, S. 1112 f., München - Frankfurt am Main 2001
*Unger, Martin/Sell, Michael,* Unlautere Telefaxwerbung, Gewerblicher Rechtsschutz und Urheberrecht 1993, S. 24-26, Weinheim 1993

*Veelken, Winfried,* Die Bedeutung des EG-Rechts für die nationale Rechtsanwendung, Juristische Schulung 1993, S. 265-272, München - Frankfurt am Main 1993
*Vehslage, Thorsten,* Auswirkungen der Fernabsatzrichtlinie auf die Telefon- und E-Mail-Werbung, Gewerblicher Rechtsschutz und Urheberrecht 1999, S. 656-659, Weinheim 1999
*Ders.,* Anmerkung zu OLG Frankfurt, Urteil vom 17. April 2001 - 6 U 129/00, Computer und Recht 2001, S. 783, Köln 2001

*Waldenberger, Arthur,* „Alles schwebend unwirksam" - Distanzgeschäfte nach dem Referentenentwurf eines Fernabsatzgesetzes, Kommunikation & Recht 1999, S. 345-354, Heidelberg 1999
*Ders.,* Grenzen des Verbraucherschutzes beim Abschluss von Verträgen im Internet, Betriebs-Berater 1996, S. 2365-2371, Heidelberg 1996
*Wank, Rolf,* Die Auslegung von Gesetzen, Köln - Berlin - Bonn - München 1997
*Wegner, Heike,* Das Fernabsatzgesetz und andere neue Verbraucherschutzvorschriften, Neue Justiz 2000, S. 407-410, Berlin 2000
*Wendehorst, Christiane,* Das neue Gesetz über Fernabsatzverträge und andere Fragen des Verbraucherrechts, Deutsches Steuerrecht 2000, S. 1311-1318, München - Frankfurt am Main 2000
*Dies.,* Anmerkung zu Bundesgerichtshof, Urteil vom 19.03.2003 - VIII ZR 295/01, Entscheidungen zum Wirtschaftsrecht 2003, S. 711 f., Köln 2003
*Wenzel, Henning,* Internetauktion: Anwendbarkeit des AGB-Gesetzes im Verhältnis Antragender/Annehmender, Der Betrieb 2001, S. 2233-2238, Düsseldorf 2001
*Westermann, Harm Peter (Hrsg.),* Erman - Bürgerliches Gesetzbuch Handkommentar, 11. Auflage, Köln 2004, (zit.: *Bearbeiter*, in: Erman)
*Wiebe, Andreas,* Anmerkung zu OLG Hamm, Urteil vom 14.12.2000 - 2 U 58/00, MultiMedia und Recht 2001, S. 109-111, München 2001
*Willingmann, Armin,* Auf dem Weg zu einem einheitlichen Vertriebsrecht für Waren und Dienstleistungen in der Europäischen Union? - Die Richtlinie über den Verbraucherschutz bei Vertragsabschlüssen im Fernabsatz (97/7/EG), Verbraucher und Recht 1998, S. 395-402, Neuwied 1998
*Wilmer, Thomas,* Das neue Fernabsatzgesetz - Ein Segen für den E-Commerce?, Zeitschrift für das Recht der Telekommunikation und das Recht der elektronischen Medien 2001, S. 5-12, Heidelberg 2001
*Ders./Hahn, Harald,* Fernabsatzrecht, 2. Auflage, Heidelberg 2005
*Winter, Gerd,* Direktwirkung von EG-Richtlinien, Deutsches Verwaltungsblatt 1991, S. 657-666, Köln - Berlin - Bonn - München 1991

*Woldt, Runar,* Teleshopping - Aktuelle Entwicklungen in vier Ländern, Media Perspektiven 1988, S. 421-435, Frankfurt am Main 1988

*Wülfing, Thomas/Dieckert, Ulrich,* Praxishandbuch Multimediarecht, Berlin - Heidelberg - New York 2002

*Wuermeling, Ulrich,* Die Rahmenbedingungen des Adresseinsatzes, in: *Dallmer, Heinz (Hrsg.)*: Handbuch Direct Marketing & More, S. 127-145, 8. Auflage, Wiesbaden 2002

*Zippelius, Reinhold,* Juristische Methodenlehre, 7. Auflage, München 1999

*Zöller, Alexander,* Telefonwerbung ist nicht grundsätzlich unzulässig, Gewerblicher Rechtsschutz und Urheberrecht 1992, S. 297-300, Weinheim 1992

# Einleitung

Die vorliegende Arbeit untersucht den Begriff des „für den Fernabsatz organisierten Vertriebs- oder Dienstleistungssystems“ im Sinne des § 312b Abs. 1 Satz 1 Halbsatz 2 BGB (im Folgenden „Fernabsatzsystem“[1]). Die Auslegung dieses Begriffes bestimmt den Anwendungsbereich des Fernabsatzrechts der §§ 312b-312d, 312f BGB, da nur solche Verträge diesen Vorschriften unterfallen, die im Rahmen eines Fernabsatzsystems abgeschlossen werden.

*I. Bedeutung des Fernabsatzes*

Die Vertriebsart des Fernabsatzes ist dadurch gekennzeichnet, dass sich Anbieter und Verbraucher nicht physisch begegnen und der Verbraucher die Ware oder Dienstleistung in der Regel vor Vertragsschluss nicht in Augenschein nehmen kann.[2] Unter Fernabsatz werden alle klassischen und modernen Distanzvertriebsformen, wie der Versandhandel, das Teleshopping und der Electronic Commerce verstanden.[3] Diese Vertriebsformen bieten sowohl für den Verbraucher als auch für den Unternehmer attraktive Vorteile: Für den Vertrieb im Fernabsatz muss kein stationäres Vertriebsnetz aufgebaut werden.[4] Es muss deutlich weniger Personal beschäftigt werden, um den Vertrieb zu organisieren.[5] Der Unternehmer kann Waren und Dienstleistungen so aufgrund verringerter Transaktionskosten preisgünstiger anbieten und die Abwicklung von Bestellungen wird deutlich vereinfacht und beschleunigt.[6]

Häufig erfolgt der Vertrieb im Fernabsatz in der Form des Direktvertriebs unter Ausschaltung des Zwischenhandels.[7] Durch den Verzicht auf Zwischenstufen innerhalb des Vertriebsweges werden Kosten eingespart, diese Kostenersparnis wird teilweise an den Verbraucher weitergegeben.[8] Für den Verbrau-

---

[1] Die Abkürzung „Fernabsatzsystem“ stammt aus dem Entwurf der Bundesregierung bezüglich eines Gesetzes über Fernabsatzverträge und andere Fragen des Verbraucherrechts sowie zur Umstellung von Vorschriften auf Euro (im Folgenden abgekürzt: „RegE FernAbsG“), BT-Drs. 14/2658, S. 31.

[2] Vgl. Richtlinie 97/7/EG des Europäischen Parlaments und des Rates über den Verbraucherschutz bei Vertragsabschlüssen im Fernabsatz (im Folgenden: „allgemeine Fernabsatzrichtlinie“, abgekürzt „FernAbsRL“), dort Erwägungsgrund Nr. 14, ABl. EG Nr. L 144 v. 04.06.1997, S. 19 (20).

[3] *Heinrichs*, in: Festschrift für Medicus, 1999, S. 177 (188).

[4] *Boente/Riehm*, Jura 2002, 222.

[5] Vgl. *Schmidt-Räntsch*, in: Bamberger/Roth, Band 1, 2003, § 312d Rn. 2.

[6] Vgl. *Heinrichs*, in: Festschrift für Medicus, 1999, S. 177 (188); ausführlich *Köhler*, NJW 1998, 185.

[7] *Kaiser/Vogt*, K&R 1999, 445.

[8] Vgl. *Baum/Trafkowski*, CR 2001, 459, die feststellen, dass in allen Bereichen der Wirtschaft über die Modernisierung von Vertriebswegen nachgedacht wird.

cher entsteht ein Gewinn an Zeit und Komfort, da er eine Vielzahl von Waren und Dienstleistungen kaufen bzw. in Anspruch nehmen kann, ohne seine Wohnung zu verlassen.[9] Eine bessere Übersichtlichkeit des Marktes soll zu einer preissenkenden Konkurrenzintensivierung führen.[10]

Für den Verbraucher bedeutet insbesondere der Einsatz von neuen Medien eine Vergrößerung der Angebotsvielfalt, da nun auch Anbieter am Markt auftreten, denen dies bislang mangels Vertriebsnetzes im Land des Verbrauchers verwehrt blieb.[11] Durch die zunehmende Nutzung des Internets hat der im Fernabsatz geschlossene Vertrag ein besonderes Gewicht erhalten. Die typische Form des Fernabsatzvertrags existiert aber in Form des im Kataloghandel oder im Telefonvertrieb geschlossenen Vertrags schon seit langer Zeit. Das Internet und andere moderne Kommunikationsmittel haben jedoch in jüngster Vergangenheit zunehmend an Gewicht gewonnen und für die Zukunft ist zu erwarten, dass sich diese Entwicklung fortsetzt.[12] Dementsprechend ist auch davon auszugehen, dass die Zahl der Vertragsabschlüsse, die im Wege des Fernabsatzes geschlossen werden, in Zukunft steigen wird. Gleichzeitig wird erwartet, dass diese Entwicklung vor dem Hintergrund eines europäischen Binnenmarktes auch zu einer Zunahme grenzüberschreitender Fernabsatzgeschäfte führen wird. Angesichts dieser Umstände wird deutlich, welche Bedeutung dem Fernabsatzrecht zukommt.

### *II. Ziel der Arbeit*

Die Reichweite des Anwendungsbereichs des Fernabsatzrechts wird insbesondere über die Definition des Begriffs des Fernabsatzvertrags bestimmt. Bei der Definition des Fernabsatzvertrags kommt wiederum dem Merkmal des Fernabsatzsystems entscheidende Bedeutung zu. Ein Fernabsatzvertrag im Sinne des § 312b Abs. 1 BGB liegt dann vor, wenn der Vertragsschluss mittels Fernkommunikationsmitteln im Rahmen eines „für den Fernabsatz organisierten Vertriebs- oder Dienstleistungssystems“ erfolgt. Die generalklauselartige Formulierung des Begriffes des Fernabsatzsystems korrespondiert mit der nicht abschließenden Definition der Fernkommunikationsmittel in § 312b Abs. 2 BGB.[13] Angesichts der Vielgestaltigkeit der denkbaren Sachverhalte ist dies die

---

[9] *Thorn*, IPRax 1999, 1.

[10] *Martinek*, NJW 1998, 207.

[11] *Thorn*, a.a.O..

[12] Zu den Umsatzprognosen im Bereich Online- und Teleshopping in Deutschland vgl. den Schlussbericht der Enquete-Kommission „Zukunft der Medien in Wirtschaft und Gesellschaft - Der Weg in die Informationsgesellschaft“ v. 22.06.1998, BT-Drs. 13/11004, S. 21. Es wird ein Umsatzpotential von bis zu 60 Milliarden Deutsche Mark in den Bereichen des Online- und Teleshoppings prognostiziert.

[13] Der Richtliniengeber hat eine Regelung schaffen wollen, die auch in Hinblick auf zukünftige technische Entwicklungen Gültigkeit behalten kann. Vgl. Erwägungsgrund Nr. 9 der FernAbsRL, ABl. EG Nr. L 144 v. 04.06.1997, S. 19 (20).

einzige Möglichkeit, eine dynamische Rechtsanwendung zu ermöglichen. Die Offenheit des Tatbestandes ermöglicht es, das Fernabsatzrecht den sich ändernden technischen und tatsächlichen Gegebenheiten anzupassen, da im Rahmen der Anwendungspraxis durch die Gerichte die Anforderungen an ein Fernabsatzsystem, den jeweils aktuellen Verhältnissen entsprechend, neu formuliert werden können.

Aus der Entwurfsbegründung zu dem Fernabsatzgesetz ergibt sich, dass der Gesetzgeber für den Begriff des Fernabsatzsystems bewusst diese offene Formulierung gewählt hat.[14] Es ist zu erwarten, dass die Bestimmung des Anwendungsbereichs des Fernabsatzrechts angesichts dieser Tatsache in der Rechtspraxis zu Schwierigkeiten führen wird.[15] Problematisch sind insbesondere die Fälle, bei denen Verträge mittels Fernkommunikationsmittel abgeschlossen werden, bei denen das Unternehmen jedoch kein organisiertes Vertriebssystem vorhält. Es stellt sich die Frage, wodurch sich eine hinreichende Absatzorganisation auszeichnet, insbesondere wann die Schwelle zum professionellen Anbieter im Fernabsatz überschritten wird.[16]

Die Auslegung des Begriffs des Fernabsatzsystems ist das Ziel dieser Arbeit. Wie noch darzulegen sein wird, enthalten weder die Fernabsatzrichtlinie, noch die Materialien zum Fernabsatzrecht Angaben darüber, was unter einem Fernabsatzsystem zu verstehen ist. Die vorliegende Arbeit hat das Ziel, zur Klärung des Begriffs beizutragen. Insgesamt sind es die folgenden Fragen, die im Mittelpunkt der Arbeit stehen und die die wesentlichen Probleme kennzeichnen, die der Begriff des Fernabsatzsystems aufgeworfen hat:

- Die Ausgangsfrage ist zunächst, wie der Begriff des Fernabsatzsystems zu definieren ist. Hieran schließt sich die Diskussion an, welche Kriterien zur Beurteilung der Frage heranzuziehen sind, ob ein entsprechender Sachverhalt ein Fernabsatzsystem darstellt.

- Problematisch ist, ob bei der Beurteilung allein auf die tatsächlichen Gegebenheiten innerhalb des Unternehmens abgestellt werden kann, oder ob nicht auch die Außendarstellung des Unternehmens in die Beurteilung mit einbezogen werden muss.

- Schließlich stellt sich die Frage, ob der Begriff des Fernabsatzsystems allein bezogen auf den Vertragsschluss, oder auch in Hinblick auf den Leistungsaustausch zu verstehen ist. Insbesondere ist fraglich, inwieweit

[14] Vgl. RegE FernAbsG, BT-Drs. 14/2658, S. 31.
[15] *Roth/Schulze*, RIW 1999, 924 (933), kritisieren den Anwendungsbereich des Fernabsatzrechts hinsichtlich dieses Tatbestandsmerkmals als unscharf. Vgl. auch *Ende/Klein*, Grundzüge des Vertriebsrechts im Internet, 2001, S. 135.
[16] *Bülow/Artz*, NJW 2000, 2049 (2053).

das Fernabsatzrecht auch auf Geschäfte des täglichen Lebens Anwendung findet, die traditionell oder zufällig per Fernkommunikationsmittel abgeschlossen werden.

Da es sich bei dem Fernabsatzrecht um eine Umsetzung europäischen Rechts handelt, muss insbesondere bei der Auslegung auf die den deutschen Vorschriften zugrundeliegenden europäischen Richtlinien eingegangen werden. Es ist zu erwarten, dass eine Definition des Tatbestandsmerkmals des Fernabsatzsystems letztlich durch den Europäischen Gerichtshof erfolgen muss.

*III. Gang der Untersuchung*

Zur Klärung der aufgeworfenen Fragen wird folgende Vorgehensweise gewählt: Im ersten Teil der Arbeit werden Grundfragen des Fernabsatzrechts dargestellt, um die Grundlage für die weitere Untersuchung zu schaffen. Es wird ein Überblick über die Grundzüge des Rechtsgebietes gegeben.

Im zweiten Teil der Arbeit erfolgt die Auslegung des Begriffs des Fernabsatzsystems. Da es sich bei dem deutschen Fernabsatzrecht um die Umsetzung der europäischen Fernabsatzrichtlinien handelt, muss eine richtlinienkonforme Auslegung erfolgen. Auf Grundlage des im Rahmen der Auslegung gewonnenen Ergebnisses werden Kriterien für das Vorliegen eines Fernabsatzsystems entwickelt und eine Systematisierung dieser Kriterien vorgenommen.

Der dritte Teil umfasst eine Kasuistik des Fernabsatzes. Es werden die entwickelten Kriterien exemplarisch auf bestimmte Fallgruppen angewandt, wobei besonderes Augenmerk auf die Beantwortung der aufgeworfenen Fragen gelegt wird. Es wird so die Tauglichkeit der gewonnenen Ergebnisse für die Praxis überprüft.

# 1. Teil: Grundfragen des Fernabsatzrechts

Im ersten Teil der Arbeit wird auf Grundfragen des Fernabsatzrechts eingegangen. Es wird so die Grundlage für die Auslegung des Tatbestandsmerkmals des Fernabsatzsystems geschaffen. Dieser Teil wird daher als Einführung in das Rechtsgebiet den weiteren Erörterungen vorangestellt.

## *I. Allgemeine Einführung*

Das Fernabsatzrecht ist in den §§ 312b-312d, 312f BGB geregelt. Bei diesen Regelungen handelt es sich um eine Rechtsmaterie, die zunächst in Umsetzung der europäischen Fernabsatzrichtlinie geschaffen worden ist.[17] Der deutsche Gesetzgeber hat die allgemeine Fernabsatzrichtlinie mit dem am 30.06.2000 in Kraft getretenen Fernabsatzgesetz umgesetzt.[18] Durch dieses Gesetz wurde das Recht der „Fernabsatzverträge“ zwischen Verbraucher und Unternehmer umfassend geregelt. Das Fernabsatzgesetz wurde dann im Rahmen der Schuldrechtsreform mit Wirkung zum 01.01.2002 mit geringfügigen Änderungen in das Bürgerliche Gesetzbuch in den §§ 312b ff. BGB integriert.[19] Durch die europäische Fernabsatzrichtlinie über den Fernabsatz von Finanzdienstleistungen wurde die Fernabsatzrichtlinie um Vorschriften hinsichtlich des Fernabsatzes von Finanzdienstleistungen ergänzt.[20] Der deutsche Gesetzgeber hat diese Richtlinie mit dem Gesetz zur Änderung der Vorschriften über Fernabsatzverträge von Finanzdienstleistungen umgesetzt.[21]

### *1. Das europäische Fernabsatzrecht*

Das deutsche Fernabsatzrecht, das am 30.06.2000 in Form des Fernabsatzgesetzes in Kraft getreten ist, basiert auf der Richtlinie über den Verbraucherschutz bei Vertragsabschlüssen im Fernabsatz, die die Kommission der Europäischen Union am 17.02.1997 verabschiedet hat.[22]

---

[17] FernAbsRL, ABl. EG Nr. L 144 v. 04. 06. 1997, S. 19.

[18] Verkündet als Art. 1 des Gesetzes über Fernabsatzverträge und andere Fragen des Verbraucherrechts sowie zur Umstellung auf Euro vom 27.06.2000 (BGBl. I S. 897), berichtigt am 21.07.2000 (BGBl. I S. 1139); vgl. zum Fernabsatzgesetz *Brönnecke*, VuR 2000, 117; kritisch *Artz*, VuR 1999, 249; *Hensen*, ZIP 2000, 1151; *Flume*, ZIP 2000, 1427.

[19] Gesetz zur Modernisierung des Schuldrechts vom 26.11.2001, BGBl. I S. 3138.

[20] Richtlinie 2002/65/EG des Europäischen Parlaments und des Rates vom 23.09.2002 über den Fernabsatz von Finanzdienstleistungen an Verbraucher und zur Änderung der Richtlinie 90/619/EWG des Rates und der Richtlinien 97/7/EG und 98/27/EG, ABl. EG Nr. L 271 v. 09.10.2002, S. 16.

[21] Gesetz zur Änderung der Vorschriften über Fernabsatzverträge bei Finanzdienstleistungen, BGBl. I S. 3102 (im Folgenden abgekürzt „FernAbsÄndG“).

[22] FernAbsRL, ABl. EG Nr. L 144 v. 04.06.1997, S. 19.

*a. allgemeine Fernabsatzrichtlinie (RL 97/7/EG)*

Ziel der Fernabsatzrichtlinie ist es, den Verbraucher vor irreführenden und aggressiven Verkaufsmethoden im Fernabsatz zu schützen[23] und das Recht der Mitgliedstaaten über Vertragsschlüsse im Fernabsatz im Hinblick auf die Vollendung des Binnenmarktes zu harmonisieren.[24] Es wird davon ausgegangen, dass unter sämtlichen Formen des Handels der Fernabsatz den wohl größten Nutzen aus der Öffnung der Grenzen im europäischen Binnenmarkt ziehen wird.[25] Eine wesentliche Neuerung auf diesem Markt ist die weitgehende Nutzung neuer Informationstechnologien sowohl für die Darbietung von Produkt- oder Dienstleistungsangeboten als auch für die Entgegennahme der Bestellungen von Seiten der Verbraucher.[26] Neben dem klassischen Versandhandel werden unter Einsatz des Fernsehens und neuer Kommunikationstechnologien auch grenzüberschreitend zunehmend elektronisch gestützte Käufe durch den Verbraucher der Informationsgesellschaft getätigt.[27] Alle diese Vertriebsarten, die sich unter den Begriff des Fernabsatzes fassen lassen, sind dadurch gekennzeichnet, dass Anbieter und Verbraucher sich nicht mehr physisch begegnen und der Verbraucher die Ware oder Dienstleistung in der Regel vor Vertragsschluss nicht in Augenschein nehmen kann.[28] Bei dem Fernabsatz von Waren und Dienstleistungen ist die Informationsbeschaffung über den Vertragspartner, den Vertragsgegenstand und die Vertragsbedingungen schwieriger als bei dem normalen Kauf unter Anwesenden.[29] Der Verbraucher hat typischerweise keine Möglichkeit, sich vor Abschluss des Vertrages von dem Vertragsgegenstand und seinen Eigenschaften ausreichend Kenntnis zu verschaffen.[30] Außerdem ist im Rahmen der Fernkommunikation mündlich oder elektronisch vermittelte Information mangels körperlicher Fixierung nicht beständig.[31] Die Fernabsatzrichtlinie sieht zunächst als traditionelles Instrumentarium des Verbraucherschutzes Informationspflichten und ein Widerrufsrecht vor. Daneben enthält die Fernabsatzrichtlinie vertragsrechtliche Regelungen zur Erfüllung, haftungsrechtliche Vorschriften sowie Vorgaben, die das Lauterkeitsrecht und zivilprozessuale Durchsetzungsmöglichkeiten betreffen. Der wesentliche Inhalt der Fernabsatzrichtlinie sind die folgenden Regelungen:

---

[23] Vgl. Erwägungsgrund Nr. 5 der FernAbsRL, ABl. EG Nr. L 144 v. 04.06.1997, S. 19.
[24] Vgl. Erwägungsgründe Nr. 1-4 der FernAbsRL, ABl. EG Nr. L 144 v. 04.06.1997, S. 19.
[25] Vgl. Erwägungsgrund Nr. 3 der FernAbsRL, ABl. EG Nr. L 144 v. 04.06.1997, S. 19.
[26] Vgl. Erwägungsgrund Nr. 4 der FernAbsRL, ABl. EG Nr. L 144 v. 04.06.1997, S. 19.
[27] Vgl. Erwägungsgründe Nr. 6 und 7 der FernAbsRL, ABl. EG Nr. L 144 v. 04.06.1997, S. 19.
[28] Vgl. Erwägungsgrund Nr. 14 der FernAbsRL, ABl. EG Nr. L 144 v. 04.06.1997, S. 19 (20).
[29] Vgl. Erwägungsgrund Nr. 11 der FernAbsRL, ABl. EG Nr. L 144 v. 04.06.1997, S. 19 (20).
[30] Vgl. Erwägungsgrund Nr. 14 der FernAbsRL, ABl. EG Nr. L 144 v. 04.06.1997, S. 19 (20).
[31] Vgl. Erwägungsgrund Nr. 13 der FernAbsRL, ABl. EG Nr. L 144 v. 04.06.1997, S. 19 (20).

• Informationspflichten des Anbieters (Art. 4 und 5 FernAbsRL): Der Verbraucher muss vor Abschluss eines Fernabsatzvertrages ausreichend über Identität des Lieferanten, Preis, wesentliche Eigenschaften der Ware oder Dienstleistung, Lieferkosten, Einzelheiten der Zahlung und Bestehen eines Widerrufsrechtes informiert werden.

• Widerrufsrecht des Verbrauchers (Art. 6 FernAbsRL): Der Verbraucher, der über eine Distanz mittels Fernkommunikationsmittel einen Vertrag abschließt, soll einen Vertragsschluss grundsätzlich innerhalb von sieben Tagen widerrufen können.

• Erfüllung des Vertrages (Art. 7 FernAbsRL): Mangels anderweitiger Vereinbarungen der Parteien sollen Bestellungen des Verbrauchers spätestens nach 30 Tagen ausgeführt werden.

• Zahlungskarten (Art. 8 FernAbsRL): Der Verbraucher soll vor den Risiken einer betrügerischen Verwendung seiner Zahlungskarten durch Stornierung oder Erstattung der geleisteten Zahlung geschützt werden.

• Verbandsklagemöglichkeit (Art. 11 FernAbsRL): Die Einhaltung der aufgrund der Richtlinie bestehenden Bestimmungen soll auch von Verbraucherverbänden und anderen Berufsverbänden mit berechtigtem Interesse vor Gericht eingeklagt werden können. Dies gilt sowohl für richtlinienwidrige Geschäftsbedingungen als auch für richtlinienwidrige Geschäftspraktiken.

• Unabdingbarkeit und Konkurrenzen (Art. 12 bis 14 FernAbsRL): Die Rechte, die dem Verbraucher aufgrund der Richtlinie zustehen, können vertraglich nicht abbedungen werden. Die Mitgliedstaaten können strengere Bestimmungen als in der Richtlinie vorsehen, die ein höheres Schutzniveau für den Verbraucher sicherstellen.

*b. Fernabsatzrichtlinie für Finanzdienstleistungen (RL 2002/65/EG)*
Mit der Fernabsatzrichtlinie für Finanzdienstleistungen bezweckte der Richtliniengeber die Schließung einer Lücke im europäischen Verbraucherschutzrecht. Die allgemeine Fernabsatzrichtlinie hatte nämlich gerade in ihrem Art. 3 Abs. 1 Spiegelstrich 1 in Verbindung mit Anhang II den Bereich des Fernabsatzes von Finanzdienstleistungen von ihrem Anwendungsbereich ausgenommen.[32] Die Fernabsatzrichtlinie für Finanzdienstleistungen ist in Ergän-

[32] Art. 3 Abs. 1 Spiegelstrich 1, Anhang II FernAbsRL, ABl. EG Nr. L 144 v. 04.06.1997, S. 19 (21, 27).

zung der allgemeinen Fernabsatzrichtlinie entwickelt worden. Sie bedient sich der gleichen Schutzinstrumente wie die allgemeine Fernabsatzrichtlinie. Ebenso wie in der allgemeinen Fernabsatzrichtlinie sind Informationspflichten und ein Widerrufsrecht des Verbrauchers vorgesehen. Der Inhalt der Informationspflichten ist auf den Fernabsatz von Finanzdienstleistungen zugeschnitten und unterscheidet sich daher von dem Inhalt der Informationspflichten der allgemeinen Fernabsatzrichtlinie. Die in der Fernabsatzrichtlinie für Finanzdienstleistungen verwendeten Definitionen entsprechen größtenteils denen der allgemeinen Fernabsatzrichtlinie. Weiterhin wurden die Regelungen der Art. 8 bis 10 nahezu identisch der allgemeinen Fernabsatzrichtlinie entnommen. Der wesentliche Inhalt der Richtlinie besteht aus den folgenden Regelungen:

- Informationspflichten des Anbieters (Art. 3-5 FernAbsFinanzDLRL): Der Verbraucher muss rechtzeitig vor Abschluss eines Fernabsatzvertrages über eine Finanzdienstleistung Informationen über die Identität und Hauptgeschäftstätigkeit des Anbieters, Identität eines Vertreters, wesentliche Merkmale der Finanzdienstleistung, Gesamtpreis der Finanzdienstleistung, spezielle Risiken, Einzelheiten der Zahlung, Bestehen eines Widerrufsrechts sowie über das Bestehen von Rechtsbehelfen erhalten. Diese Informationen und die Vertragsbedingungen muss der Anbieter dem Verbraucher vor Vertragsschluss in Papierform oder auf einem anderen dauerhaften Datenträger zur Verfügung stellen.

- Widerrufsrecht des Verbrauchers (Art. 6 FernAbsFinanzDLRL): Der Verbraucher, der einen Fernabsatzvertrag über eine Finanzdienstleistung abgeschlossen hat, soll den Vertragsschluss innerhalb einer Frist von 14 Kalendertagen widerrufen können.

- Unabdingbarkeit (Art. 12 FernAbsFinanzDLRL): Die Rechte, die dem Verbraucher aufgrund der Richtlinie zustehen, können vertraglich nicht abbedungen werden.

*2. Das deutsche Fernabsatzrecht*

Die Umsetzung der Fernabsatzrichtlinie erfolgte in Deutschland im Wesentlichen zunächst durch das Fernabsatzgesetz.[33] Dieses Gesetz wurde im Rahmen der Schuldrechtsmodernisierung dann im Jahr 2002 mit gewissen Änderungen in das Bürgerliche Gesetzbuch integriert. Im Folgenden soll ein kurzer Überblick über die Entwicklung und die Änderungen der Materie des Fernabsatzrechts gegeben werden.

---

[33] Verkündet als Art. 1 des Gesetzes über Fernabsatzverträge und andere Fragen des Verbraucherrechts sowie zur Umstellung auf Euro vom 17.06.2000 (BGBl. I S. 897), berichtigt am 21.07.2000 (BGBl. I S. 1139).

Mit dem Fernabsatzgesetz wurden Art. 1 bis 6 und 12 Abs. 1 der Fernabsatzrichtlinie umgesetzt. Das in sechs Paragraphen untergliederte Gesetz enthielt als Kernbestimmungen in § 1 die Bestimmung des Anwendungsbereiches, in § 2 Bestimmungen zur Unterrichtung des Verbrauchers und in § 3 das Widerrufsrecht des Verbrauchers. Nicht gesondert umgesetzt wurde Art. 7 FernAbsRL (Erfüllung des Vertrags), weil man die entsprechenden Vorgaben durch § 271 BGB und § 10 Nr. 1 AGBG hinreichend verwirklicht sah.[34] Art. 8 FernAbsRL (Zahlung mittels Karte) wurde durch Einfügung des neuen § 676h BGB[35] und Art. 9 FernAbsRL (unbestellte Waren oder Dienstleistungen) durch Einfügung von § 241a BGB in das Bürgerliche Gesetzbuch umgesetzt.[36] Auf eine gesonderte Umsetzung von Art. 10 FernAbsRL (Beschränkung in der Verwendung bestimmter Fernkommunikationstechniken) wurde angesichts der gefestigten Rechtsprechung zur Unzulässigkeit bestimmter Methoden des Direktmarketings verzichtet.[37] Die Umsetzung von Art. 11 FernAbsRL (Rechtsbehelfe bei Gericht oder Verwaltungsbehörden) ging in dem Gesetz über Unterlassungsklagen bei Verbraucherrechts- und anderen Verstößen (Unterlassungsklagengesetz - UKlaG) auf und wird im Übrigen durch § 8 Gesetz gegen den unlauteren Wettbewerb (UWG) gewährleistet.[38] Die Umsetzung von Art. 12 Abs. 2 FernAbsRL erfolgte mit der Einführung des Art. 29a des Einführungsgesetzes zum Bürgerlichen Gesetzbuch (EGBGB).[39]

Das Fernabsatzgesetz trat am 30.06.2000 in Kraft, obwohl die Fernabsatzrichtlinie eine Umsetzungsfrist bis zum 04.06.2000 vorsah. Hintergrund für die verspätete Umsetzung war der Streit zwischen Bundestag und Bundesrat über das Tragen der Rücksendekosten nach der Widerrufsausübung. Der Bundesrat hatte den Vermittlungsausschuss mit dem Begehren angerufen, das Gesetz in Bezug auf die Kosten der Rücksendung von Büchern zu ergänzen.[40] Daraufhin wurde in der endgültigen Gesetzesfassung die Möglichkeit für den Unternehmer

---

[34] Vgl. RegE FernAbsG, BT-Drs. 14/2658, S. 18. Dies entspricht in der neuen Fassung des Bürgerlichen Gesetzbuches der Bestimmung des § 308 Nr. 1 BGB.
[35] Vgl. RegE FernAbsG, BT-Drs. 14/2658, S. 19 f., 49.
[36] Vgl. RegE FernAbsG, BT-Drs. 14/2658, S. 22 f., 46.
[37] Vgl. RegE FernAbsG, BT-Drs. 14/2658, S. 24 f..
[38] Vgl. RegE FernAbsG, BT-Drs. 14/2658, S. 27 f., 52 f..
[39] Vgl. RegE FernAbsG, BT-Drs. 14/2658, S. 28, 49 f..
[40] Vgl. BR-Drs. 237/00. Es sollte bei Buchlieferungen die Möglichkeit vorgesehen werden, dass der Verbraucher bei Ausübung des Widerrufsrechts die Kosten der Rücksendung zu tragen habe. Der Bundesrat wies in diesem Zusammenhang darauf hin, dass schon heute die Rücksendungsquote im Buchhandel zwischen 5 und 10 % betrage. Für die mittelständische Wirtschaft sei eine weitere Belastung mit Rücksendekosten, insbesondere bei einer Verlängerung der Widerrufsfrist auf zwei Wochen, nicht zu verkraften.

geschaffen, bei einer Bestellung von bis zu 40 Euro dem Verbraucher die regelmäßigen Kosten der Rücksendung der Ware vertraglich aufzuerlegen.[41]

*b. Gesetz zur Modernisierung des Schuldrechts*

Mit Art. 1 Abs. 1 Nr. 13 und Art. 6 Nr. 7 des Gesetzes zur Modernisierung des Schuldrechts wurde das Fernabsatzgesetz aufgehoben und seine Regelungen zum größten Teil in das Bürgerliche Gesetzbuch integriert.[42] Die Einzelheiten der Informationspflichten des Unternehmers nach verschiedenen verbraucherschützenden Vorschriften wurden in die Verordnung über die Informations- und Nachweispflichten nach bürgerlichem Recht (BGB-InfoV) ausgelagert.[43] Das in das Bürgerliche Gesetzbuch eingefügte Fernabsatzrecht entsprach im Wesentlichen den bisherigen Vorschriften, allerdings gab es gerade im Bereich der Rechtsfolgen von Widerruf bzw. Rückgabe und bei den verbundenen Verträgen einige Änderungen.[44] Zudem wurden die Vorschriften des Fernabsatzgesetzes durch die Regelungen zu dem elektronischen Geschäftsverkehr ergänzt, die dem Unternehmer weitere Informationspflichten auferlegen und zudem auch über § 312e Abs. 3 Satz 2 BGB mit dem Fernabsatzrecht verknüpft sind.[45] Durch Art. 25 Abs. 1 Nr. 4-7 des Gesetzes zur Änderung der Vertretung durch Rechtsanwälte vor den Oberlandesgerichten hat der Gesetzgeber einige Versäumnisse nachgeholt, die bei der Neuordnung des Fernabsatzrechts im Rahmen der Schuldrechtsmodernisierung unterlaufen waren.[46]

*c. Fernabsatzänderungsgesetz*

Mit dem Gesetz zur Änderung der Vorschriften über Fernabsatzverträge bei Finanzdienstleistungen[47] hat der Gesetzgeber die Richtlinie über den Fernabsatz

---

[41] Es soll so einer „kostenlosen Buchleihe“ durch den Verbraucher vorgebeugt werden, vgl. *Marx*, WRP 2000, 1227 (1234).

[42] Gesetz zur Modernisierung des Schuldrechts vom 26. November 2001, BGBl. I S. 3138; vgl. hierzu *Roth*, JZ 2001, 475; *Härting*, MDR 2002, 61.

[43] BGB-InfoV (v. 02.01.2002, BGBl. I S. 342, geändert am 01.08.2002, BGBl. I S. 2958, geändert am 02.12.2004, BGBl. I S. 3102).

[44] Zu den einzelnen Änderungen vgl. die Fußnoten bei den entsprechenden Regelungen.

[45] Diese Vorschriften hat der deutsche Gesetzgeber in Umsetzung der Richtlinie 2000/31/EG des Europäischen Parlaments und des Rates vom 08.06.2000 über bestimmte rechtliche Aspekte der Dienste der Informationsgesellschaft, insbesondere des elektronischen Geschäftsverkehrs im Binnenmarkt (E-Commerce-Richtlinie), ABl. EG Nr. L 178 v. 17.07.2000, S. 2, erlassen.

[46] Gesetz vom 23.07.2002 zur Änderung des Rechts der Vertretung durch Rechtsanwälte vor den Oberlandesgerichten, BGBl. I S. 2850. Durch dieses Gesetz wurde die Regelung des § 312d BGB geändert. Insbesondere wurde Absatz 5 an die Vorschrift angefügt, wonach das Widerrufsrecht nicht bei Fernabsatzverträgen besteht, bei denen dem Verbraucher bereits auf Grund der Regelungen der §§ 499 bis 507 BGB ein Widerrufsrecht zusteht.

[47] Gesetz zur Änderung der Vorschriften über Fernabsatzverträge bei Finanzdienstleistungen, BGBl. I S. 3102 (im Folgenden abgekürzt „FernAbsÄndG“).

von Finanzdienstleistungen in das deutsche Recht umgesetzt.[48] Das deutsche Fernabsatzrecht entsprach strukturell den Anforderungen der Fernabsatzrichtlinie für Finanzdienstleistungen, es waren daher nur in einem begrenzten Umfang Änderungen erforderlich.[49] Änderungsbedarf bestand vor allem bei den Informationspflichten. Zum einen musste hinsichtlich des Inhalts der zu erteilenden Informationen der Katalog des § 1 BGB-InfoV um die spezifischen Informationspflichten für Fernabsatzverträge über Finanzdienstleistungen ergänzt werden.[50] Zum anderen war eine Änderung hinsichtlich der Form der Informationserteilung erforderlich, da die Anforderungen der Fernabsatzrichtlinie für Finanzdienstleistungen diesbezüglich strenger sind. Im Gegensatz zu der allgemeinen Fernabsatzrichtlinie sind die erforderlichen Informationen von dem Unternehmer grundsätzlich bereits vor Vertragsschluss auf einem dauerhaften Datenträger zu erteilen.[51]

### *II. Regelungsgehalt des Fernabsatzrechts*

In dem folgenden Kapitel soll als Grundlage für die Diskussion des Merkmals des Fernabsatzsystems ein Überblick über die Regelungsmaterie des Fernabsatzrechts der §§ 312b-312d, 312f BGB gegeben werden.

#### *1. Anwendungsbereich*

§ 312b BGB regelt den Anwendungsbereich der Sondervorschriften über Fernabsatzverträge.[52] Für die Eröffnung des Anwendungsbereiches ist das Vorliegen zweier positiver und einer negativen Voraussetzung erforderlich:[53]

---

[48] Vgl. hierzu *Felke/Jordans*, WM 2004, 166; *dies.*, NJW 2005, 710; *Härting/Schirmbacher*, DB 2003, 1777. Zu den einzelnen Änderungen vgl. die Fußnoten bei den entsprechenden Regelungen.

[49] In diesem Zusammenhang ist zu beachten, dass die Fernabsatzrichtlinie für Finanzdienstleistungen im Gegensatz zu der allgemeinen Fernabsatzrichtlinie einen absoluten Standard vorgibt, den die Mitgliedstaaten in ihr nationales Recht übernehmen sollen, es sei denn, die Richtlinie lässt ausdrücklich Abweichungen zu, vgl. Erwägungsgrund Nr. 13 FernAbsFinanzDLRL, ABl. EG Nr. L 271 v. 09.10.2002, S. 16 (17).

[50] Diese Informationen stammen aus Art. 3 FernAbsFinanzDLRL, ABl. EG Nr. L 271 v. 09.10.2002, S. 16 (19 f.).

[51] Vgl. Art. 5 Abs. 1 FernAbsFinanzDLRL, ABl. EG Nr. L 271 v. 09.10.2002, S. 16 (20).

[52] § 312b fasst Art. 1 bis 3 der FernAbsRL in einer Vorschrift zusammen, ABl. EG Nr. L 144 v. 04.06.1997, S. 19 (21). Durch das Schuldrechtsmodernisierungsgesetz wurde die Vorgängervorschrift des § 1 FernAbsG mit der Regelung des § 312b BGB in das Bürgerliche Gesetzbuch integriert. In diesem Zusammenhang wurden Darlehensvermittlungsverträge aus der Bereichsausnahme nach § 1 Abs. 3 Nr. 3 FernAbsG ausgenommen, so dass im Ergebnis Darlehensvermittlungsverträge nunmehr dem Anwendungsbereich des Fernabsatzrechts unterfallen könnten. Weiterhin entfiel § 1 Abs. 4 FernAbsG ersatzlos. Durch das Fernabsatzänderungsgesetz hat der Gesetzgeber in § 312b Abs. 1 S. 1 BGB klargestellt, dass Finanzdienstleistungen unter den Begriff der Dienstleistung fallen. In § 312b Abs. 1 S. 2 BGB hat er dann eine Definition des Begriffs der Finanzdienstleistung vorgenommen. Die bisher beste-

- Es muss zwischen einem Unternehmer und einem Verbraucher ein Vertrag über eine Ware oder eine Dienstleistung vorliegen.

- Es muss sich um einen Fernabsatzvertrag handeln, d.h. um einen Vertrag, bei dem zu dem Vertragsschluss ausschließlich Fernkommunikationsmittel verwendet werden, es sei denn der Vertragsschluss erfolgt nicht im Rahmen eines für den Fernabsatz organisierten Vertriebs- oder Dienstleistungssystems.

- Der Anwendungsbereich darf nicht nach § 312b Abs. 3 BGB ausgeschlossen sein.

*a. persönlicher Anwendungsbereich*
Die Anwendung von § 312b BGB setzt zunächst voraus, dass Verbrauchervertrag vorliegt, also ein Vertrag zwischen einem Unternehmer und einem Verbraucher besteht. Gemäß § 13 BGB ist Verbraucher jede natürliche Person, die ein Rechtsgeschäft zu einem Zweck schließt, der weder ihrer gewerblichen noch ihrer selbständigen beruflichen Tätigkeit zugerechnet werden kann, die also zu privaten oder abhängig beruflichen Zwecken handelt.[54] Gemäß § 14 Abs. 1 BGB ist ein Unternehmer eine natürliche oder juristische Person oder eine rechtsfähige Personengesellschaft, die bei Abschluss eines Rechtsgeschäfts in Ausübung ihrer gewerblichen oder beruflichen Tätigkeit handelt.[55] Dazu gehört jedes planmäßige und dauerhafte Angebot von Leistungen gegen Entgelt.[56] Auf die Gewinnerzielungsabsicht kommt es nicht an, da andernfalls ein bloßes Internum über die Anwendbarkeit der verbraucherschützenden Rege-

---

hende Bereichsausnahme nach § 312b Abs. 3 Nr. 3 BGB für Finanzgeschäfte wurde durch die Umsetzung der Fernabsatzrichtlinie für Finanzdienstleistungen überflüssig. An ihre Stelle trat die Ausnahme für Versicherungs- und Versicherungsvermittlungsverträge. Im Hinblick auf diese Regelungsmaterie hielt der Gesetzgeber eine Integration in das Versicherungsvertragsrecht für eine sachgerechtere Lösung. Weiterhin wurden durch das Fernabsatzänderungsgesetz in § 312b BGB die Absätze 4 und 5 eingefügt. Die Regelung des § 312b Abs. 4 BGB hat für Vertragsverhältnisse, bei denen sich Vorgänge an eine erstmalige Vereinbarung anschließen oder aufeinander folgen, eine Vereinfachung der Informationspflichten zum Inhalt. Mit der Regelung des § 312b Abs. 5 BGB wurde die Regelung des § 1 Abs. 4 FernAbsG wieder eingeführt, die zwischenzeitlich aufgehoben war.

[53] Die ersten beiden Voraussetzungen entstammen dem Definitionskatalog des Art. 2 Nr. 1 FernAbsRL „Vertragsschluss im Fernabsatz", ABl. EG Nr. L 144 v. 04.06.1997, S. 19 (21).

[54] Diese Definition hat der Gesetzgeber Art. 2 Nr. 2 FernAbsRL, ABl. EG Nr. L 144 v. 04.06.1997, S. 19 (21) entnommen.

[55] Diese Definition entstammt dem Katalog des Art. 2 Nr. 3 FernAbsRL, wobei in der FernAbsRL der Begriff „Lieferer" verwendet worden ist, ABl. EG Nr. L 144 v. 04.06.1997, S. 19 (21).

[56] Vgl. *Heinrichs*, in: Palandt, 65. Aufl., 2006, § 14 Rn. 2 m.w.N..

lungen entschiede.[57] § 14 BGB erfasst auch die nur nebenberufliche Tätigkeit.[58] Über die Zuordnung zum privaten oder unternehmerischen Bereich entscheidet nicht der innere Wille des Handelnden, sondern der durch Auslegung zu ermittelnde Inhalt des Rechtsgeschäfts.[59]

*b. sachlicher Anwendungsbereich*

§ 312b Abs. 1 BGB definiert den Begriff des Fernabsatzvertrags, in Absatz 2 wird eine Konkretisierung hinsichtlich der Fernkommunikationsmittel vorgenommen, die Absätze 3 und 4 enthalten Ausnahmen von der Anwendbarkeit und in Absatz 5 wird das Günstigkeitsprinzip festgelegt.

*aa. Vertragsgegenstand*

Das Gesetz findet gemäß § 312b Abs. 1 BGB ausschließlich Anwendung auf Fernabsatzverträge über die Lieferung von Waren oder die Erbringung von Dienstleistungen einschließlich Finanzdienstleistungen. Bei der Auslegung der Begriffe „Lieferung von Waren" und „Erbringung von Dienstleistungen" muss der europäische Hintergrund des Fernabsatzrechts berücksichtigt werden. Diese Begriffe gehören einer autonomen Rechtsordnung an und sind daher ohne Rückgriff auf nationales deutsches Recht aus sich heraus zu interpretieren.[60] Die Fernabsatzrichtlinie verwendet die Begriffe „Waren" und „Dienstleistungen", ohne sie zu definieren. Bekannt sind die Begriffe aber aus dem Primärrecht, zu dessen vier Grundfreiheiten die Waren- und Dienstleistungsfreiheit zählen. Der Handel mit Waren wird in den Art. 23 ff. EGV und der Begriff der Dienstleistung in den Art. 49 ff. EGV verwendet. Unter den Dienstleistungsbegriff fallen danach Erzeugnisse unternehmerischer Tätigkeit (Produkte), deren Substanz im Gegensatz zu Produkten aus dem Warenbereich unsichtbar bleibt, weil sie in einem „Know-how" besteht. Das Wesen der Dienstleistung besteht somit im Einsatz einer Fähigkeit oder Technik und tritt hinter die Verkörperung in Form eines sichtbaren Gegenstandes zurück.[61] Die Erbringung von Dienstleistungen umfasst Dienstverträge, Werkverträge, Geschäftsbesorgungsverträge aller Art.[62] Der Begriff ist weit auszulegen und schließt z.B. auch Miet-

---

[57] Vgl. hierzu auch *Micklitz*, in: Münchener Kommentar, Band 1, 4. Aufl., 2001, § 14 Rn. 16.

[58] *Heinrichs*, in: Palandt, 65. Aufl., 2006, § 14 Rn. 2.

[59] Vgl. *Heinrichs*, a.a.O., § 13 Rn. 4. Zur Einordnung von Fällen, in denen ein einheitlicher Vertrag im Sinne von § 139 BGB teilweise privaten oder abhängig beruflichen Zwecken, teilweise der gewerblichen oder selbständig beruflichen Sphäre zugerechnet werden kann (dual use), vgl. *Wendehorst*, in: Münchener Kommentar, Band 2, 4. Auflage, 2001, § 1 FernAbsG Rn. 14 f..

[60] Vgl. *Brönnecke*, in: *Roßnagel (Hrsg.)*, Recht der Multimedia-Dienste, 2005, Vor §§ 312b ff., Rn. 42.

[61] Vgl. *Bücker*, in: *Roßnagel (Hrsg.)*, Recht der Multimedia-Dienste, 2005, § 312d Rn. 42.

[62] Vgl. RegE FernAbsG, BT-Drs. 14/2658, S. 30. Zur Einordnung von Software vgl. *Schmitt*, CR 2001, 838 (842).

verträge, Maklerverträge, Sicherungsgeschäfte und Bürgschaftsverträge mit ein.[63] Erfasst werden auch Dienstleistungen höherer Art, wie sie typischerweise von Angehörigen der freien Berufe wie z.B. Anwälten, Notaren, Steuerberatern, Architekten und ähnlichen Berufen erbracht werden. Dabei ist unerheblich, welcher Vertragstypus dem Geschäft zugrunde liegt.[64] Finanzdienstleistungen sind nach der gesetzlichen Definition des § 312b Abs. 1 Satz 2 BGB Bankdienstleistungen sowie Dienstleistungen im Zusammenhang mit einer Kreditgewährung, Versicherung, Altersversorgung von Einzelpersonen, Geldanlage oder Zahlung.[65] Waren sind alle beweglichen körperlichen Sachen, mit denen Handel betrieben werden soll. Erfasst wird auch die Lieferung der nicht verkörperten Gegenstände Strom, Gas, Wasser, Fernwärme.[66]

Im Ergebnis liegt somit in der Nennung von Waren und Dienstleistungen im Wortlaut des § 312b Abs. 1 BGB keine Beschränkung des Vertragsgegenstandes.[67] Ausreichend für die Eröffnung des sachlichen Anwendungsbereichs muss bezüglich dieser Voraussetzung sein, dass als Vertragsgegenstand Leistungen beliebiger Art vorliegen.[68] Der Differenzierung zwischen Waren und Dienstleistungen kommt erst Bedeutung im Rahmen der Rechtsfolgen zu.[69] Der Begriff des Fernabsatzvertrages knüpft somit an die Art und Weise des Vertragsschlusses an und nicht etwa an den Inhalt des Vertrages.[70]

Der Begriff des Fernabsatzvertrages wird durch zwei Komponenten geprägt: die Vertragsschlusstechnik und das Vertriebssystem.[71] Es werden nicht alle ausschließlich mit Fernkommunikationsmitteln geschlossenen Verträge erfasst, sondern nur solche Distanzverträge, die unter ausschließlicher Verwendung von Fernkommunikationsmitteln im Rahmen eines Fernabsatzsystems geschlossen werden.

*bb. Vertragsschlusstechnik*

Ein Vertragsschluss unter ausschließlicher Verwendung von Fernkommunikationsmitteln liegt vor, wenn sowohl für den Vertragsantrag im Sinne des § 145

---

[63] *Brönnecke*, in: *Roßnagel (Hrsg.)*, Recht der Multimedia-Dienste, 2005, § 312b Rn. 41; *Saenger*, in: Erman, 11. Aufl., 2004, § 312b Rn. 3.
[64] *Brönnecke*, a.a.O..
[65] Der Gesetzgeber hat mit dieser Regelung Art. 2 b FernAbsFinanzDLRL, ABl. EG Nr. L 271 v. 09.10.2002, S. 16 (19) umgesetzt.
[66] Vgl. *Grüneberg*, in: Palandt, 65. Aufl., 2006, § 312b Rn. 10.
[67] Vgl. *Lütcke*, Fernabsatzrecht, 2002, § 312b Rn. 36; *Wendehorst*, in: Münchener Kommentar, Band 2, 4. Aufl., 2001, § 1 FernAbsG Rn. 22.
[68] Vgl. *Wendehorst*, in: Münchener Kommentar, Band 2a, 2003, § 312b Rn. 22.
[69] Vgl. §§ 312b Abs. 2, Abs. 3, Abs. 4 Nr. 1, 355 Abs. 3 S. 2 BGB.
[70] Vgl. *Grüneberg*, in: Palandt, 65. Aufl., 2006, § 312b Rn. 6; ausführlich *Schmidt-Räntsch*, in: Bamberger/Roth, Band 1, 2003, § 312b Rn. 15 f..
[71] Vgl. *Lorenz*, JuS 2000, 833 (838).

BGB als auch für die Annahmeerklärung im Sinne des § 146 BGB Fernkommunikationsmittel eingesetzt werden.[72]

*(1) ausschließliche Verwendung von Fernkommunikationsmitteln*
Ein Fernkommunikationsmittel ist nach der Legaldefinition in § 312b Abs. 2 BGB jedes Kommunikationsmittel, das zur Anbahnung oder zum Abschluss eines Vertrages ohne körperliche Anwesenheit der Vertragsparteien eingesetzt werden kann.[73] Gleichgültig ist in diesem Zusammenhang, ob die Parteien gleichartige oder unterschiedliche Fernkommunikationsmittel zum Vertragsabschluss benutzen.[74]

Es kommt nicht darauf an, was das nationale Zivilrecht unter einem Vertragsschluss unter Abwesenden versteht. Maßgeblich ist vielmehr eine räumliche Betrachtung.[75] Das hat zur Folge, dass die Einordnungen von Vertragsschlüssen im klassischen Zivilrecht für die Einordnung als Fernabsatz unerheblich sind.[76] So wird nach § 147 Abs. 1 Satz 2 BGB der Vertragsschluss am Telefon als Vertragsschluss unter Anwesenden qualifiziert.[77] Der telefonische Vertragsschluss führt jedoch, wie die Regelbeispiele in § 312b Abs. 2 BGB erkennen lassen, zur Anwendbarkeit des Fernabsatzrechts.[78]

Ebenfalls als Vertragsabschluss unter Einsatz von Fernkommunikationsmitteln ist der Fall anzusehen, in dem dem Verbraucher bei Vertragsschluss oder -anbahnung ein Bote in unmittelbaren Kontakt gegenübertritt, der jedoch über den Vertragsinhalt keine näheren Auskünfte erteilen kann.[79] Das im Fernabsatz bestehende Informationsdefizit kann durch eine Person mit einer derart eingeschränkten Botenfunktion nicht ausgeglichen werden.[80] Nach dem Schutzzweck

---

72 LG Magdeburg, Urt. v. 29.08.2002 - 36 O 115/02 (014), NJW-RR 2003, 409.

73 Der deutsche Gesetzgeber hat hier die Definition aus dem Katalog des Art. 2 Nr. 4 FernAbsRL übernommen, ABl. EG Nr. L 144 v. 04.06.1997, S. 19 (21).

74 Vgl. *Ende/Klein*, Grundzüge des Vertriebsrechts im Internet, 2001, S. 131; *Grüneberg*, in: Palandt, 65. Aufl., 2006, § 312b Rn. 8; *Härting*, Fernabsatzgesetz, 2000, § 1 Rn. 59; *Lütcke*, Fernabsatzrecht, 2002, § 312b Rn. 59; *Saenger*, in: Erman, 11. Aufl., 2004, § 312b Rn. 7; *Selenkewitsch*, in: *Bülow/Artz (Hrsg.)*, Handbuch Verbraucherprivatrecht, 2005, 6. Kap. Rn. 20.

75 Vgl. *Schmidt-Räntsch*, in: Bamberger/Roth, Band 1, 2003, § 312b Rn. 17.

76 *Schmidt-Räntsch*, VuR 2000, 427.

77 Der telefonische Vertragsschluss bleibt ein Vertragsschluss unter Anwesenden, der jedoch auch unter das Fernabsatzrecht fallen kann, vgl. RegE FernAbsG, BT-Drs. 14/2658, S. 31.

78 In § 147 Abs. 1 S. 1 BGB erfolgt eine rechtliche Einordnung, in § 312b Abs. 1 BGB dagegen eine tatsächliche Betrachtung des Vertragsschlusses, vgl. *Schmidt-Räntsch*, in: Bamberger/Roth, Band 1, 2003, § 312b Rn. 17.

79 Vgl. BGH, Urt. v. 21.10.2004 - III ZR 380/03, NJW 2004, 3699 (3700); *Wendehorst*, in: Münchener Kommentar, Band 2a, 2003, § 312b Rn. 44.

80 BGH, a.a.O.. Etwas anderes soll jedoch dann gelten, wenn die eingeschaltete Person in der Lage ist, in einem persönlichen Gespräch nähere Auskünfte über die angebotene Ware oder Dienstleistung zu geben.

des Fernabsatzrechts ist daher in diesen Konstellationen ein Vertragsschluss mittels Fernkommunikationsmitteln anzunehmen.[81] Als Nutzung eines Fernkommunikationsmittels ist es auch anzusehen, wenn die Annahme des Angebots des Verbrauchers gemäß § 151 BGB durch die Zusendung der Ware seitens des Unternehmers erfolgt.[82]

Als Regelbeispiele für Fernkommunikationsmittel zählt das Gesetz in § 312b Abs. 2 BGB Briefe, Kataloge, Telefonanrufe, Telekopien, E-Mails sowie Rundfunk, Tele- und Mediendienste auf.[83] Diese Techniken umfassen sowohl traditionelle Vertriebsmethoden wie den Katalog- und Versandhandel als auch moderne Formen wie Electronic Commerce und ähnliches.[84] Der Begriff der Fernkommunikation ist entsprechend flexibel, um den schnellen technologischen Änderungen Rechnung zu tragen.[85] Erfasst wird so jede Form des Distanzvertriebs, insbesondere gehören auch künftig entstehende Fernkommunikationsmittel dazu.[86]

*(2) persönlicher Kontakt der Vertragsparteien im Stadium der Vertragsanbahnung*

Der Vertragsschluss muss gemäß § 312b Abs. 1 Satz 1 BGB unter ausschließlicher Verwendung von Fernkommunikationsmitteln erfolgen. Verträge, bei denen es in der Phase der Vertragsanbahnung zu einem persönlichen Kontakt zwischen den Parteien gekommen ist, werden grundsätzlich nicht von dem Fernabsatzrecht erfasst. Als Argument ist der Wortlaut von § 312b Abs. 2 BGB heranzuziehen, wonach Fernkommunikationsmittel auch bei der „Anbahnung" eines Vertrags eingesetzt werden können.[87] Dies ergibt sich in richtlinienkonformer Auslegung auch aus den Regelungen des Art. 2 Nr. 1 der allgemeinen Fern-

---

[81] BGH, a.a.O.; OLG Schleswig, Urt. v. 28.08.2003 - 7 U 240/01, NJW 2004, 231 (232) = CR 2004, 300 (301).

[82] Vgl. RegE FernAbsG, BT-Drs. 14/2658, S. 31; OLG Schleswig, a.a.O.; *Grüneberg*, in: Palandt, 65. Aufl., 2006, § 312b Rn. 4, 8; *Lütcke*, Fernabsatzrecht, 2002, § 312b Rn. 59.

[83] Der Gesetzgeber hat darauf verzichtet, die Fernkommunikationsmittel in einer beispielhaften und nicht erschöpfenden Liste aufzuführen, wie sie in der FernAbsRL in Anhang I (ABl. EG Nr. L 144 v. 04.06.1997, S. 19 (26)) enthalten ist.

[84] Vgl. RegE FernAbsG, BT-Drs. 14/2658, S. 16, *Härting/Schirmbacher*, MDR 2000, 917; *Heinrichs*, in: Festschrift für Medicus, 1999, S. 177 (188); *Gößmann*, MMR 1998, 88 (89); *Reich*, EuZW 1997, 581 (582).

[85] Vgl. Erwägungsgrund Nr. 9 zur FernAbsRL, ABl. EG Nr. L 144 v. 04.06.1997, S. 19 (20); *Hoffmann*, in: *Lehmann (Hrsg.)*, Rechtsgeschäfte im Netz - Electronic Commerce, 1999, S. 61 (63); *Pützhoven*, Europäischer Verbraucherschutz im Fernabsatz, Dissertation Universität Greifswald, 2001, S. 44; *Reich*, EuZW 1997, 581 (582).

[86] Vgl. *Pützhoven*, a.a.O.; *Schmidt-Räntsch*, in: Bamberger/Roth, Band 1, 2003, § 312b Rn. 18; *Wilmer*, RTkom 2001, 5 (6).

[87] Vgl. *Wendehorst*, in: Münchener Kommentar, Band 2a, 2003, § 312b Rn. 46; *dies.*, in: Münchener Kommentar, Band 2, 4. Aufl., 2001, § 1 FernAbsG Rn. 46.

absatzrichtlinie und des Art. 2 Buchstabe a der Fernabsatzrichtlinie für Finanzdienstleistungen, wonach bis zum Abschluss des Vertrages einschließlich des Vertragsschlusses selbst ausschließlich Fernkommunikationsmittel verwendet werden müssen.[88] Es sind auch keine Anhaltspunkte dafür ersichtlich, dass der deutsche Gesetzgeber von dem ihm in Art. 14 der allgemeinen Fernabsatzrichtlinie eingeräumten Recht Gebrauch machen wollte, den Verbraucherschutz im Vergleich zu der Richtlinie noch auszuweiten.[89] Noch deutlicher geht dies aus Erwägungsgrund Nr. 15 der Fernabsatzrichtlinie für Finanzdienstleistungen hervor.[90] Danach sind Fernabsatzverträge alle Verträge, bei denen das Angebot, die Verhandlung und der Abschluss selbst an getrennten Orten erfolgen.

*(a) Ausschluss des Fernabsatzrechts bei persönlichem Kontakt*

Eine Ansicht will den Anwendungsbereich des Fernabsatzrechts aus diesem Grund dahingehend einschränken, dass solche Verträge ausgenommen werden, bei denen es in der Phase der Vertragsanbahnung zu einem persönlichen Kontakt zwischen Unternehmer und Verbraucher gekommen ist.[91] Es wird argumentiert, das Abstellen auf den Vertragsschluss mittels Fernkommunikationsmitteln führte in diesen Fällen zu einem unerträglichen Wertungswiderspruch.[92] Der Verbraucher würde in diesen Fällen besser geschützt, als wenn er den Vertrag unmittelbar mit Mitteln der Direktkommunikation abschlösse.[93] Im Ergebnis habe der Verbraucher, der sich im Anschluss an ein Beratungsgespräch zum Vertragsschluss entschließt, kein Widerrufsrecht.[94] Der Verbraucher hingegen, der die Ware später per Fernkommunikationsmittel bestellt, hat demgegenüber ein solches Widerrufsrecht.[95]

Teilweise werden innerhalb dieser Ansicht einschränkend bestimmte Anforderungen an die Qualität des Kontaktes gestellt, insbesondere wird darauf abgestellt, ob der Verbraucher aufgrund des persönlichen Kontakts die Möglich-

---

[88] Art. 2 Nr. 1 FernAbsRL (ABl. EG Nr. L 144, v. 04.06.1997, S. 19 (21)); Art. 2 Buchstabe a FernAbsFinanzDLRL (ABl. EG Nr. L 271 v. 09.10.2002, S. 16 (19)).

[89] Art. 14 S. 2 FernAbsRL, ABl. EG Nr. L 144 v. 04.06.1997, S. 19 (24). Vgl. auch *Lütcke*, Fernabsatzrecht, 2002, § 312b Rn. 61.

[90] Erwägungsgrund Nr. 15 S. 3 FernAbsFinanzDLRL, ABl. EG Nr. L 271 v. 09.10.2002, S. 16 (17).

[91] *Grigoleit*, NJW 2002, 1151 (1152); *Härting*, Fernabsatzgesetz, 2000, § 1 Rn. 69; *ders.*, Internetrecht, 2. Aufl., 2005, Rn. 418; *Oelrich*, ZLR 2001, 45 (49); *Waldenberger*, in: *Hoeren/Sieber (Hrsg.)*, Handbuch Multimedia-Recht, 2005, Teil 13.4 Rn. 45; *Wendehorst*, in: Münchener Kommentar, Band 2a, 2003, § 312b Rn. 47; *dies.*, in: Münchener Kommentar, Band 2, 4. Aufl., 2001, § 1 FernAbsG Rn. 47.

[92] *Härting*, Fernabsatzgesetz, 2000, § 1 Rn. 65; vgl. auch *Meents*, CR 2000, 610.

[93] *Schmidt-Räntsch*, in: Bamberger/Roth, 2003, § 312b Rn. 24.

[94] *Härting*, a.a.O.; *Lütcke*, Fernabsatzrecht, 2002, § 312b Rn. 60; *Meents*, a.a.O..

[95] *Härting*, a.a.O.; *Lütcke*, a.a.O.; *Meents*, a.a.O..

keit hatte, die vertragswesentlichen Informationen zu erlangen.[96] Sofern nur ein kurzer Kontakt zwischen Verbraucher und Unternehmer bestand, soll ein Umgehungsgeschäft im Sinne des § 312f Satz 2 BGB anzunehmen sein.[97] Weiterhin soll das Fernabsatzrecht nur dann ausgeschlossen sein, wenn der Vertragsschluss in einem unmittelbaren zeitlichen Zusammenhang mit dem persönlichen Kontakt erfolgte.[98]

*(b) Kritik: mangelnde Abgrenzbarkeit, Rechtsunsicherheit*

Gegen diese Ansicht ist vorzubringen, dass im Einzelfall Abgrenzungsprobleme bestehen.[99] Zum einen soll zur Beantwortung der Frage, ob die Anwendbarkeit des Fernabsatzrechts ausgeschlossen ist, auf die Intensität des Kontaktes zwischen Unternehmer und Verbraucher abzustellen sein. Daneben soll noch ein zeitliches Moment Berücksichtigung finden. Es ist nicht ersichtlich, auf welche Weise brauchbare Kriterien entwickelt werden sollen, die für die Beteiligten klarstellen, in welchen Fällen das Fernabsatzrecht Anwendung findet. Auf diese Weise wird der Rechtsunsicherheit Vorschub geleistet.[100]

Insbesondere sind Fälle denkbar, in denen zwischen dem persönlichen Kontakt zwischen Verbraucher und Unternehmer und der Bestellung des Verbrauchers ein langer Zeitraum liegt. In derartigen Fällen ist es nicht gerechtfertigt, dem Verbraucher den Schutz des Fernabsatzrechts zu verwehren. Es bestehen daher erhebliche Bedenken gegen den Ausschluss des Fernabsatzrechts unter Heranziehung des Kriteriums des persönlichen Kontakts in der Vertragsanbahnungsphase.

*(c) Tatbestandsmerkmal des Fernabsatzsystems als Korrelat*

Richtigerweise lassen sich derartige Fälle durch das Tatbestandsmerkmal des Fernabsatzsystems zufrieden stellend einordnen. Fallkonstellationen, bei denen

---

[96] *Lütcke*, Fernabsatzrecht, 2002, § 312b Rn. 62; *Martis/Meinhof*, Verbraucherschutzrecht, 2. Aufl., 2005, 4. Teil B Rn. 31; *Schirmbacher*, Verbrauchervertriebsrecht, Dissertation Universität Erlangen-Nürnberg, 2005, S. 61; *Schmidt-Räntsch*, in: Bamberger/Roth, 2003, § 312b Rn. 26; *Wendehorst*, in: Münchener Kommentar, Band 2a, 2003, § 312b Rn. 47; *dies.*, in: Münchener Kommentar, Band 2, 4. Aufl., 2001, § 1 FernAbsG Rn. 46 f.; weitergehend *Grüneberg*, in: Palandt, 65. Aufl., 2006, § 312b Rn. 8, der darauf abstellt, ob der Verbraucher die wesentlichen Informationen tatsächlich erhalten hat. Ablehnend *Grigoleit*, NJW 2002, 1151 (1152).

[97] Vgl. *Micklitz*, in: Handkommentar Vertriebsrecht, 2002, § 312b Rn. 44 f..

[98] Vgl. *Lütcke*, Fernabsatzrecht, 2002, § 312b Rn. 62; *Martis/Meinhof*, Verbraucherschutzrecht, 2. Aufl., 2005, 4. Teil B Rn. 31; *Schmidt-Räntsch*, in: Bamberger/Roth, 2003, § 312b Rn. 25; *Wendehorst*, in: Münchener Kommentar, Band 2a, 2003, § 312b Rn. 48; *dies.*, in: Münchener Kommentar, Band 2, 4. Aufl., 2001, § 1 FernAbsG Rn. 48.

[99] Ebenso *Brönnecke*, in: *Roßnagel (Hrsg.)*, Recht der Multimedia-Dienste, 2005, § 312b Rn. 62.

[100] Vgl. *Grigoleit*, NJW 2002, 1151 (1152).

die Frage des persönlichen Kontakts in der Vertragsanbahnungsphase eine Rolle spielen könnte, sind vor allem solche, bei denen der Unternehmer sowohl ein stationäres Vertriebssystem als auch ein Fernabsatzsystem vorhält.[101] Sofern sich der Verbraucher im Ladengeschäft beraten lässt und dann über ein Fernkommunikationsmittel eine Bestellung tätigt, ist darauf abzustellen, ob das Fernkommunikationsmittel Teil eines Fernabsatzsystems ist. Soweit die Ware oder Dienstleistung über Fernkommunikationsmittel bestellt wird und das Unternehmen auf derartige Bestellungen eingerichtet ist, liegt ein Vertragsschluss im Fernabsatz vor. Der in diesem Rahmen geschlossene Vertrag unterliegt dann dem Fernabsatzrecht unabhängig davon, ob es im Vorfeld des Vertragsschlusses zu einem persönlichen Kontakt zwischen Unternehmer und Verbraucher gekommen ist. Das Erfordernis der ausschließlichen Verwendung von Fernkommunikationsmitteln zum Vertragsschluss sollte daher dahingehend beschränkt werden, dass es innerhalb des Fernabsatzsystems zu keinem persönlichen Kontakt zwischen den Vertragsparteien gekommen sein darf.

*cc. Fernabsatzsystem*

Die Verwendung von Fernkommunikationsmitteln allein genügt für die Einordnung eines Vertrages als Fernabsatzvertrag nicht. Der Einsatz von Fernkommunikationsmitteln muss, wie sich aus § 312b Abs. 1 Satz 1 Halbsatz 2 BGB ergibt, Teil eines hierfür eingerichteten Vertriebssystems sein.[102] Der sachliche Anwendungsbereich bezieht sich nämlich nur auf solche Verträge, die mit Fernkommunikationsmitteln im Rahmen eines Fernabsatzsystems geschlossen werden. Es soll nicht jeder mittels Fernkommunikation getätigte Vertragsschluss zwischen einem Verbraucher und einem Unternehmer in den Anwendungsbereich des Gesetzes fallen, denn es soll keine grundsätzliche Erschwerung von Vertragsschlüssen mittels Fernkommunikation erfolgen. Deshalb wird eine entsprechende Absatzorganisation vorausgesetzt, die auf den Vertragsschluss unter Abwesenden im Wege der Fernkommunikation ausgerichtet ist.[103]

In zeitlicher Hinsicht ist diesbezüglich auf den Zeitpunkt des Vertragsabschlusses abzustellen, d.h. das Fernabsatzrecht wird auf einen nur zufällig im Fernabsatz geschlossenen Vertrag nicht rückwirkend anwendbar, wenn sich der Unternehmer erst nach Vertragsschluss zu der Einrichtung eines Fernabsatz-

[101] Vgl. *Brönnecke*, in: *Roßnagel (Hrsg.)*, Recht der Multimedia-Dienste, 2005, § 312b Rn. 61, der derartige Konstellationen, in denen sowohl ein persönlicher Vertragsschluss, als auch ein Vertragsabschluss mittels Fernkommunikationsmittel möglich ist, als „gemischte Vertriebswege" bezeichnet (ähnlich auch *Reich/Micklitz*, Europäischer Verbraucherschutz, 4. Auflage, 2003, S. 578). Richtigerweise ist in diesem Fall jedoch von zwei Vertriebssystemen auszugehen: einem stationären Vertriebssystem und einem Fernabsatzsystem.

[102] Vgl. RegE FernAbsG, BT-Drs. 14/2658, S. 30 f..

[103] Vgl. *Bodewig*, DZWir 1997, 447 (448); *Lütcke*, Fernabsatzrecht, 2002, § 312b Rn. 57.

systems entschließt.[104] Auf die Konkretisierung des Begriffs des Fernabsatzsystems als zentraler Frage dieser Arbeit wird unten in Teil 2 und Teil 3 der Arbeit ausführlich eingegangen.

Der Gesetzgeber hat in § 312b Abs. 1 Satz 1 Halbsatz 2 BGB eine negative Definition gewählt, indem er festgestellt hat, dass ein Vertrag, der unter ausschließlicher Verwendung von Fernkommunikationsmitteln abgeschlossen wurde, grundsätzlich dem Anwendungsbereich des Gesetzes unterliegt, es sei denn, dass der Vertragsschluss nicht im Rahmen eines „für den Fernabsatz organisierten Vertriebs- oder Dienstleistungssystems" erfolgt ist.[105] Die Ausnahme gilt folglich nur dann, wenn der Unternehmer nachweist, dass er kein für den Fernabsatz eingerichtetes Vertriebssystem verwendet, sondern den Vertrag nur ausnahmsweise mit solchen Mitteln abgeschlossen hat.[106] Diese Regelung bedeutet eine Beweislastumkehr, da der Unternehmer die Beweislast dafür trägt, dass er nicht über eine hinreichende Fernabsatzorganisation verfügt.[107] Der Gesetzgeber sieht hierin eine Erleichterung für die Rechtspraxis, da der Anwendungsbereich schwerer zu ermitteln wäre, hätte er die Regelungstechnik der Fernabsatzrichtlinie übernommen.[108] Dann müsste nämlich positiv festgestellt werden, ob der konkrete Vertrag im Rahmen eines für den Fernabsatz eingerichteten Vertriebssystems abgeschlossen wurde oder nicht.[109]

Diese Beweislastumkehr ist in den Bestimmungen der Fernabsatzrichtlinien nicht vorgesehen. Im Hinblick auf die Umsetzung der allgemeinen Fernabsatzrichtlinie ist dies unproblematisch, da in Art. 14 Satz 1 der allgemeinen Fernabsatzrichtlinie die Möglichkeit für den Gesetzgeber vorgesehen ist, strengere Vorschriften zu erlassen, um ein höheres Schutzniveau für den Verbraucher zu gewährleisten.[110] Insofern kann von einer überschießenden Umsetzung ausgegangen werden. Hinsichtlich der Umsetzung der Fernabsatzrichtlinie für Finanzdienstleistungen wurde demgegenüber nach dem Erwägungsgrund Nr. 13 Satz 2 eine Vollharmonisierung angestrebt.[111] Hinsichtlich der abweichenden

---

[104] *Wendehorst*, in: Münchener Kommentar, Band 2a, 2003, § 312b Rn. 55.

[105] Vgl. *Pützhoven*, Europäischer Verbraucherschutz im Fernabsatz, Dissertation Universität Greifswald, 2001, S. 149.

[106] Vgl. RegE FernAbsG, BT-Drs. 14/2658, S. 31.

[107] Vgl. *Bülow/Artz*, NJW 2000, 2049 (2053); *Gaertner/Gierschmann*, DB 2000, 1601; *Grüneberg*, in: Palandt, 65. Aufl., 2006, § 312b Rn. 11.

[108] Vgl. RegE FernAbsG, BT-Drs. 14/2658, S. 31.

[109] Vgl. RegE FernAbsG, BT-Drs. 14/2658, S. 31; so auch: *Bülow/Arzt*, NJW 2000, 2049 (2053).

[110] Art. 14 S. 1 FernAbsRL, ABl. EG Nr. L 144 v. 04.06.1997, S. 19 (24).

[111] Erwägungsgrund Nr. 13 S. 2 FernAbsFinanzDLRL, ABl. EG Nr. L 271 v. 09.10.2002, S. 16 (17). Es handelt sich hierbei jedoch um eine Soll-Vorschrift. Das ursprünglich verfolgte Ziel einer Vollharmonisierung der Vorschriften der Fernabsatzrichtlinie über Finanzdienstleistungen wurde im Verlauf der Ent-wicklung der Richtlinie aufgegeben, vgl. *Micklitz*, in: Handkommentar Vertriebsrecht, 2002, § 312b Rn. 9 ff. m.w.N..

Regelung durch den deutschen Gesetzgeber könnten daher Bedenken hinsichtlich einer richtlinienkonformen Umsetzung geltend gemacht werden.

*dd. Bereichsausnahmen*

In § 312b Abs. 3 BGB werden eine Reihe von Verträgen aus dem Anwendungsbereich des Fernabsatzrechts ausgenommen.[112] Diese Bereichsausnahmen beruhen auf unterschiedlichen Erwägungen: Zum Teil lassen die Umstände des Vertragsschlusses oder die Natur der unternehmerischen Leistung die Anwendung des Fernabsatzrechts nicht zweckmäßig erscheinen (Nr. 5, 7 Buchstaben a und b). Zum Teil wurden die betreffenden Verträge von der Fernabsatzrichtlinie ausgenommen, weil der Verbraucher entweder durch die nationalen Bestimmungen der Mitgliedstaaten (Nr. 4) oder aber durch eine bereits umgesetzte Richtlinie (Nr. 6) ausreichend geschützt wird.[113] Teilweise wurden die Schutzvorschriften aus Gründen des Sachzusammenhangs einem anderen Rechtsgebiet zugeordnet (Nr. 3). Andere Verträge hat der deutsche Gesetzgeber von dem Anwendungsbereich ausgenommen, weil Vorschriften in Umsetzung einer speziellen Verbraucherschutzrichtlinie bestehen (Nr. 2), die gemäß Art. 13 Abs. 2 der allgemeinen Fernabsatzrichtlinie Vorrang genießt, oder weil ein anderes Verbraucherschutzgesetz bereits ein höheres Schutzniveau gewährleistet (Nr. 1).

*(1) Fernunterrichtsverträge (§ 312b Abs. 3 Nr. 1 BGB)*

Von dem Anwendungsbereich ausgenommen sind zunächst die Verträge über Fernunterricht (Nr. 1). Fernunterrichtsverträge sind Verträge über Dienstleistungen, nämlich Fernunterricht, bei denen Lernender und Lehrender überwiegend räumlich getrennt sind und der Lehrende den Lernerfolg überwacht (§ 1 Fernunterrichtsschutzgesetz). Für diesen Bereich gewährleistet das Fernunterrichtsschutzgesetz als nationales Verbraucherschutzgesetz bereits ein höheres Schutzniveau.[114]

*(2) Teilzeitnutzungsverträge (§ 312b Abs. 3 Nr. 2 BGB)*

Eine weitere Ausnahme betrifft die Teilzeitnutzung von Wohngebäuden (Nr. 2). Teilzeitnutzungsverträge sind von dem Anwendungsbereich ausgenommen, weil hier mit § 481 BGB eine Vorschrift in Umsetzung einer speziellen Verbraucherschutzrichtlinie besteht, die gemäß Art. 13 Abs. 2 der allgemeinen Fernabsatzrichtlinie Vorrang genießt.[115] Von der Ausnahme werden solche Verträge

---

[112] Die in Art. 3 der FernAbsRL (ABl. EG Nr. L 144 v. 04.06.1997, S. 19 (21)) vorgesehenen Ausnahmen sind von dem deutschen Gesetzgeber weitgehend wörtlich übernommen worden.

[113] Vgl. RegE FernAbsG, BT-Drs. 14/2658, S. 31.

[114] Vgl. hierzu die Erwägungen in RegE FernAbsG, BT-Drs. 14/2658, S. 31.

[115] Richtlinie 94/47/EG des Europäischen Parlaments und des Rates vom 26. Oktober 1994 zum Schutz der Erwerber im Hinblick auf bestimmte Aspekte über den Erwerb von Teil-

erfasst, durch die ein Unternehmer einem Verbraucher gegen Zahlung eines Gesamtpreises das Recht verschafft oder zu verschaffen verspricht, für die Dauer von mindestens drei Jahren ein Wohngebäude oder einen Teil eines Wohngebäudes jeweils für einen bestimmten oder bestimmbaren Zeitraum eines Jahres zu Erholungs- oder Wohnungszwecken zu nutzen (§ 481 Abs. 1 Satz 1, Abs. 3 BGB).

*(3) Versicherungs- und Versicherungsvermittlungsverträge (§ 312b Abs. 3 Nr. 3 BGB)*

Das Fernabsatzrecht der §§ 312b ff. BGB findet keine Anwendung auf Versicherungs- und Versicherungsvermittlungsverträge (Nr. 3).[116] Zwar werden diese Verträge auch von der Richtlinie über den Fernabsatz von Finanzdienstleistungen erfasst, der Gesetzgeber hat die Schutzvorschriften hinsichtlich dieser Verträge aus Gründen des Sachzusammenhangs jedoch in §§ 48a ff. des Gesetzes über den Versicherungsvertrag (VVG) eingeordnet.[117]

*(4) Immobiliengeschäfte (§ 312b Abs. 3 Nr. 4 BGB)*

Keine Anwendung findet das Fernabsatzrecht auf Verträge über die Veräußerung von Grundstücken und grundstücksgleichen Rechten, die Begründung, Veräußerung und Aufhebung von dinglichen Rechten an Grundstücken und grundstückgleichen Rechten sowie über die Errichtung von Bauwerken (Nr. 4).[118] Die Ausnahme von Immobiliengeschäften entspricht dem Rechtsgedanken von Art. 295 EGV, wonach die Eigentumsordnung in den Mitgliedsstaaten unberührt bleibt.[119] Außerdem bestehen für solche Verträge in den nationalen Rechtsordnungen in der Regel schon allgemeine Form- und Schutzvorschriften, die entweder einen Vertragsschluss im Wege des Fernabsatzes unmöglich oder einen zusätzlichen Schutz durch Informationspflichten und Widerrufsrechte überflüssig machen.[120]

---

nutzungsrechten an Immobilien (Time-Sharing-Richtlinie), ABL. EG Nr. L 280 v. 29.10.1994, S. 83. Vgl. auch RegE FernAbsG, BT-Drs. 14/2658, S. 32.

[116] Diese Verträge werden von Art. 2 Buchstabe b der FernAbsFinanzDLRL (ABl. EG Nr. L 271 v. 09.10.2002, S. 16 (19)) erfasst.

[117] RegE FernAbsÄndG, BT-Drs. 15/2946, S. 18; hierzu kritisch *Härting/Schirmbacher*, DB 2003, 1777 (1778).

[118] Diese Bereichsausnahme geht auf Art. 3 Abs. 1 Spiegelstrich 4 FernAbsRL zurück, ABl. EG Nr. L 144 v. 04.06.1997, S. 19 (21).

[119] Vgl. RegE FernAbsG, BT-Drs. 14/2658, S. 33.

[120] RegE FernAbsG, BT-Drs. 14/2658, S. 33.

*(5) Lieferung von Lebensmitteln und Bedarfsgegenständen (§ 312b Abs. 3 Nr. 5 BGB)*

Weiterhin sind Verträge über die Lieferung von Lebensmitteln, Getränken oder sonstigen Haushaltsgegenständen des täglichen Bedarfs, die am Wohnsitz, am Aufenthaltsort oder am Arbeitsplatz eines Verbrauchers von Unternehmern im Rahmen häufiger und regelmäßiger Fahrten geliefert werden, von dem Anwendungsbereich ausgeschlossen (Nr. 5).[121] Die Ausnahmeregelung dient dem Schutz des in diesem Vertriebssegment tätigen Kleinhandels, wie z.B. der Getränkelieferdienste.[122] Es besteht eine personelle Nähe zwischen dem ausliefernden Unternehmer, der in der Regel selbst handelt oder durch seine Angestellten vertreten wird, und dem Verbraucher.[123] Die Leistungsbestellung, -erbringung und -verwertung erfolgt in diesen Fällen in einem kurzen Zeitraum.[124] Es handelt sich um Geschäfte des täglichen Lebens, die von den strengen Vorschriften des Fernabsatzrechts befreit werden sollen, um sie nicht unnötig zu erschweren.[125] Für die betroffenen Unternehmen würde sich aufgrund des geringen Entgeltes der Produkte und des geringen Ertrags je Lieferung der zu betreibende Aufwand nicht lohnen und es stünde zu befürchten, dass hinsichtlich dieser Leistungen kein Vertrieb im Fernabsatz erfolgte.[126] Die Informationen nach § 312c BGB erschienen dem Gesetzgeber bei derartigen Alltagsgeschäften zum Schutz des Verbrauchers aufgrund der Häufigkeit des Kontakts nicht nötig und die Möglichkeit des Widerrufs nicht zweckmäßig.[127]

Die Lieferung muss im Rahmen häufiger und regelmäßiger Fahrten erfolgen.[128] Hierfür ist die objektive Ausgestaltung des Angebotes des Unternehmens maßgeblich, d.h. ob ein durchschnittlicher Verbraucher, der seinen Bedarf an bestimmten Gegenständen ganz oder überwiegend durch Lieferungen entsprechender Unternehmen decken möchte, regelmäßig und häufig Bestellungen

---

[121] Diese Ausnahme geht auf Art. 3 Abs. 2 Spiegelstrich 1 FernAbsRL zurück, ABl. EG Nr. L 144 v. 04.06.1997, S. 19 (21).

[122] Vgl. *Micklitz*, VuR 1993, 129 (133); *Pützhoven*, Europäischer Verbraucherschutz im Fernabsatz, Dissertation Universität Greifswald, 2001, S. 73 m.w.N..

[123] *Pützhoven*, a.a.O., S. 74.

[124] Vgl. *Pützhoven*, a.a.O..

[125] Vgl. *Börner/Rath/Sengpiel*, Fernabsatzrecht, 2001, S. 29; *Ende/Klein*, Grundzüge des Vertriebsrechts im Internet, 2001, S. 146; *Lütcke*, Fernabsatzrecht, 2002, § 312b Rn. 116; *Micklitz*, VuR 1993, 129 (133).

[126] Vgl. *Ende/Klein*, Grundzüge des Vertriebsrechts im Internet, 2001, S. 146.

[127] Vgl. RegE FernAbsG, BT-Drs. 14/2658, S. 33; *Ende/Klein*, a.a.O., S. 144; *Härting*, Fernabsatzgesetz, 2000, § 1 Rn. 126; *Meisterernst*, ZLR 2001, 489; *Ring*, Fernabsatzgesetz, 2000, S. 82. Kritisch zur Ausnahme derartiger Geschäfte von den Informationspflichten gemäß § 312c BGB *Roth/Schulze*, RIW 1999, 924 (925).

[128] Vgl. hierzu Beschlussempfehlung und Bericht des Rechtsausschusses, BT-Drs. 14/3195, S. 30; *Ring*, Fernabsatzgesetz, 2000, S. 82; *Wendehorst*, in: Münchener Kommentar, Band 2, 4. Aufl., 2001, § 1 FernAbsG Rn. 83.

aufgeben würde.[129] Der Unternehmer muss die Auslieferung der betreffenden Waren als Massengeschäft betreiben.[130]

Voraussetzung der Bereichsausnahme ist weiterhin, dass der Unternehmer die Ware selbst oder durch einen Erfüllungsgehilfen ausliefert.[131] Sofern der Unternehmer einen Dritten mit der Auslieferung beauftragt, bleibt es bei der Anwendung des Fernabsatzrechts.[132]

Umstritten ist im Zusammenhang mit dieser Ausnahmevorschrift insbesondere, was unter Haushaltsgegenständen des täglichen Bedarfs zu verstehen ist. Die Definition des Begriffs der Haushaltsgegenstände des täglichen Bedarfs ist von besonderer Bedeutung, weil bei weiter Auslegung die Möglichkeit zur Umgehung des Fernabsatzrechts eröffnet würde. Sofern der Unternehmer die Ware selbst ausliefert, ist es allein eine Frage der Interpretation des Begriffs der Haushaltsgegenstände des täglichen Bedarfs, ob eine Vielzahl von Geschäften aus dem Anwendungsbereich des Fernabsatzrechts herausfallen. Sowohl die Stellung der Norm als Ausnahmevorschrift, als auch ihr Zweck sprechen für eine restriktive Auslegung des Begriffs der Haushaltsgegenstände des täglichen Bedarfs. Teilweise wird eine Beschränkung auf Verbrauchsgüter vertreten,[133] nach anderer Auffassung soll das gesamte Sortiment eines Supermarktes erfasst sein.[134] Nach richtiger Ansicht ist darauf abzustellen, ob es sich um Gegenstände handelt, die von einem durchschnittlichen Verbraucher häufig und regelmäßig nachgefragt werden. Bei derartigen Gegenständen kann von einer gewissen Vorinformation des Verbrauchers ausgegangen werden, und zum anderen ist

---

[129] Vgl. Stellungnahme des Rechtsausschusses, BT-Drs. 14/3195, S. 30; *Ring*, Fernabsatzgesetz, 2000, S. 82; *Schmidt-Räntsch*, VuR 2000, 427 (429); *Wendehorst*, in: Münchener Kommentar, Band 2a, 2003, § 312b Rn. 83; *dies.*, in: Münchener Kommentar, Band 2, 4. Aufl., 2001, § 1 FernAbsG Rn. 83; *Wilmer/Hahn*, Fernabsatzrecht, 2. Aufl., 2005, Teil 2 Kap. VI Rn. 40.

[130] Vgl. *Börner/Rath/Sengpiel*, Fernabsatzrecht, 2001, S. 30; *Härting*, Fernabsatzgesetz, 2000, § 1 Rn. 139.

[131] Vgl. *Härting*, Fernabsatzgesetz, 2000, § 1 Rn. 138; *Lütcke*, Fernabsatzrecht, 2002, § 312b Rn. 120.

[132] Vgl. *Härting*, a.a.O.; *Lütcke*, a.a.O..

[133] *Härting*, Internetrecht, 2. Aufl., 2005, Rn. 429; *Lütcke*, Fernabsatzrecht, 2002, § 312b Rn. 118; *Roth/Schulze*, a.a.O.; *Saenger*, in: Erman, 11. Aufl., 2004, § 312b Rn. 17; *Schirmbacher*, Verbrauchervertriebsrecht, Dissertation Universität Erlangen-Nürnberg, 2005, S. 66.

[134] *Ende/Klein*, Grundzüge des Vertriebsrechts im Internet, 2001, S. 144; *Grüneberg*, in: Palandt, 65. Aufl., 2006, § 312b Rn. 15; *Schmidt-Räntsch*, in: Bamberger/Roth, Band 1, 2003, § 312b Rn. 42; ablehnend *Martis/Meinhof*, Verbraucherschutzrecht, 2. Aufl., 2005, 4. Teil B Rn. 55. Gegen diese Ansicht spricht, dass das Sortiment der Supermärkte über den täglichen Bedarf hinausgeht, so zutreffend *Lütcke*, Fernabsatzrecht, 2002, § 312b Rn. 118.

auch nicht schwerwiegend, wenn die Ware einmal nicht den Vorstellungen des Verbrauchers entspricht.[135]

*(6) Unterbringung, Beförderung, Gastronomie, Freizeitgestaltung (§ 312b Abs. 3 Nr. 6 BGB)*

Das Fernabsatzrecht ist nicht anwendbar auf Verträge über die Erbringung von Dienstleistungen in den Bereichen Unterbringung, Beförderung, Lieferung von Speisen und Getränken sowie Freizeitgestaltung, wenn sich der Unternehmer verpflichtet, die Dienstleistung zu einem bestimmten Zeitpunkt oder innerhalb eines genau angegebenen Zeitraums zu erbringen (Nr. 6).[136] Unter den Begriff der Beförderung fällt auch das Zurverfügungstellen von Beförderungsmitteln, wie insbesondere die Vermietung von Kraftfahrzeugen.[137]

Die Informationspflichten nach § 312c BGB sowie das Widerrufsrecht nach § 312d BGB sind in diesen Fällen nicht zweckmäßig.[138] Kennzeichnendes Merkmal der ausgenommenen Verträge ist, dass der Unternehmer nur eine begrenzte Anzahl von Kunden zur gleichen Zeit bedienen kann und daher die Leistungszeit im Voraus genau festgelegt wird, damit der Vertrag erfüllt werden kann.[139] Der Unternehmer ist insoweit schutzwürdig, als er im Vorfeld der Leistungserbringung zumeist erhebliche finanzielle Dispositionen treffen muss, deren Wert er im Falle der Ausübung des Widerrufsrechts nicht entsprechend ausgleichen könnte.[140] Der Verbraucher wird bei solchen Verträgen zumindest teilweise durch die Pauschalreiserichtlinie 90/314/EWG und deren Umsetzung in nationales Recht, insbesondere durch die Regelungen der §§ 651a-651m BGB und §§ 4-11 BGB-InfoV geschützt.[141]

In bestimmten Fällen stünde insbesondere die Auferlegung der Informationspflichten in keinem angemessenen Verhältnis zu der von dem Unternehmer zu erbringenden Leistung. Als Beispiel sei der Taxifahrer genannt, der für eine

---

[135] Vgl. *Wendehorst*, in: Münchener Kommentar, Band 2a, 2003, § 312b Rn. 81; *dies.*, in: Münchener Kommentar, Band 2, 4. Aufl., 2001, § 1 FernAbsG Rn. 81.

[136] Diese Ausnahme geht auf Art. 3 Abs. 2 Spiegelstrich 2 FernAbsRL zurück, ABl. EG Nr. L 144 v. 04.06.1997, S. 19 (22).

[137] EuGH, Urt. v. 10.03.2005 - C-366/03 - „easyCar", MMR 2005, 364 (365).

[138] Vgl. RegE FernAbsG, BT-Drs. 14/2658, S. 33. Kritisch zu dieser Bereichsausnahme *Tonner*, RRa 2000, 163.

[139] *Martis/Meinhof*, Verbraucherschutzrecht, 2. Aufl., 2005, 4. Teil B Rn. 56; *Wendehorst*, in: Münchener Kommentar, Band 2a, 2003, § 312b Rn. 85; *dies.*, in: Münchener Kommentar, Band 2, 4. Aufl., 2001, § 1 FernAbsG Rn. 85.

[140] Vgl. EuGH, Urt. v. 10.03.2005 - C-366/03 - „easyCar", MMR 2005, 364 (365 f.).

[141] Richtlinie 90/314/EWG des Rates vom 13.06.1990 über Pauschalreisen, ABl. EG Nr. L 158 v. 23.06.1990, S. 59.

Kurzfahrt mit den umfassenden Informationspflichten übergebührlich belastet werden würde.[142]

*(7) Automatenverträge (§ 312b Abs. 3 Nr. 7 BGB)*

Des Weiteren sind Benutzungsverträge an öffentlichen Fernsprechern sowie Verträge, die unter der Verwendung von Warenautomaten oder in automatischen Geschäftsräumen abgeschlossen werden, von dem Anwendungsbereich des Gesetzes ausgenommen (Nr. 7 Buchstaben a und b), da sie durch einen sofortigen Leistungsaustausch gekennzeichnet sind.[143] Die Informationspflichten könnten bei diesen Verträgen nur rudimentär, ein Widerrufsrecht indessen gar nicht durchgeführt werden.[144]

*ee. Ausschluss von Dauerschuldverhältnissen (§ 312b Abs. 4 BGB)*

Bei Vertragsverhältnissen, die eine erstmalige Vereinbarung mit daran anschließenden aufeinander folgenden Vorgängen oder eine daran anschließende Reihe getrennter, in einem zeitlichen Zusammenhang stehender Vorgänge der gleichen Art umfassen, finden die Vorschriften über Fernabsatzverträge gemäß § 312b Abs. 4 Satz 1 BGB nur Anwendung auf die erste Vereinbarung.[145] Die Ausnahme von dem Anwendungsbereich ist einschlägig, wenn die Parteien ein Dauerschuldverhältnis begründet haben. Im Vollzug des Dauerschuldverhältnisses kommt es dann zu aufeinander folgenden Vorgängen oder zu getrennten, in einem zeitlichen Zusammenhang stehenden Vorgängen der gleichen Art. Die Vorschriften der §§ 312b ff. BGB gelten dann nur für die erste Vereinbarung, bei den weiteren Vorgängen besteht keine Informationspflicht des Unternehmers und kein Widerrufsrecht des Verbrauchers.[146]

---

[142] Vgl. *Ende/Klein*, Grundzüge des Vertriebsrechts im Internet, 2001, S. 148; *Pützhoven*, Europäischer Verbraucherschutz im Fernabsatz, Dissertation Universität Greifswald, 2001, S. 75.

[143] Diese Bereichsausnahmen gehen zurück auf Art. 3 Abs. 1 Spiegelstrich 2 und 3 FernAbsRL, ABl. EG Nr. L 144 v. 04.06.1997, S. 19 (21). Das Internet stellt keinen automatisierten Geschäftsraum dar, vgl. LG Hamburg, Urt. v. 21.12.2000 - 310 O 425/00, CR 2001, 475 (476).

[144] Vgl. RegE FernAbsG, BT-Drs. 14/2658, S. 33; *Ende/Klein*, a.a.O., S. 149; *Fuchs*, ZIP 2000, 1273 (1275); *Micklitz/Reich*, Die Fernabsatzrichtlinie im deutschen Recht, 1998, S. 11; *Pützhoven*, a.a.O., S. 54 f.; *Wendehorst*, in: Münchener Kommentar, Band 2a, 2003, § 312b Rn. 89; *dies.*, in: Münchener Kommentar, Band 2, 4. Aufl., 2001, § 1 FernAbsG Rn. 89; kritisch *Brönnecke*, in: *Roßnagel (Hrsg.)*, Recht der Multimedia-Dienste, 2005, § 312b Rn. 98.

[145] Mit dieser Regelung setzt der Gesetzgeber Art. 1 Abs. 2 FernAbsFinanzDLRL (ABl. EG Nr. L 271 v. 09.10.2002, S. 16 (18)) um. Dabei ist die Reglung zugleich - im Einklang mit Erwägungsgrund 10 FernAbsRL (ABl. EG Nr. L 144 v. 04.06.1997, S. 19 (20)) - auf alle Fernabsatzverträge erweitert worden.

[146] Vgl. RegE FernAbsÄndG, BT-Drs. 15/2946, S. 19.

Wenn derartige Vorgänge ohne eine solche Vereinbarung aufeinander folgen, gelten die Vorschriften über Informationspflichten des Unternehmers gemäß § 312b Abs. 4 Satz 2 BGB nur für den ersten Vorgang. Die Regelung betrifft die Konstellation, dass eine auf eine dauernde Geschäftsverbindung angelegte Erstvereinbarung fehlt, aber gleichartige Verträge in einem zeitlichen Zusammenhang abgewickelt werden.[147] In diesen Fällen besteht die Informationspflicht des Unternehmers lediglich bei dem ersten Vertrag, der Verbraucher hat jedoch immer ein Widerrufsrecht.[148] Findet länger als ein Jahr kein Vorgang der gleichen Art mehr statt, so gilt gemäß § 312b Abs. 4 Satz 3 BGB der nächste Vorgang als der erste Vorgang einer neuen Reihe im Sinne von § 312b Abs. 4 Satz 2 BGB. In diesem Fall trifft den Unternehmer auch die Informationspflicht.

*ff. Günstigkeitsprinzip (§ 312b Abs. 5 BGB)*

Gemäß § 312b Abs. 5 BGB bleiben weitergehende Vorschriften zugunsten des Verbrauchers unberührt.[149] Diesbezüglich kommen nur günstigere Regelungen in Betracht, die keine Informationspflichten regeln. Hinsichtlich weitergehender Informationspflichten besteht nämlich die Sonderregelung des § 312c Abs. 4 BGB. Insbesondere für den Bereich des Verbraucherdarlehensvertrages können jedoch besondere Vorschriften zum Schutz des Verbrauchers zur Anwendung kommen, die nicht Informationspflichten regeln.[150]

Bei gemischter Verwendung von Techniken des Direktmarketings und von Fernkommunikationsmitteln muss der Regelung des § 312 BGB eine Auffangfunktion zukommen.[151] Sofern die Vertragsanbahnung in einer der in § 312 Abs. 1 Satz 1 BGB beschriebenen Situationen erfolgt, der Vertrag jedoch später mittels Fernkommunikationsmitteln abgeschlossen wird, muss das Recht der Haustürgeschäfte Anwendung finden, wenn der Vertragsschluss noch unter Eindruck des Direktkontakts erfolgte.[152] Da andere Regelungen des Verbraucherschutzrechts bereits durch den Ausnahmenkatalog des § 312b Abs. 3 BGB ausgeschlossen sind, dürfte bezüglich dieser Regelungsmaterien keine Konkurrenz zu dem Fernabsatzrecht bestehen.

---

[147] RegE FernAbsÄndG, BT-Drs. 15/2946, S. 19.

[148] Vgl. RegE FernAbsÄndG, BT-Drs. 15/2946, S. 19.

[149] Mit dieser Vorschrift ist die Regelung des § 1 Abs. 4 des FernAbsG wiederhergestellt worden.

[150] Dies gilt insbesondere vor dem Hintergrund der Beschränkung der Bereichsausnahme des § 312b Abs. 3 Nr. 3 BGB durch das FernAbsÄndG. Vgl. RegE FernAbsÄndG, BT-Drs. 15/2946, S. 19 f..

[151] *Micklitz*, in: Handkommentar Vertriebsrecht, 2002, § 312b Rn. 55; *Reich/Micklitz*, Europäischer Verbraucherschutz, 4. Aufl., 2003, S. 577; *Wendehorst*, in: Münchener Kommentar, Band 2a, 2003, § 312d Rn. 125; *dies.*, in: Münchener Kommentar, Band 2, 4. Aufl., 2001, § 1 FernAbsG Rn. 133.

[152] *Reich/Micklitz*, a.a.O..

*2. Rechtsfolgen*

Die Anwendbarkeit des Fernabsatzrechts löst zwei Rechtsfolgen aus: Zum einen treffen den Unternehmer die besonderen Informationspflichten des § 312c BGB und zum anderen hat der Verbraucher ein Widerrufs- bzw. Rückgaberecht gemäß § 312d BGB.

*a. Informationspflichten des Unternehmers gemäß § 312c BGB*

Neben dem Widerrufs- bzw. Rückgaberecht des Verbrauchers nach § 312d stellen die umfangreichen Informationspflichten des Unternehmers nach § 312c BGB das zweite, für den Verbraucherschutz klassische Schutzinstrument des Fernabsatzrechts dar.[153] Der Gesetzgeber trägt hiermit der besonderen Gefahr Rechnung, die von der Vertriebsform des Fernabsatzes ausgeht.[154] Bei Vertragsabschlüssen im Wege der Fernkommunikation besteht für den Verbraucher die Gefahr von Informationsdefiziten, da er weder den Vertragspartner direkt ansprechen, noch die Ware oder Dienstleistung selbst in Augenschein nehmen kann.[155] Der Einsatz vor allem neuer Techniken, die eine besonders schnelle und bequeme Kommunikation zwischen Personen über Distanzen ermöglichen, soll

[153] Vgl. RegE FernAbsG, BT-Drs. 14/2658, S. 37. § 312c BGB fasst Art. 4 und 5 der FernAbsRL (ABl. EG Nr. L 144 v. 04.06.1997, S. 19 (22)) in einer Vorschrift zusammen. Die Vorgängervorschrift des § 2 FernAbsG hatte den Text der Richtlinie noch im Wesentlichen inhaltlich unverändert, aber sprachlich gestrafft übernommen. Bei der Integration des Fernabsatzgesetzes durch das Gesetz zur Modernisierung des Schuldrechts vom 26.11.2001 (BGBl. I S. 3138) hat der Gesetzgeber den bisherigen § 2 FernAbsG geteilt. In das BGB wurde mit § 312c BGB nur noch eine Regelung mit der Kernaussage aufgenommen. Die Details der Information wurden in einer eigenständigen Regelung in § 1 der BGB-InfoV (v. 02.01.2002, BGBl. I S. 341, geändert am 01.08.2002, BGBl. I S. 2958, geändert am 02.12.2004, BGBl. I S. 3102) zusammengefasst, die insoweit auf Grund von Art. 240 EGBGB durch Rechtsverordnung des Bundesministeriums der Justiz geändert werden kann. Außerdem wurde die Dreiteilung bei den Informationspflichten in § 2 Abs. 1 bis 3 FernAbsG aufgehoben. Inhaltlich wurde der Begriff des „dauerhaften Datenträgers", der in § 361a Abs. 3 BGB a.F. legaldefiniert war, durch den Begriff der „Textform" i.Sd. § 126b BGB ersetzt. Durch diese Änderung, die auf einen Beschluss des Rechtsauschusses zurückgeht (BT-Drs. 14/7052, S. 28), sollte eine Harmonisierung mit dem Gesetz zur Anpassung der Formvorschriften des Privatrechts und anderer Vorschriften an den modernen Geschäftsverkehr vom 13.07.2001 (BGBl. I S. 1542) erreicht werden. Durch das Fernabsatzänderungsgesetz hat der Gesetzgeber § 312b Abs. 1 BGB neu strukturiert und sich teilweise neuer Formulierungen bedient, um bestimmte Fragen klarzustellen, vgl. RegE FernAbsÄndG, BT-Drs. 15/2946, S. 20. In Absatz 2 wurde eine aufgrund der Umsetzung der FernAbsFinanzDLRL erforderliche Differenzierung zwischen Finanzdienstleistungen und sonstigen Dienstleistungen vorgenommen. Der frühere Absatz 3 wurde in Absatz 2 integriert. Absatz 3 wurde in Umsetzung des Art. 5 Abs. 3 S. 1 FernAbsFinanzDLRL (ABl. EG Nr. L 271 v. 09.10.2002, S. 16 (21)) eingeführt.

[154] Es soll eine zwischen Unternehmer und Verbraucher bestehende Informationsasymmetrie ausgeglichen werden, vgl. *Hoffmann*, ZIP 2005, 829 (830); *Mankowski*, CR 2001, 767 (768).

[155] *Fuchs*, ZIP 2000, 1273 (1276).

nicht zu einer Verringerung der dem Verbraucher vermittelten Informationen führen.[156]

Der Gesetzgeber unterscheidet in § 312c BGB hinsichtlich der Vertragsgegenstände Waren und Dienstleistungen außer Finanzdienstleistungen zwei Stufen:

- In Absatz 1 werden die Pflichten *vor Vertragsschluss* geregelt.

- In Absatz 2 Nr. 2 werden die Informationen festgelegt, die bei Waren und herkömmlichen Dienstleistungen dem Verbraucher *spätestens bei Erfüllung bzw. Lieferung* in Textform zur Verfügung zu stellen sind.

Für die Vertragsgegenstände Waren und Dienstleistungen außer Finanzdienstleistungen ist somit grundsätzlich zwischen vorvertraglichen und nachvertraglichen Informationspflichten zu unterscheiden. Zweck dieses zweistufigen Informationssystems ist es, eine Differenzierung hinsichtlich der Form zu ermöglichen.[157] Der Verbraucher soll auf erster Stufe formlos Basisinformationen erhalten, die es ihm ermöglichen sollen, eine Entscheidung hinsichtlich des Vertragsschlusses zu treffen.[158] Dabei steht es dem Unternehmer grundsätzlich frei, wann und in welcher Form er dem Verbraucher die Informationen übermittelt.[159] Auf zweiter Stufe soll der Verbraucher nach Vertragsschluss spätestens bei Erfüllung diese Informationen, aber auch wichtige Zusatzinformationen in Textform erhalten.[160] Diese Informationen sollen dem Verbraucher dazu dienen, eine Entscheidung für oder gegen die Ausübung des Widerrufs- oder Rückgaberechts zu treffen.[161] Der Unternehmer kann beide Informationsstufen auf einmal erfüllen, indem er die erforderlichen Informationen vor Vertragsschluss in Textform erteilt.[162] Dies geschieht beispielsweise im Versandhandel regelmäßig mit der Bereitstellung der Informationen im Bestellkatalog.[163] Für

---

[156] Vgl. Erwägungsgrund Nr. 11 der FernAbsRL, ABl. EG Nr. L 144 v. 04.06.1997, S. 19 (20).

[157] *Schmidt-Räntsch*, in: Bamberger/Roth, Band 1, 2003, § 312c Rn. 6.

[158] Vgl. *Lütcke*, Fernabsatzrecht, 2002, § 312c Rn. 4; *Selenkewitsch*, in: *Bülow/Artz (Hrsg.)*, Handbuch Verbraucherprivatrecht, 2005, 6. Kap. Rn. 45; *Wendehorst*, in: Münchener Kommentar, Band 2a, 2003, § 312c Rn. 2.

[159] Ausführlich zum Zweck der Regelung: *Schmidt-Räntsch*, in: Bamberger/Roth, Band 1, 2003, § 312c Rn. 6; *ders.*, VuR 2000, 427 (429).

[160] *Lütcke*, Fernabsatzrecht, 2002, § 312c Rn. 4; *Schmidt-Räntsch*, in: Bamberger/Roth, Band 1, 2003, § 312c Rn. 7.

[161] Vgl. *Wendehorst*, in: Münchener Kommentar, Band 2a, 2003, § 312c Rn. 2; *dies.*, in: Münchener Kommentar, Band 2, 4. Aufl., 2001, § 2 FernAbsG Rn. 2.

[162] Vgl. RegE FernAbsG, BT-Drs. 14/2658, S. 39; RegE FernAbsÄndG, BT-Drs. 15/2946, S. 21.

[163] Vgl. *Boente/Riehm*, Jura 2002, 222 (225).

Finanzdienstleistungen gilt dieses zweistufige Informationsmodell jedoch grundsätzlich nicht. Gemäß § 312c Abs. 2 Nr. 1 BGB müssen bei diesem Vertragsgegenstand die Informationen nach § 1 Abs. 4 BGB-InfoV bereits vor Vertragsschluss mitgeteilt werden.[164]

*aa. vorvertragliche Informationspflichten, § 312c Abs. 1 BGB*

Gemäß § 312c Abs. 1 Satz 1 BGB hat der Unternehmer dem Verbraucher rechtzeitig vor Abgabe von dessen Vertragserklärung in einer dem eingesetzten Fernkommunikationsmittel entsprechenden Weise klar und verständlich und unter Angabe des geschäftlichen Zwecks die Informationen zur Verfügung zu stellen, für die dies in der Rechtsverordnung nach Art. 240 EGBGB bestimmt ist.[165] Diese Informationen sind in § 1 Abs. 1-3 BGB-InfoV festgelegt.[166] Die Verordnung über Informations- und Nachweispflichten nach bürgerlichem Recht wurde aufgrund der Ermächtigung des Art. 240 EGBGB, auf den § 312c Abs. 1 Satz 1 BGB verweist, erlassen. Der Kern der Informationspflichten besteht darin, dass der Unternehmer vorab über den geschäftlichen Charakter des Kontakts, über seine Person und die wesentlichen Elemente der Ware oder Dienstleistung informieren muss, die er anbieten will.[167] Die Erfüllung der vorvertraglichen Informationspflichten durch den Unternehmer soll dem Verbraucher eine rationale Entscheidung über den Vertragsschluss ermöglichen.[168] Dem Verbraucher soll die Gelegenheit gegeben werden, sich bereits vor Vertragsabschluss möglichst umfassend über den Vertragsinhalt und den Vertragsgegenstand zu informieren und einen unerwünschten Vertrag gar nicht erst abzuschließen.[169]

Die vorvertragliche Informationspflicht wird durch die Kontaktaufnahme mittels eines Fernkommunikationsmittels ausgelöst.[170] Sie bezieht sich vor

[164] Etwas anderes gilt nur, wenn der Vertrag telefonisch oder unter Verwendung eines anderen Fernkommunikationsmittels geschlossen wird, das die Mitteilung in Textform vor Vertragsschluss nicht gestattet. In diesem Fall muss die Übermittlung unverzüglich nach Vertragsschluss erfolgen, vgl. § 312c Abs. 2 Nr. 1 BGB a.E..

[165] Mit der Festlegung der Informationspflichten nach § 1 Abs. 1 Nr. 1-4, 6-11 BGB-InfoV hat der Gesetzgeber Art. 4 Abs. 1 FernAbsRL (ABl. EG Nr. L 144 v. 04.06.1997, S. 19 (22)) und Art. 3 FernAbsFinanzDLRL (ABl. EG Nr L 271 v. 09.10.2002, S. 16 (19 f.)) umgesetzt.

[166] BGB-InfoV (v. 02.01.2002, BGBl. I S. 342, geändert am 01.08.2002, BGBl. I S. 2958, geändert am 02.12.2004, BGBl. I S. 3102). Zur Frage, in welcher Sprache der Verbraucher zu informieren ist, vgl. *Rott*, ZVglRWiss 98 (1999), 382 (386).

[167] *Mankowski*, CR 2001, 767, weist in diesem Zusammenhang darauf hin, dass der Katalog der Informationen begrenzt worden ist, um eine Überflutung des Verbrauchers mit Informationen zu verhindern.

[168] Vgl. *Börner/Rath/Sengpiel*, Fernabsatzrecht, 2001, S. 44; *Gaertner/Gierschmann*, DB 2000, 1601 (1602); *Ring*, Fernabsatzgesetz, 2000, S. 106; *Roth*, JZ 2000, 1013 (1016).

[169] *Boente/Riehm*, Jura 2002, 222 (223).

[170] LG Magdeburg, Urt. v. 29.08.2002 - 36 O 115/02 (014), NJW-RR 2003, 409; *Fuchs*, ZIP 2000, 1273 (1276); *Börner/Rath/Sengpiel*, Fernabsatzrecht, 2001, S. 44.

allem, aber nicht nur, auf die *essentialia negotii* und soll einerseits den Hauptgegenstand des Vertrages spezifizieren, andererseits den Vertragspartner des Verbrauchers eindeutig identifizieren.[171] Daneben betreffen die Informationspflichten das kraft Gesetzes bestehende Widerrufsrecht, Allgemeine Geschäftsbedingungen und den geschäftlichen Zweck des Kontakts.[172] Im Ergebnis werden hierdurch grundsätzlich Anforderungen an die *invitatio ad offerendum* des Unternehmers konkretisiert.[173] Die Regelung greift so bereits im Stadium der Vertragsanbahnung ein.[174] Der Vertragsschluss wird nämlich als ein Kontinuum von der ersten rechtsgeschäftlichen Kontaktaufnahme bis zur Durchführung des Vertrages begriffen.[175]

*(1) Zeitpunkt der Information*

Die Informationen müssen dem Verbraucher gemäß § 312c Abs. 1 Satz 1 BGB rechtzeitig vor Abgabe von dessen Vertragserklärung mitgeteilt werden.[176] Der Verbraucher soll vor einem kurzfristigen Entscheidungszwang ohne hinreichende Information geschützt werden.[177] Sinn und Zweck der Vorschrift ist es, dem Verbraucher vor Abgabe einer bindenden Willenserklärung alle für seine Entscheidung über den Vertragsschluss wesentlichen Informationen zur Verfügung zu stellen.[178]

Der Begriff „rechtzeitig" wird in keiner der beiden Richtlinien definiert. Für den Begriff lässt sich keine konkretisierende, für alle Einzelfälle passende Beschreibung finden.[179] Der Gesetzgeber hat aus diesem Grund die Bestimmung des konkret gebotenen Zeitraums der Auslegung durch die Rechtsprechung überlassen.[180] Beurteilungskriterium für die Beantwortung der Frage, ob die Informationen „rechtzeitig" erteilt worden sind, ist, ob die Informationserteilung zu dem konkreten Zeitpunkt zur Erreichung des Schutzzwecks der Norm

[171] Vgl. *Fuchs*, a.a.O.; *Reich*, EuZW 1997, 581 (584); *Willingmann*, VuR 1998, 395 (398).

[172] Bei den Informationen nach § 1 Abs. 1 Nr. 4-6, 8, 9, 11, 12 BGB-InfoV handelt es sich um Allgemeine Geschäftsbedingungen, vgl. hierzu *Boente/Riehm*, Jura 2002, 222 (225).

[173] *Fuchs*, ZIP 2000, 1273 (1276); *Micklitz/Reich*, Die Fernabsatzrichtlinie im deutschen Recht, 1998, S. 15.

[174] Hierfür spricht auch die Formulierung „Anbahnung" in § 312b Abs. 1 BGB.

[175] Vgl. RegE FernAbsG, BT-Drs. 14/2658, S. 15; *Reich*, EuZW 1997, 581 (582).

[176] Der Gesetzgeber hat den Terminus „rechtzeitig" aus Art. 4 Abs. 1 FernAbsRL (ABl. EG Nr. L 144 v. 04.06.1997, S. 19 (22)) übernommen. In Bezug auf Art. 3 Abs. 1 Satz 1 FernAbsFinanzDLRL (ABl. EG Nr. L 271 v. 09.10.2002, S. 16 (19)) hat der Gesetzgeber den Begriff noch einmal konkretisiert, vgl. RegE FernAbsÄndG, BT-Drs. 15/2946, S. 20.

[177] RegE FernAbsG, BT-Drs. 14/2658, S. 38.

[178] Vgl. Erwägungsgrund Nr. 21 der FernAbsFinanzDLRL, ABl. EG Nr. L 271 v. 09.10.2002, S. 16 (17)

[179] RegE FernAbsG, BT-Drs. 14/2658, S. 38; RegE FernAbsÄndG, BT-Drs. 15/2946, S. 20.

[180] RegE FernAbsG, BT-Drs. 14/2658, S. 38; RegE FernAbsÄndG, BT-Drs. 15/2946, S. 20.

genügt.[181] Sichergestellt werden soll, dass der Verbraucher die übermittelten Informationen zur Kenntnis nehmen und eine informierte Entscheidung treffen kann.[182]

Die Übermittlung der Informationen darf zwar nicht mit dem Vertragsschluss zusammenfallen, sie kann jedoch, je nach den Umständen des Einzelfalls, auch erst unmittelbar vor Vertragsschluss erfolgen, wenn dies im Hinblick auf den Umfang der Informationen und der Bedeutung des Geschäfts für den Verbraucher angemessen ist.[183] Die Festlegung einer Mindestfrist für die Entscheidung des Verbrauchers ist abzulehnen, da dies eine Bevormundung des Verbrauchers und somit eine unverhältnismäßige Einschränkung der Privatautonomie bedeuten würde.[184] Nach den Umständen des Einzelfalls kann auch eine Information unmittelbar vor Vertragsschluss noch rechtzeitig sein, sie darf nur nicht mit dem Vertragsschluss zusammenfallen.[185] Da Anknüpfungspunkt für die vorvertraglichen Informationspflichten grundsätzlich die Werbung des Unternehmers ist,[186] ist es als rechtzeitig anzusehen, wenn die Informationen in Werbeprospekten, Katalogen oder auf Websites im Internet enthalten sind, aufgrund derer sich der Verbraucher zur Bestellung entschließt.[187]

Für die Frage, ob die Informationen zwingend in die Werbung aufgenommen werden müssen, oder ob sie auch zu einem späteren Zeitpunkt durch den Unternehmer erfüllt werden können, ist darauf abzustellen, ob nach Kenntnisnahme von der Werbung für den Verbraucher vor dem Vertragsschluss eine weitere Informationsmöglichkeit besteht.[188] So muss man in dem Fall, in dem der Verbraucher nach Kenntnis von der Werbung unmittelbar ein bindendes Angebot im Sinne von § 145 BGB abgeben kann, zu dem Ergebnis gelangen, dass dann die Informationen nach § 1 Abs. 1-3 BGB-InfoV bereits in die Wer-

---

181 RegE FernAbsÄndG, BT-Drs. 15/2946, S. 20.

182 Vgl. Erwägungsgrund Nr. 21 FernAbsFinanzDLRL (ABl. EG Nr. L 271 v. 09.10.2002, S. 16 (17)). Der Unternehmer soll den Verbraucher nicht dadurch unter Druck setzen können, dass er beispielsweise die Gültigkeitsdauer seines Angebots so kurz bemisst und dem Verbraucher die notwendigen Informationen erst so spät übermittelt, dass diesem keine angemessene Zeit für eine Entscheidung bleibt, vgl. RegE FernAbsG, BT-Drs. 14/2658, S. 38.

183 RegE FernAbsG, BT-Drs. 14/2658, S. 38.

184 *Börner/Rath/Sengpiel*, Fernabsatzrecht, 2001, S. 45; *Fuchs*, ZIP 2000, 1273 (1277); *Ring*, Fernabsatzgesetz, 2000, S. 118; a.A. *Micklitz*, in: Handkommentar Vertriebsrecht, 2002, § 312c Rn. 32, der für den Verbraucher eine Überlegungsfrist von drei Tagen fordert.

185 RegE FernAbsG, BT-Drs. 14/2658, S. 38. Bei einzelnen Informationen sind an die Rechtzeitigkeit besondere Anforderungen zu stellen. Dies gilt etwa für die Informationen nach § 1 Abs. 1 Nr. 11 BGB-InfoV, vgl. *Wendehorst*, in: Münchener Kommentar, Band 2, 4. Aufl., 2001, § 2 FernAbsG Rn. 33.

186 Vgl. *Ende/Klein*, Grundzüge des Vertriebsrechts im Internet, 2001, S. 152; *Härting*, CR 2000, 691 (692); *ders.*, DB 2000, 2312.

187 RegE FernAbsG, BT-Drs. 14/2658, S. 38.

188 Vgl. hierzu LG Magdeburg, Urt. v. 29.08.2002 - 36 O 115/02 (014), NJW-RR 2003, 409.

bung aufgenommen werden müssen.[189] Eine solche Konstellation liegt etwa vor, wenn der Verbraucher aufgrund einer Werbung in Form einer Anzeige oder eines Prospektes mit einer beigelegten Antwortkarte oder einem Bestellcoupon eine Bestellung abgeben kann.[190]

Anders liegt es dagegen, wenn die Bestellung über ein Kommunikationsmedium erfolgen soll, bei dem der Unternehmer dem Verbraucher noch vor Abgabe eines verbindlichen Angebots gemäß § 145 BGB Informationen mitteilen kann.[191] So ist eine Mitteilung der Informationen in der Werbung nicht erforderlich, wenn die Bestellung des Verbrauchers telefonisch erfolgen soll oder der Verbraucher für die Abgabe seiner Bestellung auf eine Website verwiesen wird.[192] Die notwendigen Informationen können dem Verbraucher dann telefonisch bzw. auf der Website mitgeteilt werden. Hierfür spricht, dass etwa in dem Bereich des Telefonmarketings dem Verbraucher auch erst unmittelbar vor Vertragsschluss die Informationen mitgeteilt werden.[193] Es ist nicht ersichtlich, weshalb eine Differenzierung hinsichtlich der unterschiedlichen Vertriebssysteme vorgenommen werden sollte.

*(2) Transparenzgebot*

Die vorvertragliche Information des Verbrauchers hat in einer dem eingesetzten Fernkommunikationsmittel entsprechenden Weise klar und verständlich zu erfolgen, § 312c Abs. 1 Satz 1 BGB (Transparenzgebot).[194] Teilweise wird aus der Formulierung „in einer dem eingesetzten Fernkommunikationsmittel entsprechenden Weise“ geschlossen, dass bei dem Einsatz bestimmter Fernkommunikationsmittel, wie etwa dem Telefon, auf die Mitteilung der Informationen teilweise verzichtet werden könnte.[195] Nach richtiger Ansicht müssen dem Verbraucher jedoch alle vorgeschriebenen Informationen vor dem Vertragsschluss zwingend von dem Unternehmer mitgeteilt werden.[196] Es kann nicht aus-

---

[189] LG Magdeburg, Urt. v. 29.08.2002 - 36 O 115/02 (014), NJW-RR 2003, 409.

[190] Vgl. OLG Hamm, Urt. v. 22.11.2001 - 4 U 83/01, S. 4; LG Magdeburg, Urt. v. 29.08.2002 - 36 O 115/02 (014), NJW-RR 2003, 409.

[191] Vgl. BGH, Urt. v. 03.07.2003 - I ZR 211/01, NJW 2003, 3343 (3344).

[192] Vgl. BGH, a.a.O..

[193] *Börner/Rath/Sengpiel*, Fernabsatzrecht, 2001, S. 45 vertreten die Ansicht, dass die Informationen nicht „rechtzeitig“ erteilt werden, wenn die Zeit der Kenntnisnahme für den Verbraucher unangemessen kurz ist. Problematisch ist diese Ansicht dahingehend, dass im Bereich des Telefonmarketings die Informationen unmittelbar vor dem Vertragsschluss erteilt werden. Eine Beschränkung des Telefonmarketings dahingehend, dass dem Verbraucher eine Überlegungsfrist eingeräumt wird, ist von dem Gesetzgeber jedoch nicht gewollt.

[194] Das Transparenzgebot geht zurück auf Artikel 4 Abs. 2 Halbsatz 1 FernAbsRL, ABl. EG Nr. L 144 v. 04.06.1997, S. 19 (22).

[195] So wohl *Schmidt-Räntsch*, VuR 2000, 427 (429).

[196] OLG Frankfurt, Beschl. v. 17.04.2001 - 6 W 37/01, MDR 2001, 744 = MMR 2001, 529 = K&R 2002, 43 = CR 2001, 782 m. Anm. *Vehslage*. Das OLG Frankfurt hat diese Informa-

reichend sein, wenn dem Verbraucher bloß die Möglichkeit eingeräumt wird, die entsprechenden Informationen abzurufen.[197] Dies ergibt sich im Umkehrschluss aus der Regelung des § 1 Abs. 3 Satz 1 BGB-InfoV, wonach selbst bei Telefongesprächen der Unternehmer dem Verbraucher alle Informationen nach § 1 Abs. 1 BGB-InfoV zur Verfügung stellen muss. Der Vorschlag, bei der Nutzung von bestimmten Fernkommunikationsmitteln die Möglichkeit der Informationsabfrage ausreichen zu lassen, ist aus diesem Grund abzulehnen.

*(3) Mitteilung des geschäftlichen Zwecks, § 312c Abs. 1 BGB*

Der Unternehmer muss den Verbraucher gemäß § 312c Abs. 1 Satz 1 BGB über den geschäftlichen Zweck der Informationen in Kenntnis setzen.[198] Zweck der Vorschrift ist es, ein Vorgehen zu verhindern, bei dem zunächst der geschäftliche Charakter verborgen bleibt.[199] Der Unternehmer hat gemäß § 312c Abs. 1 Satz 2 BGB bei von ihm veranlassten Telefongesprächen seine Identität und den geschäftlichen Zweck des Kontaktes bereits zu Beginn jedes Gespräches offenzulegen.[200] Ziel dieser Regelung ist es, zu vermeiden, dass der Verbraucher von der Zielsetzung des Unternehmers überrascht wird.[201] Auf diese Weise sollen unlautere Vertragsanbahnungsmethoden unterbunden werden.[202] Die Regelung

---

tionsverpflichtung des Unternehmers für das Internet dahingehend konkretisiert, dass der Nutzer die vorgeschriebenen Angaben aufrufen muss, bevor er den Vertrag schließt. Die bloße Möglichkeit, die Informationen mit Hilfe entsprechender Links zu ermitteln, reiche für eine klare und verständliche, dem Internet entsprechende Information nicht aus. Ebenso OLG Karlsruhe, Urt. v. 27.03.2002 - 6 U 200/01, NJW-RR 2002, 1127 = WRP 2002, 849 (850) = MMR 2002, 618 (619) = CR 2002, 682 (683). Vgl. auch *Cichon*, Internet-Verträge, 2. Aufl., 2005, Rn. 812; *Ende/Klein*, Grundzüge des Vertriebsrechts im Internet, 2001, S. 156 f.; *Saenger*, in: Erman, 11. Aufl., 2004, § 312c Rn. 25. Offen gelassen von BGH, Urt. v. 05.10.2005 - VIII ZR 382/04, NJW 2006, 211 (212).

[197] So aber *Vehslage*, CR 2001, S. 783, wonach es ausreichen soll, wenn eine Website einen deutlichen Hinweis auf Informationen enthält und der Verbraucher sie ohne weiteres abrufen kann; ebenso *Aigner/Hofmann*, Fernabsatzrecht im Internet, 2004, Rn. 272; *Härting*, Internetrecht, 2. Aufl., 2005, Rn. 447; *Horn*, MMR 2002, 209 (212); *Kaestner/Tews*, WRP 2005, 379 (380); *Lütcke*, Fernabsatzrecht, 2002, § 312c Rn. 68; *Steins*, WM 2002, 53 (56).

[198] Der Gesetzgeber hat mit dieser Regelung Art. 4 Abs. 2 Halbsatz 1 FernAbsRL umgesetzt, ABl. EG Nr. L 144 v. 04.06.1997, S. 19 (22).

[199] *Härting*, DB 2000, 2312 (2313); *Lütcke*, Fernabsatzrecht, 2002, § 312c Rn. 53.

[200] Diese Regelung geht auf Art. 4 Abs. 3 FernAbsRL (ABl. EG Nr. L 144 v. 04.06.1997, S. 19 (22)) und Art. 3 Abs. 3 Buchstabe a FernAbsFinanzDLRL (ABl. EG Nr. L 271 v. 09.10.2002, S. 16 (20)) zurück. Der Gesetzgeber hat in Übereinstimmung mit Art. 3 Abs. 3 Buchstabe a FernAbsFinanzDLRL klargestellt, dass lediglich von dem Unternehmer veranlasste Telefongespräche von dieser Regelung erfasst werden.

[201] *Boente/Riehm*, Jura 2002, 222 (224).

[202] Vgl. zur wettbewerbsrechtlichen Zulässigkeit solcher Praktiken *Lorenz*, JuS 2000, 833 (838) m.w.N.. Beispiele für derartige Praktiken sind das Vortäuschen von Interviews und Meinungsumfragen.

enthält somit das Verbot anonymer bzw. getarnter Werbung.[203] So sollen beispielsweise Telefongespräche, bei denen zu Beginn der Charakter eines Privatgesprächs erweckt wird, vermieden werden.

*(4) Allgemeine Informationspflichten gemäß § 1 Abs. 1 BGB-InfoV*
Der Katalog der Informationspflichten gemäß § 1 Abs. 1 BGB-InfoV enthält die Informationen, die für jeden Fernabsatzvertrag übermittelt werden müssen.[204]

*(a) Identität*
Nach § 1 Abs. 1 Nr. 1 BGB-InfoV hat der Unternehmer seine Identität und das öffentliche Unternehmensregister, bei dem der Rechtsträger eingetragen ist, und die dazugehörige Registernummer oder gleichwertige Kennung anzugeben.[205] Unter Identität ist der Name bzw. die Firma des Unternehmens mit dem vollständigen Geschäftszusatz zu verstehen.[206] Bei juristischen Personen ist die Bezeichnung und die Rechtsform anzugeben, unter der die juristische Person in dem einschlägigen Register eingetragen ist.[207] Zweck der Vorschrift ist es, zu verhindern, dass sich der Unternehmer der Verfolgung von Rechtsverstößen durch eine Flucht in die Anonymität entzieht.[208]

*(b) Identität eines Vertreters*
Der Unternehmer hat nach § 1 Abs. 1 Nr. 2 BGB-InfoV die Identität eines Vertreters in dem Mitgliedstaat, in dem der Verbraucher seinen Wohnsitz hat, wenn es einen solchen Vertreter gibt, oder die Identität einer anderen gewerblich tätigen Person als dem Anbieter, wenn der Verbraucher mit dieser geschäftlich zu

---

[203] *Härting/Schirmbacher*, MDR 2000, 917 (919); *dies.*, DB 2003, 1777 (1780); *Wendehorst*, in: Münchener Kommentar, Band 2a, 2003, § 312c Rn. 12.

[204] Durch das Fernabsatzänderungsgesetz wurde auch § 1 BGB-InfoV neu gefasst: Die vorvertraglichen Informationen nach Absatz 1 wurden an die FernAbsFinanzDLRL angepasst. Die Absätze 2 und 3 wurden zur Umsetzung der Art. 3 Abs. 1, Abs. 3 FernAbsFinanzDLRL (ABl. EG Nr. L 271 v. 09.10.2002, S. 16 (19 f.)) eingefügt. Absatz 4 entspricht den früheren Absätzen 2 und 3. Die Regelungen wurden redaktionell umgestaltet und um die Regelungen nach Art. 5 Abs. 1 in Verbindung mit Art. 3 Abs. 1 FernAbsFinanzDLRL (ABl. EG Nr. L 271 v. 09.10.2002, S. 16 (19 f.)) ergänzt.

[205] Mit dieser Regelung wird Art. 4 Abs. 1 Buchstabe a FernAbsRL (ABl. EG Nr. L 144 v. 04.06.1997, S. 19 (22)) umgesetzt. Die Ergänzungen betreffend der Registernummer oder der gleichwertigen Kennung entsprechen Art. 3 Abs. 1 Buchstabe d FernAbsFinanzDLRL (ABl. EG Nr. L 271 v. 09.10.2002, S. 16 (19)).

[206] Vgl. *Wendehorst*, in: Münchener Kommentar, Band 2a, 2003, § 312c Rn. 42. Ist der Unternehmer eine natürliche Person, so ist ihr Vor- und Nachnahme anzugeben, bei einem Kaufmann seine Firma, vgl. *Schmidt-Räntsch*, in: Bamberger/Roth, Band 1, 2003, § 1 BGB-InfoV Rn. 4.

[207] *Lütcke*, Fernabsatzrecht, 2002, § 312c Rn. 12.

[208] Vgl. hierzu *Lütcke*, a.a.O.; *Micklitz*, in: Handkommentar Vertriebsrecht, 2002, § 312c Rn. 69.

tun hat, und die Eigenschaft, in der diese Person dem Verbraucher gegenüber tätig wird, mitzuteilen.[209]

*(c) ladungsfähige Anschrift*

Gemäß § 1 Abs. 1 Nr. 3 BGB-InfoV muss der Unternehmer seine ladungsfähige Anschrift und jede andere Anschrift, die für die Geschäftsbeziehung zwischen diesem, seinem Vertreter oder einer anderen gewerblich tätigen Person im Sinne des § 1 Abs. 1 Nr. 2 BGB-InfoV und dem Verbraucher maßgeblich ist, angeben.[210] Bei juristischen Personen, Personenvereinigungen oder -gruppen ist auch der Name eines Vertretungsberechtigten anzugeben. Die Angabe der Anschrift soll den Verbraucher in die Lage versetzen, seine Rechte gegenüber dem Unternehmen wahrzunehmen.[211] Die ladungsfähige Anschrift ist die Postadresse, an die eine Klage gemäß den Regelungen der §§ 166 ff. ZPO zugestellt werden kann.[212] Die Angabe einer Postfach-Adresse ist daher nicht ausreichend.[213]

*(d) wesentliche Merkmale der Leistung, Zustandekommen des Vertrags*

Nach § 1 Abs. 1 Nr. 4 BGB-InfoV hat der Unternehmer wesentliche Merkmale der Ware oder der Dienstleistung anzugeben.[214] Hierdurch werden die *essentialia negotii* des Vertrages bestimmt.[215] Die Produktbeschreibung stellt für den Verbraucher im Fernabsatz die entscheidende Information dar, an der er seine Kaufentscheidung ausrichtet, da ihm andere Informationsquellen in der Regel

---

[209] Diese Regelung dient der Umsetzung von Art. 3 Abs. 1 Nr. 1 Buchstaben a und c FernAbsFinanzDLRL, ABl. EG Nr. L 271 v. 09.10.2002, S. 16 (19).

[210] In der Festlegung der Pflicht des Unternehmers, schon vor Vertragsschluss seine ladungsfähige Anschrift mitzuteilen, liegt eine überschießende Umsetzung der FernAbsRL. Nach Art. 4 Abs. 1 Buchstabe a der FernAbsRL ist nämlich diese Angabe nur bei einer Vorauszahlung des Verbrauchers erforderlich. Die hier getroffene Regelung entspricht jedoch Art. 3 Abs. 1 Nr. 1 Buchstabe a FernAbsFinanzDLRL, ABl. EG Nr. L 271 v. 09.10.2002, S. 16 (19).

[211] Diese Informationspflicht ist insbesondere zur Geltendmachung von Unterlassungsansprüchen gegen den Unternehmer von Bedeutung.

[212] *Härting*, Internetrecht, 2. Aufl., 2005, Rn. 465; *ders.*, Fernabsatzgesetz, 2000, § 2 Rn. 169; *Wendehorst*, in: Münchener Kommentar, Band 2a, 2003, § 312c Rn. 108.

[213] *Saenger*, in: Erman, 11. Aufl., 2004, § 312c Rn. 7; *Schmidt-Räntsch*, in: Bamberger/Roth, Band 1, 2003, § 1 BGB-InfoV Rn. 5.

[214] Diese Vorschrift dient der Umsetzung von Art. 4 Abs. 1 Buchstabe b FernAbsRL, ABl. EG Nr. L 144 v. 04.06.1997, S. 19 (22). In der FernAbsFinanzDLRL findet sich eine entsprechende Regelung in Art. 3 Abs. 1 Nr. 2 Buchstabe a, ABl. EG Nr. L 271 v. 09.10.2002, S. 16 (19).

[215] *Lütcke*, Fernabsatzrecht, 2002, § 312c Rn. 16. *Marx*, WRP 2000, 1227 (1232), kritisiert diese Informationspflicht als zu unbestimmt. *Reich/Nordhausen*, Verbraucher und Recht im elektronischen Geschäftsverkehr, 2000, S. 2, weisen in diesem Zusammenhang darauf hin, dass die Produktinformationen der Anbieter im elektronischen Geschäftsverkehr oft unzureichend sind.

nicht zur Verfügung stehen.[216] Der Verbraucher soll in die Lage versetzt werden, das Leistungsangebot des Unternehmers für die Zwecke des konkreten Vertrages zu bewerten und mit anderen Angeboten zu vergleichen.[217] Dieses Erfordernis wird durch die etwa in Versandhauskatalogen üblichen Beschreibungen von Waren erfüllt.[218] Probleme bestehen hier nur bei komplizierter gefassten Dienstleistungsverträgen.[219] In einem solchen Fall wird die Zusammenfassung der wesentlichen Vertragselemente erforderlich sein. Die wesentlichen Merkmale sind Beschaffenheitsangaben und begründen keine Garantiehaftung gemäß § 276 Abs. 1 Satz 1 BGB.[220]

Daneben ist der Verbraucher darüber zu informieren, wie der Vertrag zustande kommt.[221] Der Verbraucher soll darüber aufgeklärt werden, ab welchem Zeitpunkt seine Entscheidung über den Vertragsschluss verbindlich ist.[222] Es ist hier nicht auf den formalen Zeitpunkt abzustellen, in dem der Vertrag geschlossen wird, sondern darauf, wann für den Verbraucher eine rechtliche Bindung eintritt.[223] Dies ist regelmäßig bei einer verbindlichen Bestellung gemäß § 145 BGB der Fall.[224] Der Verbraucher ist demnach darüber zu informieren, dass mit der Vornahme der Bestellung gemäß § 145 BGB eine rechtliche Bindung eintritt.[225]

---

[216] *Reich/Micklitz*, Europäischer Verbraucherschutz, 4. Aufl., 2003, S. 585.

[217] Vgl. RegE FernAbsG, BT-Drs. 14/2658, S. 38; *Wendehorst*, in: Münchener Kommentar, Band 2a, 2003, § 312c Rn. 45; *dies.*, in: Münchener Kommentar, Band 2, 4. Aufl., 2001, § 2 FernAbsG Rn. 49.

[218] Ähnlich *Schmidt-Räntsch*, in: Bamberger/Roth, Band 1, 2003, § 1 BGB-InfoV Rn. 6.

[219] Vgl. *Schmidt-Räntsch*, a.a.O..

[220] *Grüneberg*, in: Palandt, 65. Aufl., 2006, § 1 BGB-InfoV Rn. 3; *Härting*, Internetrecht, 2. Aufl., 2005, Rn. 469; *Wendehorst*, in: Münchener Kommentar, Band 2a, 2003, § 312c Rn. 46.

[221] In § 2 Abs. 2 Nr. 2 FernAbsG wurde noch auf den Zeitpunkt des Vertragsschlusses abgestellt. Dieser Zusatz sollte dem Verbraucher insbesondere bei Internetversteigerungen Klarheit darüber verschaffen, wann die Verbindlichkeit seines Angebots eintritt, vgl. Beschlussempfehlung und Bericht des Rechtsausschusses, BT-Drs. 14/3195, S. 30 f.. Hierzu kritisch *Felke/Jordans*, WM 2004, 166 (168).

[222] Vgl. *Grüneberg*, in: Palandt, 65. Aufl., 2006, § 1 BGB-InfoV Rn. 3; *Härting*, CR 2000, 691 (694); *ders.*, Fernabsatzgesetz, 2000, § 2 Rn. 87; *Micklitz*, in: Handkommentar Vertriebsrecht, 2002, § 312c Rn. 75.

[223] *Härting*, a.a.O..

[224] *Härting*, a.a.O..

[225] Vgl. LG Magdeburg, Urt. v. 29.08.2002 - 36 O 115/02 (014), NJW-RR 2003, 409.

*(e) Mindestlaufzeit des Vertrages*

Der Unternehmer hat nach § 1 Abs. 1 Nr. 5 BGB-InfoV die Mindestlaufzeit des Vertrages anzugeben.[226] Voraussetzung ist zunächst, dass es sich bei dem Vertrag um ein Dauerschuldverhältnis handelt, d.h. ein Vertrag über eine dauernde oder regelmäßig wiederkehrende Leistung vorliegt.[227] Die Mindestlaufzeit gehört bei solchen Verträge zu den wesentlichen Eigenschaften der Leistung und muss daher angegeben werden.[228]

*(f) Leistung unter Vorbehalt*

Gemäß § 1 Abs. 1 Nr. 6 BGB-InfoV muss der Unternehmer den Verbraucher über einen Vorbehalt, eine in Qualität und Preis gleichwertige Leistung zu erbringen, und einen Vorbehalt, die versprochene Leistung im Fall ihrer Nichtverfügbarkeit nicht zu erbringen, informieren.[229] Hintergrund der Regelung ist der Umstand, dass Produktwechsel stattfinden, bei denen das angebotene Produkt nur in leicht geänderter Form zur Verfügung steht.[230] Zum anderen wird teilweise Aktionsware zu einem günstigen Preis angeboten, die nur so lange zur Verfügung steht, wie der Vorrat reicht.[231] Sofern der Unternehmer entsprechende Klauseln in den Vertrag einbeziehen will, muss er dies dem Verbraucher anzeigen.[232]

*(g) Preis der Leistung*

Nach § 1 Abs. 1 Nr. 7 BGB-InfoV muss der Unternehmer den Gesamtpreis der Ware oder Dienstleistung unter Einschluss aller Steuern und aller Preisbestandteile angeben.[233] Sofern kein genauer Preis angegeben werden kann, muss der Unternehmer den Verbraucher über die Grundlage für seine Berechnung infor-

---

[226] Diese Regelung dient der Umsetzung von Art. 4 Abs. 1 Buchstabe i FernAbsRL, ABl. EG Nr. L 144 v. 04.06.1997, S. 19 (22). Eine entsprechende Regelung findet sich auch in Art. 3 Abs. 1 Nr. 3 Buchstabe b FernAbsFinanzDLRL, ABl. EG Nr. L 271 v. 09.10.2002, S. 16 (20).

[227] Eine Verpflichtung, den Verbraucher über die vertragliche Laufzeit aufzuklären, besteht somit bei Mietverträgen, Mobilfunkverträgen, Providerverträgen, Zeitschriftenabonnements und anderen Sukzessivlieferungsverträgen.

[228] *Lütcke*, Fernabsatzrecht, 2002, § 312c Rn. 21. Insoweit handelt es sich um eine bedingte Informationspflicht. Sieht der Unternehmer von einer Mindestlaufzeit ab, bedarf es keiner Unterrichtung des Verbrauchers.

[229] Diese Regelung geht zurück auf Art. 7 Abs. 3 FernAbsRL, ABl. EG Nr. L 144 v. 04.06.1997, S. 19 (23).

[230] *Schmidt-Räntsch*, in: Bamberger/Roth, Band 1, 2003, § 1 BGB-InfoV Rn. 14.

[231] Ähnlich *Schmidt-Räntsch*, a.a.O..

[232] Die Zulässigkeit der Klauseln ist dann nach § 308 Nr. 3, 4 und 8 BGB zu beurteilen. Eine derartige Informationspflicht kommt nur in Betracht, wenn der Unternehmer eine solche Klausel verwendet, insofern handelt es sich um eine bedingte Pflicht.

[233] Diese Regelung entspricht Art. 4 Abs. 1 Buchstabe c FernAbsRL (ABl. EG Nr. L 144 v. 04.06.1997, S. 19 (22)) und Art. 3 Abs. 1 Nr. 2 Buchstabe b der FernAbsFinanzDLRL (ABl. EG Nr. L 271 v. 09.10.2002, S. 16 (20)).

mieren, die dem Verbraucher eine Überprüfung des Preises ermöglicht.[234] Eine entsprechende Verpflichtung ergibt sich auch aus § 1 Abs. 1 Preisangabenverordnung (PAngV). Gemäß § 1 Abs. 2 Nr. 1 PAngV muss der Unternehmer bei Fernabsatzverträgen angeben, dass die ausgewiesenen Preise die Umsatzsteuer und die sonstigen Preisbestandteile enthalten.[235] Der Unternehmer muss gemäß § 1 Abs. 2 Nr. 2 PAngV mitteilen, ob der genannte Preis die Liefer- und Versandkosten enthält. Die Regelung nach § 1 Abs. 1 Nr. 7 BGB-InfoV tritt neben die Preisangabenverordnung und verdrängt sie nicht.[236] Die Informationspflicht erlangt für den Bereich von Versteigerungen grundsätzlich eine eigenständige Bedeutung, da die Preisangabenverordnung gemäß § 9 Abs. 1 Nr. 5 PAngV keine Anwendung auf Warenangebote bei Versteigerungen findet.

Die Regelung des § 1 Abs. 1 Nr. 7 BGB-InfoV begründet anders als die Preisangabenverordnung grundsätzlich keine Pflicht, bereits in den Werbemaßnahmen über den Preis zu informieren.[237] Eine Offenlegung unmittelbar nach der Kontaktaufnahme durch den Verbraucher genügt.[238] Etwas anderes muss jedoch dann gelten, wenn der Verbraucher aufgrund der Werbemaßnahme unmittelbar ein rechtlich bindendes Angebot abgeben soll, wie dies beispielsweise bei Couponanzeigen der Fall ist. In diesem Fall muss der Preis in der Werbemaßnahme angegeben werden.

*(h) Liefer- und Versandkosten*

Gemäß § 1 Abs. 1 Nr. 8 BGB-InfoV muss der Unternehmer Informationen über gegebenenfalls zusätzlich anfallende Liefer- und Versandkosten sowie einen Hinweis auf mögliche weitere Steuern oder Kosten, die nicht über den Unternehmer abgeführt oder von ihm in Rechnung gestellt werden, geben.[239] Der getrennte Ausweis von Liefer- und Versandkosten ist ein spezifisches Merkmal des Distanzvertriebs.[240] Eine getrennte Angabe ist erforderlich, da diese Kosten häufig als Pauschale berechnet werden und daher bei einer Bestellung von mehreren Artikeln nur einmal anfallen. Der Preisaufschlag für die Versandkosten

---

[234] *Härting*, Internetrecht, 2. Aufl., 2005, Rn. 473.

[235] Die Vorschrift des § 1 Abs. 2 PAngV ist gemäß § 9 Abs. 3 PAngV nicht auf die in § 312b Abs. 3 Nr. 1 bis 4 und 7 BGB genannten Verträge anwendbar.

[236] *Lütcke*, Fernabsatzrecht, 2002, § 312c Rn. 36.

[237] *Grüneberg*, in: Palandt, 65. Aufl., 2006, § 1 BGB-InfoV Rn. 5.

[238] BGH, Urt. v. 03.07.2003 - I ZR 211/01, NJW 2003, 3343.

[239] Die Vorschrift folgt den Regelungen in Art. 4 Abs. 1 Buchstabe d FernAbsRL (ABl. EG Nr. L 144 v. 04.06.1997, S. 19 (22)) und in Art. 3 Abs. 1 Nr. 2 Buchstabe d FernAbsFinanzDLRL (ABl. EG Nr. L 271 v. 09.10.2002, S. 16 (19)).

[240] Vgl. *Härting*, CR 2000, 691 (694). Vor allem im Bereich des elektronischen Handels fehlen oftmals Angaben zu Versand- und Lieferkosten, vgl. *Nordhausen/Reich*, Verbraucher und Recht im elektronischen Geschäftsverkehr, 2000, S. 2.

stellt eine variable, mit wachsendem Umfang der Bestellung - bezogen auf das einzelne Stück - abnehmende Belastung dar.[241]

Außerdem bieten manche Versandhandelsunternehmen ihre Produkte dem Verbraucher alternativ im Versandhandel und in ihren stationären Ladengeschäften an.[242] Die Lieferkosten fallen für den Verbraucher nur im Versandhandel an und werden deshalb getrennt ausgewiesen. In einem solchen Fall ist die Versendung eine zusätzliche Leistung des Unternehmers, so dass der Unternehmer nicht verpflichtet ist, die Versendungskosten in den Gesamtpreis mit einzubeziehen.[243] Auf diese Weise wird eine doppelte Preisauszeichnung vermieden.

*(i) Zahlungs- und Lieferungsmodalitäten*

Der Unternehmer muss den Verbraucher gemäß § 1 Abs. 1 Nr. 9 BGB-InfoV über Einzelheiten hinsichtlich der Zahlung und der Lieferung oder Erfüllung informieren.[244] Diesbezüglich ist die Angabe eines Zahlungsziels sowie der Zahlungsmittel erforderlich.[245] Die Einzelheiten der Lieferung und Erfüllung erfassen Angaben über die Fälligkeit der Leistungen des Unternehmers und den Ort der Leistungserbringung.[246]

*(j) Bestehen eines Widerrufs- oder Rückgaberechts*

Der Verbraucher ist gemäß § 1 Abs. 1 Nr. 10 BGB-InfoV über das Bestehen oder Nichtbestehen eines Widerrufs- oder Rückgaberechts zu informieren.[247] Es muss weiterhin auf die Bedingungen, Einzelheiten der Ausübung, insbesondere Namen und Anschrift desjenigen, gegenüber dem der Widerruf zu erklären ist, und die Rechtsfolgen des Widerrufs oder der Rückgabe, einschließlich Informationen über den Betrag, den der Verbraucher im Fall des Widerrufs oder der

---

[241] Vgl. BGH, Urt. v. 05.10.2005 - VIII ZR 382/04, NJW 2006, 211 (212); Urt. v. 14.11.1996 - I ZR 162/94, NJW 1997, 1782 (1783).

[242] Vgl. *Härting*, Internetrecht, 2. Aufl., 2005, Rn. 474; *Lütcke*, Fernabsatzrecht, 2002, § 312c Rn. 38.

[243] Vgl. *Härting*, Fernabsatzgesetz, 2000, § 2 Rn. 123.

[244] Diese Regelung entspricht Art. 4 Abs. 1 Buchstabe e FernAbsRL (ABl. EG Nr. L 144 v. 04.06.1997, S. 19 (22)) und Art. 3 Abs. 1 Nr. 2 Buchstabe f FernAbsFinanzDLRL (ABl. EG Nr. L 271 v. 09.10.2002, S. 16 (19)).

[245] Vgl. *Aigner/Hofmann*, Fernabsatzrecht im Internet, 2004, Rn. 306; *Härting*, Fernabsatzgesetz, 2000, § 2 Rn. 126; *Lütcke*, Fernabsatzrecht, 2002, § 312c Rn. 40; *Schmidt-Räntsch*, a.a.O., § 1 BGB-InfoV Rn. 12; *Wendehorst*, in: Münchener Kommentar, Band 2a, 2003, § 312c Rn. 63; *dies.*, in: Münchener Kommentar, Band 2, 4. Aufl., 2001, § 2 FernAbsG Rn. 67.

[246] Vgl. *Härting*, Fernabsatzgesetz, 2000, § 2 Rn. 129; *Lütcke*, Fernabsatzrecht, 2002, § 312c Rn. 41; *Schmidt-Räntsch*, a.a.O..

[247] Dies entspricht Art. 4 Abs. 1 Buchstabe f FernAbsRL, ABl. EG Nr. L 144 v. 04.06.1997, S. 19 (22).

Rückgabe gemäß § 357 Abs. 1 BGB für die erbrachte Dienstleistung zu zahlen hat, hingewiesen werden.[248] Sinn dieser Hinweispflicht ist es, den Verbraucher bereits vor Vertragsschluss darüber aufzuklären, dass er sich von dem Vertrag lösen kann und nicht in Unkenntnis sein Widerrufsrecht versäumt.[249]

*(k) Kosten von Fernkommunikationsmitteln*

Der Unternehmer muss den Verbraucher gemäß § 1 Abs. 1 Nr. 11 BGB-InfoV über alle zusätzlichen, spezifischen Kosten, die der Verbraucher durch die Nutzung der Fernkommunikationsmittel zu tragen hat, informieren.[250] Zu diesen Kosten zählen Telefon- und Telefaxkosten ebenso wie Portokosten und Kosten für die Benutzung des Internets.[251] Diese Kosten müssen dem Verbraucher vorab bei der Kontaktaufnahme mitgeteilt werden, wenn es sich nicht um die üblichen Grundtarife handelt.[252] Nicht zu den üblichen Grundtarifen gehören insbesondere erhöhte Gebühren für die Benutzung von Mehrwerttelefonnummern oder -telefaxnummern (0900-Nummern).[253] Der Unternehmer, der den Verbraucher durch Werbung dazu veranlasst, eine derartige Mehrwerttelefonnummer anzuwählen, ist zur Aufklärung des Verbrauchers über die Höhe der anfallenden Telefongebühren bereits in der Werbung verpflichtet.[254] Zu den erhöhten Kosten der Fernkommunikation zählen auch Zahlungsfunktionen im Internet, die über eine 0900-Telefonnummer erfolgen und über die Telefonnummer des Verbrauchers abgerechnet werden.[255] Soweit in einem solchen Fall durch den Zahlungsvorgang erhöhte Telefonkosten anfallen, ist der Unternehmer verpflichtet, den Verbraucher vorab auf diese Kosten hinzuweisen.

---

[248] Diese Vorschrift entspricht Art. 3 Abs. 1 Nr. 3 Buchstaben a und d FernAbsFinanzDLRL, ABl. EG Nr. L 271 v. 09.10.2002, S. 16 (19). Diese Regelung geht über die Bestimmungen der FernAbsRL hinaus, die Aufnahme der umfangreichen Vorinformation hinsichtlich der Bedingungen des Widerrufs- bzw. Rückgaberechts in den Informationskatalog für alle Fernabsatzverträge wurde jedoch für sachgerecht erachtet, vgl. RegE FernAbsÄndG, BT-Drs. 15/2946, S. 26; hierzu kritisch *Härting/Schirmbacher*, DB 2003, 1777 (1779).

[249] *Schmidt-Räntsch*, in: Bamberger/Roth, Band 1, 2003, § 1 BGB-InfoV Rn. 16.

[250] Diese Regelung entspricht Art. 4 Abs. 1 Buchstabe g FernAbsRL (ABl. EG Nr. L 144 v. 04.06.1997, S. 19 (22)) und Art. 3 Abs. 1 Nr. 2 Buchstabe g FernAbsFinanzDLRL (ABl. EG Nr. L 271 v. 09.10.2002, S. 16 (19)).

[251] Vgl. *Härting*, CR 2000, 691 (695); *ders.*, Fernabsatzgesetz, 2000, § 2 Rn. 136.

[252] Vgl. *Wendehorst*, in: Münchener Kommentar, Band 2a, 2003, § 312c Rn. 68; *dies.*, in: Münchener Kommentar, Band 2, 4. Aufl., 2001, § 2 FernAbsG Rn. 72.

[253] Vgl. *Grüneberg*, in: Palandt, 65. Aufl., 2006, § 1 BGB-InfoV Rn. 8; *Härting*, Fernabsatzgesetz, 2000, § 2 Rn. 138. Das Entgelt für den Service ist hier in den Telfongebühren enthalten, vgl. *Schmidt-Räntsch*, in: Bamberger/Roth, Band 1, 2003, § 1 BGB-InfoV Rn. 19.

[254] Diese Verpflichtung ergibt sich auch aus § 1 Abs. 1 S. 1, Abs. 2 S. 1 PAngV.

[255] Vgl. *Härting*, Fernabsatzgesetz, 2000, § 2 Rn. 139.

*(l) Gültigkeitsdauer befristeter Angebote*

Der Unternehmer hat den Verbraucher gemäß § 1 Abs. 1 Nr. 12 BGB-InfoV über die Gültigkeitsdauer der zur Verfügung gestellten Informationen, beispielsweise die Gültigkeitsdauer befristeter Angebote, insbesondere hinsichtlich des Preises, zu informieren.[256] Mit „Angebot" ist nicht der Antrag im Sinne von §§ 145 ff. BGB gemeint, sondern die Anpreisung von Waren oder Dienstleistungen in der Werbung, die regelmäßig als bloße *invitatio ad offerendum* einzustufen ist.[257] Diese Informationspflicht betrifft befristete Sonderangebote, bei denen der Unternehmer von vornherein beabsichtigt, sie nur bis zu einem bestimmten Termin aufrechtzuerhalten.[258] Gültigkeitsdauer ist der Zeitraum, innerhalb dessen das Angebot von dem Verbraucher wahrgenommen werden kann.[259]

*(5) Besondere Informationspflichten bei Verträgen über Finanzdienstleistungen gemäß § 1 Abs. 2 BGB-InfoV*

§ 1 Abs. 2 BGB-InfoV regelt die Informationen, die dem Verbraucher von dem Unternehmer bei Verträgen über Finanzdienstleistungen zusätzlich zu erteilen sind. Es handelt sich dabei um Informationspflichten aus der Richtlinie über den Fernabsatz von Finanzdienstleistungen, deren Ausdehnung auf alle Fernabsatzverträge nicht sinnvoll erschien.[260] § 1 Abs. 2 Nr. 1 BGB-InfoV verlangt die Angabe der Hauptgeschäftstätigkeit und der zuständigen Aufsichtsbehörde, soweit für die Tätigkeit des Unternehmens eine Zulassung erforderlich ist.[261] Nach § 1 Abs. 2 Nr. 2 BGB-InfoV muss der Unternehmer über bestehende spezifische Risiken sowie auf Kurs- und Preisschwankungen, auf die der Unternehmer keinen Einfluss hat, informieren.[262] Gemäß § 1 Abs. 2 Nr. 3 BGB-InfoV hat der Unternehmer auf die vertraglichen Kündigungsbedingungen einschließ-

---

[256] Die Vorabinformation hinsichtlich der Gültigkeitsdauer befristeter Angebote folgt aus Art. 4 Abs. 1 Buchstabe h FernAbsRL (ABl. EG Nr. L 144 v. 04.06.1997, S. 19 (22)). Die weiteren Informationen sind in Art. 3 Abs. 1 Nr. 2 Buchstabe e FernAbsFinanzDLRL (ABl. EG Nr. 271 v. 09.10.2002, S. 16 (19)) festgelegt.

[257] *Wendehorst*, in: Münchener Kommentar, Band 2a, 2003, § 312c Rn. 69.

[258] Vgl. *Lütcke*, Fernabsatzrecht, 2002, § 312c Rn. 51; *Härting*, CR 2000, 691 (695); *ders.*, Fernabsatzgesetz, 2000, § 2 Rn. 144.

[259] *Schmidt-Räntsch*, in: Bamberger/Roth, Band 1, 2003, § 1 BGB-InfoV Rn. 20.

[260] RegE FernAbsÄndG, BT-Drs. 15/2946, S. 26.

[261] Diese Regelung entspricht Art. 3 Abs. 1 Nr. 1 Buchstabe e FernAbsFinanzDLRL, ABl. EG Nr. L 271 v. 09.10.2002, S. 16 (19). Diese Information soll dazu dienen, den Verbraucher gegebenenfalls darauf aufmerksam zu machen, dass der von ihm angestrebte Vertragsschluss mit dem Unternehmer nicht in dessen Hauptgeschäftstätigkeit liegt. Problematisch ist, dass der Unternehmer sein Hauptgeschäft selbst definieren kann, vgl. *Härting*, Internetrecht, 2. Aufl., 2005, Rn. 484; *ders./Schirmbacher*, DB 2003, 1777 (1779).

[262] Diese Vorschrift basiert auf Art. 3 Abs. 1 Nr. 2 Buchstabe c FernAbsFinanzDLRL, ABl. EG Nr. L 271 v. 09.10.2002, S. 16 (19).

lich etwaiger Vertragsstrafen hinzuweisen.[263] Die Bestimmungen des § 1 Abs. 2 Nr. 4 und 5 BGB-InfoV verlangen die Information des Verbrauchers über den Umstand, welches Recht der Unternehmer der Vertragsanbahnung und dem Vertragsabschluss zugrundegelegt hat und welches Gericht zuständig ist.[264] Nach § 1 Abs. 2 Nr. 6 BGB-InfoV muss der Unternehmer mitteilen, welche Verhandlungs- und Vertragssprachen zur Verfügung stehen.[265] Gemäß § 1 Abs. 2 Nr. 7 BGB-InfoV hat der Unternehmer über einen möglichen Zugang des Verbrauchers zu einem außergerichtlichen Beschwerde- und Rechtsbehelfsverfahren und dessen Voraussetzungen zu informieren.[266] § 1 Abs. 2 Nr. 8 BGB-InfoV verpflichtet den Unternehmer den Verbraucher über das Bestehen eines Garantiefonds oder sonstiger Entschädigungsregelungen zu informieren, die nicht unter die Richtlinie 94/19/EG des Europäischen Parlaments und des Rates vom 30.05.1994 über Einlagensicherungssysteme (ABl. EG Nr. L 135 S. 5) und die Richtlinie 97/9/EG des Europäischen Parlaments und des Rates vom 03.03.1997 über Systeme für die Entschädigung der Anleger (ABl. EG Nr. L 84 S. 22) fallen.[267]

*(6) Beschränkung der Informationspflichten bei Telefongesprächen (§ 1 Abs. 3 BGB-InfoV)*

§ 1 Abs. 3 BGB-InfoV beschränkt die Informationspflichten des Unternehmers für den Fall der telefonischen Kontaktaufnahme.[268] § 1 Abs. 3 Satz 1 Halbsatz 2 BGB-InfoV stellt klar, dass die Angabe einer Anschrift nur dann erforderlich ist, wenn der Verbraucher eine Vorauszahlung zu leisten hat.[269] Diese Beschränkung der Informationspflichten gilt jedoch gemäß § 1 Abs. 3 Satz 2 BGB-InfoV nur für den Fall, dass der Unternehmer den Verbraucher darüber informiert hat, dass auf Wunsch weitere Informationen übermittelt werden können. Es muss

---

[263] Diese Bestimmung beruht auf Art. 3 Abs. 1 Nr. 3 Buchstabe c FernAbsFinanzDLRL, ABl. EG Nr. L 271 v. 09.10.2002, S. 16 (20). Diese Information bezieht sich sowohl auf Kündigungsrechte des Verbrauchers als auch die Möglichkeiten des Anbieters, den Vertrag einseitig zu beenden. Gemeint sind sowohl außerordentliche als auch ordentliche Kündigungen, vgl. *Härting/Schirmbacher*, DB 2003, 1777 (1780).

[264] Mit diesen Bestimmungen werden Art. 3 Abs. 1 Nr. 3 Buchstaben e und f FernAbsFinanzDLRL (ABl. EG Nr. L 271 v. 09.10.2002, S. 16 (20)) umgesetzt.

[265] Diese Vorschrift geht zurück auf Art. 3 Abs. 1 Nr. 3 Buchstabe g FernAbsFinanzDLRL, ABl. EG Nr. L 271 v. 09.10.2002, S. 16 (20).

[266] Diese Regelung entspricht Art. 3 Abs. 1 Nr. 4 Buchstabe a FernAbsFinanzDLRL, ABl. EG Nr. L 271 v. 09.10.2002, S. 16 (20).

[267] Diese Bestimmung beruht auf Art. 3 Abs. 1 Nr. 4 Buchstabe b FernAbsFinanzDLRL, ABl. EG Nr. L 271 v. 09.10.2002, S. 16 (20).

[268] Diese Regelung geht zurück auf Art. 3 Abs. 3 der FernAbsFinanzDLRL, ABl. EG Nr. L 271 v. 09.10.2002, S. 16 (20). Hierzu kritisch *Felke/Jordans*, NJW 2005, 710.

[269] Diese Regelung entspricht 4 Abs. 1 Buchstabe a FernAbsRL, ABl. EG Nr. L 144 v. 04.06.1997, S. 19 (22).

mitgeteilt werden, welcher Art die Informationen sind und der Verbraucher muss ausdrücklich auf die Übermittlung der weiteren Informationen vor Abgabe seiner Willenserklärung verzichtet haben.

*bb. Informationspflichten gemäß § 312c Abs. 2 Satz 1 BGB*

Die Informationspflichten nach § 312c Abs. 2 Satz 1 BGB dienen dazu, den Vertragsinhalt für den Verbraucher zu dokumentieren und ihm die Entscheidung zu ermöglichen, ob er an dem Vertrag festhalten will.[270] Außerdem soll der Verbraucher über die Informationen verfügen, die für die Abwicklung des Vertrages, insbesondere die Beendigung des Vertrages und die Geltendmachung von Sekundäransprüchen erforderlich sind.[271] Gegenstand der Mitteilungspflicht sind die Vertragsbedingungen einschließlich der Allgemeinen Geschäftsbedingungen sowie die in § 1 Abs. 4 BGB-InfoV bestimmten Informationen.[272] Diese Informationen hat der Unternehmer dem Verbraucher in Textform zu erteilen.[273] Nach § 126b BGB sind Informationen in Textform mitgeteilt, wenn sie dem Verbraucher in einer Urkunde oder in einer anderen zur dauerhaften Wiedergabe in Schriftzeichen geeigneten Weise abgegeben werden, die Person des Erklärenden genannt wird und der Abschluss der Erklärung durch Nachbildung der Namensunterschrift oder anders kenntlich gemacht wird.[274] Entscheidend ist die Dauerhaftigkeit der Erklärung, d.h. der Umstand, dass die Information nachträglich von dem Unternehmer nicht mehr verändert werden kann.[275] Dauerhafte Datenträger sind neben bedrucktem Papier insbesondere ein Fax oder eine E-Mail.[276] Die Bereitstellung der Informationen auf einer Website mit der Möglichkeit für den Verbraucher, den Inhalt zu speichern oder auszudrucken, ist

[270] Vgl. *Grigoleit*, NJW 2002, 1151 (1156); *Grüneberg*, in: Palandt, 65. Aufl., 2006, § 312c Rn. 10; *Pützhoven*, Europäischer Verbraucherschutz im Fernabsatz, Dissertation Universität Greifswald, 2001, S. 157; *Wendehorst*, in: Münchener Kommentar, Band 2a, 2003, § 312c Rn. 78; *dies.*, in: Münchener Kommentar, Band 2, 4. Aufl., 2001, § 2 FernAbsG Rn. 82.

[271] Vgl. *Härting*, Internetrecht, 2. Aufl., 2005, Rn. 491; *Wendehorst*, a.a.O..

[272] Das Erfordernis der Mitteilung der Vertragsbestimmungen ergibt sich aus Art. 5 Abs. 1 FernAbsFinanzDLRL, ABl. EG Nr. L 271 v. 09.10.2002, S. 16 (20).

[273] Der Gesetzgeber hat den Begriff des dauerhaften Datenträgers, der durch das FernAbsG in § 361a Abs. 3 BGB a.F. eingefügt worden war, durch das Gesetz zur Anpassung der Formvorschriften des Privatrechts und anderer Vorschriften an den modernen Rechtsgeschäftsverkehr vom 13.07.2001 (BGBl. I 2001 S. 1542) durch den Begriff der Schriftform ersetzt. Vgl. hierzu RegE, BT-Drs. 14/4987, S. 18 ff..

[274] Für den Unternehmer darf keine Möglichkeit bestehen, den Inhalt nachträglich zu verändern, vgl. *Marx*; WRP 2000, 1227 (1231); *Lorenz*, JuS 2000, 833 (837); *ders.*, NJW 2001, 2230 (2231); *Horn*, MMR 2002, 209 (212).

[275] Vgl. *Pützhoven*, Europäischer Verbraucherschutz im Fernabsatz, Dissertation Universität Greifswald, 2001, S. 158; *Wendehorst*, DStR 2000, 1311 (1312).

[276] Vgl. Erwägungsgrund Nr. 20 FernAbsFinanzDLRL (ABl. EG Nr. L 271 v. 09.10.2002, S. 16 (17)); RegE FernAbsG, BT-Drs. 14/2658, S. 40; LG Kleve, Urt. v. 22.11.2002 - 5 S 90/02, NJW-RR 2003, 196; *Härting/Schirmbacher*, DB 2003, 1777 (1780).

demgegenüber nicht ausreichend.[277] Der Website fehlt die Dauerhaftigkeit, sie kann nachträglich von dem Unternehmer verändert werden.[278]

Gemäß § 312c Abs. 2 Satz 1 Nr. 1 Halbsatz 1 BGB müssen bei Finanzdienstleistungen die Informationen dem Verbraucher rechtzeitig vor Abgabe seiner Vertragserklärung zugehen.[279] Eine Ausnahme besteht gemäß § 312c Abs. 2 Satz 1 Nr. 2 Halbsatz 2 BGB nur für solche Verträge, die auf Verlangen des Verbrauchers telefonisch oder unter Verwendung eines anderen Fernkommunikationsmittels geschlossen werden, das die Mitteilung in Textform vor Vertragsschluss nicht gestattet.[280] In diesem Fall muss die Mitteilung in Textform unverzüglich nach Vertragsschluss erfolgen.[281] Bei sonstigen Dienstleistungen und bei der Lieferung von Waren muss die Übermittlung der Informationen gemäß § 312c Abs. 2 Satz 1 Nr. 2 BGB alsbald nach Vertragsschluss, spätestens bis zur vollständigen Erfüllung des Vertrags, bei Waren spätestens bis zur Lieferung an den Verbraucher erfolgen.[282]

*(1) Informationspflichten gemäß § 1 Abs. 4 BGB-InfoV*

§ 1 Abs. 4 Satz 1 BGB-InfoV unterscheidet - je nach Vertragskonstellation - zwischen drei Gruppen von Angaben: Bei allen Fernabsatzverträgen ist nach Nummer 1 die in § 1 Abs. 1 BGB-InfoV enthaltene Gruppe von Angaben mitzuteilen.[283] Bei Fernabsatzverträgen über Finanzdienstleistungen sind nach Nummer 2 zusätzlich die in Absatz 2 bezeichneten Angaben in Textform zu

---

[277] Vgl. RegE FernAbsG, BT-Drs. 14/2658, S. 40; LG Kleve, Urt. v. 22.11.2002 - 5 S 90/02, NJW-RR 2003, 196 = MMR 2003, 424 = CR 2003, 773; *Härting/Schirmbacher*, DB 2003, 1777 (1780); *Heinrichs*, in: Palandt, 65. Aufl., 2006, § 126b Rn. 3; *Lütcke*, Fernabsatzrecht, 2002, § 312c Rn. 114; *Pützhoven*, Europäischer Verbraucherschutz im Fernabsatz, Dissertation Universität Greifswald, 2001, S. 158; a.A. OLG München, Urt. v. 25.01.2001 - 29 U 4113/00, NJW 2001, 2263 (2265); *Horn*, MMR 2002, 209 (212); *Roth/Schulze*, RIW 1999, 924 (927); *Wendehorst*, DStR 2000, 1311 (1312).

[278] Vgl. RegE FernAbsG, BT-Drs. 14/2658, S. 40; *Roth*, JZ 2000, 1013 (1016); *Lütcke*, Fernabsatzrecht, 2002, § 312c Rn. 114; *Schmidt-Räntsch*, in: Bamberger/Roth, Band 1, 2003, § 1 BGB-InfoV Rn. 28; *Wegner*, NJ 2000, 407 (408).

[279] Diese Regelung entspricht Art. 5 Abs. 1 FernAbsFinanzDLRL, ABl. EG Nr. L 271 v. 09.10.2002, S. 16 (20).

[280] Mit dieser Bestimmung hat der Gesetzgeber Art. 5 Abs. 2 FernAbsFinanzDLRL (ABl. EG Nr. L 271 v. 09.10.2002, S. 16 (21)) umgesetzt.

[281] Hinsichtlich des Begriffs „unverzüglich" sind die zu § 121 Abs. 1 S. 1 BGB entwickelten Grundsätze heranzuziehen.

[282] Diese Vorschrift entspricht Art. 5 Abs. 1 S. 1 FernAbsRL, ABl. EG Nr. L 144 v. 06.06.1997, S. 19 (22).

[283] Dies entspricht Art. 5 Abs. 1 S. 1 i.V.m. Art. 4 Abs. 1 FernAbsRL (ABl. EG Nr. L 144 v. 06.06.1975, S. 19 (22)) und deckt zugleich einen Teil der Mitteilungserfordernisse nach Art. 5 Abs. 1 i.V.m. Art. 3 Abs. 1 FernAbsFinanzDLRL (ABl. EG Nr. L 271 v. 09.10.2002, S. 16 (19 f.)) ab.

übermitteln.[284] Nummer 3 benennt schließlich die zusätzlichen Angaben, die bei Waren und Dienstleistungen dem Verbraucher in Textform mitzuteilen sind.[285] Bei Verträgen, die ein Dauerschuldverhältnis betreffen und die für längere Zeit als ein Jahr oder für unbestimmte Zeit geschlossen werden, muss der Unternehmer den Verbraucher gemäß § 1 Abs. 4 Satz 1 Nr. 3 Buchstabe a BGB-InfoV über die Kündigungsbedingungen informieren.[286] Der Unternehmer hat dem Verbraucher gemäß § 1 Abs. 4 Satz 1 Nr. 3 Buchstabe b BGB-InfoV mitzuteilen, welcher Kundendienst und welche Gewährleistungs- und Garantiebedingungen bestehen.[287] Die Verpflichtung des Unternehmers bezieht sich sowohl auf die gesetzlichen Gewährleistungsbedingungen, als auch auf hiervon abweichende vertragliche Gewährleistungs- und Garantiebedingungen.[288] Die Pflicht, einen Kundendienst zu benennen, gilt nur für solche Unternehmen, die über einen Kundendienst verfügen.[289] Das Gleiche gilt für Garantieübernahmen, die freiwillige Haftungsübernahmen darstellen. Sofern der Unternehmer keine Garantie gibt, braucht er über diesen Umstand nicht zu informieren.[290]

Die Bestimmung des § 1 Abs. 4 Satz 2 BGB-InfoV stellt klar, dass der Unternehmer zur Erfüllung seiner Informationspflicht über das Bestehen des Widerrufs- oder Rückgaberechts das in § 14 BGB-InfoV bestimmte Muster verwenden kann.[291] § 1 Abs. 4 Satz 3 BGB-InfoV verlangt, dass die Informationen nach Absatz 1 Nr. 3 (Anschrift) und Nr. 10 (Widerrufs- oder Rück-

---

[284] Diese Vorschrift komplettiert die Umsetzung von Art. 5 Abs. 1 i.V.m. Art. 3 Abs. 1 FernAbsFinanzDLRL, ABl. EG Nr. L 271 v. 09.10.2002, S. 16 (19 f.).

[285] Diese Informationserfordernisse waren bisher in § 1 Abs. 3 Nr. 3 und 4 BGB-InfoV a.F. geregelt.

[286] Mit dieser Regelung hat der Gesetzgeber Art. 5 Abs. 1 Spiegelstrich 4 FernAbsRL umgesetzt, ABl. EG Nr. L 144 v. 04.06.1997, S. 19 (22).

[287] Diese Regelung geht zurück auf Art. 5 Abs. 1 Spiegelstrich 3 FernAbsRL, ABl. EG Nr. L 144 v. 04.06.1997, S. 19 (22).

[288] Vgl. *Micklitz*, in: Handkommentar Vertriebsrecht, 2002, § 312c Rn. 105; *Wendehorst*, in: Münchener Kommentar, Band 2a, 2003, § 312c Rn. 109; *dies.*, in: Münchener Kommentar, Band 2, 4. Aufl., 2001, § 2 FernAbsG Rn. 110; a.A. *Aigner/Hofmann*, Fernabsatzrecht im Internet, 2004, Rn. 333; *Härting*, Internetrecht, 2. Aufl., 2005, Rn. 499; *ders.*, Fernabsatzgesetz, 2000, § 2 Rn. 174; *Lütcke*, Fernabsatzrecht, 2002, § 312c Rn. 93; *Ring*, Fernabsatzgesetz, 2000, S. 128, wonach der Unternehmer nur über von den gesetzlichen Bestimmungen abweichende vertragliche Gewährleistungs- und Garantiebedingungen informieren müsse. Für die erste Ansicht spricht jedoch der Vergleich mit der Regelung des § 1 Abs. 2 Nr. 3 BGB-InfoV, wonach der Unternehmer ausdrücklich nur über „vertragliche“ Kündigungsbedingungen informieren muss. Im Umkehrschluss ist hieraus zu schließen, dass die Regelung des § 1 Abs. 4 Nr. 3 Buchstabe b auch die gesetzlichen Gewährleistungsrechte des Verbrauchers erfasst.

[289] Vgl. *Schmidt-Räntsch*, in: Bamberger/Roth, Band 1, 2003, § 1 BGB-InfoV Rn. 26.

[290] *Schmidt-Räntsch*, a.a.O..

[291] Dabei dient das Muster für die Widerrufsbelehrung naturgemäß nur der Information über das Bestehen des Widerrufsrechts, vgl. RegE FernAbsÄndG, BT-Drs. 15/2946, S. 27.

gaberecht), Absatz 2 Nr. 3 (Kündigungsbedingungen) sowie Absatz 4 Satz 1 Nr. 3 Buchstabe b (Kundendienst/Garantie), wenn diese in den Vertragsbestimmungen, einschließlich Allgemeinen Geschäftsbedingungen, enthalten sind, hervorgehoben und deutlich gestaltet sind.[292] Die Verpflichtung zur Hervorhebung der Angaben soll gewährleisten, dass der Verbraucher auch bei flüchtiger Lektüre des Textes die für ihn wesentlichen Informationen auffindet.[293]

*(2) Ausnahme von den Informationspflichten (§ 312c Abs. 2 Satz 2 BGB)*
Eine Ausnahme von den nachvertraglichen Informationspflichten besteht gemäß § 312c Abs. 2 Satz 2 BGB bei Dienstleistungen, die unmittelbar unter Einsatz von Fernkommunikationsmitteln erbracht werden, sofern diese Leistungen in einem Mal erfolgen und über den Betreiber der Fernkommunikationsmittel abgerechnet werden.[294] Hierunter fällt insbesondere die Bereitstellung von Telefonverbindungen im Call-by-call-Verfahren.[295] Der Verbraucher muss sich jedoch nach § 312c Abs. 3 Satz 2 BGB über die Anschrift der Niederlassung des Unternehmens informieren können, bei dem er Beanstandungen vorbringen kann. An den Informationspflichten gemäß § 312c Abs. 1 BGB ändert die Ausnahme nach § 312c Abs. 3 BGB nichts, ihnen muss der Unternehmer nachkommen.[296]

*cc. Anspruch auf Überlassung einer Vertragsurkunde (§ 312c Abs. 3 BGB)*
Bei Verträgen über Finanzdienstleistungen kann der Verbraucher während der Laufzeit des Vertrages gemäß § 312c Abs. 3 BGB jederzeit von dem Unternehmer verlangen, dass ihm dieser die Vertragsbedingungen einschließlich der Allgemeinen Geschäftsbedingungen in einer Urkunde zur Verfügung stellt.[297] Dies bedeutet, dass der Unternehmer dem Verbraucher die Vertragsbedingungen in Papierform zu übermitteln hat.[298] Diese Sonderregelung für Finanzdienstleistun-

---

[292] Der Katalog der hervorzuhebenden Bestimmungen stammt aus Art. 5 Abs. 1 FernAbsRL, ABl. EG Nr. L 144 v. 04.06.1997, S. 19 (22).

[293] Vgl. RegE FernAbsG, BT-Drs. 14/2658, S. 38; *Härting*, Fernabsatzgesetz, 2000, § 2 Rn. 192.

[294] Diese Ausnahme geht auf Art. 5 Abs. 2 FernAbsRL zurück, ABl. EG Nr. L 144 v. 04.06.1997, S. 19 (22).

[295] Vgl. *Börner/Rath/Sengpiel*, Fernabsatzrecht, 2001, S. 58 ff.; *Roth/Schulze*, RIW 1999, 924 (927); *Wendehorst*, DStR 2000, 1311 (1315).

[296] So müsste der Unternehmer die Informationen über Ansagen mitteilen. Das einfache Verfahren würde so verkompliziert, der bezweckte Verbraucherschutz verkehrte sich in sein Gegenteil. Vgl. hierzu *Wendehorst*, in: Münchener Kommentar, Band 2a, 2003, § 312c Rn. 118 f..

[297] Mit dieser Regelung hat der Gesetzgeber Art. 5 Abs. 3 S. 1 FernAbsFinanzDLRL (ABl. EG Nr. 271 v. 09.10.2002, S. 16 (21)) umgesetzt.

[298] Vgl. *Härting*, Internetrecht, 2. Aufl., 2005, Rn. 512; *ders./Schirmbacher*, DB 2003, 1777 (1781).

gen erklärt sich daraus, dass die Vertragsbedingungen bei Verträgen über Finanzdienstleistungen eine besondere Bedeutung haben, weil die Finanzdienstleistungen ihr eigentliches Gepräge in der Mehrzahl der Fälle erst durch ihre Bedingungen erhalten.[299]

*dd. Weitergehende Einschränkungen, Verhältnis zu anderen Informationspflichten (§ 312c Abs. 4 BGB)*

Gemäß § 312c Abs. 4 BGB bleiben weitergehende Einschränkungen bei der Verwendung von Fernkommunikationsmitteln und weitergehende Informationspflichten auf Grund besonderer Vorschriften unberührt. Diese Vorschrift stellt klar, dass der Einsatz des konkreten Fernkommunikationsmittels durch den Unternehmer nicht gegen sonstige Rechtsvorschriften verstoßen darf. Als derartige Rechtsvorschrift kommt insbesondere die Regelung nach § 7 i.V.m. § 3 UWG in Betracht.[300] Bestimmte Formen der Ansprache des Verbrauchers im Rahmen des Direktmarketings, die in dem Katalog des § 7 Abs. 2 UWG angeführt werden, gelten demnach als unzumutbare Belästigung und als unlauter im Sinne von § 3 UWG.[301]

*ee. Verstoß gegen die Informationspflichten gemäß § 312c BGB*

Bei einem Verstoß des Unternehmers gegen die Informationspflichten bestehen verschiedene Sanktionen. Die Regelung des § 312d Abs. 2 BGB bestimmt, dass - soweit für das betroffene Rechtsgeschäft ein Widerrufsrecht besteht - die zweiwöchige Widerrufsfrist nicht vor Erfüllung der Informationspflichten nach § 312c Abs. 2 BGB abzulaufen beginnt. Dies führt dazu, dass im Fall einer Pflichtverletzung des Unternehmers immer die sechsmonatige Ausschlussfrist nach § 355 Abs. 3 BGB ab Vertragsschluss bzw. ab Eingang der Waren bei dem Empfänger abläuft. Diese Sanktion greift jedoch in den Fällen nicht, in denen gemäß § 312d Abs. 4 BGB kein Widerrufsrecht besteht.

Daneben führt eine nicht ordnungsgemäße Belehrung des Verbrauchers über sein Widerrufsrecht regelmäßig zu einer Haftungsprivilegierung des Verbrauchers. Grundsätzlich haftet der Verbraucher für die Verschlechterung oder den Untergang nur, wenn er gegen die Sorgfalt in eigenen Angelegenheiten verstoßen hat. Dies folgt aus § 357 Abs. 1 Satz 1 i.V.m. § 346 Abs. 3 Satz 1 Nr. 3 BGB. In der Praxis führt dies gemäß § 277 BGB in der Regel zu einer Haftungsreduzierung auf grobe Fahrlässigkeit. Diese Haftungsprivilegierung entfällt jedoch nach § 357 Abs. 3 Satz 3 BGB, sofern der Verbraucher ord-

---

[299] RegE FernAbsÄndG, BT-Drs. 15/2946, S. 22.

[300] Diese Formen der Ansprache wurden früher bereits von der deutschen Rechtsprechung sowohl als Verstoß gegen § 1 UWG a.F. als auch als rechtswidrige Verletzung des allgemeinen Persönlichkeitsrechts des Verbrauchers gewertet, die zu Unterlassungsansprüchen analog §§ 823, 1004 BGB führen.

[301] Vgl. hierzu ausführlich 3. Teil.

nungsgemäß über sein Widerrufsrecht belehrt worden ist, oder von seinem Widerrufsrecht anderweitig Kenntnis erlangt hat. Weiterhin kommen bei einem Verstoß gegen die Informationspflichten Schadensersatzansprüche gemäß §§ 311 Abs. 2, 280 Abs. 1 BGB in Betracht.[302]

Die genannten Sanktionen, sind jedoch in der Praxis nicht ausreichend, um unseriösen Vertriebspraktiken entgegenzuwirken.[303] Es besteht daher das Bedürfnis für eine zweite Gruppe von Rechtsfolgen, nämlich für Unterlassungsansprüche: Diese Ansprüche bestehen zum einen nach § 2 UKlaG und zum anderen nach §§ 4 Nr. 11, 8 UWG. Die Verletzung der §§ 312-312d BGB begründet nach § 2 Abs. 1, Abs. 2 Nr. 1 UKlaG einen Unterlassungsanspruch. Dieser Unterlassungsanspruch steht nach § 3 UKlaG zum einem qualifizierten Verbraucherschutzverbänden im Sinne von § 4 UKlaG zu, außerdem größeren Vereinigungen von Gewerbetreibenden, die sich zur Förderung gewerblicher Interessen zusammengeschlossen haben, sowie den Industrie- und Handelskammern.

Ein Unterlassungsanspruch besteht weiterhin gemäß §§ 4 Nr. 11, 8 UWG.[304] Der Verstoß gegen die Pflicht zur Information über das Widerrufsrecht stellt eine unlautere Wettbewerbshandlung im Sinne von § 4 Nr. 11 UWG dar.[305] Ein solcher Verstoß gegen die Informationspflicht erfüllt den allgemeinen Rechtsbruchstatbestand.[306] Der Unternehmer verschafft sich einen Wettbewerbsvorsprung zu Lasten seiner gesetzestreuen Mitbewerber.[307] Der nicht oder nicht richtig belehrte Verbraucher wird häufig aus Unkenntnis von der Ausübung seines Widerrufsrechts absehen und damit zu Unrecht am Vertrag festhalten. Dies bringt dem Unternehmer einen Wettbewerbsvorsprung vor seinen

[302] *Grüneberg*, in: Palandt, 65. Aufl., 2006, § 312c Rn. 12; *Wendehorst*, in: Münchener Kommentar, Band 2a, 2003, § 312c Rn. 76; *dies.*, in: Münchener Kommentar, Band 2, 4. Aufl., 2001, § 2 FernAbsG Rn. 123.

[303] So weisen *Boente/Riehm*, Jura 2002, 222 (228), zutreffend darauf hin, dass dieser Schutz im Massengeschäft des Alltags keinen ausreichenden Druck auf unseriöse Anbieter ausübe: Das Scheitern einzelner Geschäfte durch Widerruf oder aus anderem Grund lasse sich für derartige Anbieter leicht verschmerzen, wenn durch eine unseriöse Informationspolitik viele andere Geschäfte geschlossen werden könnten. Oft sehe der Verbraucher aufgrund der Geringwertigkeit des Vertragsgegenstandes oder aufgrund der Unsicherheiten bei der Rechtsdurchsetzung von der Geltendmachung seiner Rechte ab.

[304] Verstoß gegen § 1 UWG a.F.: OLG Frankfurt, Beschl. v. 17.04.2001 - 6 W 37/01, MDR 2001, 744 = MMR 2001, 529 = K&R 2002, 43 = CR 2001, 782; LG Magdeburg, Urt. v. 29.08.2002 - 36 O 115/02, NJW-RR 2003, 409; LG Memmingen, Urt. v. 23.06.2004 - 1H O 1016/04, NJW 2004, 2389 (2390); *Aigner/Hofmann*, MMR 2001, Beilage 8, S. 30; *Boente/Riehm*, Jura 2002, 222 (229); *Grigoleit*, NJW 2002, 1151 (1155); *Hoenike/Hülsdunk*, MMR 2002, 516 (519); *Reich*, EuZW 1997, 581 (586 f.); *Ring*, Fernabsatzgesetz, 2000, S. 129.

[305] OLG Hamm, Urt. v. 14.04.2005 - 4 U 2/05, NJW 2005, 2319 = MMR 2005, 540 (541).

[306] Vgl. *Micklitz/Reich*, Die Fernabsatzrichtlinie im deutschen Recht, 1998, S. 100.

[307] Vgl. OLG Hamm, Urt. v. 22.11.2001 - 4 U 83/01, S. 5.

richtig belehrenden Mitbewerbern, der durch Ausnutzen der pflichtwidrig herbeigeführten Rechtsunkenntnis erlangt ist.[308] Der Unterschied des Unterlassungsanspruchs gemäß § 8 Abs. 1 UWG gegenüber dem Unterlassungsanspruch gemäß § 2 UKlaG liegt darin, dass zum Kreis der Klagebefugten nicht nur die in § 3 UKlaG erwähnten Verbände zählen, sondern gemäß § 8 Abs. 3 Nr. 1 UWG auch einzelne Mitbewerber.

*b. Widerrufsrecht des Verbrauchers gemäß § 312d Abs. 1 BGB*

§ 312d BGB gewährt als Kernstück des Fernabsatzrechts dem Verbraucher ein Widerrufsrecht.[309] Die Rechtsgrundverweisung des § 312d Abs. 1 BGB knüpft an die Rahmenregelungen des § 355 BGB an und enthält ergänzende und modifizierende Regelungen, die den besonderen Gegebenheiten bei Fernabsatzverträgen Rechnung tragen. Aus den Rahmenregelungen der §§ 355 ff. BGB ergeben sich die Anforderungen an die Ausübung des Widerrufsrechts, die Frist und die Folgen des Widerrufs.

Der Zweck des Widerrufsrechts besteht darin, dass der Verbraucher in der Praxis keine Möglichkeit hat, vor Vertragsschluss das Erzeugnis zu sehen oder die Eigenschaften der Dienstleistung im Einzelnen zur Kenntnis zu nehmen.[310] Dem Verbraucher wird durch das Widerrufsrecht ermöglicht, bei Vertragsabschlüssen im Fernabsatz die ohne Augenscheinsnahme bestellten und gelie-

---

[308] Vgl. hierzu die Rspr. zu der unterlassenen Belehrung über das Widerrufsrecht nach anderen Verbraucherschutzgesetzen: BGH, Urt. v. 02.02.1977 - VIII ZR 320/75, NJW 1977, 714 (716); Urt. v. 07.05.1986 - I ZR 119/84, NJW 1987, 124 (125); Urt. v. 07.06.1990 - I ZR 207/88, NJW 1990, 3144; Urt. v. 17.12.1992 - I ZR 73/91, NJW 1993, 1013; LG München I, Urt. v. 13.07.1989 - 4 HKO 7879/89, NJW-RR 1990, 376 (377).

[309] Mit § 312d BGB setzt der deutsche Gesetzgeber Art. 6 Abs. 1 bis 3 der FernAbsRL um, ABl. EG Nr. L 144 v. 04.06.1997, S. 19 (22). Das Widerrufsrecht war zuvor in § 3 FernAbsG geregelt. Durch das Schuldrechtsmodernisierungsgesetz sind die Voraussetzungen für den Ausschluss des Widerrufsrechts verändert worden. Für den Ausschluss des Widerrufsrechts wegen begonnener Ausführung einer Dienstleistung (§ 312d Abs. 3 BGB) ist die konkludente Zustimmung des Verbrauchers im Gegensatz zur vormaligen Regelung in § 3 Abs. 1 Nr. 2 Buchstabe b FernAbsG nicht mehr ausreichend. Nunmehr muss der Verbraucher der Ausführung durch den Unternehmer entweder ausdrücklich zugestimmt oder diese selber veranlasst haben. Durch das Fernabsatzänderungsgesetz hat der Gesetzgeber Absatz 3 der Regelung unter Umsetzung der Regelung des Art. 6 Abs. 2 Buchstabe c FernAbsFinanzDLRL (ABl. EG Nr. L 271 v. 09.10.2002, S. 16 (21)) neu gefasst. In Absatz 4 ist unter Nummer 6 eine neue Ausnahme von dem Widerrufsrecht in Umsetzung von Art. 6 Abs. 2 Buchstabe a FernAbsFinanzDLRL (ABl. EG Nr. L 271 v. 09.10.2002, S. 16 (21)) eingefügt worden. In Absatz 5 ist die Vorschrift des § 495 BGB in die Konkurrenzregelung aufgenommen worden. Absatz 6 ist in Umsetzung von Art. 7 Abs. 3 FernAbsFinanzDLRL (ABl. EG Nr. L 271 v. 09.10.2002, S. 16 (22)) eingeführt worden.

[310] Vgl. Erwägungsgrund Nr. 14 der FernAbsRL, ABl. EG Nr. L 144 v. 04.06.1997, S. 19 (20); *Marx*, WRP 2000, 1227 (1228); *Ring*, Fernabsatzgesetz, 2000, S. 133; *Wilmer*, RTkom 2001, 5 (9).

ferten Waren zu prüfen und dann innerhalb kurzer Frist zu entscheiden, ob er sie behalten oder zurückgeben will.[311] Bei Dienstleistungen, die auch sonst nicht zunächst ausprobiert und in natura zurückgegeben werden können, geht es darum, dem Verbraucher noch einmal eine Überlegungsfrist einzuräumen, innerhalb der er auf Grundlage der ihm übermittelten Informationen die Entscheidung treffen kann, ob er die bestellte Dienstleistung wirklich in Anspruch nehmen will.[312]

Mit der Einführung des Fernabsatzgesetzes hat der Gesetzgeber die Widerrufsrechte nach den Verbraucherschutzgesetzen zusammengefasst und gleichzeitig die dogmatische Konstruktion teilweise verändert.[313] Bis zur Vereinheitlichung der Widerrufsrechte in dem § 361a Abs. 1 Satz 1 BGB a.F. hatte es in den Verbraucherschutzgesetzen zwei Varianten des Widerrufsrechts gegeben:[314] Zum einen bestand die Konstruktion, dass der Vertrag während der noch bestehenden Widerrufsmöglichkeit für den Verbraucher schwebend unwirksam war.[315] Eine solche Regelung fand sich in § 1 Abs. 1 Haustürwiderrufsgesetz, § 7 Verbraucherkreditgesetz und § 5 Teilzeitwohnrechtgesetz. Erfüllungsansprüche waren daher bis zum Zeitpunkt des Fristablaufs ausgeschlossen.[316] Bei der anderen Konstruktion gemäß § 4 Abs. 1 Satz 1 Fernunterrichtschutzgesetz war der Vertrag schwebend wirksam bis die Frist abgelaufen war. Erfüllungsansprüche bestanden in diesem Fall bereits mit Vertragsschluss.[317]

Entgegen der Mehrzahl der bis zu diesem Zeitpunkt existierenden Regelungen zum Widerrufsrecht zwang die Regelungsmaterie der Fernabsatzrichtlinie den Gesetzgeber dazu, das neue einheitliche Widerrufsrecht entsprechend dem Fernunterrichtsschutzgesetz auszugestalten.[318] Dies hatte seinen Grund darin, dass der Verbraucher die bestellte Ware besichtigen können soll, bevor er eine Entscheidung darüber trifft, ob er am Vertrag festhalten will oder nicht.[319] Dieses Ziel kann jedoch nur erreicht werden, wenn der Verbraucher gegenüber

---

[311] *Bülow*, ZIP 1999, 1293 (1294); *Fuchs*, ZIP 2000, 1273 (1280); *Härting*, Internetrecht, 2. Aufl., 2005, Rn. 533; *Lütcke*, Fernabsatzrecht, 2002, § 312c Rn. 6, § 312d Rn. 29; *Ring*, Fernabsatzgesetz, 2000, S. 133; *Roth*, JZ 2001, 475 (481); *Wilmer*, RTkom 2001, 5 (9).

[312] *Fuchs*, ZIP 2000, 1273 (1280 f.).

[313] Vgl. RegE FernAbsG, BT-Drs. 14/2658, S. 41 f.; vgl. hierzu ausführlich *Pützhoven*, Europäischer Verbraucherschutz im Fernabsatz, Dissertation Universität Greifswald, 2001, S. 164-174; *Berger*, Jura 2001, 289 (291); *Fischer*, DB 2002, 253 (254).

[314] Vgl. *Bülow/Artz*, NJW 2000, 2049 (2051).

[315] Vgl. *Heinrichs*, in: Festschrift für Medicus, 1999, S. 177 (179 ff.); *Neises*, NZM 2000, 1033 (1035); *Reich/Nordhausen*, Verbraucher und Recht im elektronischen Geschäftsverkehr, 2000, S. 41.

[316] Vgl. *Bülow*, ZIP 1999, 1293 (1294); *Kamanabrou*, WM 2000, 1417 (1418).

[317] Vgl. *Bülow*, ZIP 1999, 1293 (1295); *Kamanabrou*, a.a.O..

[318] Vgl. RegE FernAbsG, BT-Drs. 14/2658, S. 42; *Reich/Nordhausen*, Verbraucher und Recht im elektronischen Geschäftsverkehr, 2000, S. 41.

[319] Vgl. *Bülow*, DZWir 1998, 89; *Mankowski*, WM 2001, 833 (837); *Pützhoven*, Europäischer Verbraucherschutz im Fernabsatz, Dissertation Universität Greifswald, 2001, S. 78.

dem Unternehmer einen Anspruch auf Erbringung der Vertragsleistung hat.[320] Ein solcher Anspruch setzt voraus, dass ein schwebend wirksamer Vertrag besteht.[321] Nach § 355 Abs. 1 BGB ist der Verbraucher an seine auf den Abschluss eines Vertrages mit einem Unternehmer gerichtete Willenserklärung nicht mehr gebunden, wenn er sie fristgerecht widerrufen hat. Der Vertrag wird durch den Widerruf nicht von Anfang an unwirksam, sondern *ex nunc* in ein Abwicklungsverhältnis umgewandelt.[322] Nur auf diese Weise kann der Schutzzweck des Fernabsatzrechts seine Wirkung entfalten.

*aa. Voraussetzungen des Widerrufsrechts*

Voraussetzung des Widerrufsrechts gemäß § 312d BGB ist, dass der Verbraucher gegenüber dem Unternehmer fristgerecht eine Widerrufserklärung abgibt. Eine Begründung muss die Widerrufserklärung gemäß § 355 Abs. 1 Satz 2 BGB nicht enthalten. Der Gesetzgeber lässt zwei Formen des Widerrufs zu: Der Widerruf kann in Textform (§ 126b BGB) oder durch die Rücksendung des Vertragsgegenstandes erfolgen (§ 355 Abs. 1 Satz 2 BGB).

Die Widerrufserklärung muss innerhalb der Widerrufsfrist erfolgen, die gemäß § 355 Abs. 1 Satz 2 BGB zwei Wochen beträgt.[323] Zur Wahrung der Frist für den Widerruf genügt gemäß § 355 Abs. 1 Satz 2 Halbsatz 2 BGB die rechtzeitige Absendung des Widerrufs innerhalb der Frist. Grundsätzlich beginnt die Widerrufsfrist nach § 355 Abs. 2 Satz 1 BGB mit der Belehrung über den Widerruf. § 312d Abs. 2 BGB legt für Fernabsatzverträge eine abweichende

---

[320] Vgl. *Artz*, VuR 1999, 393 (395); *Berger*, Jura 2001, 289 (292); *Bülow/Artz*, NJW 2000, 2049 (2051); *Bülow*, a.a.O.; *ders.*, ZIP 1999, 1293 (1294); *Mankowski*, a.a.O.; *Micklitz/Reich*, Die Fernabsatzrichtlinie im deutschen Recht, 1998, S. 23; *dies.*, BB 1999, 2093 (2094); *Reich/Nordhausen*, Verbraucher und Recht im elektronischen Geschäftsverkehr, 2000, S. 41; *Riehm*, Jura 2000, 505 (508); *Schmittmann*, DuD 1997, 636 (637); *Tonner*, BB 2000, 1413 (1415); *Waldenberger*, K&R 1999, 345 (349).

[321] Vgl. *Berger*, Jura 2001, 289 (292); *Bülow/Artz*, NJW 2000, 2049 (2052); *Bülow*, DZWir 1998, 89; *ders.*, ZIP 1999, 1293 (1294); *Mankowski*, WM 2001, 833 (834, 837); *Pützhoven*, a.a.O.; *Riehm*, Jura 2000, 505 (506); *Roth/Schulze*, RIW 1999, 924 (927); *Tonner*, BB 2000, 1413 (1415); *Waldenberger*, K&R 1999, 345 (349).

[322] Vgl. RegE FernAbsG, BT-Drs. 14/2658, S. 47; ausführlich zu der schwebenden Wirksamkeit des Vertrags *Mankowski*, WM 2001, 793 (794 ff.); vgl. auch *Berger*, Jura 2001, 289 (292); *Bülow/Artz*, a.a.O.; *Fischer*, DB 2002, 253 (254); *Härting*, VuR 2001, 11; *Heinrichs*, Festschrift für Medicus, 1999, S. 177 (192); *Marx*, WRP 2000, 1227 (1233); *Neises*, NZM 2000, 1033 (1035); *Riehm*, Jura 2000, 505 (507); *Rott*, VuR 2001, 78 (80); *Schmidt-Räntsch*, VuR 2000, 427 (431); *ders.*, ZBB 2000, 344 (346); *Wendehorst*, DStR 2000, 1311 (1312).

[323] Nach Art. 6 der FernAbsRL (ABl. EG Nr. L 144 v. 04.06.1997, S. 19 (22)) hätte die Widerrufsfrist nur sieben Werktage betragen müssen. Der deutsche Gesetzgeber hat eine längere Frist gewählt, um Schwierigkeiten hinsichtlich der Berechnung zu vermeiden, da in den Bundesländern unterschiedliche Feiertagsregelungen bestehen, vgl. RegE FernAbsG, BT-Drs. 14/2658, S. 42.

Regelung fest. Nach dieser Regelung beginnt die Widerrufsfrist nicht vor Erfüllung der Informationspflichten des § 312c Abs. 2 BGB, bei der Lieferung von Waren nicht vor dem Eingang der Ware bei dem Empfänger, bei wiederkehrenden Lieferungen gleichartiger Waren nicht vor dem Eingang der ersten Teillieferung, bei Dienstleistungen nicht vor dem Tag des Vertragsschlusses.[324] Durch diese Regelung soll dem Verbraucher in jedem Fall ermöglicht werden, vor Ablauf der Widerrufsfrist alle nach dem Fernabsatzrecht erforderlichen Informationen verfügbar zu haben und zudem - bei Warenlieferungen - die Ware zu überprüfen.[325] Es ist so ausgeschlossen, dass durch ein Hinausschieben der Lieferfrist die Begutachtung der Ware verhindert wird.[326] Sofern die Belehrung über das Widerrufsrecht erst nach Vertragsschluss erfolgt, beträgt die Widerrufsfrist gemäß § 355 Abs. 2 Satz 2 BGB einen Monat.

*bb. Erlöschen des Widerrufsrechts*

Weitere Voraussetzung für die wirksame Ausübung des Widerrufsrechts ist, dass das Widerrufsrecht nicht infolge Zeitablaufs erloschen ist. Diesbezüglich wird in der Regelung des § 355 Abs. 3 BGB zwischen der Lieferung von Waren und der Erbringung von Dienstleistungen differenziert.[327] Bei Warenlieferungen erlischt das Widerrufsrecht gemäß § 355 Abs. 3 Satz 2 BGB spätestens sechs Monate nach dem Eingang der Waren bei dem Empfänger.[328] Auch bei Dienstleistungen erlischt das Widerrufsrecht spätestens nach sechs Monaten, es gilt auch hier grundsätzlich die Regelung des § 355 Abs. 3 Satz 1 BGB. Es wird allerdings anders als bei Warenlieferungen nicht auf den Beginn der Erbringung der Dienstleistung abgestellt, sondern auf den Vertragsschluss.[329] Damit kann es in Extremfällen dazu kommen, dass das Widerrufsrecht erloschen ist, bevor der Verbraucher die Möglichkeit hatte, die Dienstleistung zu testen.

Abweichend von dem Grundsatz des § 355 Abs. 3 Satz 1 BGB erlischt das Widerrufsrecht jedoch gemäß § 355 Abs. 3 Satz 3 BGB nicht, wenn der

---

[324] Bei einem Kauf auf Probe beginnt die Widerrufsfrist des Verbrauchers nach § 312d BGB nicht vor dem Zeitpunkt, in dem der Kaufvertrag durch Billigung für den Käufer bindend geworden ist, vgl. BGH, Urt. v. 17.03.2004 - VIII ZR 265/03, NJW 2005, 283 (Ls.); NJW-RR 2004, 1058. Bei Lieferung von Waren in Teillieferungen beginnt die Widerrufsfrist erst bei vollständigem Eingang aller Teillieferungen, vgl. OLG Frankfurt, Urt. v. 28.11.2001 - 9 U 148/01, CR 2002, 638 (639).

[325] *Lütcke*, Fernabsatzrecht, 2002, § 312d Rn. 28.

[326] *Lütcke*, a.a.O..

[327] Vgl. *Mankowski*, JZ 2001, 745.

[328] Die Regelung des Art. 6 Abs. 1 S. 4 FernAbsRL (ABl. EG Nr. L 144 v. 04.06.1997, S. 19 (23)) sieht für den Fall, dass der Unternehmer die Informationspflichten nicht erfüllt, eine Frist von drei Monaten für die Erklärung des Widerrufs vor. Es liegt insoweit eine überschießende Umsetzung vor.

[329] Dies entspricht der Regelung des Art. 6 Abs. 1 S. 3 Spiegelstrich 2 FernAbsRL, ABl. EG Nr. L 144 v. 04.06.1997, S. 19 (22).

Verbraucher nicht ordnungsgemäß über sein Widerrufsrecht informiert worden ist,[330] bei Fernabsatzverträgen über Finanzdienstleistungen ferner nicht, wenn der Unternehmer seine Mitwirkungspflichten gemäß § 312c Abs. 2 Nr. 1 BGB nicht ordnungsgemäß erfüllt hat.

Daneben enthält § 312d Abs. 3 BGB eine Sonderregelung für das Erlöschen des Widerrufsrechts bei Fernabsatzverträgen über Dienstleistungen. Das Widerrufsrecht erlischt bei Fernabsatzverträgen über Finanzdienstleistungen, wenn der Vertrag von beiden Seiten auf ausdrücklichen Wunsch des Verbrauchers vollständig erfüllt ist, bevor der Verbraucher sein Widerrufsrecht ausgeübt hat.[331] Bei sonstigen Dienstleistungen erlischt das Widerrufsrecht, wenn der Unternehmer mit der Ausführung der Dienstleistung mit ausdrücklicher Zustimmung des Verbrauchers vor Ende der Widerrufsfrist begonnen hat oder der Verbraucher die Ausführung der Dienstleistung selbst veranlasst hat.[332] Die Ausnahme trägt dem Umstand Rechnung, dass das einmal zur Verfügung gestellte „Know-how“ als kennzeichnendes Merkmal der Dienstleistung nicht zurückgegeben werden kann. Der Unternehmer, der mit der Vertragserfüllung beginnt, ist daher besonders schutzwürdig.[333] Die Regelung des § 312d Abs. 3 BGB will den Unternehmer vor nutzlosen Aufwendungen bewahren, die er im

---

[330] Nach § 3 Abs. 1 S. 3 FernAbsG erlosch das Widerrufsrecht spätestens nach vier Monaten. Die Regelung des § 355 Abs. 3 BGB sah in der Fassung des Gesetzes zur Modernisierung des Schuldrechts v. 26.11.2001 (BGBl. I S. 3138) ein Erlöschen des Widerrufsrechts nach sechs Monaten vor. Der Europäische Gerichtshof hat jedoch entschieden, dass bei Haustürgeschäften das Widerrufsrecht im Falle einer unterlassenen oder unvollständigen Belehrung des Verbrauchers unbefristet besteht, vgl. EuGH, Urt. v. 13.12.2001 - C-481/99 - „Heininger“, Slg. I-2001, 9945 = NJW 2002, 281. Der deutsche Gesetzgeber hat sich bei der Umsetzung dieser Entscheidung für eine einheitliche Regelung des Widerrufsrechts bei Verbraucherverträgen entschieden, vgl. Beschlussempfehlung und Bericht des Rechtsausschusses, BT-Drs. 14/9266, S. 45 f.. Die Bestimmung des § 355 Abs. 3 S. 3 BGB wurde durch Art. 25 Abs. 1 OLGVertrÄndG v. 23.07.2002, BGBl. I, S. 2857 hinzugefügt. Art. 6 Abs. 1 S. 4 FernAbsRL (ABl. EG Nr. L 144 v. 04.06.1997, S. 19 (23)) sieht für diesen Fall eine Frist von drei Monaten vor. Nach Art. 6 Abs. 1 Spiegelstrich 2 FernAbsFinanzDLRL (ABl. EG Nr. L 271 v. 09.10.2002, S. 16 (21)) besteht für Fernabsatzverträge über Finanzdienstleistungen das Widerrufsrecht bei unterlassener Belehrung unbefristet.

[331] Mit dieser Vorschrift hat der Gesetzgeber Art. 6 Abs. 2 Buchstabe c FernAbsFinanzDLRL (ABl. EG Nr. L 271 v. 09.10.2002, S. 16 (21)) umgesetzt.

[332] Diese Regelung entspricht Art. 6 Abs. 3 Spiegelstrich 1 FernAbsRL, ABl. EG Nr. L 144 v. 04.06.1997, S. 19 (23). Der Gesetzgeber nimmt keine Einordnung von Software-Downloads vor. Er hat die Frage, ob es sich insofern um eine Ware oder Dienstleistung handelt, offen gelassen, vgl. RegE FernAbsG, BT-Drs. 14/2658, S. 44. Bei Annahme einer Dienstleistung soll das Widerrufsrecht gemäß § 312d Abs. 3 BGB erlöschen, weil der Verbraucher mit dem Download die Ausführung der Dienstleistung vornehme. Bei Annahme einer Ware soll das Widerrufsrecht gemäß § 312d Abs. 4 Nr. 1 BGB aufgrund der Ungeeignetheit zur Rücksendung ausgeschlossen sein.

[333] Vgl. *Lütcke*, Fernabsatzrecht, 2002, § 312d Rn. 57; *Pützhoven*, Europäischer Verbraucherschutz im Fernabsatz, Dissertation Universität Greifswald, 2001, S. 85.

Vertrauen auf den bereits abgeschlossenen Vertrag erbracht hat.[334] Im Ergebnis führen die Ausnahmen dazu, dass in einem Großteil der Fernabsatzverträge über Dienstleistungen das Widerrufsrecht im Moment der Leistungserbringung erloschen ist, der Verbraucher also keine Möglichkeit hat, seine Entscheidung über den Widerruf von der Qualität der Dienstleistung abhängig zu machen.[335]

*cc. Ausnahmen von dem Widerrufsrecht, § 312d Abs. 4 BGB*

Für bestimmte Fernabsatzverträge ist das Widerrufsrecht von vornherein in den Fällen des § 312d Abs. 4 BGB ausgeschlossen. Derartige Verträge werden den Vorschriften des Fernabsatzrechts unterstellt, damit der Verbraucher zumindest von den Informationspflichten nach § 312c BGB profitiert.[336] Die Verträge zeichnen sich dadurch aus, dass bei ihnen auf Grund der Eigenschaften der Ware oder Dienstleistung ein Widerrufsrecht nicht sinnvoll oder unangemessen wäre.[337] Dies ist regelmäßig der Fall, wenn eine Rückerstattung nicht oder nur mit erheblichem Wertverlust möglich wäre.[338] Ein Widerrufsrecht kann sich in den folgenden Fällen nur aus anderen gesetzlichen Vorschriften oder einem freiwillig vertraglich eingeräumten Widerrufs- bzw. Rückgaberecht ergeben.[339]

*(1) Kundenspezifikation, persönlicher Zuschnitt, Beschaffenheit, Verderblichkeit, Verfalldatum (§ 312d Abs. 4 Nr. 1 BGB)*

Bei Verträgen über die Lieferung von Waren, die nach Kundenspezifikation angefertigt werden, die eindeutig auf die persönlichen Bedürfnisse zugeschnitten sind oder auf Grund ihrer Beschaffenheit nicht für eine Rücksendung geeignet sind, besteht kein Widerrufsrecht (Nr. 1).[340] Eine Kundespezifikation (Nr. 1, 1. Var.) liegt vor, wenn der Verbraucher Angaben für die Anfertigung des Produkts gegeben hat oder wenn sich der Verbraucher nach Gestaltungsmöglichkeiten aus dem Angebot des Unternehmers eine Komposition zusammengestellt hat.[341] Für einen Zuschnitt auf die persönlichen Verhältnisse (Nr. 1, 2. Var.) reicht es aus, wenn die bereits auf Vorrat hergestellte Sache aufgrund der

---

[334] Vgl. *Waldenberger*, in: *Hoeren/Sieber (Hrsg.),* Handbuch Multimedia-Recht, 2005, Abschnitt 13.4 Rn. 144.

[335] Vgl. *Lütcke*, a.a.O., § 312d Rn. 56.

[336] Vgl. *Ende/Klein*, Grundzüge des Vertriebsrechts im Internet, 2001, S. 192; *Schmidt-Räntsch*, in: Bamberger/Roth, Band 1, 2003, § 312d Rn. 25.

[337] Vgl. *Börner/Rath/Sengpiel*, Fernabsatzrecht, 2001, S. 63; *Gößmann*, MMR 1998, 88 (90); *Härting*, CR 1999, 507 (510).

[338] *Lütcke*, Fernabsatzrecht, 2002, § 312d Rn. 64.

[339] Vgl. *Lütcke*, a.a.O.; *Härting*, Fernabsatzgesetz, 2000, § 3 Rn. 63.

[340] Diese Ausnahme entspricht der Regelung des Art. 6 Abs. 3 Spiegelstrich 3 FernAbsRL, ABl. EG Nr. L 144 v. 04.06.1997, S. 19 (23).

[341] Vgl. *Härting,* Fernabsatzgesetz, § 3 Rn. 68, 70; *Schmidt-Räntsch*, in: Bamberger/Roth, Band 1, 2003, § 312d Rn. 26; *Waldenberger*, in: *Hoeren/Sieber (Hrsg.),* Handbuch Multimedia-Recht, 2005, Abschnitt 13.4 Rn. 146.

Bestellung des Verbrauchers weiter in einer Weise bearbeitet wird, wie sie von anderen Verbrauchern zumindest nicht regelmäßig nachgefragt wird.[342] Die Fallgruppen der ersten und zweiten Variante dieser Ausnahme überschneiden sich.[343]

Hinsichtlich des Ausschlusses des Widerrufsrechts aufgrund der beiden vorgenannten Gründe ist im konkreten Fall darauf abzustellen, ob dem Unternehmer die Rückabwicklung des Vertrages möglich und zumutbar ist.[344] Dabei ist ein Kriterium die Zumutbarkeit der Weitergabe der Ware an einen anderen Kunden.[345] Der Ausschlusstatbestand greift ein, wenn die Ware nach den Vorgaben des Verbrauchers so stark individualisiert ist, dass sie der Unternehmer anderweitig nicht mehr oder nur noch unter erheblichen Schwierigkeiten oder Preisnachlässen absetzen kann.[346] Bei aus verschiedenen Einzelteilen zusammengesetzten Sachen ist auf den für eine Zerlegung erforderlichen Aufwand abzustellen.[347] So findet die Ausnahme keine Anwendung, wenn die Ware, die aus Standardbauteilen zusammengefügt worden ist, mit verhältnismäßig geringem Aufwand ohne Beeinträchtigung ihrer Substanz oder Funktionstüchtigkeit wieder getrennt werden kann.[348] Das insbesondere im Bereich des Electronic Commerce verbreitete Build-to-order-Verfahren, bei dem die Ware im Baukastensystem nach den Wünschen des Kunden angefertigt wird, kann nicht dazu führen, dass in diesen Fällen das Widerrufsrecht ausgeschlossen ist. Der Unternehmer hätte es andernfalls in der Hand, das Widerrufsrecht

---

342 *Wendehorst*, in: Münchener Kommentar, Band 2a, 2003, § 312d Rn. 27; *dies.*, in: Münchener Kommentar, Band 2, 4. Aufl., 2001, § 3 FernAbsG Rn. 23.

343 Vgl. *Härting*, Internetrecht, 2. Aufl., 2005, Rn. 568; *Lütcke*, Fernabsatzrecht, 2002, § 312d Rn. 68.

344 Vgl. *Ende/Klein*, Grundzüge des Vertriebsrechts im Internet, 2001, S. 193.

345 Vgl. *Härting*, Internetrecht, 2. Aufl., 2005, Rn. 567; *ders.*, Fernabsatzgesetz, 2000, § 3 Rn. 68.

346 BGH, Urt. v. 19.03.2003 - VIII ZR 295/01, NJW 2003, 1665 (1667) = DB 2003, 1109 (1111) = MDR 2003, 732 (733) = MMR 2003, 463 (464) = VuR 2003, 353 (355) = CR 2003, 480 (481); *Wendehorst*, EWiR 2003, 711 f..

347 Vgl. OLG Frankfurt, Urt. v. 28.11.2001 - 9 U 148/01, CR 2002, 638 (640); *Härting*, Internetrecht, 2. Aufl., 2005, Rn. 567; *Wendehorst*, in: Münchener Kommentar, Band 2a, 2003, § 312d Rn. 26; *dies.*, in: Münchener Kommentar, Band 2, 4. Aufl., 2001, § 3 FernAbsG Rn. 22.

348 BGH, Urt. v. 19.03.2003 - VIII ZR 295/01, NJW 2003, 1665 (1667) = DB 2003, 1109 (1111) = MDR 2003, 732 (733) = MMR 2003, 463 (464) = VuR 2003, 353 (355) = CR 2003, 480 (481); OLG Frankfurt, a.a.O.. Der Bundesgerichtshof hielt in dem zu entscheidenden Fall Kosten der Zerlegung in Höhe von weniger als 5 % des Verkaufspreises für wirtschaftlich zumutbar.

dadurch auszuschließen, dass standardisierte Ware nicht vorgehalten, sondern erst auf Bestellung des Verbrauchers gefertigt wird.[349]

Das Widerrufsrecht ist ebenfalls ausgeschlossen bei Waren, die aufgrund ihrer Beschaffenheit zur Rücksendung nicht geeignet sind (Nr. 1, 3. Var.).[350] Der Tatbestand betrifft die Unmöglichkeit der Rücksendung aus tatsächlichen als auch aus rechtlichen Gründen.[351] Diese Ausnahme von dem Widerrufsrecht gilt für Waren, die nicht rückstandslos zurückgegeben werden können, weil der Verbraucher sich ihren wirtschaftlichen Wert innerhalb der Widerrufsfrist zuführen konnte oder die Rücksendung nicht derart gewährleistet werden kann, dass der Verbraucher nicht weiterhin von der Leistung profitiert.[352] Als Beispiel für diese Ausnahmevorschrift wird in der Gesetzesbegründung die Lieferung von Heizöl genannt, das sich im Tank des Kunden dergestalt mit anderem Heizöl vermischt, dass es nicht mehr der bestimmten DIN entspricht und daher entwertet ist.[353]

Ausgeschlossen ist das Widerrufsrecht weiterhin bei Verträgen über Waren, die schnell verderben können oder deren Verfalldatum überschritten wurde (Nr. 1, 4. und 5. Var.). Schnell verderben können Waren dann, wenn nach ihrem Transport und der Dauer ihrer Aufbewahrung bei dem Verbraucher ein verhältnismäßig erheblicher Teil ihrer Gesamtlebensdauer abgelaufen wäre.[354] Das drohende Überschreiten des Verfalldatums ist daher nur ein Spezialfall des schnellen Verderbs.[355]

*(2) entsiegelte Datenträger (§ 312d Abs. 4 Nr. 2 BGB)*

Das Widerrufsrecht besteht nicht bei Verträgen über die Lieferung von Audio- oder Videoaufzeichnungen oder von Software, sofern die gelieferten Daten-

---

349 BGH, Urt. v. 19.03.2003 - VIII ZR 295/01, NJW 2003, 1665 (1666) = DB 2003, 1109 (1110) = MDR 2003, 732 = MMR 2003, 463 (464) = VuR 2003, 353 (354) = CR 2003, 480 (481).

350 Zum Merkmal der Ungeeignetheit der Ware zur Rücksendung vgl. auch OLG Dresden, Urt. v. 23.08.2001 - 8 U 1535/01, NJW-RR 2001, 1710 = MDR 2002, 79 = MMR 2002, 172 = CR 2001, 819.

351 Vgl. *Wendehorst*, in: Münchener Kommentar, Band 2a, 2003, § 312d Rn. 30. Vgl. hierzu die Beispiele bei *Becker/Föhlisch*, NJW 2005, 3377 (3379). Kritisch zu der weiten Bereichsausnahme von dem Widerrufsrecht *Micklitz/Reich*, BB 1999, 2093 (2094).

352 Vgl. RegE FernAbsG, BT-Drs. 14/2658, S. 44; *Lorenz*, JuS 2000, 833 (839); *Ring*, Fernabsatzgesetz, 2000, S. 146; *Schmidt-Räntsch*, in: Bamberger/Roth, Band 1, 2003, § 312d Rn. 28; ausführlich *Wendehorst*, in: Münchener Kommentar, Band 2a, 2003, § 312d Rn. 31; *dies.*, in: Münchener Kommentar, Band 2, 4. Aufl., 2001, § 3 FernAbsG Rn. 27.

353 Vgl. RegE FernAbsG, BT-Drs. 14/2658, S. 44.

354 Vgl. *Wendehorst*, in: Münchener Kommentar, Band 2a, 2003, § 312d Rn. 34; *dies.*, in: Münchener Kommentar, Band 2, 4. Aufl., 2001, § 3 FernAbsG Rn. 30.

355 *Wendehorst*, a.a.O..

träger von dem Verbraucher entsiegelt worden sind (Nr. 2).[356] Der Grund für diese Ausnahme liegt darin, dass dem Verbraucher der Wert der Waren schon zugeflossen sein kann, indem er sich die entsprechenden Waren schon kopiert oder installiert haben kann.[357] Anders als bei den anderen Ausnahmen von dem Widerrufsrecht wird hier nicht auf die Eigenart der Ware bzw. der Dienstleistung abgestellt oder die besonderen Umstände des Vertragsschlusses, sondern das Widerrufsrecht entfällt nachträglich aufgrund eines bestimmten Verhaltens des Verbrauchers.[358] Es handelt sich daher systematisch um einen Erlöschensgrund.

*(3) Zeitungen, Zeitschriften, Illustrierte (§ 312d Abs. 4 Nr. 3 BGB)*
Des Weiteren ist das Widerrufsrecht bei Fernabsatzverträgen über die Lieferung von Zeitungen, Zeitschriften und Illustrierten, ausgeschlossen (Nr. 3).[359] Diese Ausnahme hat ihren Grund darin, dass Zeitungen, Zeitschriften und Illustrierte innerhalb kurzer Zeit veraltern und damit unverkäuflich sind.[360] Außerdem könnte sich der Verbraucher den wirtschaftlichen Wert der gelieferten Waren innerhalb der Widerrufsfrist vollständig und irreversibel zuführen.[361]

*(4) Wett- und Lotterie-Dienstleistungen (§ 312d Abs. 4 Nr. 4 BGB)*
Kein Widerrufsrecht besteht bei Verträgen über die Erbringung von Wett- und Lotterie-Dienstleistungen (Nr. 4).[362] Hinsichtlich der Begriffe der Wett- und Lotteriedienstleistung muss eine richtlinienkonforme Auslegung nach dem Sinn und Zweck des Ausnahmetatbestands in Art. 6 Abs. 3 Spiegelstrich 6

---

[356] Diese Ausnahme entspricht der Regelung des Art. 6 Abs. 3 Spiegelstrich 4 FernAbsRL, ABl. EG Nr. L 144 v. 04.06.1997, S. 19 (23).

[357] RegE FernAbsG, BT-Drs. 14/2658, S. 44; vgl. hierzu auch *Bücker*, in: *Roßnagel (Hrsg.)*, Recht der Multimedia-Dienste, 2005, § 312d Rn. 38; *Ende/Klein*, Grundzüge des Vertriebsrechts im Internet, 2001, S. 195; *Härting*, Internetrecht, 2. Aufl., 2005, Rn. 574; *ders.*, Fernabsatzgesetz, 2000, § 3 Rn. 79; *Lütcke*, Fernabsatzrecht, 2002, § 312d Rn. 80; *Micklitz/Reich*, Die Fernabsatzrichtlinie im deutschen Recht, 1998, S. 28; *Pützhoven*, Europäischer Verbraucherschutz im Fernabsatz, Dissertation Universität Greifswald, 2001, S. 86; *Saenger*, in: Erman, 11. Aufl., 2004, § 312d Rn. 25. Die Eingabe eines Passwortes für eine Software stellt keine Entsiegelung i.S.d. Regelung des § 312d Abs. 4 Nr. 2 BGB dar, vgl. LG Frankfurt a.M., Urt. v. 18.12.2002 - 2/1 S 20/02, CR 2003, 412 (413).

[358] Vgl. *Wendehorst*, in: Münchener Kommentar, Band 2a, 2003, § 312d Rn. 38; *dies.*, in: Münchener Kommentar, Band 2, 4. Aufl., 2001, § 3 FernAbsG Rn. 34.

[359] Diese Ausnahme entspricht der Regelung des Art. 6 Abs. 3 Spiegelstrich 5 FernAbsRL, ABl. EG Nr. L 144 v. 04.06.1997, S. 19 (23).

[360] Vgl. *Schmidt-Räntsch*, in: Bamberger/Roth, Band 1, 2003, § 312d Rn. 31.

[361] Vgl. *Wendehorst*, in: Münchener Kommentar, Band 2a, 2003, § 312d Rn. 39; *dies.*, in: Münchener Kommentar, Band 2, 4. Aufl., 2001, § 3 FernAbsG Rn. 35.

[362] Diese Ausnahme entspricht der Regelung des Art. 6 Abs. 3 Spiegelstrich 6 FernAbsRL, ABl. EG Nr. L 144 v. 04.06.1997, S. 19 (23).

FernAbsRL erfolgen.[363] Danach zeichnen sich die betroffenen Dienstleistungen durch das spekulative Element aus, das ihnen innewohnt.[364] Bei der Beurteilung des konkreten Geschäfts muss darauf abgestellt werden, ob der Verbraucher als Gegenleistung für seinen Einsatz eine Gewinnchance erhält und dass zu einem bestimmten Zeitpunkt entweder ein Anspruch auf Gewinn entsteht oder sich das Geschäft aber für den Verbraucher als Verlustgeschäft herausstellt.[365] Unter Lotteriedienstleistungen sind solche Glücksspiele zu verstehen, bei denen die Käufer von Losen an einem Gewinnspiel teilnehmen, das ihnen eine Gewinnchance eröffnet.[366] Wettdienstleistungen sind Glückspiele, die dem Verbraucher eine Gewinnchance dadurch vermitteln, dass er insbesondere bei sportlichen Wettbewerben auf ein bestimmtes Ergebnis setzt.[367]

*(5) Versteigerungen (§ 312d Abs. 4 Nr. 5 BGB)*

Das Widerrufsrecht ist ausgeschlossen bei Fernabsatzverträgen, die in der Form der Versteigerung (§ 156 BGB) geschlossen werden (Nr. 5).[368] Die Gewährung eines Widerrufsrechts bei einer Versteigerung würde dem spekulativen Charakter dieses Geschäfts zuwiderlaufen und letztlich die Durchführung eines derartigen Geschäfts unmöglich machen.[369] Dieser Ausnahmetatbestand erfasst nur die Versteigerung im Rechtssinne, bei der Verträge gemäß § 156 BGB durch das Gebot eines Teilnehmers und den Zuschlag des Versteigerers zustande kommen.[370] Durch Allgemeine Geschäftsbedingungen geregelte sog. Internetverstei-

[363] Die Begriffe der Wett- und Lotterie-Dienstleistungen sind der Fernabsatzrichtlinie entnommen worden, aus diesem Grund kann zu ihrer Ausfüllung nicht auf die Definitionen der §§ 762, 763 BGB zurückgegriffen werden.

[364] Vgl. RegE FernAbsG, BT-Drs. 14/2658, S. 44; OLG Karlsruhe, Urt. v. 27.03.2002 - 6 U 200/01, WRP 2002, 849 (851) = MMR 2002, 618 (619) = CR 2002, 682 (683).

[365] Vgl. *Wendehorst*, in: Münchener Kommentar, Band 2a, 2003, § 312d Rn. 43; *dies*., in: Münchener Kommentar, Band 2, 4. Aufl., 2001, § 3 FernAbsG Rn. 39.

[366] EuGH, Urt. v. 24.03.1994 - C-275/92 - „Schindler", Slg. I-1994, 1039.

[367] EuGH, Urt. v. 18.09.1995 - T-471/93 - „Tiercé Ladbroke", Slg. II-1995, 2537.

[368] Gemäß Art. 3 Abs. 1 Spiegelstrich 5 FernAbsRL (ABl. EG Nr. L 144 v. 04.06.1997, S. 19 (21)) sind Verträge, die im Rahmen einer Versteigerung abgeschlossen werden, von dem Anwendungsbereich der FernAbsRL ausgeschlossen. Die in der deutschen Regelung vorgesehene Ausnahme von dem Widerrufsrecht stellt insofern eine überschießende Umsetzung dar und ist in Hinblick auf Art. 14 S. 1 FernAbsRL unbedenklich.

[369] Vgl. *Härting*, Fernabsatzgesetz, 2000, § 3 Rn. 89; *Schmidt-Räntsch*, in: Bamberger/Roth, Band 1, 2003, § 312d Rn. 33; *Pützhoven*, Europäischer Verbraucherschutz im Fernabsatz, Dissertation Universität Greifswald, 2001, S. 87 f..

[370] BGH, Urt. v. 03.11.2004 - VIII ZR 375/03, NJW 2005, 53; *Aigner/Hofmann*, Fernabsatzrecht im Internet, 2004, Rn. 110; *Fuchs*, ZIP 2000, 1273 (1275); *Grüneberg*, in: Palandt, 65. Aufl., 2006, § 312d Rn. 13; *Härting*, Fernabsatzgesetz, 2000, § 3 Rn. 95; *Ring*, Fernabsatzgesetz, 2000, S. 85; *Wendehorst*, in: Münchener Kommentar, Band 2a, 2003, § 312d Rn. 46; *dies*., in: Münchener Kommentar, Band 2, 4. Aufl., 2001, § 3 FernAbsG Rn. 42.

gerungen, insbesondere über die *eBay*-Auktionsplattform, fallen nicht unter diesen Ausnahmetatbestand.[371] Die auf derartigen Versteigerungsplattformen abgeschlossenen Verträge werden nicht im Rahmen einer Versteigerung im Sinne des § 156 BGB abgeschlossen.[372] Nach § 156 Satz 1 BGB kommt bei einer Versteigerung der Vertrag erst durch den Zuschlag zustande.[373] Der Zuschlag ist die Willenserklärung des Auktionators, mit der dieser das Gebot eines Bieters annimmt.[374] An einem solchen Zuschlag fehlt es bei den Internetauktionen, die aus diesem Grund keine Versteigerungen im Sinne des § 156 BGB darstellen.[375] Die im Rahmen der Internetauktion geschlossenen Kaufverträge kommen vielmehr durch die Willenserklärungen der Parteien - Angebot und Annahme - zustande.[376] Diese Konstellation ist in rechtlicher Hinsicht als Kaufvertrag gegen Höchstgebot zu qualifizieren.[377] Der Ausschluss des Widerrufsrechts nach § 312d Abs. 4 Nr. 5 BGB erstreckt sich daher nur auf solche Versteigerungen, bei denen der Fernabsatzvertrag nach § 156 BGB durch einen Zuschlag des Auktionators zustande kommt.[378]

---

[371] BGH, Urt. v. 03.11.2004 - VIII ZR 375/03, NJW 2005, 53; LG Hof, Urt. v. 26.04.2002 - 22 S 10/02, MMR 2002, 760 = CR 2002, 844 = K&R 2002, 614; LG Memmingen, Urt. v. 23.06.2004 - 1H O 1016/04, NJW 2004, 2389; AG Kehl, Urt. v. 19.04.2002 - 4 C 716/01, NJW-RR 2003, 1060; AG Itzehoe, Urt. v. 18.05.2004 - 57 C 361/04, MMR 2004, 637; *Aigner/Hofmann*, a.a.O.; *Grüneberg*, a.a.O.; *Lorenz*, JuS 2000, 833 (840); *Martis/Meinhof*, Verbraucherschutzrecht, 2. Aufl., 2005, 4. Teil B Rn. 15; *Saenger*, in: Erman, 11. Aufl., 2004, § 312d Rn. 28; *Teubner/Melbert*, MDR 2004, 187; a.A. AG Bad Hersfeld, Urt. v. 22.03.2004 - 10 C 153/04 (70), MMR 2004, 500 = CR 2004, 625; *Cichon*, Internet-Verträge, 2. Aufl., 2005, Rn. 882 m.w.N.; *Härting*, Internetrecht, 2. Auflage, 2005, Rn. 585; *Wiebe*, in: *Spindler/Wiebe (Hrsg.)*, Internet-Auktionen und Elektronische Marktplätze, 2. Aufl., 2005, Kap. 4 Rn. 98 ff..

[372] BGH, Urt. v. 03.11.2004 - VIII ZR 375/03, NJW 2005, 53 (54); LG Hof, a.a.O.; LG Memmingen, Urt. v. 23.06.2004 - 1H O 1016/04, NJW 2004, 2389 (2390); AG Kehl, Urt. v. 19.04.2002 - 4 C 716/01, NJW-RR 2003, 1060 (1061); AG Itzehoe, a.a.O.; *Kamanabrou*, WM 2000, 1417 (1424).

[373] *Härting*, Fernabsatzgesetz, 2000, § 3 Rn. 96.

[374] BGH, Urt. v. 24.04.1998 - V ZR 197/97, BGHZ 138, 339 (342).

[375] Vgl. BGH, Urt. v. 03.11.2004 - VIII ZR 375/03, NJW 2005, 53 (54); LG Memmingen, Urt. v. 23.06.2004 - 1H O 1016/04, NJW 2004, 2389 (2390); *Martis/Meinhof*, Verbraucherschutzrecht, 2. Aufl., 2005, 4. Teil B Rn. 15; *Pützhoven*, Europäischer Verbraucherschutz im Fernabsatz, Dissertation Universität Greifswald, 2001, S. 57; *Riehm*, Jura 2000, 505 (510).

[376] BGH, Urt. v. 07.11.2001 - VIII ZR 13/01, BGHZ 149, 129 (133 ff.) = NJW 2002, 363 (364); LG Memmingen, Urt. v. 23.06.2004 - 1H O 1016/04, NJW 2004, 2389 (2390); *Aigner/Hofmann*, Fernabsatzrecht im Internet, 2004, Rn. 110.

[377] *Fuchs*, ZIP 2000, 1273 (1275); *Härting*, VuR 2001, 11 (14); *Lorenz*, JuS 2000, 833 (840); *Ring*, Fernabsatzrecht, 2000, S. 85; *Kamanabrou*, WM 2000, 1417 (1424); *Wendehorst*, in: Münchener Kommentar, Band 2a, 2003, § 312d Rn. 47; *dies.*, in: Münchener Kommentar, Band 2, 4. Aufl., 2001, § 3 FernAbsG Rn. 43.

[378] BGH, Urt. v. 03.11.2004 - VIII ZR 375/03, NJW 2005, 53 (54).

*(6) Spekulative Verträge (§ 312d Abs. 4 Nr. 6 BGB)*
In der Regelung des § 312d Abs. 4 Nr. 6 BGB werden Fernabsatzverträge von dem Widerrufsrecht ausgenommen, die Waren oder Finanzdienstleistungen zum Gegenstand haben, deren Preis auf dem Finanzmarkt Schwankungen unterliegt, auf die der Anbieter keinen Einfluss hat und die innerhalb der Widerrufsfrist auftreten können, insbesondere Dienstleistungen im Zusammenhang mit Aktien, Anteilsscheinen, die von einer Kapitalanlagegesellschaft oder einer ausländischen Investmentgesellschaft ausgegeben werden, und anderen handelbaren Wertpapieren, Devisen, Derivaten oder Geldmarktinstrumenten.[379] Kennzeichen dieser Verträge ist es, dass beide Vertragsparteien in gleicher Weise das Risiko tragen, dass sich ihre Einschätzung als fehlerhaft erweist.[380] Ein Widerrufsrecht würde dieses Risiko einseitig dem Unternehmer aufbürden und wäre mit dem spekulativen Charakter dieser Art von Verträgen nicht vereinbar.[381] Demgegenüber tritt der Schutzzweck des Widerrufsrechts zurück.

*dd. Verhältnis zu anderen Widerrufsrechten (§ 312d Abs. 5 BGB)*
Das Widerrufsrecht besteht gemäß § 312d Abs. 5 BGB nicht bei Fernabsatzverträgen, bei denen dem Verbraucher bereits aufgrund der §§ 495, 499 bis 507 BGB ein Widerrufs- oder Rückgaberecht nach § 355 BGB oder § 356 BGB zusteht.[382] Im Ergebnis führt die Vorschrift dazu, dass ein Widerrufsrecht nach § 312d BGB nicht besteht, soweit ein Widerrufsrecht nach den §§ 493, 497 bis 499 BGB reicht.[383] Bei solchen Verträgen gilt jedoch § 312d Abs. 2 Halbsatz 1 BGB entsprechend. Grundsätzlich beginnt die Frist für die Ausübung des Widerrufs- bzw. Rückgaberechts nach den §§ 355, 356 BGB mit Erteilung der Widerrufsbelehrung. Nach der Reglung des § 312d Abs. 5 Satz 2 BGB bleibt es jedoch hinsichtlich des Fristbeginns für den Widerruf bzw. die Rückgabe bei dem Zeitpunkt der Erfüllung der Mitteilungspflichten gemäß § 312c Abs. 2 BGB.

*c. Rückgaberecht gemäß § 356 BGB*
Das Widerrufsrecht kann gemäß § 312d Abs. 1 Satz 2 i.V.m. § 356 BGB unter bestimmten Voraussetzungen bei Vertragsschlüssen über die Lieferung von Waren aufgrund eines Verkaufsprospekts durch ein uneingeschränktes Rückgaberecht ersetzt werden. Das Rückgaberecht ist in den Fernabsatzrichtlinien nicht vorgesehen, der Gesetzgeber hat es jedoch nach dem Vorbild des Haus-

---

[379] Diese Regelung entspricht Art. 6 Abs. 2 Buchstabe a FernAbsFinanzDLRL, ABl. EG Nr. L 271 v. 09.10.2002, S. 16 (21).
[380] RegE FernAbsÄndG, BT-Drs. 15/2946, S. 22.
[381] RegE FernAbsÄndG, BT-Drs. 15/2946, S. 22.
[382] Die Regelung des § 312d Abs. 5 BGB ist durch das OLGVertrÄndG (BGBl. I 2002 S. 1850) eingefügt worden.
[383] RegE FernAbsÄndG, BT-Drs. 15/2946, S. 23.

türwiderrufsgesetzes und des Verbraucherkreditgesetzes eingeführt, weil dies den Gepflogenheiten entspricht und vor allem den Unternehmern die praktische Abwicklung derartiger Verträge erleichtert.[384]

Gemäß § 356 BGB ist erforderlich, dass im Verkaufsprospekt eine deutlich gestaltete Belehrung über das Rückgaberecht enthalten ist, der Verbraucher den Verkaufsprospekt in Abwesenheit des Unternehmers eingehend zur Kenntnis nehmen konnte und ihm das Rückgaberecht in Textform eingeräumt wird. Der Unternehmer muss sowohl in den Vertrag als auch in den Verkaufsprospekt eine deutlich gestaltete Belehrung über das Rückgaberecht aufnehmen.

Der Unterschied zu dem Widerrufsrecht besteht darin, dass sich der Verbraucher nur durch Zurücksendung der Ware oder, wenn die Sache nicht als Paket versandt werden kann, durch Rücknahmeverlangen, nicht aber durch eine gesonderte Widerrufserklärung lösen kann.[385] Der praktische Nutzen für den Unternehmer liegt darin, dass er im Fall der Rückgabe die Erklärung des Verbrauchers, dass er sich von dem Vertrag lösen wolle, und die Ware anders als beim Widerruf immer auf einmal erhält.[386] So wird dem Verbraucher ein Zurückbehaltungsrecht nach §§ 348 Satz 2, 320 BGB genommen.[387] Das Rückgaberecht ist somit für den Verbraucher im Vergleich zum Widerrufsrecht mit Nachteilen verbunden. Diesen Nachteil gleicht der Gesetzgeber aber dadurch aus, dass die Rücksendung immer auf Kosten des Unternehmers erfolgen muss.[388]

*d. Rechtsfolgen des Widerrufs und der Rückgabe*

Als Rechtsfolge des Widerrufs wird der Fernabsatzvertrag in ein Rückabwicklungsverhältnis umgewandelt.[389] Die Rückabwicklung des Vertrages richtet sich gemäß § 357 Abs. 1 Satz 1 BGB grundsätzlich nach den allgemeinen Regeln des Rücktritts gemäß den §§ 346 ff. BGB. So sind gemäß § 357 Abs. 1 Satz 1 BGB in Verbindung mit § 346 Abs. 1 BGB im Fall des Widerrufs empfangene Leistungen zurückzugewähren und die gezogenen Nutzungen herauszugeben. Nach § 357 Abs. 1 Satz 2 BGB gilt für die Verpflichtung zur Erstattung von Zahlun-

---

384 Vgl. RegE FernAbsG, BT-Drs. 14/2658, S. 48.

385 Vgl. RegE FernAbsG, BT-Drs. 14/2658, S. 48.

386 Vgl. *Härting*, Internetrecht, 2. Aufl., 2005, Rn. 597; *Lütcke*, Fernabsatzrecht, 2002, § 312d Rn. 113; *Schmidt-Räntsch*, in: Bamberger/Roth, Band 1, 2003, § 312d Rn. 9; *ders.*, VuR 2000, 427 (432); *Wendehorst*, in: Münchener Kommentar, Band 2, 4. Aufl., 2001, § 3 FernAbsG Rn. 6.

387 Vgl. *Groth*, in: Bamberger/Roth, Band 1, 2003, § 356 Rn. 1; *Wendehorst*, in: Münchener Kommentar, Band 2, 4. Aufl., 2001, § 3 FernAbsG Rn. 6.

388 *Schmidt-Räntsch*, in: Bamberger/Roth, Band 1, 2003, § 312d Rn. 9.

389 Die Rechtsfolgen des Widerrufs bzw. der Rückgabe gehen teilweise auf Bestimmungen der Fernabsatzrichtlinien zurück und weisen daher einen engen Zusammenhang zum eigentlichen Fernabsatzrecht auf.

gen § 286 Abs. 3 BGB entsprechend.[390] Die Frist beginnt dabei gemäß § 357 Abs. 1 Satz 3 BGB im Hinblick auf die Erstattungsverpflichtung des Verbrauchers mit der Abgabe der Widerrufs- oder Rückgabeerklärung, im Hinblick auf die Erstattungspflicht des Unternehmers mit deren Zugang.

Der Verbraucher ist gemäß § 357 Abs. 2 Satz 1 BGB zur Rücksendung verpflichtet, wenn die Sache als Paket versandt werden kann. Die Kosten und die Gefahr der Rücksendung trägt gemäß § 357 Abs. 2 Satz 2 BGB der Unternehmer. Wenn ein Widerrufsrecht besteht, dürfen dem Verbraucher allerdings bei einer Bestellung bis zu 40 Euro gemäß § 357 Abs. 2 Satz 3 BGB die regelmäßigen Kosten der Rücksendung vertraglich auferlegt werden, es sei denn, dass die gelieferte Ware nicht der bestellten entspricht.[391]

Nach dem Grundsatz des § 346 Abs. 2 Satz 1 Nr. 3 BGB hat der Rücktrittsgegner gegenüber dem Rücktrittsberechtigten einen Anspruch auf Wertersatz für den Fall der Verschlechterung oder des Untergangs, die durch die bestimmungsgemäße Ingebrauchnahme entstandene Verschlechterung bleibt hierbei jedoch außer Betracht. Diese Rechtsfolge wird unter den in § 357 Abs. 3 Satz 1 BGB genannten Voraussetzungen modifiziert.[392] Der Verbraucher hat hiernach auch Wertersatz für eine durch die bestimmungsgemäße Ingebrauchnahme der Sache entstandene Verschlechterung zu leisten, wenn er spätestens bei Vertragsschluss und in Textform auf diese Rechtsfolge und eine Möglichkeit, diese zu vermeiden, hingewiesen worden ist.[393] Die Verpflichtung zur Leistung von Wertersatz besteht jedoch nicht, wenn die Verschlechterung auf die bloße Prüfung der Sache zurückzuführen ist (§ 357 Abs. 3 Satz 2 BGB).

Auf die Haftungsprivilegierung des § 346 Abs. 3 Satz 1 Nr. 3 BGB, wonach bei einem gesetzlichen Rücktrittsrecht nur dann Wertersatz geleistet

---

[390] Die Regelung des § 357 Abs. 1 S. 2 und 3 BGB geht auf Art. 7 Abs. 4 und 5 FernAbsFinanzDLRL (ABl. EG Nr. L 271 v. 09.10.2002, S. 16 (22)) zurück.

[391] Zur Streitfrage, ob sich die Wertgrenze von 40 Euro nach dem Wert der Gesamtbestellung oder nach dem Wert der einzelnen Waren bemisst vgl. *Aigner/Hofmann*, Fernabsatzrecht im Internet, 2004, Rn. 210; *Meisterernst*, ZLR 2001, 489 (489 f.); *Marx*, WRP 2000, 1227 (1234).

[392] Anlass für diese Regelung war die Internetvermarktung von Kraftfahrzeugen. Da die Erstzulassung eines Kraftfahrzeugs diesem seinen Neuwagenstatus nimmt, ist damit ein Wertverlust von ca. 20 % verbunden. Um den Internetvertrieb von Waren, insbesondere von Kraftfahrzeugen nicht unwirtschaftlich werden zu lassen, sollte dieser Wertverlust von dem Verbraucher im Fall des Widerrufs zurückerstattet werden. Vgl. zu dieser Regelung *Arnold/Dötsch*, NJW 2003, 187; *Schmidt-Räntsch*, VuR 2000, 427 (433); *Steins*, WM 2002, 53 (55).

[393] Hierin besteht eine Abweichung von Art. 6 Abs. 2 der FernAbsRL (ABl. EG Nr. L 144 v. 04.06.1997, S. 19 (23)), der anordnet, dass die einzigen Kosten, die dem Verbraucher infolge der Rücksendung auferlegt werden können, die unmittelbaren Kosten der Rücksendung sind. Vgl. zu diesem Problem *Arnold/Dötsch*, NJW 2003, 187; *Brönnecke*, in: *Roßnagel (Hrsg.)*, Recht der Multimedia-Dienste, 2005, Vor §§ 312b ff. Rn. 46; *Rott*, VuR 2001, 78 (80); *Steins*, WM 2002, 53 (55).

werden muss, wenn die Verschlechterung oder der Untergang auf einem Verstoß gegen die Sorgfalt in eigenen Angelegenheiten beruht, kann sich der Verbraucher nicht berufen, wenn er von dem Unternehmer über sein Widerrufsrecht ordnungsgemäß belehrt worden ist oder anderweitig hiervon Kenntnis erlangt hat (§ 357 Abs. 3 Satz 3 BGB).

Für Fernabsatzverträge über Finanzdienstleistungen erfolgt durch die Regelung des § 312d Abs. 6 BGB eine Einschränkung der Wertersatzpflicht.[394] Nach dieser Vorschrift hat der Verbraucher abweichend von § 357 Abs. 1 BGB Wertersatz für die erbrachte Dienstleistung nach den Vorschriften über den gesetzlichen Rücktritt nur zu leisten, wenn er vor Abgabe seiner Vertragserklärung auf diese Rechtsfolge hingewiesen worden ist und wenn er ausdrücklich zugestimmt hat, dass der Unternehmer vor Ende der Widerrufsfrist mit der Ausführung der Dienstleistung beginnt. Weitergehende Ansprüche des Unternehmers werden durch die Regelung des § 357 Abs. 4 BGB ausgeschlossen.

*3. abweichende Vereinbarungen, § 312f BGB*

Die Vorschriften des Fernabsatzrechts sind unabdingbar, von ihnen darf gemäß § 312f Satz 1 BGB nicht zum Nachteil des Verbrauchers abgewichen werden.[395] Die Regelung des § 312f Satz 2 BGB statuiert ein Umgehungsverbot, die Vorschriften finden, soweit nicht ein anderes bestimmt ist, auch dann Anwendung, wenn sie durch anderweitige Gestaltungen umgangen werden.

---

[394] Diese Regelung entspricht Art. 7 Abs. 3 FernAbsFinanzDLRL, ABl. EG Nr. L 271 v. 09.10.2002, S. 16 (22).

[395] Diese Regelung ist auf Art. 12 Abs. 1 FernAbsRL (ABl. EG Nr. L 144 v. 04.06.1997, S. 19 (24)) und auf Art. 12 Abs. 1 FernAbsFinanzDLRL (ABl. EG Nr. 271 v. 09.10.2002, S. 16 (23)) zurückzuführen.

# 2. Teil: Der Begriff des Fernabsatzsystems

Im folgenden Teil der Arbeit erfolgt die Bestimmung des Begriffs des Fernabsatzsystems. Im ersten Abschnitt wird die Auslegung des Begriffs des Fernabsatzsystems vorgenommen. Da es sich bei dem deutschen Recht um die Umsetzung der europäischen Fernabsatzrichtlinien handelt, muss eine richtlinienkonforme Auslegung erfolgen. Auf Grundlage des im Rahmen der Auslegung gewonnenen Ergebnisses werden Kriterien für das Vorliegen eines Fernabsatzsystems entwickelt und eine Systematisierung dieser Kriterien vorgenommen.

## *I. Auslegung des Begriffs des Fernabsatzsystems*

Die Aufgabe, zu konkretisieren, wann der Vertragsschluss im Rahmen eines Fernabsatzsystems erfolgt, und genauere Abgrenzungskriterien für den Begriff des Fernabsatzsystems zu entwickeln, weist der Gesetzgeber der Rechtsprechung zu.[396] In dieser Vorgehensweise liegt eine durchaus übliche Praxis des Gesetzgebers, die Beantwortung von Einzelfragen der Lehre und der Rechtsprechung zu überlassen.[397] Für die Konkretisierung des Begriffs des Fernabsatzsystems ergibt sich folgendes Vorgehen: Um eine den methodischen Grundsätzen entsprechende Vorgehensweise zu gewährleisten, erfolgt zunächst in einem ersten Schritt isoliert die Auslegung des Begriffes. In einem zweiten Schritt sind dann Kriterien zu entwickeln, die eine Einordnung von Sachverhalten ermöglichen. In diesem Zusammenhang kann auf die im Rahmen der Auslegung gewonnenen Erkenntnisse zurückgegriffen werden.

### *1. methodische Vorüberlegung*

Um eine gesicherte und nachprüfbare Vorgehensweise zu gewährleisten, erfolgt die Auslegung anhand der in der juristischen Methodenlehre entwickelten Auslegungskriterien.[398] Auslegungskriterien sind der Wortsinn, der Bedeutungszusammenhang des Textes, die Normvorstellungen des Gesetzgebers und der an der Gesetzgebung beteiligten Personen, sowie die Regelungszwecke.[399] Bei die-

---

[396] Vgl. RegE FernAbsG, BT-Drs. 14/2658, S. 31.

[397] Vgl. *Larenz/Wolf*, Allgemeiner Teil des Bürgerlichen Rechts, 9. Aufl., 2004, § 4 Rn. 42.

[398] Vgl. *Larenz*, Methodenlehre, 6. Aufl., 1991, S. 319; *Wank*, Die Auslegung von Gesetzen, 1997, S. 33; *Zippelius*, Juristische Methodenlehre, 7. Aufl., 1999, S. 42 ff..

[399] *Bydlinski*, Juristische Methodenlehre und Rechtsbegriff, 2. Aufl., 1991, S. 437; *Engisch*, Einführung in das juristische Denken, 9. Aufl., 1997, S. 84 ff.; *Larenz/Wolf*, Allgemeiner Teil des Bürgerlichen Rechts, 9. Aufl., 2004, § 4 Rn. 34; *Röhl*, Allgemeine Rechtslehre, 2. Aufl., 2001, S. 595; *Zippelius*, a.a.O.. Es lassen sich somit „sprachlich-grammatikalische", „systematische", „historische" und „teleologische" Kriterien unterscheiden. Die Terminologie geht zurück auf *Savingy*, vgl. den Nachweis bei *Rüthers*, Rechtstheorie, 2. Aufl., 2005, Rn. 699.

sen Auslegungskriterien handelt es sich nicht um verschiedene Auslegungsmethoden, sondern um methodische Gesichtspunkte, die alle zu berücksichtigen sind.[400] Den einzelnen Auslegungskriterien kommt die Funktion von Argumenten im Rahmen einer Gesamtabwägung zu, die auf das jeweilige Einzelproblem bezogen und beschränkt ist.[401] Die einzelnen Kriterien sind dabei grundsätzlich gleichrangige Argumente, die je nach Ergiebigkeit herangezogen werden, die nach Zahl und Stärke zusammenwirken und so in den Abwägungsvorgang einbezogen werden.[402]

Die Tatsache, dass das deutsche Fernabsatzrecht auf europäischen Richtlinien beruht, hat zur Konsequenz, dass seine Vorschriften richtlinienkonform auszulegen sind.[403] Das Gebot der richtlinienkonformen Auslegung folgt aus Art. 249 Unterabsatz 3 EGV, wonach die jeweilige Richtlinie hinsichtlich des zu erreichenden Ziels für jeden Mitgliedstaat und seine Rechtsordnung verbindlich ist.[404] Dieser Auslegungsgrundsatz folgt weiter aus dem Gebot gemeinschaftstreuen Verhaltens nach Art. 10 EGV und dem Monopol des Europäischen Gerichtshofs für eine verbindliche Auslegung sekundären Gemeinschaftsrechts gemäß Art. 234 Unterabsatz 1 Buchstabe b EGV.[405]

Der Grundsatz der richtlinienkonformen Auslegung verpflichtet den Rechtsanwender, Umsetzungsvorschriften so auszulegen, dass sie mit der Richtlinie übereinstimmen und deren Regelungsziel verwirklichen.[406] Dabei verlangt die richtlinienkonforme Auslegung als Vorgehensweise, dass bei der Schöpfung eines individuell-konkreten Rechtssatzes aus einem abstrakt-generellen Rechts-

---

[400] *Engisch*, Einführung in das juristische Denken, 9. Aufl., 1997, S. 99 f.; *Larenz*, Methodenlehre, 6. Aufl., 1991, S. 319; *Seiler*, Auslegung als Normkonkretisierung, 2000, S. 25; *Wank*, Die Auslegung von Gesetzen, 1997, S. 85.

[401] *Canaris*, in: Festschrift für Medicus, 1999, S. 25 (58).

[402] *Canaris,* a.a.O..

[403] Nationale Umsetzungsgesetze, die auf Richtlinien beruhen, sind richtlinienkonform auszulegen, vgl. EuGH, Urt. v. 10.04.1984 - C-14/83 - „von Colson und Kaman", Slg. I-1984, 1891; Urt. v. 13.11.1990 - C-106/89 - „Marleasing", Slg. I-1990, 4135; Urt. v. 16.12.1993 - C-334/92 - „Wagner Miret", Slg. I-1993, 6911; Urt. v. 14.07.1994 - C-91/92 - „Faccini Dori", Slg. I-1994, 3325; vgl. auch *Bach*, JZ 1990, 1108 (1112); *Bleckmann*, RIW 1987, 929 (930); *Classen*, EuZW 1993, 83 (86); *Everling* ZGR 1992, 376; *di Fabio*, NJW 1990, 947 (949); *Gellermann*, Beeinflussung des bundesdeutschen Rechts durch Richtlinien der EG, Dissertation Universität Osnabrück, 1994, S. 103 ff.; *Götz,* NJW 1992, 1849 (1853 f.); *Haneklaus*, DVBl. 1993, 129 (130); *Heß*, JZ 1995, 150 (151); *Hilf*, EuR 1993, 1 (15); *Hommelhoff* AcP 192 (1992), 71 (95 ff.); *Langenfeld*, DÖV 1992, 955 (964); *Lenz*, DVBl. 1990, 903 (908); *Lüdemann*, BB 1992, 1606 (1610); *Lutter* JZ 1992, 593 (603); *ders.*, Europäisches Unternehmensrecht, 4. Aufl., 1996, S. 26 ff.; *Meilicke*, BB 1992, 969; *Möllers*, Die Rolle des Rechts im Rahmen der europäischen Integration, 1999, S. 71; *Spetzler*, RIW 1990, 286 (289); *ders.*, RIW 1991, 579 f.; *Veelken*, JuS 1993, 265 (271); *Winter*, DVBl. 1991, 658.

[404] *Grundmann*, ZEuP 1996, 399 (401).

[405] *Grundmann,* a.a.O..

[406] Vgl. *Hommelhoff*, AcP 192, 71 (95); *Rüthers*, Rechtstheorie, 2. Aufl., 2005, Rn. 768.

satz die Anforderungen der Richtlinie beachtet und unter mehreren Auslegungsmöglichkeiten diejenigen gewählt werden, die zu einem richtlinienkonformen individuell-konkreten Rechtssatz führen.[407] Dies setzt grundsätzlich ein zweistufiges Auslegungsverfahren voraus:[408] Auf erster Stufe ist die nationale Norm auszulegen, um zu erkennen, welche Lösungsalternativen sie für einen konkreten Sachverhalt bietet.[409] Auf zweiter Stufe ist die Auslegung der einschlägigen Richtlinienbestimmungen vorzunehmen, um die im ersten Schritt gefundenen Lösungsmöglichkeiten auf ihre Richtlinienkonformität hin zu überprüfen.[410] Sodann sind diejenigen Möglichkeiten auszuschließen, bei denen der individuell-konkrete nationale Rechtssatz mit dem Inhalt der Richtlinie kollidiert.[411]

In verfahrensrechtlicher Hinsicht ist zu beachten, dass - sofern sich bei der gemeinschaftsrechtskonformen Auslegung Unsicherheiten und Zweifel ergeben - die nationalen Gerichte das Gemeinschaftsrecht nicht selbständig auslegen dürfen, sondern zum Zweck der einheitlichen Auslegung des Gemeinschaftsrechts gemäß Art. 234 EGV im Wege des Vorabentscheidungsverfahrens den Europäischen Gerichtshof anrufen müssen, der mit bindender Wirkung für alle Mitgliedstaaten über die Auslegung des Gemeinschaftsrechts entscheidet.[412] Zweifel bestehen insbesondere dann, wenn andere Mitgliedsstaaten die auf der Richtlinie beruhenden Gesetze mit anderem Ergebnis als in Deutschland angewandt haben.[413] Für das Tatbestandsmerkmal des Fernabsatzsystems besteht die Gefahr, dass die nationalen Gerichte der Mitgliedsstaaten zunächst unterschiedliche Kriterien für diesen Begriff entwickeln und dass der mit der Fernabsatzrichtlinie intendierte Zweck eines grenzüberschreitenden Verbraucherschutzes so eingeschränkt oder gar gefährdet wird.[414]

*2. sprachlich-grammatikalische Auslegung*

Ausgangspunkt der Auslegung ist der Wortlaut, da dies der in Worte gefasste vernünftige Wille des Richtlinien- bzw. Gesetzgebers ist.[415] Der Wortlaut bildet

---

[407] Vgl. *Brechmann*, Die richtlinienkonforme Auslegung, Dissertation Universität München, 1993, S. 259; *Rüthers*, Rechtstheorie, 2. Aufl., 2005, Rn. 768.

[408] *Lutter*, Das europäische Unternehmensrecht, 4. Aufl., 1996, S. 17 ff..

[409] *Brechmann*, a.a.O..

[410] *Brechmann*, a.a.O.; *Gellermann*, Die Beeinflussung des bundesdeutschen Rechts durch Richtlinien der EG, Dissertation Universität Osnabrück, 1994, S. 113.

[411] *Brechmann*, a.a.O..

[412] Vgl. zu diesem Verfahren *Everling*, ZGR 1992, 376 (389 ff.); *Götz*, NJW 1992, 1849 (1853); *Schroeder*, JuS 2004, 180 (181).

[413] *Meilicke*, BB 1992, 969 (973 f.).

[414] Vgl. *Freund*, in: Festschrift für Horn, 1997, S. 228 (246).

[415] Vgl. *Larenz*, Methodenlehre, 6. Aufl., 1991, S. 320; *Larenz/Wolf*, Allgemeiner Teil des Bürgerlichen Rechts, 9. Aufl., 2004, § 4 Rn. 35; *Lutter*, JZ 1992, 593 (595); *Röhl*, Allgemeine Rechtslehre, 2. Aufl. 2001, S. 596; *Rüthers*, Rechtstheorie, 2. Aufl., 2005, Rn. 731;

den Rahmen, innerhalb dessen die gesuchte Bedeutung liegen muss.[416] Grundsätzlich kann die Auslegung des nationalen Umsetzungsgesetzes ohne Rückgriff auf die der Norm zugrundeliegende Richtlinie geschehen.[417] In einem danach durchzuführenden Vergleich mit dem Wortlaut der Richtlinie zeigt sich dann, ob und welche Wortbedeutung mit der einschlägigen Richtlinienbestimmung übereinstimmt.[418] Da der deutsche Gesetzgeber den Begriff des „für den Fernabsatz organisierten Vertriebs- oder Dienstleistungssystems" wörtlich aus den Fernabsatzrichtlinien übernommen hat[419] und die Wortbedeutung des betreffenden Begriffs in der nationalen Rechtsordnung nicht bekannt war, muss die Auslegung der nationalen Norm in Übereinstimmung mit der Richtlinie erfolgen.[420] Ein zweistufiges Auslegungsverfahren ist daher nicht erforderlich.

Im Rahmen der sprachlich-grammatikalischen Auslegung ist die Wortbegründung unter Zugrundelegung des Verständnisses der Sprachgemeinschaft zu ermitteln.[421] Der deutsche Gesetzgeber wollte mit dem Begriff des „für den Fernabsatz organisierten Vertriebs- oder Dienstleistungssystems" ausdrücklich den Sinn der Richtlinienbestimmungen übernehmen, insofern handelt es sich um einen speziellen Sprachgebrauch. Darüber hinaus ist die Wortbedeutung in der nationalen Rechtsordnung bislang nicht bekannt, so dass eine divergierende Auslegung von Gesetzeswortlaut und Richtlinienwortlaut unter den Gesichtspunkten der Rechtssicherheit und des Vertrauensschutzes - etwa im Hinblick auf eine bereits bestehende Wortbedeutung im nationalen Recht - nicht in Betracht zu ziehen ist.

Zu prüfen ist zunächst, ob ein spezieller Sprachgebrauch des Richtliniengebers vorliegt, der insoweit vorrangig wäre.[422] Ein solcher besonderer Sprachgebrauch des Richtliniengebers ist jedoch nicht ersichtlich, da der Richtlinien-

---

*Schroeder*, JuS 2004, 180 (182); *Seiler*, Auslegung als Normkonkretisierung, 2000, S. 26; *Wank*, Die Auslegung von Gesetzen, 1997, S. 47.

[416] Vgl. *Engisch*, Einführung in das juristische Denken, 9. Aufl., 1997, S. 86; *Larenz/Wolf*, Allgemeiner Teil des Bürgerlichen Rechts, 9. Aufl., 2004, § 4 Rn. 39; *Zippelius*, Juristische Methodenlehre, 7. Aufl., 1999, S. 47.

[417] *Brechmann*, Die richtlinienkonforme Auslegung, Dissertation Universität München, 1993, S. 260.

[418] *Brechmann*, a.a.O..

[419] Vgl. RegE FernAbsG, BT-Drs. 14/2658, S. 30. Der Begriff des „für den Fernabsatz organisierten Vertriebs- oder Dienstleistungssystems" stammt aus Art. 2 Nr. 1 FernAbsRL (ABl. EG Nr. L 144 v. 04.06.1997, S. 19 (21)) und aus Art. 2 Buchstabe a FernAbsFinanzDLRL (ABl. EG Nr. L 271 v. 09.10.2002, S. 16 (19)).

[420] Vgl. zu dieser Konstellation *Brechmann*, Die richtlinienkonforme Auslegung, Dissertation Universität München, 1993, S. 260.

[421] Vgl. *Röhl*, Allgemeine Rechtslehre, 2. Aufl., 2001, S. 586, *Rüthers*, Rechtstheorie, 2. Aufl., 2005, Rn. 738, *Zippelius*, Juristische Methodenlehre, 7. Aufl., 1999, S. 47, wonach auch ein Rückgriff auf Wörterbücher zulässig ist.

[422] Vgl. *Larenz*, Methodenlehre, 6. Aufl., 1992, S. 320; *Zippelius*, Juristische Methodenlehre, 7. Aufl., 1999, S. 42 f..

geber den Begriff des Fernabsatzes und dementsprechend auch den Begriff des Fernabsatzsystems zum ersten Mal in der allgemeinen Fernabsatzrichtlinie verwandt hat.[423] Aus diesem Grund ist auf den allgemeinen Sprachgebrauch zurückzugreifen. In diesem Fall ist die Bedeutung des Textes im Rahmen der sprachlich-grammatikalischen Auslegung mit Hilfe lexikalischer Definitionen zu erschließen. Der Begriff des „für den Fernabsatz organisierten Vertriebs- oder Dienstleistungssystems" wird zu diesem Zweck in zwei Teile zerlegt. Zunächst soll der Begriff des „Vertriebs- oder Dienstleistungssystems", dann die Begriffe „für den Fernabsatz organisiert" untersucht werden.

*a. „Vertriebs- oder Dienstleistungssystem"*

„Vertrieb" ist die Vorbereitung und Durchführung betrieblicher Arbeiten und Maßnahmen, die darauf abzielen, dass die gefertigten Produkte auf den entsprechenden Markt gelangen, um dort angeboten werden zu können.[424] Der Begriff „Vertrieb" umfasst somit sowohl den Abschluss von Verträgen, als auch die Erbringung der Leistung. Hieraus folgt, dass der Begriff des Fernabsatzsystems als aus drei Komponenten bestehend anzusehen ist: Zum einen Vorrichtungen zur Anbahnung und zum Abschluss eines Vertrags mittels Fernkommunikationsmitteln. Zum anderen Vorrichtungen zur Erbringung der vereinbarten Leistung. Diese Tatsache lässt den Schluss zu, dass mit dem Begriff „Vertrieb" nicht nur der Vertragsschluss, sondern auch die Leistungserbringung erfasst wird.[425] Dies hat zur Folge, dass für die Frage, ob ein Fernabsatzsystem vorliegt, auch die Leistungsebene in die Beurteilung einbezogen werden muss.[426]

Unter einem „System" versteht der allgemeine Sprachgebrauch ein konkretes oder ideelles Ganzes, dessen Teile strukturell oder funktional miteinander in Beziehung stehen.[427] Charakteristisch für den Begriff des Systems ist, dass es sich um einzelne Elemente handelt, die aufeinander abgestimmt sind und ineinander greifen. Der Begriff des „Systems" ist so aufzufassen, dass der Unternehmer ein Muster bzw. ein Schema entwickelt haben muss, um Verträge im Wege des Fernabsatzes abzuschließen und zu erfüllen. Im konkreten Fall müssen Anzeichen vorliegen, die auf ein derartiges Vertriebskonzept schließen lassen.

Fraglich bleibt, aus welchem Grund der Richtliniengeber zu dem Begriff des „Vertriebssystems" den Begriff des „Dienstleistungssystems" hinzugefügt hat. Zum einen könnte der Begriff gewählt worden sein, um einen zweiten Begriff für den Absatz von Dienstleistungen zu wählen und so die Differen-

---

[423] Das Wort „Fernabsatz" ist eine Erfindung der Kommission, vgl. *Micklitz*, VuR 1993, 129.
[424] Duden, Das große Wörterbuch der deutschen Sprache, Band 9, 1999, S. 4301, zum Stichwort „Vertrieb".
[425] Vgl. hierzu auch *Neises*, NZM 2000, 889 (891).
[426] im Ergebnis ablehnend *Neises*, a.a.O..
[427] Brockhaus, Die Enzyklopädie in vierundzwanzig Bänden, 21. Band, 20. Auflage, 1998, S. 473, zum Stichwort „System".

zierung zwischen Waren und Dienstleistungen, die in § 312b Abs. 1 Satz 1 Halbsatz 1 BGB vorgenommen wird, fortzuführen. Dagegen spricht jedoch, dass auch Dienstleistungen nach dem allgemeinen Sprachgebrauch „vertrieben" werden und insofern auch hierfür der Begriff „Vertriebssystem" einschlägig ist. Eine derartige unterschiedliche Benennung des Absatzsystems ist auch nicht notwendig, da die Differenzierung zwischen Waren und Dienstleistungen nur im Rahmen des Widerrufsrechts Bedeutung hat.[428] Hinzu kommt, dass die Übergänge zwischen Vertriebssystemen für Waren und Vertriebssystemen für Dienstleistungen oft fließend sind. Hätte der Gesetzgeber mit der Wahl der beiden Begriffe eine Differenzierung unter Anknüpfung an die Unterscheidung des Leistungsgegenstandes gewollt, hätte er dies sicher klarer formuliert, indem er etwa von einem „Vertriebssystem für Waren" und daneben von einem „Dienstleistungssystem" gesprochen hätte.

Die zweite und nach hier vertretener Ansicht näherliegende Möglichkeit für die Wahl der beiden unterschiedlichen Begriffe könnte in der Eingrenzung des Anwendungsbereiches liegen. So könnte man annehmen, dass die Verwendung des Begriffes „Dienstleistungssystem" zum Ausdruck bringen soll, dass die Dienstleistung im Rahmen eines für den Fernabsatz organisierten Systems erbracht werden muss. Dies würde bedeuten, dass die Dienstleistung selbst über eine Distanz erbracht werden soll und der Unternehmer sich hierauf systematisch eingestellt haben muss. Der Begriff „Dienstleistungssystem" legt somit - ebenso wie der Begriff des „Vertriebssystems" - einen Rückgriff auf die Leistungsebene nahe.[429]

*b. „für den Fernabsatz organisiert"*

Der Begriff „Fernabsatz" ist eine sprachliche Neuschöpfung und wurde von der Kommission in Übersetzung des englischen Begriffes „distance selling" bzw. des französischen Begriffes „vente à distance" geschaffen.[430] Das Wort „Fernabsatz" existierte auch im deutschen Sprachgebrauch nicht, auch andere ähnliche Begriffe decken sich nicht mit der vom Richtliniengeber gewollten Bedeutung. Der Richtliniengeber hat den Begriff des Fernabsatzes erfunden, weil ein dem Regelungsziel entsprechender Begriff nicht bestand. Es existierte bis zum Zeitpunkt des Erlasses der allgemeinen Fernabsatzrichtlinie nur der Begriff des „Versandhandels". Zwar wird mit dem Begriff des Fernabsatzes das Absatzkon-

---

428 Vgl. *Wendehorst*, in: Münchener Kommentar, Band 2a, 2003, § 312b Rn. 24; *dies.*, in: Münchener Kommentar, Band 2, 4. Aufl., 2001, § 1 FernAbsG Rn. 24.

429 Vgl. *Neises*, NZM 2000, 889 (891); *Wendehorst*, in: Münchener Kommentar, Band 2a, 2003, § 312b Rn. 51; *dies.*, in: Münchener Kommentar, Band 2, 4. Aufl., 2001, § 1 FernAbsG Rn. 51.

430 Vgl. *Freund*, in: Festschrift für Horn, 1997, S. 228; *Reich*, Verbraucherpolitische Hefte 1992, 197 (211).

zept des klassischen Versandhandels umschrieben,[431] der Begriff muss jedoch weiter verstanden werden, als der des Versandhandels. Der Begriff des Versandhandels bezieht sich nämlich grundsätzlich nur auf Waren als Vertragsgegenstand und nicht auf Dienstleistungen, die jedoch ebenfalls von dem Fernabsatzrecht erfasst werden sollen.

Die von der allgemeinen Fernabsatzrichtlinie erfassten Absatzkonzepte beinhalten auch nicht immer eine Versendung der von dem Unternehmer zu erbringenden Leistung, wie es der Wortbestandteil „Versand-" in dem Wort „Versandhandel" impliziert. Dies zeigt das Beispiel des Internets, wo auch Softwaredownloads und Datenbankabfragen möglich sind, hier erfolgt die Leistungserbringung online. Der Begriff des Versandhandels war somit ungeeignet, um eine sachgerechte Bestimmung des Anwendungsbereichs zu erreichen.

Die sprachliche Neuschöpfung des Begriffes „Fernabsatz" lässt darauf schließen, dass zwischen Unternehmer und Verbraucher eine räumliche Distanz bestehen muss, dies ergibt sich aus dem Wortbestandteil „Fern-". Hieraus ist zu folgern, dass die Rechtsvorschriften nur auf Geschäfte im Rahmen des Distanzvertriebs Anwendung finden sollen.

„Organisiert" bedeutet, dass etwas sorgfältig und systematisch vorbereitet ist bzw. für einen bestimmten Zweck einheitlich gestaltet ist.[432] Es lässt sich eine Verbindung zu dem Begriff „System" herstellen. Die Zusammenschau der beiden Begriffe legt den Schluss nahe, dass insbesondere dem Element der Vorbereitung auf derartige Verträge Gewicht zukommen soll. Durch die Formulierung „für den Fernabsatz organisiert" erfolgt eine Verknüpfung mit dem Begriff des Fernabsatzes. Hieraus folgt, dass die Maßnahmen und Einrichtungen gerade in Bezug auf den Fernabsatz getroffen worden sein müssen. Dies bedeutet, dass der Unternehmer sein Vertriebssystem darauf ausgerichtet haben muss, seine Ware oder Dienstleistung über eine räumliche Distanz zu erbringen.

Aus dem Wortlaut ist zu schließen, dass der Unternehmer Maßnahmen getroffen haben muss, um Waren und Dienstleistungen über eine Distanz abzusetzen. Der Unternehmer muss ein Konzept entwickelt haben, um den Vertriebsweg des Fernabsatzes zu bedienen, dies folgt insbesondere aus den Worten „organisiert" und „System". Ob es sich bei den getroffenen Maßnahmen um rein technische Einrichtungen innerhalb des Unternehmens handeln muss, oder ob nicht auch auf die Außendarstellung des Unternehmens abgestellt werden kann, bleibt offen. Ebenso bleibt der Umfang der zu treffenden Maßnahmen unklar. Um den Begriff des Fernabsatzsystems weiter zu konkretisieren, bedarf es der

---

[431] Vgl. *Pützhoven*, Europäischer Verbraucherschutz im Fernabsatz, Dissertation Universität Greifswald, 2001, S. 1 f.; *Reich*, Verbraucherpolitische Hefte 1992, 197 (211).

[432] Duden, Das große Wörterbuch der deutschen Sprache, Band 6, 1999, S. 2816, zum Stichwort „Organisieren".

weiteren Kriterien der systematischen, historischen und teleologischen Auslegung.

*3. systematische Auslegung*

Die systematische Auslegung bezieht das allgemeine normative und das spezielle Umfeld des betreffenden Gesetzes in die Überlegung ein.[433] Die Stellung der Rechtsvorschrift wird in Zusammenhang zu anderen Normen oder in dem Gesamtzusammenhang mit der Struktur des Gesetzestextes untersucht.[434] Grundlage der systematischen Auslegung ist die Vorstellung, dass die gesamte Rechtsordnung, also die Summe der großen Zahl geltender Einzelnormen und Gesetze aller Rechtsgebiete ein „System" bilden.[435] Die Vorstellung von einem einheitlichen System der Rechtsordnung beruht auf dem Gedanken, dass die Rechtsordnung ein geordnetes Normengefüge widerspruchsfreier normativer Wertmaßstäbe darstellt.[436] Die systematische Auslegung erweitert die Wortlautauslegung, indem sie den Sprachsinn der benachbarten Regelungen aufnimmt.[437]

*a. Überschrift des Untertitels: „Besondere Vertriebsformen"*

Das Fernabsatzrecht ist Bestandteil des Untertitels „Besondere Vertriebsformen". In den §§ 312, 312a BGB hat der Gesetzgeber Regelungen für Haustürgeschäfte festgelegt, in den §§ 312b bis 312d BGB die Regelungen für den Bereich des Fernabsatzes und in § 312e BGB noch einmal weitergehende Regelungen für den elektronischen Geschäftsverkehr. Aus der Überschrift des Untertitels und der in diesem Untertitel niedergelegten Regelungsmaterie ergibt sich, dass in diesem Untertitel Verträge erfasst werden sollen, die außerhalb von herkömmlichen Vertriebsformen - also insbesondere außerhalb von Geschäftsräumen - abgeschlossen werden. Aus dieser Tatsache folgt, dass Unternehmer, die sich nicht auf die besondere Vertriebsform des Fernabsatzes eingerichtet haben und nur bei Gelegenheit einen Vertrag im Wege des Fernabsatzes abschließen, nicht von dem Fernabsatzrecht erfasst werden sollen.

---

433 *Alexy*, Theorie der juristischen Argumentation, 3. Aufl., 1996, S. 295; *Bydlinski*, Juristische Methodenlehre und Rechtsbegriff, 2. Aufl., 1991, S. 442; *Lutter*, JZ 1992, 593 (595).

434 Vgl. *Larenz/Wolf*, Allgemeiner Teil des Bürgerlichen Rechts, 9. Aufl., 2004, § 4 Rn. 40; *Röhl*, Allgemeine Rechtslehre, 2. Aufl., 2001, S. 609; *Schroeder*, JuS 2004, 180 (182); *Seiler*, Auslegung als Normkonkretisierung, 2000, S. 28; *Zippelius*, Juristische Methodenlehre, 7. Aufl., 1999, S. 43.

435 *Rüthers*, Rechtstheorie, 2. Aufl., 2005, Rn. 744.

436 *Wank*, Die Auslegung von Gesetzen, 1997, S. 65; *Zippelius*, Juristische Methodenlehre, 7. Aufl., 1999, S. 43.

437 *Seiler*, Auslegung als Normkonkretisierung, 2000, S. 28.

*b. Begriff der Fernkommunikationsmittel, § 312b Abs. 2 BGB*

Bei einem systematischen Vergleich des Begriffs des Fernabsatzsystems mit anderen Begriffen des Gesetzesabschnitts ist der Begriff der Fernkommunikationsmittel von Bedeutung. Eine Definition des Begriffs der Fernkommunikationsmittel findet sich in § 312b Abs. 2 BGB. Der Gesetzgeber hat die Definition des Begriffes nahezu übereinstimmend aus Artikel 2 Nummer 4 der allgemeinen Fernabsatzrichtlinie übernommen. Wäre allein auf das systematische Bestehen von Vorrichtungen hinsichtlich des Vertragsschlusses abgestellt worden, hätte der Gesetzgeber bzw. der Richtliniengeber in Bezug auf den Begriff der Fernkommunikationsmittel den systematischen Charakter des Fernkommunikationsmittels betont und insoweit von einem „Fernkommunikationssystem" gesprochen. Der Systemcharakter ist jedoch gerade nicht auf die organisierte Nutzung von Fernkommunikationsmitteln beschränkt worden, es ist auch kein Bezug zwischen dem Begriff des Fernabsatzsystems und dem des Fernkommunikationsmittels hergestellt worden. Aus dieser Tatsache ergibt sich, dass der Begriff des Fernabsatzsystems Umstände beinhalten muss, die über den Vertragsschluss mittels Fernkommunikationsmittel hinausgehen. Diese Interpretation legt das Verständnis des Begriffs dahingehend nahe, dass die Ebene der Leistungserbringung Berücksichtigung finden muss.

*c. Bereichsausnahme des § 312b Abs. 3 Nr. 5 BGB*

Der Gesetzgeber hat in § 312b Abs. 3 Nr. 5 BGB in Übereinstimmung mit Artikel 3 Absatz 2 Spiegelstrich 1 der allgemeinen Fernabsatzrichtlinie die Lieferung von Lebensmitteln, Getränken oder sonstigen Haushaltsgegenständen des täglichen Bedarfs, die am Wohnsitz, am Aufenthaltsort oder am Arbeitsplatz eines Verbrauchers von Unternehmern im Rahmen häufiger und regelmäßiger Fahrten geliefert werden, von dem Anwendungsbereich des Fernabsatzrechts ausgenommen.[438] Wie bereits im ersten Teil der Arbeit dargelegt, handelt es sich bei dieser Regelung um eine eng auszulegende Ausnahmevorschrift, deren Zweck es ist, derartige Alltagsgeschäfte nicht unnötig zu erschweren.[439] Zentrale Voraussetzung für das Eingreifen dieser Vorschrift ist, dass der Unternehmer die Ware selbst oder durch einen Erfüllungsgehilfen ausliefert.[440] Aus dieser Ausnahmevorschrift lassen sich im Umkehrschluss (*argumentum e contrario*) zwei Schlüsse ziehen: Zunächst folgt aus der Vorschrift im Umkehrschluss, dass es grundsätzlich nicht darauf ankommen kann, ob die Leistungserbringung durch den Unternehmer selbst, seine Hilfspersonen bzw. einen Dritten erfolgt.[441] Der

[438] Art. 3 Abs. 2 Spiegelstrich 1 FernAbsRL, ABl. EG Nr. L 144 v. 04.06.1997, S. 19 (21).
[439] Vgl. oben unter II. 1. dd. (5). Vgl. auch *Ende/Klein*, Grundzüge des Vertriebsrechts im Internet, 2001, S. 146; *Micklitz*, VuR 1993, 129 (133).
[440] Vgl. *Härting*, Fernabsatzgesetz, 2000, § 1 Rn. 138; *Lütcke*, Fernabsatzrecht, 2002, § 312b Rn. 120.
[441] Vgl. *Neises*, NZM 2000, 889 (891).

Unternehmer darf sich bei der Einrichtung eines Fernabsatzsystems somit fremder Elemente bedienen.

Weiterhin ist aus der Tatsache, dass sich diese Ausnahmevorschrift nur auf die genannten Vertragsgegenstände beschränkt, im Umkehrschluss zu schließen, dass - sofern es sich um andere Leistungen handelt - durch einen persönlichen Kontakt des Verbrauchers mit dem Unternehmer oder seines Erfüllungsgehilfen im Rahmen der Auslieferung grundsätzlich ein bestehendes Fernabsatzsystem nicht aufgehoben wird.

*d. Regelungsmaterie der Richtlinien*

Den dem Fernabsatz immanenten Gefahren wird in beiden Fernabsatzrichtlinien mit den klassischen Instrumenten des Verbraucherschutzes begegnet. Die Richtlinien sehen jeweils vor, dem Lieferer eine umfangreiche Informationspflicht aufzuerlegen und dem Verbraucher ein zeitlich begrenztes Widerrufsrecht einzuräumen. Diese beiden Rechtsinstitute gehören inzwischen zum Kernbestand gemeinschaftsrechtlicher Regelungen, wenn es darum geht, die strukturelle Disparität zwischen Anbieter- und Verbraucherseite zu überwinden.[442]

*aa. Kernvorschriften*

Die Richtlinien knüpfen an eine bestimmte Vertriebsform an und ähneln insoweit in ihrem Ausgangspunkt der Haustürgeschäfterichtlinie.[443] Es handelt sich um sogenannte horizontale Richtlinien, die den besonderen Gefahren, die für den Verbraucher aus dem Vertriebsweg des Fernabsatzes erwachsen, begegnen sollen.[444] Im Gegensatz zur Haustürgeschäfterichtlinie, die die Risiken, die aus einem Informationsdefizit des Verbrauchers entstehen, allein durch ein Widerrufsrecht zu kompensieren versucht, wird der Schutz im Rahmen des Fernabsatzes zusätzlich über umfangreiche Informationspflichten verwirklicht.[445] Dies beruht auf der Erkenntnis, dass ein Widerrufsrecht nicht alle Nachteile der Entscheidungssituation ausgleichen kann.[446] Widerrufsrecht und Informationspflichten bilden eine Einheit und haben den Zweck, dem Verbraucher auf andere Weise als durch Erläuterung seitens des Verkaufspersonals oder durch Besichtigung Informationen zu verschaffen.[447] Die Informationen sind notwendig, um

---

[442] *Willingmann*, VuR 1998, 395 (396).

[443] Vgl. *Lütcke*, Fernabsatzrecht, 2002, Einl. Rn. 4; *Reich*, EuZW 1997, 581 (582), bezeichnet die allgemeine Fernabsatzrichtlinie als „verbraucherspezifisches Vertriebsgesetz".

[444] Vgl. *Hoppmann*, VersR 1999, 673 (676).

[445] Richtlinie 85/577/EWG betreffend den Verbraucherschutz im Falle von außerhalb von Geschäftsräumen geschlossenen Verträgen, ABl. EG Nr. L 372 v. 31.12.1985, S. 31.

[446] *Lütcke*, Fernabsatzrecht, 2002, § 312d Rn. 11.

[447] *Schmidt-Räntsch*, in: Bamberger/Roth, Band 1, 2003, § 312d Rn. 2.

dem Verbraucher die selbstverantwortliche Entscheidung über den Kauf der Ware oder die Inanspruchnahme der Dienstleistung zu ermöglichen.[448]

*bb. Regelungen hinsichtlich der Zahlung*

Die Richtlinien verfügen jedoch neben diesen Kernvorschriften auch noch über andere Regelungen, die der Richtliniengeber im Zusammenhang mit dem Vertriebssegment des Fernabsatzes für erforderlich hielt.[449] Jeweils in Artikel 8 enthalten die beiden Fernabsatzrichtlinien wortgleiche Vorschriften über die Zahlung mittels Zahlungskarte.[450] Hier wird festgelegt, dass die Mitgliedsstaaten dafür Sorge tragen, dass der Verbraucher im Fall einer betrügerischen Verwendung seiner Zahlungskarte im Rahmen eines unter die Richtlinie fallenden Vertragsabschlusses im Fernabsatz die Stornierung seiner Zahlung verlangen kann.[451] In einem solchen Fall sollen die Zahlungen gutgeschrieben oder erstattet werden. Diese Regelung ist die Konsequenz auf die im Fernabsatz übliche Kreditkartenzahlung.[452] Auch diese Regelung zeigt deutlich, dass das Fernabsatzrecht gerade im Hinblick auf den Distanzvertrieb anzuwenden ist, da hier typischerweise gerade mit Zahlungskarten oder anderen Zahlungsmitteln, die eine Zahlung über eine Distanz ermöglichen, wie etwa Einzugsermächtigung oder Überweisung, bezahlt wird.[453] Gerade die Verbreitung von Kredit- und Zahlungskarten, bei deren Verwendung der Unternehmer grundsätzlich keine Bonitätsprüfung vornehmen muss, hat den Distanzvertrieb für viele Unternehmen erst attraktiv gemacht.[454] Eine Barzahlung der Ware oder Dienstleistung ist hingegen grundsätzlich ausgeschlossen, da sich die Vertragsparteien typischerweise zu keinem Zeitpunkt physisch begegnen.

*cc. Regelungen hinsichtlich der Lieferung unbestellter Ware*

Der Richtliniengeber hat weiterhin Bestimmungen geschaffen, die unlautere Praktiken des Direktmarketings verhindern sollen.[455] Aus diesem Grund wird jeweils in Art. 9 der Richtlinien festgelegt, dass die Mitgliedsstaaten die erfor-

---

[448] *Schmidt-Räntsch*, a.a.O..

[449] Der Gesetzgeber hat diese Vorschriften außerhalb des Fernabsatzrechts der §§ 312b ff. BGB umgesetzt, bzw. auf eine Umsetzung verzichtet, weil er sie nicht für erforderlich hielt, vgl. hierzu RegE FernAbsG, BT-Drs. 14/2658, S. 19 ff..

[450] Art. 8 FernAbsRL (ABl. EG Nr. L 144 v. 04.06.1997, S. 19 (23)) und Art. 8 FernAbsFinanzDLRL (ABl. EG Nr. L 271 v. 09.10.2002, S. 16 (22)).

[451] Der Gesetzgeber hat hier nur einen eingeschränkten Umsetzungsbedarf gesehen und die Regelung des § 676h BGB eingeführt, vgl. RegE FernAbsG, BT-Drs. 14/2658, S. 19-22, 49.

[452] *Freund*, in: Festschrift für Horn, 1997, S. 228 (234).

[453] Vgl. *Köhler*, NJW 1998, 185 (186).

[454] Vgl. zu den Regelungen hinsichtlich des Distanzvertriebs in der FernAbsRL *Reich*, Verbraucherpolitische Hefte 1992, 197 (211).

[455] Vgl. Erwägungsgrund Nr. 16 (ABl. EG Nr. L 144 v. 04.06.1997, S. 19 (20)); Erwägungsgrund Nr. 25 (ABl. EG Nr. L 271 v. 09.10.2002, S. 16 (18)).

derlichen Maßnahmen ergreifen, um sicherzustellen, dass den Verbrauchern ohne vorherige Bestellung keine Waren geliefert werden oder keine Dienstleistungen erbracht werden.[456] Ebenso soll ausgeschlossen werden, dass der Verbraucher zu einer Gegenleistung verpflichtet wird und dass das Ausbleiben einer Reaktion des Verbrauchers als Zustimmung angesehen werden kann.[457] Auch diese Bestimmungen zeigen, dass der Richtliniengeber gerade auf den Distanzvertrieb als Regelungsgebiet abzielt, da eine derartige Absatztechnik typischerweise nur in diesem Vertriebsbereich droht.

*dd. lauterkeitsrechtliche Regelungen*

Außerdem hat der Richtliniengeber mit dem Erlass der Fernabsatzrichtlinien auch das Ziel verfolgt, den Verbraucher vor bestimmten aggressiven Methoden der Ansprache durch den Unternehmer zu schützen.[458] Dem Verbraucher soll es freistehen, ob und wie er mit potentiellen Anbietern in Kontakt kommt.[459] Aus diesem Grund enthält jeweils Art. 10 der Richtlinien eine Beschränkung in der Verwendung bestimmter Fernkommunikationstechniken zur Ansprache des Verbrauchers.[460] In Art. 10 Abs. 1 der beiden Fernabsatzrichtlinien wird bestimmt, dass die Kommunikation mit einem Automaten als Gesprächspartner (sog. Voice-Mail-System) und die Verwendung des Fernkommunikationsmittels Telefax der vorherigen Zustimmung des Verbrauchers bedarf (sog. Opt-in-System). In Absatz 2 der allgemeinen Fernabsatzrichtlinie ist festgelegt worden, dass die Mitgliedsstaaten dafür Sorge tragen sollen, dass eine Technik, die eine individuelle Kommunikation mit dem Verbraucher ermöglicht, nur dann verwandt werden darf, wenn der Verbraucher ihre Verwendung nicht offenkundig abgelehnt hat (sog. Opt-out-System). Dieser Teil der Fernabsatzrichtlinie wurde nicht durch das Fernabsatzrecht umgesetzt, da der deutsche Gesetzgeber den bereits bestehenden Schutz durch das deutsche Recht für ausreichend hielt.[461] Demgegenüber besteht nach Art. 10 Abs. 2 der Fernabsatzrichtlinie für Finanz-

---

[456] Art. 9 FernAbsRL (ABl. EG Nr. L 144 v. 04.06.1997, S. 19 (23)); Art. 9 FernAbsFinanzDLRL (ABl. EG Nr. L 271 v. 09.10.2002, S. 16 (22)).

[457] Der Gesetzgeber sah hinsichtlich der Regelung des Art. 9 FernAbsRL einen Klarstellungsbedarf dahingehend, dass den Verbraucher keine Pflicht zur Erbringung der Gegenleistung trifft und hat daher die Regelung des § 241a BGB geschaffen, vgl. RegE FernAbsG, BT-Drs. 14/2658, S. 22-24, 46.

[458] Vgl. Erwägungsgrund Nr. 17 FernAbsRL (ABl. EG Nr. L 144 v. 04.06.1997, S. 19 (20)) und Erwägungsgrund Nr. 26 FernAbsFinanzDLRL (ABl. EG Nr. L 271 v. 09.10.2002, S. 16 (18)).

[459] *Freund*, in: Festschrift für Horn, 1997, S. 228 (236).

[460] Art. 10 FernAbsRL, ABl. EG Nr. L 144 v. 04.06.1997, S. 19 (23); Art. 10 FernAbsFinanzDLRL, ABl. EG Nr. L 271 v. 09.10.2002, S. 16 (22).

[461] Hinsichtlich Art. 10 FernAbsRL sah der Gesetzgeber keinen Umsetzungsbedarf. Er hielt eine spezielle Umsetzung im Hinblick auf § 1 UWG a.F. und die hierzu ergangene Rechtsprechung nicht für notwendig, vgl. RegE FernAbsG, BT-Drs. 14/2658, S. 24.

dienstleistungen hinsichtlich der anderen individuellen Kommunikation für die Mitgliedstaaten ein Wahlrecht zwischen einem Opt-in-System und einem Opt-out-System.[462]

*ee. Gesamtschau der Regelungsmaterie*

Die vorgenannten Bestimmungen lassen sich auf die Tatsache zurückführen, dass gerade die Vertriebsform des Distanzvertriebs verstärkte Einwirkungs- und Manipulationsmöglichkeiten mit sich bringt.[463] Es besteht eine besondere Anfälligkeit des Vertriebswegs des Fernabsatzes für unlautere Geschäftspraktiken. Aggressive Techniken der werblichen Ansprache des Verbrauchers waren und sind teilweise Bestandteil der Vertriebsstrategie im Fernabsatz. Da in diesem Vertriebsbereich der unmittelbare Reiz des Produktangebots und der direkte persönliche Kontakt zu dem Verbraucher fehlt, wird versucht, mit anderen Mitteln die Aufmerksamkeit des Verbrauchers zu erlangen. Die Aufnahme der erörterten Regelungen in die Richtlinien zeigt, dass der Richtliniengeber die Richtlinien gerade im Hinblick auf den Vertrieb über eine Distanz, insbesondere in Bezug auf den Versandhandel, den Telefonvertrieb und das Teleshopping entwickelt hat.

Aus der Gesamtschau der Regelungsmaterie der Fernabsatzrichtlinien ergibt sich somit wiederum die Ausrichtung dieses Rechtsgebietes auf den Distanzvertrieb. Ausgangspunkt der Entwicklung der Richtlinien war der klassische Versandhandel. Für diesen Vertriebsbereich sollte eine rechtliche Regelung entwickelt werden, gleichzeitig sollten die Neuerungen in diesem Vertriebssegment einbezogen werden. Dies ist zum einen die weitgehende Nutzung der modernen Informationstechnologien sowohl für die Darbietung von Produkt- und Dienstleistungsangeboten, als auch für die Entgegennahme der Bestellungen der Verbraucher. Zum anderen werden zunehmend Produkte und Dienste angeboten, die bisher nicht in dieser Form des Absatzes erhältlich waren. Des weiteren kommt die Entwicklung hinzu, dass immer mehr Firmen ihre Erzeugnisse oder Dienstleistungen mit Hilfe der neuen Technologien direkt unter Ausschluss des Zwischenhandels vertreiben. Diese Überlegungen lassen den Schluss zu, dass das Vertragsverhältnis nach seinem Gesamtbild auf den Distanzvertrieb bezogen sein muss.

---

[462] Bezüglich dieser Regelung sah der Gesetzgeber keinen Umsetzungsbedarf, da die Regelung des § 7 UWG teilweise strengere Vorgaben hinsichtlich der individuellen Kommunikation mit dem Verbraucher macht, vgl. RegE FernAbsÄndG, BT-Drs. 15/2946, S. 17. Die Vorschrift des § 7 UWG beruht auf Art. 13 der Richtlinie 2002/58/EG des Europäischen Parlaments und des Rates vom 12.07.2002 über die Verarbeitung personenbezogener Daten und den Schutz der Privatsphäre in der elektronischen Kommunikation (Datenschutzrichtlinie für elektronische Kommunikation), ABl. EG Nr. L 201 v. 31.07.2002, S. 37 (45).

[463] Vgl. *Reich*, Verbraucherpolitische Hefte 1992, 197 (211).

Aus diesen Erkenntnissen folgt, dass von einem zweigliedrigen Begriff des Fernabsatzes auszugehen ist, der aus zwei Komponenten besteht. Die eine Komponente des Begriffes betrifft den Vertragsschluss mittels Fernkommunikationsmitteln, die andere Komponente betrifft die Leistungserbringung über Distanz.

*4. historische Auslegung*

Die historische Auslegung erweitert den Kreis der Aspekte über Text und Kontext hinaus und bezieht die Entstehungsgeschichte der Norm, also Gesetzesmaterialien und andere feststellbare Erwägungen, die bei Erlass des Gesetzes angestellt worden sind, in die Überlegungen mit ein.[464] Hierdurch wird es möglich, auf die Regelungsabsicht, die Zwecke, Ziele und Normvorstellungen des historischen Richtlinien- bzw. Gesetzgebers zu schließen.[465] Diese lassen sich aus den Vorentwürfen und den ihnen beigegebenen Begründungen, aus Sitzungsprotokollen der Ausschüsse und aus den Parlamentsvorstellungen ermitteln.[466]

In methodischer Hinsicht ist im Hinblick auf eine richtlinienkonforme Auslegung zu beachten, dass die Richtlinien auf die historische Auslegung einen wesentlichen Einfluss ausüben, wenn - wie dies hier der Fall ist - der nationale Normgeber mit dem Normerlass in erster Linie eine richtlinienkonforme Umsetzung anstrebt.[467] Bei der Umsetzung der Fernabsatzrichtlinien hat der Gesetzgeber jedoch nicht nur einen abstrakten Umsetzungswillen geäußert, sondern eigene Motive benannt, deshalb sind seine Erwägungen in den Auslegungsprozess mit einzubeziehen. Diese Motive sind im Rahmen der historischen Auslegung zu berücksichtigen.[468]

*a. Fernabsatzrichtlinie*

Die Fernabsatzrichtlinien sind Teil des europäischen Verbraucherschutzrechts, das als eigene Rechtsmaterie in Europa in Reaktion auf die wirtschaftliche Entwicklung seit dem Zweiten Weltkrieg entstand. Der steigende Konsum brachte

---

[464] Vgl. zur historischen Auslegung *Alexy*, Theorie der juristischen Argumentation, 3. Aufl., 1996, S. 294; *Bartholomeyczik*, Die Kunst der Gesetzesauslegung, 1951, S. 59; *Bydlinski*, Juristische Methodenlehre und Rechtsbegriff, 2. Aufl., 1991, S. 449; *Röhl*, Allgemeine Rechtslehre, 2. Aufl., 2001, S. 600; *Rüthers*, Rechtstheorie, 2. Aufl., 2005, Rn. 780; *Wank*, Die Auslegung von Gesetzen, 1997, S. 73; *Zippelius*, Juristische Methodenlehre, 7. Aufl., 1999, S. 44.

[465] Vgl. *Larenz/Wolf*, Allgemeiner Teil des Bürgerlichen Rechts, 9. Auflage, 2004, § 4 Rn. 42; *Röhl*, a.a.O..

[466] *Larenz/Wolf*, a.a.O.; *Schlehofer*, JuS 1992, 572 (575); *Seiler*, Auslegung als Normkonkretisierung, 2000, S. 29.

[467] Vgl. *Brechmann*, Die richtlinienkonforme Auslegung, Dissertation Universität München, 1993, S. 261.

[468] *Brechmann*, a.a.O..

vielfältige Probleme mit sich, insbesondere die Irreführung der Verbraucher durch unlautere Geschäftspraktiken sowie das Angebot wertloser Waren und Dienstleistungen. Vor diesem Hintergrund wurde in vielen europäischen Staaten der Gesetzgeber zum Schutz der Verbraucher tätig.[469] Auch auf der Ebene der Europäischen Gemeinschaft wurden Initiativen ergriffen: Im Jahr 1975 wurde das „Erste Programm der Europäischen Wirtschaftsgemeinschaft für eine Politik zum Schutz und zur Unterrichtung der Verbraucher" verabschiedet.[470] Im Jahr 1981 wurde dieses durch ein zweites Verbraucherprogramm fortgeschrieben.[471]

*aa. Motive für den Erlass der Fernabsatzrichtlinie*

Die Absicht der Europäischen Union, Verbraucherschutzregelungen für den Bereich des Fernabsatzes zu erlassen, geht in die achtziger Jahre zurück. Erste Gedanken zum Konsumentenschutz bei dem Einsatz neuer Medien finden sich in der Entschließung des Rats mit dem Titel „Neuer Impuls für den Verbraucherschutz" aus dem Jahr 1986, die sich mit der Verbraucherschutzpolitik der Kommission auseinandergesetzt hat.[472] In der Entschließung des Rates aus dem Jahr 1989 über künftige Prioritäten bei der Neubelebung der Verbraucherschutzpolitik wurde die Kommission insbesondere aufgefordert, ihre Bemühungen auf die neuen Technologien zu konzentrieren, die den Fernabsatz ermöglichen.[473] Die Kommission ist davon ausgegangen, dass der sich verflechtende europäische Binnenmarkt durch die Einsatzmöglichkeiten der neuen Medien für die Anbieter- als auch für die Verbraucherseite zunehmend größer und attraktiver wird.[474] Deshalb sah die Kommission den grenzüberschreitenden Waren- bzw. Dienstleistungsvertrieb als Wachstumsbereich an.[475] Innerhalb der Europäischen Gemeinschaft bestanden jedoch Unterschiede in der rechtlichen

---

[469] Vgl. *Blaurock*, JZ 1999, 801.

[470] Entschließung des Rates vom 14.04.1975 betreffend ein Erstes Programm der Europäischen Wirtschaftsgemeinschaft für eine Politik zum Schutz und zur Unterrichtung der Verbraucher, ABl. EG Nr. C 92 v. 25.04.1975, S.1.

[471] Entschließung des Rates vom 19.05.1981 betreffend ein Zweites Programm der Europäischen Wirtschaftsgemeinschaft für eine Politik zum Schutz und zur Unterrichtung der Verbraucher, ABl. EG Nr. C 133 v. 03.06.1981, S. 1.

[472] Die Mitteilung der Kommission an den Rat mit dem Titel „Neuer Impuls für die Verbraucherschutzpolitik" wurde gebilligt durch die Entschließung des Rates vom 23.6.1986 betreffend die künftige Ausrichtung der Politik der Europäischen Wirtschaftsgemeinschaft zum Schutz und zur Förderung der Interessen der Verbraucher, ABl. EG Nr. C 167 v. 05.07.1986, S. 1.

[473] Entschließung des Rates vom 09.11.1989 über künftige Prioritäten bei der Neubelebung der Verbraucherschutzpolitik, ABl. EG Nr. C 294 v. 22.11.1989, S. 1.

[474] Vgl. Erwägungsgrund Nr. 4 der FernAbsRL, ABl. EG Nr. L 144 v. 04.06.1997, S. 19. Hierbei kommt dem Fernabsatz ein besonderer Stellenwert zu, vgl. *Präve*, VersR 1993, 1066 (1067).

[475] Vgl. Erwägungsgründe Nr. 2 und Nr. 3 der FernAbsRL, ABl. EG Nr. L 144 v. 04.06.1997, S. 19.

Behandlung von Werbemaßnahmen und Vertragsschlüssen, die durch den Einsatz dieser neuen Medien, aber auch durch den Einsatz der Mittel des klassischen Distanzvertriebs entstehen und naturgemäß keine körperliche Präsenz der Geschäftspartner mehr erfordern.[476] Einige Mitgliedsstaaten hatten zu diesem Zeitpunkt bereits eine Regelung für diese Vertriebsart geschaffen, in anderen Mitgliedsstaaten gab es dagegen noch keine Sonderregelung. Diese Unterschiede sollten zugunsten der Verbraucher überwunden werden, gleichzeitig sollten einheitliche Rahmenbedingungen für die Anbieter geschaffen werden.[477] Die Kommission sah sich deshalb veranlasst, für den als „Fernabsatz" bezeichneten Distanzvertrieb eine eigene Richtlinie zu erlassen. Mit dieser Richtlinie sollte auch diesem Vertriebsweg ein Instrumentarium zur Verfügung gestellt werden, das dem Standard anderer Verbraucherschutzrichtlinien entspricht.[478]

*bb. Entwicklung der Fernabsatzrichtlinie*

Im Jahr 1991 legte die Kommission zunächst ein Diskussionspapier über eine Richtlinie für den Versandhandel, dann „Empfehlungen über Verhaltenscodices zum Verbraucherschutz bei Vertragsabschlüssen im Fernabsatz"[479] und schließlich den ersten Entwurf eines Richtlinienvorschlags vor.[480] Es wurden auch verschiedene Gutachten eingeholt, die die Rechtslage in den einzelnen Mitgliedsstaaten der Gemeinschaft, die bestehenden Möglichkeiten des Distanzvertriebs und die zu erwartenden technischen Neuerungen darstellten.[481] Die Gutachten kamen dabei zu dem Ergebnis, dass die Rechtsstrukturen in den Mitgliedsstaaten defizitär waren.[482] Während in einigen Mitgliedsländern umfangreiche Regelungen zum Fernabsatz existierten, gab es in anderen Ländern bloß punktuelle Regelungen.[483] Vor diesem Hintergrund wurden negative Auswirkungen auf den

---

[476] Vgl. Erwägungsgrund Nr. 4 der FernAbsRL, ABl. EG Nr. L 144 v. 04.06.1997, S. 19.

[477] *Präve*, VersR 1993, 1066 (1067).

[478] Vgl. die Richtlinie des Rates vom 20.12.1985 betreffend den Verbraucherschutz im Falle von außerhalb von Geschäftsräumen geschlossenen Verträgen (85/577/EWG), ABl. EG Nr. L 372 v. 31.12.1985, S. 31, und die Richtlinie des Rates vom 22.12.1986 zur Angleichung der Rechts- und Verwaltungsvorschriften der Mitgliedsstaaten über den Verbraucherkredit (87/102/EWG), ABl. EG Nr. L 42 v. 12.02.1987, S. 48.

[479] Empfehlung der Kommission vom 07.04.1992 über Verhaltenscodices zum Verbraucherschutz bei Vertragsabschlüssen im Fernabsatz, ABl. EG Nr. L 156 v. 10.06.1992, S. 21.

[480] Vorschlag für eine Richtlinie des Rates über den Verbraucherschutz bei Vertragsabschlüssen im Fernabsatz v. 10.06.1992, ABl. EG Nr. C 156 v. 23.6.1992, S. 14; vgl. hierzu: *Micklitz/Reich*, Die Fernabsatzrichtlinie im deutschen Recht, 1998, S. 14 f..

[481] Vgl. hierzu *Reich*, Verbraucherpolitische Hefte 1992, 197 (212); *Willingmann*, VuR 1998, 395 (396) m.w.N..

[482] Vgl. *Micklitz*, VuR 1993, 129 (130).

[483] So z.B. in Deutschland mit § 8 VerbrKrG. Vgl. insgesamt zu den in den Mitgliedsstaaten bestehenden Regelungen *Reich* EuZW 1997, 581.

Wettbewerb zwischen den Unternehmen befürchtet. Deshalb wurde die Einführung einer Mindestzahl gemeinsamer Regelungen erwogen.[484]

*cc. Reaktion der deutschen Regierungen*

Die Bundesregierung und der Bundesrat hingegen wollten dieses Ergebnis für die Rechtslage in Deutschland nicht anerkennen, so dass der im Jahr 1992 den Mitgliedsstaaten zur Stellungnahme übersandte Richtlinienvorschlag gerade von deutscher Seite eine deutliche Ablehnung erfuhr. Die Ausschüsse des Bundesrats stellten in ihrer Empfehlung fest, dass eine besondere Schutzbedürftigkeit des Verbrauchers bei Distanzgeschäften zumindest in dem vorgesehenen umfassenden Anwendungsbereich nicht ersichtlich sei.[485] Zivilrechtlicher Verbraucherschutz habe nur dort seine Berechtigung, wo Gefahren drohten, denen der einzelne nur schwer begegnen könne und die ihn der Gefahr der Übervorteilung aussetzten. Diese Gefahr sahen Rechts-, Wirtschafts- und EG-Ausschuss des Bundesrates nur bei dem klassischen Versandhandel und den damals nicht sonderlich verbreiteten Teleshopping- oder Btx-Geschäftsmöglichkeiten.[486]

An dem Richtlinienvorschlag wurde kritisiert, dass grundsätzlich jeder Vertragsschluss, der mittels eines Fernkommunikationsmittels getätigt wurde, der Richtlinie unterliegen sollte, so dass eine Differenzierung zwischen stationärem Handel und den per Telefon abgeschlossenen Verträgen mit denselben Geschäftspartnern herbeigeführt worden wäre. Es sei aber nicht einzusehen, dass ein Verbraucher bei der telefonischen Bestellung einer zuvor besichtigten Ware ein Widerrufsrecht haben solle, bei der unmittelbaren Mitnahme im Geschäft dagegen nicht. Außerdem würde in Bezug auf Dienstleistungen der telefonisch beauftragte Handwerker es nur schwer verstehen können, dass ihm im Falle einer telefonischen Bestellung umfangreiche Verpflichtungen auferlegt würden, die ihn jedoch nicht träfen, wenn der Kunde selbst in der Werkstatt erschiene. Der Bundesrat stellte daher in seinem Beschluss fest, dass in den Fällen des Brief- oder Telefonverkehrs ein allgemeines Schutzbedürfnis nicht ersichtlich sei.[487]

Der Bundesrat forderte eine Beschränkung des Anwendungsbereichs auf solche Fälle, in denen der Verbraucher abstrakt einer Überraschungsgefahr ausgesetzt sei oder durch die Art der Kommunikationstechnik zu unüberlegtem Verhalten verleitet werde. So schlug der Bundesrat in seinem Beschluss die Einführung des Begriffs des „organisierten Absatzsystems" als Abgrenzungskriterium vor. Dieses Kriterium sollte in den Richtlinienvorschlag aufgenommen werden, um klarzustellen, dass die Vorschriften der Richtlinie nicht auch für

---

[484] Vgl. Erwägungsgrund 4 der FernAbsRL, ABl. EG Nr. L 144 v. 04.06.1997, S. 19

[485] Beschluss des Bundesrates v. 25.09.1992, BR-Drs. 445/1/92, S. 1.

[486] Beschluss des Bundesrates v. 25.09.1992, BR-Drs. 445/1/92, S. 2.

[487] Beschluss des Bundesrates v. 25.09.1992, BR-Drs. 445/1/92, S. 4.

Gewerbetreibende gelten, die nur zufällig per Telekommunikation Verträge schließen.

*b. Einführung des Tabestandsmerkmals des Fernabsatzsystems*

Der ursprüngliche Entwurf der allgemeinen Fernabsatzrichtlinie der Kommission aus dem Jahr 1992 enthielt keine Beschränkung der Anwendbarkeit auf den organisierten Vertrieb.[488] Das Europäische Parlament schlug in einem Änderungsvorschlag zur Eingrenzung des Anwendungsbereichs der Richtlinie den Begriff des „Verkaufs- oder Dienstleistungssystems" vor.[489] Die Kommission nahm diesen Änderungsvorschlag auf und unterbreitete im Jahr 1993 einen geänderten Richtlinienvorschlag, in dem eine einschränkende Klarstellung des Anwendungsbereiches vorgenommen wurde.[490] Nunmehr sollten allein Vertragsabschlüsse mit Lieferern,[491] die sich eines „für den Fernabsatz organisierten Vertriebs- und Dienstleistungssystems" bedienen, unter die neue Sonderregelung fallen.[492]

*aa. Aufgabe des Tatbestandsmerkmals der Initiative zum Vertragsschluss*

Die Kommission wollte mit der Einführung des Begriffes des Fernabsatzsystems Streitigkeiten darüber vermeiden, ob es für die Anwendbarkeit der Regelungen der Fernabsatzrichtlinie darauf ankommt, dass der Lieferer die Initiative zur Anbahnung des Vertragsschlusses im Wege des Fernabsatzes ergriffen hat.[493] Die Vorentwürfe der Fernabsatzrichtlinie hatten nämlich noch darauf abgestellt, ob die Initiative zu dem Vertragsschluss von dem Unternehmer ausgeht.[494]

---

[488] Vgl. die Definition des Fernabsatzvertrages in Art. 2 Spiegelstrich 1 des Vorschlages für eine Richtlinie des Rates über den Verbraucherschutz bei Vertragsabschlüssen im Fernabsatz vom 21.05.1992, ABl. EG Nr. C 156 v. 23.06.1992, S. 14 (15).

[489] Legislative Entschließung mit der Stellungnahme des Europäischen Parlaments zu dem Vorschlag der Kommission an den Rat für eine Richtlinie über den Verbraucherschutz bei Vertragsabschlüssen im Fernabsatz vom 26.05.1993, ABl. EG Nr. C 176 v. 28.06.1993, S. 95. Vgl. die Änderung Nr. 11, a.a.O., S. 88.

[490] Geänderter Vorschlag für eine Richtlinie des Rates über den Verbraucherschutz bei Vertragsabschlüssen im Fernabsatz vom 07.10.1993, Kom (93) 396 endg., ABl. EG Nr. C 308 v. 15.11.1993, S. 18.

[491] Die FernAbsRL und ihre Vorentwürfe benutzen den Begriff „Lieferer", vgl. Art. 2 Nr. 3 FernAbsRL, ABl. EG Nr. L 144 v. 04.06.1997, S. 19 (21). Der deutsche Gesetzgeber hat hierfür den Begriff des „Unternehmers" eingeführt, der bereits aus den Definitionen in §§ 24 und 24a AGBG bekannt war.

[492] Vgl. Art. 2 Spiegelstrich 1 Geänderter Vorschlag für eine Richtlinie des Rates über den Verbraucherschutz bei Vertragsabschlüssen im Fernabsatz vom 07.10.1993, Kom (93) 396 endg., ABl. EG Nr. C 308 v. 15.11.1993, S. 18 (22).

[493] *Micklitz/Reich*, Die Fernabsatzrichtlinie im deutschen Recht, 1998, S. 6.

[494] Vgl. Art. 2 Spiegelstrich 1 und 8 des Vorschlages für eine Richtlinie des Rates über den Verbraucherschutz bei Vertragsabschlüssen im Fernabsatz, ABl. EG Nr. C 156 v. 23.06.1992, S. 14 (15 f.); vgl. hierzu auch *Micklitz*, ZEuP 1999, 875 (877); *ders.*, EuZW 2001, 133 (136).

Angeknüpft werden sollte an die „Aufforderung zum Vertragsschluss" seitens des Unternehmers.[495] Unter diesem Begriff wurde jede Mitteilung verstanden, die alle erforderlichen Elemente beinhaltet, damit der Empfänger unmittelbar eine vertragliche Verpflichtung eingehen kann.[496] Bloße Werbung sollte hingegen nicht unter diesen Begriff fallen.[497] Die Regelungen der allgemeinen Fernabsatzrichtlinie sollten nur für die Fälle gelten, bei denen der Lieferer von sich aus die Initiative ergriffen und dem Verbraucher eine Aufforderung zum Vertragsschluss unterbreitet hätte.[498]

*(1) Widerspruch zu dem Modell der invitatio ad offerendum*

Für die Aufgabe des Tatbestandsmerkmals „Aufforderung zum Vertragsschluss" gab es zwei Gründe: Zum einen widersprach dieser Vorschlag zur Harmonisierung des Vertragsschlusses dem deutschen Modell der *invitatio ad offerendum*.[499] Für das deutsche Recht hätte dies eine Umkehrung der Vertragsschlusssituation bedeutet.[500] Bei einer Ansprache des Verbrauchers mittels eines Massenmediums, sind diese Maßnahmen der Vertragsanbahnung in der Regel als *invitatio ad offerendum* einzustufen.[501] Ein wirksamer Vertrag kommt in die-

---

[495] Vgl. Art. 2 Spiegelstrich 8 Vorschlag für eine Richtlinie des Rates über den Verbraucherschutz bei Vertragsabschlüssen im Fernabsatz vom 21.05.1992, ABl. EG Nr. C 156 v. 23.06.1992, S. 14.

[496] Vgl. Art. 2 Spiegelstrich 8 Vorschlag für eine Richtlinie des Rates über den Verbraucherschutz bei Vertragsabschlüssen im Fernabsatz vom 21.05.1992, ABl. EG Nr. C 156 v. 23.06.1992, S. 14; vgl. hierzu auch *Micklitz*, VuR 1993, 129 (134).

[497] Vgl. Erwägungsgrund 7 und Art. 2 Spiegelstrich 8 a.E. des Vorschlages für eine Richtlinie des Rates über den Verbraucherschutz bei Vertragsabschlüssen im Fernabsatz vom 21.05.1992, ABl. EG Nr. C 156 v. 23.06.1992, S. 14; vgl. hierzu auch *Micklitz*, VuR 1993, 129 (134).

[498] Vgl. *Micklitz*, EuZW 2001, 133 (136). Der Wirtschafts- und Sozialausschuss des Europäischen Parlaments hat im Rahmen seiner Stellungnahme vorgeschlagen, die Anwendung der Fernabsatzrichtlinie auszuschließen, wenn die Initiative von dem Verbraucher ausgeht. Vgl. Stellungnahme zu dem Vorschlag für eine Richtlinie des Rates über den Verbraucherschutz bei Vertragsabschlüssen im Fernabsatz, ABl. EG Nr. C 19 v. 25.01.1993, S. 111 (113).

[499] Vgl. *Lütcke*, Fernabsatzrecht, 2002, Einl. Rn. 5; *Micklitz/Reich*, Die Fernabsatzrichtlinie im deutschen Recht, 1998, S. 14 f..

[500] Vgl. *Micklitz*, VuR 1993, 129.

[501] Vgl. OLG Schleswig, Urt. v. 03.07.2003 - 7 U 240/01, NJW 2004, 231; *Backu*, DAR 2001, 106 (111); *Cichon*, Internet-Verträge, 2. Aufl., 2005, Rn. 812; *Drexl*, in: *Lehmann (Hrsg.)*, Rechtsgeschäfte im Netz - Electronic Commerce, 1999, S. 75 (83); *Ernst*, RRa 2001, 111; *Godefroid*, DStR 2001, 400 (402); *Härting*, CR 2000, 691 (694); *ders.*, Fernabsatzgesetz, 2000, § 1 Rn. 49; *Hoeren/Oberscheid*, VuR 1999, 371; *Hoppmann*, VersR 1999, 673 (677); *Kaiser/Vogt*, K&R 1999, 445 (446); *Moritz*, CR 2000, 61 (62); *Präve*, VersR 1993, 1066 (1068); *Pützhoven*, Europäischer Verbraucherschutz im Fernabsatz, Dissertation Universität Greifswald, 2001, S. 139, 146; *Reich/Nordhausen*, Verbraucher und Recht im elektronischen Geschäftsverkehr, 2000, S. 4, 20; *Stock*, GewArch 2000, 471 (472); *Taupitz/Kritter*, JuS 1999, 839 (840); *Waldenberger*, BB 1996, 2365.

sen Fällen dann zustande, wenn der Unternehmer die rechtlich verbindliche Bestellung des Verbrauchers annimmt, z.B. durch Bestätigungsschreiben oder gemäß § 151 BGB durch Lieferung der Ware.[502] Lediglich bei den Internetauktionen und bei einer gezielten individuellen Ansprache des Verbrauchers durch den Unternehmer kann eine andere Bewertung vorgenommen werden und das Angebot zum Vertragsschluss von dem Unternehmer ausgehen.[503] Wäre man dem Regelungskonzept des Richtlinienvorschlags gefolgt, hätte im Regelfall nicht mehr der Verbraucher das Angebot zum Vertragsschluss gemacht, sondern der Unternehmer, der mit seiner Bestellaufforderung dem Verbraucher ein solches Angebot unterbreitet.[504] Der Hintergedanke dieser Regelung der Kommission war, dass die Bestellaufforderung als Angebot so präzise gefasst sein musste, dass auf der Basis der dem Verbraucher in der Bestellaufforderung übermittelten Informationen ein Vertragsschluss möglich ist.[505]

*(2) Unklarheiten hinsichtlich der Anwendung*

Zum anderen stellte sich die Anknüpfung an die Initiative des Unternehmers als Tatbestandsmerkmal für die Eingrenzung des Anwendungsbereiches im Laufe der Gesetzgebungsarbeiten als ungeeignet heraus, weil in vielen Fällen keine genaue Feststellung möglich ist, wer die Initiative zum Vertragsschluss ergriffen hat.[506] So sind auch Konstellationen denkbar, in denen die Initiative zu dem Vertragsschluss von dem Verbraucher ausgeht. Ein Beispiel hierfür ist das Teleshopping.[507] Hier könnte darauf abgestellt werden, dass der Veranstalter des Fernsehprogramms die Initiative zum Vertragsschluss durch die Produktion und Ausstrahlung des Programms ergriffen hat. Zum anderen könnte auf den Zuschauer abgestellt werden, der das Programm eingeschaltet hat.[508] Dies wird weiterhin auch für den - zum Zeitpunkt der Entstehung der Richtlinie allerdings noch nicht entwickelten - Bereich des Electronic Commerce besonders deut-

---

[502] Vgl. *Cichon*, a.a.O.; *Härting*, Fernabsatzgesetz, 2000, § 1 Rn. 49; *Micklitz*, VuR 2001, 71 (76); *Reich/Nordhausen*, a.a.O.; *Stock*, a.a.O..

[503] So wird man im Bereich des Telefonmarketings von einem rechtlich verbindlichen Angebot des Unternehmers im Sinne des § 145 BGB ausgehen können.

[504] Vgl. *Micklitz/Reich*, Die Fernabsatzrichtlinie im deutschen Recht, 1998, S. 14 f..

[505] *Micklitz/Reich*, a.a.O., S. 15.

[506] Vgl. Gemeinsamer Standpunkt (EG) Nr. 19/95 im Hinblick auf den Erlass der Richtlinie des Europäischen Parlaments und des Rates über den Verbraucherschutz bei Vertragsabschlüssen im Fernabsatz, ABl. EG Nr. C 288 v. 30.10.1995, S. 9, III. 5. a.E.; vgl. hierzu auch *Micklitz*, ZEuP 1999, 875 (877); *ders.*, EuZW 2001, 133 (136); *ders.*, in: Handkommentar Vertriebsrecht, 2002, § 312b Rn. 39; *Rath-Glawatz/Dietrich*, AfP 2000, 505 (507). In vielen Fällen beteiligt sich der Verbraucher aktiv an der Herstellung des Kontakts, vgl. *Thorn*, IPRax 1999, 1 (2).

[507] Vgl. hierzu *Thorn*, a.a.O..

[508] So *Thorn*, a.a.O..

lich.[509] Hier könnte einerseits auf die Errichtung der Website durch den Unternehmer,[510] andererseits auf den Aufruf der betreffenden Website durch den Verbraucher abgestellt werden. Oftmals wird der Verbraucher die Verbindung ohne Absicht, einen Vertrag abzuschließen, herstellen.[511]

Mit der Umstellung der Initiative des Lieferers auf das organisierte Fernabsatzsystem wollten Kommission, Rat und Parlament diese Abgrenzungsfragen ausräumen.[512] An die Stelle des eher subjektiven Kriteriums der Initiative des Lieferers sollte das stärker objektive Kriterium des organisierten Fernabsatzsystems treten.[513] Der 1996 formulierte Gemeinsame Standpunkt[514] führte im Europäischen Parlament zu weiteren Änderungswünschen,[515] die schließlich in die Richtlinie 97/7/EG vom 17.02.1997 mündeten.[516]

*bb. Heranziehung als Kriterium für das Vorliegen eines Fernabsatzsystems*

Es stellt sich die Frage, inwieweit das von dem Richtliniengeber im Verlauf der Entwicklung der Richtlinie aufgegebene Tatbestandsmerkmal der Initiative zum Vertragsschluss bei der Definition des Begriffs des Fernabsatzsystems Berücksichtigung finden kann. Das Tatbestandsmerkmal des Fernabsatzsystems ist von dem Umfang der Anwendungsfälle her weiter zu verstehen als das ursprünglich vorgesehene Tatbestandsmerkmal der Initiative zum Vertragsschluss, da auch Verträge erfasst werden, deren Abschluss nicht oder nicht eindeutig auf die Initiative des Unternehmers zurückzuführen sind. Umgekehrt kann jedoch dann, wenn der Unternehmer die Initiative ergreift, um mit einer Vielzahl von Verbrauchern Verträge im Fernabsatz abzuschließen, davon ausgegangen werden, dass der Unternehmer eine entsprechende Methode zum Vertrieb im Fernabsatz entwickelt hat.

Aus den Überlegungen des Richtliniengebers im Vorfeld des Erlasses der Fernabsatzrichtlinie ist deshalb zu schließen, dass ein Fernabsatzsystem vorliegt,

---

[509] Zu den denkbaren Varianten der Vertragsanbahnung im elektronischen Geschäftsverkehr vgl. *Reich/Nordhausen*, Verbraucher und Recht im elektronischen Geschäftsverkehr, 2000, S. 4 f..

[510] Vgl. *Mankowski*, MMR 2000, Beilage 7, 22 (24).

[511] Vgl. *Micklitz*, EuZW 2001, 133 (136); *ders.*, in: Handkommentar Vertriebsrecht, 2002, § 312b Rn. 39.

[512] *Micklitz*, a.a.O..

[513] *Micklitz*, a.a.O..

[514] Gemeinsamer Standpunkt (EG) Nr. 19/95 im Hinblick auf den Erlass der Richtlinie des Europäischen Parlaments und des Rates über den Verbraucherschutz bei Vertragsabschlüssen im Fernabsatz vom 29.06.1995, ABl. EG Nr. C 288 v. 30.10.1995, S. 1.

[515] Beschluss betreffend den Gemeinsamen Standpunkt des Rates im Hinblick auf den Erlass der Richtlinie des Europäischen Parlaments und des Rates über den Verbraucherschutz bei Vertragsabschlüssen im Fernabsatz v. 13.12.1995, ABl. EG Nr. C 17 v. 22.01.1996, S. 51.

[516] Richtlinie 97/7/EG des Europäischen Parlaments und des Rates über den Verbraucherschutz bei Vertragsabschlüssen im Fernabsatz, ABl. EG Nr. L 144 v. 04.06.1997, S. 19.

wenn der Unternehmer die Initiative zum Vertragsschluss mittels Fernkommunikationsmitteln ergreift und systematisch Verbrauchern Vertragsschlüsse mittels Fernkommunikationsmittel anbietet. Diese Überlegung lässt sich auch unproblematisch in das bisherige Ergebnis der Auslegung einfügen.

*c. Fernabsatzrichtlinie für Finanzdienstleistungen*

Die Fernabsatzrichtlinie für Finanzdienstleistungen schließt sich an die allgemeine Fernabsatzrichtlinie an und erweitert diese um den Bereich der Finanzdienstleistungen. Die Fernabsatzlinie für Finanzdienstleistungen geht auf einen Richtlinienvorschlag der Kommission zurück.[517] In seiner Stellungnahme zu diesem Richtlinienvorschlag begrüßte der Wirtschafts- und Sozialausschuss des Europäischen Parlaments die Einführung des Tatbestandsmerkmals des Fernabsatzsystems.[518] Der Ausschuss äußerte sein Einverständnis zu der Beschränkung des Anwendungsbereichs der Richtlinie auf diejenigen Verträge über Finanzdienstleistungen, die „im Rahmen eines für den Fernabsatz organisierten Vertriebs- oder Dienstleistungssystem“ geschlossen werden.[519] Bedenken machte der Ausschuss jedoch hinsichtlich der Unbestimmtheit des Tatbestandsmerkmals geltend. So war der Ausschuss der Ansicht, dass aus Gründen der Rechtssicherheit genau definiert werden müsse, was unter einem „organisierten System“ zu verstehen sei und ab welchem Volumen Transaktionen nicht mehr als gelegentlich einzustufen seien, um den Anbieter dazu zu zwingen, ein derartiges für den Fernabsatz „organisiertes“ Vertriebs- bzw. Dienstleistungssystem in aller Form einzurichten.[520] Dieser Aufforderung folgte der Richtliniengeber jedoch nicht. Eine Definition findet sich weder in der Stellungnahme des Europäischen Parlaments[521] noch in dem Gemeinsamen Standpunkt des Rates.[522]

---

[517] Vorschlag für eine Richtlinie des Europäischen Parlaments und des Rates über den Fernabsatz von Finanzdienstleistungen an Verbraucher und zur Änderung der Richtlinie 90/619/EWG des Rates und der Richtlinien 97/7/EG und 98/27/EG, ABl. EG Nr. C 385 v. 11.12.1998, S. 10.

[518] Stellungnahme des Wirtschafts- und Sozialausschusses zu dem „Vorschlag für eine Richtlinie des Europäischen Parlaments und des Rates über den Fernabsatz von Finanzdienstleistungen an Verbraucher und zur Änderung der Richtlinie 90/619/EWG des Rates und der Richtlinien 97/7/EG und 98/27/EG, ABl. EG Nr. C 169 v. 16.06.1999, S. 43.

[519] Stellungnahme des Wirtschafts- und Sozialausschusses, a.a.O., S. 45, 2.6..

[520] Stellungnahme des Wirtschafts- und Sozialausschusses, a.a.O., S. 45, 2.6..

[521] Legislative Entschließung mit der Stellungnahme des Europäischen Parlaments zu dem Vorschlag für eine Richtlinie des Europäischen Parlaments und des Rates über den Fernabsatz von Finanzdienstleistungen an Verbraucher und zur Änderung der Richtlinie 90/619/EWG des Rates und der Richtlinien 97/7/EG und 98/27/EG vom 05.05.1999, ABl. EG Nr. C 279 v. 01.10.1999, S. 207.

[522] Gemeinsamer Standpunkt (EG) Nr. 16/2002 vom Rat festgelegt am 19.12.2001 im Hinblick auf den Erlass der Richtlinie des Europäischen Parlaments und des Rates über den Fernabsatz von Finanzdienstleistungen an Verbraucher und zur Änderung der Richtlinie

Der Richtliniengeber hat bei der Entwicklung der Fernabsatzrichtlinie für Finanzdienstleistungen die wesentlichen Definitionen und insbesondere den Begriff des Fernabsatzsystems[523] aus der allgemeinen Fernabsatzrichtlinie übernommen, neue Überlegungen hinsichtlich dieser Begrifflichkeiten hat er nicht angestellt. Eine Ausnahme stellt der Erwägungsgrund Nummer 18 der Fernabsatzrichtlinie für Finanzdienstleistungen dar.[524] Hier führt der Richtliniengeber aus, dass unter die Richtlinie nur die organisierte Bereitstellung von Dienstleistungen durch den Anbieter von Finanzdienstleistungen, nicht jedoch die Bereitstellung von Dienstleistungen auf gelegentlicher Basis und außerhalb einer Absatzstruktur, deren Zweck der Abschluss von Fernabsatzverträgen ist, fällt. Zunächst unterstreicht der Richtliniengeber mit dieser Aussage noch einmal die Bedeutung der Absatzstruktur des Unternehmers als Voraussetzung für die Eröffnung des Anwendungsbereichs der Richtlinie. Der Vertragsschluss muss innerhalb einer Absatzstruktur erfolgen, die auf den Abschluss von Fernabsatzverträgen ausgerichtet ist.

Aus dieser Erwägung ist weiterhin zu schließen, dass Gelegenheitsgeschäfte in dem Bereich des Fernabsatzes aus dem Regelungsbereich der Fernabsatzrichtlinie über Finanzdienstleistungen ausgenommen werden sollen. Diese Aussage bezieht sich zwar ausdrücklich nur auf den Fernabsatz von Finanzdienstleistungen, dies ergibt sich zum einen aus der Stellung dieser Äußerung in den Erwägungsgründen der Fernabsatzrichtlinie über Finanzdienstleistungen und zum anderen aus der ausdrücklichen Nennung der Anbieter von Finanzdienstleistungen. Die Überlegung des Richtliniengebers kann aber auch auf den Anwendungsbereich der allgemeinen Fernabsatzrichtlinie übertragen werden, weil die Definitionen des Fernabsatzvertrages in beiden Richtlinien zum einen nahezu wortgleich übereinstimmen[525] und zum anderen die Fernabsatzrichtlinie für Finanzdienstleistungen als Erweiterung der allgemeinen Fernabsatzrichtlinie konzipiert ist.

*d. Entwicklung des deutschen Fernabsatzrechts*

Der Gesetzgeber hat nur bei der Umsetzung der allgemeinen Fernabsatzrichtlinie in das deutsche Recht Überlegungen zu dem Tatbestandsmerkmal des Fernabsatzsystems angestellt.[526] Den Begriff des „für den Fernabsatz organisier-

---

90/619/EWG des Rates und der Richtlinien 97/7/EG und 98/27/EG, ABl. EG Nr. C 58 E v. 05.03.2002, S. 32.

523 Vgl. Art. 2 FernAbsRL (ABl. EG Nr. L 144 v. 04.06.1997, S. 19 (21)) und Art. 2 FernAbsFinanzDLRL (ABl. EG Nr. L 271 v. 09.10.2002, S. 16 (19)).

524 Erwägungsgrund Nr. 18 FernAbsFinanzDLRL, ABl. EG Nr. L 271 v. 09.10.2002, S. 16 (17).

525 Vgl. Art. 2 Nr. 1 FernAbsRL (ABl. EG Nr. L 144 v. 04.06.1997, S. 19 (21)) und Art. 2 Buchstabe a FernAbsFinanzDLRL (ABl. EG Nr. L 271 v. 09.10.2002, S. 16 (19)).

526 Vgl. RegE FernAbsG, BT-Drs. 14/2658, S. 30 f..

ten Vertriebs- oder Dienstleistungssystems“ hat der Gesetzgeber bewusst nicht näher präzisiert.[527] Weil die Konkretisierung dieses Begriffes nach dem Willen des Gesetzgebers der Rechtsprechung vorbehalten bleiben sollte,[528] enthalten auch die Materialien zum Fernabsatzgesetz nur sehr allgemein gehaltene Hinweise, wodurch sich ein ausreichend organisiertes Vertriebs- und Dienstleistungssystem auszeichnet. Der Gesetzgeber hat nur wenige Anhaltspunkte gegeben, durch welche Merkmale sich ein Fernabsatzsystem ausweisen soll.

*aa. allgemeine Überlegungen zu dem Tatbestandsmerkmal des Fernabsatzsystems*

In der Begründung des Gesetzesentwurfes zum Fernabsatzgesetz wird zunächst ausgeführt, dass ein zufälliger und gelegentlicher Einsatz von Fernkommunikationsmitteln zum Vertragsabschluss nicht von dem Fernabsatzrecht erfasst werden soll.[529] Die Existenz eines organisierten Vertriebssystems verlange, dass der Unternehmer in personeller und sachlicher Hinsicht innerhalb seines Betriebs die Voraussetzungen geschaffen habe, die notwendig sind, um regelmäßig im Fernabsatz zu tätigende Geschäfte zu bewältigen.[530] Nach der Gesetzesbegründung ist es dagegen nicht notwendig, dass der Unternehmer sein gesamtes Vertriebsgeschäft im Fernabsatz bewältigt.[531] Es könne auch Unternehmen geben, die neben traditionellen Vertriebsformen ihre Produkte und Dienstleistungen auch im Fernabsatz vertreiben, solche Unternehmen würden von dem Fernabsatzrecht nur insoweit erfasst, als sie den Vertriebsweg Fernabsatz organisiert nutzten.[532] Der Anwendungsbereich des Fernabsatzrechts soll nicht schon dann eröffnet sein, wenn der Inhaber eines bestimmten Geschäftes ausnahmsweise eine telefonische statt einer persönlichen Bestellung entgegennimmt und die Ware dem Kunden nicht im Ladenlokal übergibt, sondern ausnahmsweise per Post versendet.[533] Die Grenze zum organisierten Fernabsatzsystem soll jedoch

---

[527] Vgl. RegE FernAbsG, BT-Drs. 14/2658, S. 31.

[528] Vgl. RegE FernAbsG, BT-Drs. 14/2658, S. 31.

[529] Vgl. RegE FernAbsG, BT-Drs. 14/2658, S. 30; so auch: *Bodewig*, DZWir 1997, 447 (448); *Bülow/Artz*, NJW 2000, 2049 (2053); *Gaertner/Gierschmann*, DB 2000, 1601; *Gößmann*, MMR 1998, 88 (89); *Grüneberg*, in: Palandt, 65. Aufl., 2006, § 312b Rn. 11; *Kamanabrou*, WM 2000, 1417 (1420); *Lorenz*, JuS 2000, 833 (838); *Micklitz*, ZEuP 1999, 875 (877); *Reich*, EuZW 1997, 581 (583); *Roth/Schulze*, RIW 1999, 924 (925); *Schmidt-Räntsch*, VuR 2000, 427 (428); *Tonner*, BB 2000, 1413 (1416).

[530] RegE FernAbsG, BT-Drs. 14/2658, S. 30; dem folgend BGH, NJW 2004, 3699 (3701).

[531] RegE FernAbsG, BT-Drs. 14/2658, S. 30.

[532] RegE FernAbsG, BT-Drs. 14/2658, S. 30.

[533] Vgl. RegE FernAbsG, BT-Drs. 14/2658, S. 30 f.; so auch: *Bülow/Artz*, NJW 2000, 2049 (2053); *Gaertner/Gierschmann*, DB 2000, 1601; *Gößmann*, MMR 1998, 88 (89); *Heinrichs*, in: Palandt, 60. Aufl., 2001, § 1 FernAbsG Rn. 7; *Kamanabrou*, WM 2000, 1417 (1420); *Lorenz*, JuS 2000, 833 (838); *Micklitz*, ZEuP 1999, 875 (877); *Reich*, EuZW 1997, 581 (583); *Roth/Schulze*, RIW 1999, 924 (925); *Tonner*, BB 2000, 1413 (1416); *Wendehorst*, DStR 2000,

dann überschritten sein, wenn der Inhaber eines Geschäfts Waren nicht nur gelegentlich versendet, sondern systematisch auch mit dem Angebot telefonischer Bestellung und Zusendung der Waren wirbt.[534]

*bb. Grundmodell des Fernabsatzsystems*

In der Begründung des Gesetzesentwurfes der Bundesregierung entwickelt der Gesetzgeber das Grundmodell des Fernabsatzsystems. Die als Fernabsatz bezeichnete Vertriebsform sei in der Praxis durch die Abwicklung in drei Etappen gekennzeichnet.[535] Diese Etappen bildeten von der Anbahnung über den Vertragsabschluss bis zur Erfüllung ein Kontinuum: In der ersten Etappe erhalte der Verbraucher ein - in der Regel zunächst unverbindliches - Angebot über ein Erzeugnis oder eine Dienstleistung. Die Präsentation erfolge in schriftlicher Form, in einem Bild oder durch mündliche Beschreibung mit Preisangabe, Lieferbedingungen usw.. In der zweiten Etappe erteile der Verbraucher auf der Grundlage dieser Angaben seine Bestellung. In der dritten Etappe zu einem späteren Zeitpunkt erhalte der Verbraucher dann die Ware oder Dienstleistung. Alle diese Vertriebsarten, die sich unter den Begriff des Fernabsatzes fassen ließen, seien dadurch gekennzeichnet, dass Anbieter und Verbraucher sich nicht physisch begegneten und der Verbraucher die Ware oder Dienstleistung in der Regel nicht vor Vertragsschluss in Augenschein nehmen könne.[536]

*cc. Überlegung zu der Ausnahme von dem Widerrufsrecht gemäß § 312d Abs. 4 Nr. 1 BGB*

Der Gesetzgeber geht jedoch offensichtlich davon aus, dass von dem Grundsatz, dass sich die Vertragsparteien nicht begegnen, Ausnahmen gemacht werden müssen. So wird in der Gesetzesbegründung als Beispiel für den Ausschluss des Widerrufsrechtes gemäß § 312d Abs. 4 Nr. 1 BGB in der Variante Lieferung von Waren, die zur Rücksendung ungeeignet sind, die Lieferung von Heizöl genannt.[537] Dies lässt die Annahme zu, dass der Gesetzgeber davon ausgeht, dass in den Fällen der Lieferung von Heizöl nach Bestellung mittels Fernkommunikationsmittel - sofern die übrigen Voraussetzungen vorliegen - ein Fernabsatzvertrag besteht und in dieser Konstellation nur das Widerrufsrecht ausgeschlos-

---

1311 (1314); *Bodewig*, DZWir 1997, 447 (448). So würde beispielsweise eine Buchbestellung bei einer Ladenbuchhandlung per Telefon unter das Fernabsatzrecht fallen, während der Verbraucher, der eine Bestellung in der Buchhandlung aufgibt, nicht die für ihn günstigen Rechtsfolgen des Fernabsatzrechts in Anspruch nehmen könnte. Vgl. hierzu das Beispiel bei *Hommelhoff*, Verbraucherschutz im System des deutschen und europäischen Privatrechts, 1996, S. 11 f..

[534] RegE FernAbsG, BT-Drs. 14/2658, S. 31.

[535] Vgl. zum Folgenden: RegE FernAbsG, BT-Drs. 14/2658, S. 15.

[536] RegE FernAbsG, BT-Drs. 14/2658, S. 15.

[537] RegE FernAbsG, BT-Drs. 14/2658, S. 44.

sen ist. Bei der Lieferung von Heizöl kommt es üblicherweise zu einem persönlichen Kontakt zwischen den Vertragsparteien.

Es stellt sich die Frage, ob in dieser Aussage des Gesetzgebers ein Widerspruch zu dem von ihm entwickelten Grundmodell des Fernabsatzsystems zu sehen ist, wonach es grundsätzlich bezüglich des gesamten Vertragsverhältnisses zu keinem persönlichen Kontakt zwischen den Vertragsparteien kommen soll. Diese Überlegung des Gesetzgebers fügt sich jedoch bei näherer Betrachtung widerspruchsfrei in die bisher gewonnenen Erkenntnisse ein: Ebenso wie bei der im Rahmen der systematischen Auslegung herangezogenen Regelung des § 312b Abs. 3 Nr. 5 BGB lässt sich der Schluss ziehen, dass ein Kontakt mit einem Erfüllungsgehilfen des Unternehmers im Rahmen der Auslieferung das Fernabsatzsystem nicht beseitigt.[538]

*5. teleologische Auslegung*

Die teleologische Auslegung will den allgemeingültigen Sinn der Norm ermitteln.[539] Dieses Auslegungskriterium erweitert den Kreis der Erwägungen noch einmal und entfernt sich dabei stärker von dem Text und seinem Wortlaut.[540] Ausschlaggebend sind als teleologische Kriterien insbesondere die Zwecke der gesetzlichen Regelung und das im Gesetz zum Ausdruck kommende Rangverhältnis der Zwecke.[541] Durch die teleologische Auslegung soll das Entstehen von Wertungswidersprüchen vermieden werden.[542] Weitergehend ist zu fragen, ob das so erreichte Verständnis der Norm zu der Regelung eines Lebensbereichs als gerecht angesehen werden kann.[543] Dabei ist auf die Wertentscheidungen der Rechtsordnung, insbesondere der Verfassung abzustellen.[544]

Die der nationalen Norm zugrundeliegenden Richtlinien sind grundsätzlich für die teleologische Auslegung der nationalen Norm von erheblicher Bedeutung, da davon auszugehen ist, dass der Zweck einer nationalen Umsetzungsnorm in ihrer Richtlinienkonformität zu sehen ist.[545] Damit ist jedoch nicht ausgeschlossen, dass der nationale Gesetzgeber eigene Zweck- und Zielvorstellungen für eine nationale Umsetzungsnorm festgelegt hat.[546] In diesem Fall stellt

---

[538] Vgl. oben II. 3. c..

[539] Vgl. *Engisch*, Einführung in das juristische Denken, 9. Aufl., 1997, S. 88; *Larenz/Wolf*, Allgemeiner Teil des Bürgerlichen Rechts, 9. Aufl., 2004, § 4 Rn. 44; *Röhl*, Allgemeine Rechtslehre, 2. Aufl., 2001, S. 601; *Wank*, Die Auslegung von Gesetzen, 1997, S. 79.

[540] *Lutter*, JZ 1992, 593 (595).

[541] *Herzberg*, NJW 1990, 2525 (2526); *Larenz/Wolf*, Allgemeiner Teil des Bürgerlichen Rechts, 9. Aufl., 2004, § 4 Rn. 44.

[542] *Lutter*, JZ 1992, 593 (596).

[543] *Lutter*, a.a.O..

[544] Vgl. *Heinrichs*, in: Palandt, 65. Aufl., 2006, Einl. Rn. 46.

[545] *Brechmann*, Die richtlinienkonforme Auslegung, Dissertation Universität München, 1993, S. 261.

[546] *Brechmann*, a.a.O..

sich dann die Frage, ob diese Ziel- und Zweckvorstellungen mit denen der Richtlinie übereinstimmen. Fehlen eigene Überlegungen und besteht der Zweck ausschließlich in der Umsetzung der Richtlinie, ist die teleologische Auslegung von Richtlinie und nationaler Norm identisch.[547] Der deutsche Gesetzgeber wollte ausschließlich die Richtlinien umsetzen und hat lediglich anregend eigene Überlegungen zu den von ihm geschaffenen Regelungen gemacht, es sind daher die beiden Auslegungsebenen nicht voneinander zu trennen.

Als Grundlage der teleologischen Auslegung ist zunächst der Normzweck der Regelung zu ermitteln, sodann ist der Zweck für die Einführung des Tatbestandsmerkmals des Fernabsatzsystems festzustellen.

*a. Normzweck des Fernabsatzrechts*

Als Normzweck des Fernabsatzrechts werden verschiedene Zwecke vertreten. Zum einen besteht der Normzweck des Fernabsatzrechts in dem Ausgleich des Informationsdefizits des Verbrauchers im Hinblick auf die Leistung und die Person des Unternehmers. Daneben wird als Normzweck der Schutz des Verbrauchers vor einem übereilten Vertragsschluss angesehen.

*aa. Ausgleich des Informationsdefizits des Verbrauchers*

Aus dem mit dem Begriff des Fernabsatzes bezeichneten Vertriebsweg resultieren erhebliche Nachteile und Risiken für den Verbraucher, die durch das Fernabsatzrecht ausgeglichen werden sollen.[548] Die Schutzbedürftigkeit des Verbrauchers wird zum einen aus der „Unsichtbarkeit des Vertragspartners und des Produkts“[549] und zum anderen aus der Schnelligkeit und Flüchtigkeit der Fernkommunikation hergeleitet.[550] Es liegt - begründet durch die fehlende physische Präsenz der Vertragsparteien - eine besondere Gefährdungslage vor, bei der je nach Verhandlungssituation - differierend nach den eingesetzten Kommunikationsmitteln - für den Verbraucher bestimmte Informationsdefizite bestehen.[551]

In die Kommunikation zwischen Unternehmer und Verbraucher ist stets ein Fernkommunikationsmittel eingeschaltet, so dass oftmals Informationen ver-

---

[547] *Brechmann*, a.a.O..

[548] Ausführlich *Heinrichs*, in: Festschrift für Medicus, 1999, S. 177 (189); vgl. auch *Köhler*, NJW 1998, 185 (186).

[549] *Borges*, ZIP 1999, 565; *Lütcke*, Fernabsatzrecht, 2002, Einl. Rn. 2; *Martinek*, NJW 1998, 207; *Mankowski*, WM 2001, 793 (796).

[550] Vgl. *Köhler*, NJW 1998, 185 (186); *Mankowski*, WM 2001, 793 (796); *Meents*, Verbraucherschutz bei Rechtsgeschäften im Internet, Dissertation Universität Münster, 1998, S. 187; *Ring*, Fernabsatzgesetz, 2000, S. 15; *Schmidt-Räntsch*, VuR 2000, 427.

[551] *Wendehorst*, in: Münchener Kommentar, Band 2a, 2003, Vor § 312b Rn. 4; *dies.*, in: Münchener Kommentar, Band 2, 4. Aufl., 2001, Vor § 1 FernAbsG Rn. 1 spricht von einem *technisch-strukturellen Informationsdefizit*.

kürzt wiedergegeben werden oder Rückfragen erschwert sind.[552] Häufig ist die Kommunikation standardisiert und beschränkt sich für den Verbraucher auf das Ausfüllen eines Bestellformulars. Insgesamt ist bei Rechtsgeschäften im Fernabsatz die Beschaffung von Informationen über den Vertragspartner, den Vertragsgegenstand und die Vertragsbedingungen meist schwieriger als bei dem normalen Vertragsabschluss unter persönlich Anwesenden.[553] Der Verbraucher kann in dem Bereich des Fernabsatzes in den meisten Fällen nicht gezielt Informationen abfragen.[554] Die Informationsübermittlung ist begrenzt durch die Möglichkeiten des jeweiligen Fernkommunikationsmittels. Die Möglichkeiten der Informationsübermittlung differieren je nach Fernkommunikationsmittel und weisen große Unterschiede auf: Sie reichen von einer sehr umständlichen Informationsübermittlung im Bereich des Telefonmarketings bis hin zu einer sehr guten Darstellungsmöglichkeit im Bereich des Teleshoppings.

Das Fernabsatzrecht dient dem Ausgleich des Informationsdefizits, das auf Seiten des Verbrauchers besteht.[555] In diesem Informationsdefizit liegt die strukturelle Unterlegenheit des Verbrauchers.[556] Der Ausgleich des Informationsdefizits des Verbrauchers erfolgt zum einen durch die von dem Gesetzgeber in § 312c BGB in Verbindung mit § 1 BGB-InfoV angeordneten und von dem Unternehmer zu erfüllenden Informationspflichten. Zum anderen wird dem Verbraucher zur Informationsgewinnung über den Vertragsgegenstand durch das Widerrufsrecht gemäß § 312d BGB eine Prüfungsmöglichkeit eingeräumt.[557]

*(1) Informationsdefizit in Bezug auf den Vertragsgegenstand*

In Bezug auf den Verkauf von Waren hat der Verbraucher nicht die Möglichkeit, das Produkt und seine Eigenschaften vor der Bestellung in Augenschein zu

---

[552] Vgl. *Wendehorst*, in: Münchener Kommentar, Band 2, 4. Aufl., 2001, Vor § 1 FernAbsG Rn. 2.

[553] Vgl. *Bodewig*, DZWiR 1997, 447 (448); *Ende/Klein*, Grundzüge des Vertriebsrechts im Internet, 2001, S. 117; *Fuchs*, ZIP 2000, 1273; *Köhler*, NJW 1998, 185 (186); *Meents*, Verbraucherschutz bei Rechtsgeschäften im Internet, Dissertation Universität Münster, 1998, S. 187; *Wendehorst*, in: Münchener Kommentar, Band 2a, 2003, Vor § 312b Rn. 4; *Willingmann*, VuR 1998, 395 (398).

[554] Vgl. *Brönnecke*, in: *Roßnagel (Hrsg.)*, Recht der Mulitmedia-Dienste, 2005, Vor §§ 312b ff. Rn. 2; *Ende/Klein*, Grundzüge des Vertriebsrechts im Internet, 2001, S. 130; *Fuchs*, ZIP 2000, 1273 (1274); *Heinrichs*, in: Festschrift für Medicus, 1999, S. 177 (189); *Meents*, Verbraucherschutz bei Rechtsgeschäften im Internet, 1998, S. 187.

[555] Vgl. *Schirmbacher*, Verbrauchervertriebsrecht, Dissertation Universität Erlangen-Nürnberg, 2005, S. 57.

[556] Vgl. *Becker*, Das neue Fernabsatzgesetz, 2000, S. 7; *Roth*, JZ 2001, 475.

[557] Vgl. hierzu auch *Blaurock*, JZ 1999, 801 (803); *Wendehorst*, in: Münchener Kommentar, Band 2, 4. Aufl., 2001, § 3 FernAbsG Rn. 1.

nehmen.[558] Im Bereich des Fernabsatzes besteht daher die Gefahr, dass bei dem Verbraucher aufgrund unvollständiger Produktbeschreibungen ein falsches Verständnis über den Inhalt des Produkts hervorgerufen wird und er auf diese Weise zum Vertragsschluss verleitet wird.[559]

Zum einen fehlt die Möglichkeit, den Gegenstand körperlich zu untersuchen.[560] Zum anderen ist es dem Verbraucher in den meisten Fällen auch nicht möglich, Fragen zu dem Produkt zu stellen.[561] Die Informationen sind erforderlich, um dem Verbraucher den Vergleich zwischen den Produkten verschiedener Anbieter zu ermöglichen.[562] Es besteht für den Verbraucher insbesondere die Gefahr des Erwerbs von Waren oder Dienstleistungen ohne Marktbewährung, d.h. von nicht konkurrenzfähigen oder minderwertigen Produkten.[563] Außerdem besteht für den Verbraucher im Bereich des Fernabsatzes das Risiko einer unzureichenden Aufklärung, Beratung und Betreuung.

Bei Dienstleistungen ergibt sich der Wert der Leistung nicht nur aus der bloßen Tätigkeit, die geschuldet sein soll, sondern aus der genauen Beschreibung in den Allgemeinen Geschäftsbedingungen des Unternehmers.[564] Wird eine solche Dienstleistung in dem Ladengeschäft des Unternehmers vereinbart, kann sie zwar nicht wie eine Ware im Regal besichtigt werden, der Verbraucher ist jedoch in der Lage, sich den Vertrag von dem anwesenden Personal des Unternehmers erläutern zu lassen und hierbei auch Fragen zum Inhalt des Vertrags zu stellen.[565] Demgegenüber bleibt dem Verbraucher im Fernabsatz in Bezug auf die Leistung des Unternehmers allein die Möglichkeit, anhand der

---

[558] Vgl. BGH, Urt. v. 21.10.2004 - III ZR 380/03, NJW 2004, 3699 (3701); Urt. v. 17.03.2004 - VIII ZR 265/03, NJW-RR 2004, 1058 (1059); *Bodewig*, DZWir 1997, 447 (448); *Boente/Riehm*, Jura 2002, 222; *Borges*, ZIP 1999, 130; *ders.*, ZIP 1999, 565; *Bunte*, in: Festschrift für Gaedertz, 1992, S. 87 (96); *Fuchs*, ZIP 2000, 1273 (1274); *Gößmann*, MMR 1998, 88 (89); *Heinrichs*, in: Festschrift für Medicus, 1999, S. 177 (189); *Mankowski*, CR 2001, 767 (768); *ders.*, WM 2001, 793 (796); *Meents*, Verbraucherschutz bei Rechtsgeschäften im Internet, Dissertation Universität Münster, 1998, S. 187; *Pützhoven*, Europäischer Verbraucherschutz im Fernabsatz, Dissertation Universität Greifswald, 2001, S. 60; *Reich*, Verbraucherpolitische Hefte 1992, 197 (212); *Ring*, Fernabsatzgesetz, 2000, S. 15; *Roth*, JZ 2001, 475 (481); *Schmittmann*, DuD 1997, 636; *Waldenberger*, in: *Hoeren/Sieber (Hrsg.)*, Handbuch Multimedia-Recht, 2005, Teil 13.4 Rn. 41; *Wilmer*, RTkom 2001, 5 (6).

[559] *Hoppmann*, VersR 1999, 673 (674).

[560] Vgl. *Schmittmann*, DuD 1997, 636; *Lütcke*, Fernabsatzrecht, 2002, § 312d Rn. 29; *Willingmann*, VuR 1998, 395 (399).

[561] Vgl. BGH, Urt. v. 21.10.2004 - III ZR 380/03, NJW 2004, 3699 (3701); *Schmidt-Räntsch*, in: Bamberger/Roth, Band 1, 2003, § 312d Rn. 2.

[562] *Hoppmann*, VersR 19999, 673 (676).

[563] Diese Gefahr besteht insbesondere vor dem Hintergrund, dass es sich bei dem Vertrieb im Fernabsatz oftmals um einen Direktvertrieb handelt und daher keine Vorauswahl durch den Zwischenhandel getroffen wird.

[564] Vgl. hierzu *Schmidt-Räntsch*, in: Bamberger/Roth, Band 1, 2003, Vor § 312b Rn. 1.

[565] *Schmidt-Räntsch*, a.a.O..

Beschreibung der versprochenen Dienstleistung durch den Unternehmer seine Entscheidung über den Vertragsschluss zu treffen.[566]

Bei Finanzdienstleistungen, die für den Verbraucher besonders wichtig sind und seine persönliche Lebensführung beeinflussen, kommt einer umfassenden Produktbeschreibung besonderes Gewicht zu, da es sich um Produkte handelt, deren Wert maßgeblich von den Vertragsbedingungen und den gesetzlichen Regelungen bestimmt werden.[567]

*(2) Informationsdefizit in Bezug auf den Vertragspartner*

Das Informationsdefizit des Verbrauchers besteht auch im Hinblick auf die Person des Unternehmers.[568] Dem Verbraucher ist häufig die Identität, der Geschäftssitz und der geschäftliche Zuschnitt des Unternehmers unbekannt.[569] Der Verbraucher hat es vielfach mit einem Vertragspartner zu tun, den er nicht kennt und über den er nur wenige Informationen besitzt.[570] So ist der Verbraucher nicht in der Lage, sich einen zuverlässigen Eindruck von der Seriosität und der Bonität seines Vertragspartners zu verschaffen.[571]

Gerade kleinen Unternehmen wird im Bereich des Fernabsatzes die Möglichkeit gegeben, durch den werblichen Auftritt über ihren tatsächlichen geschäftlichen Zuschnitt zu täuschen.[572] Der Verbraucher muss den Unternehmer anhand seiner Werbung einschätzen, andere Informationsquellen sind nur selten vorhanden. Deshalb ist die Gefahr, unseriösen Anbietern aufzusitzen, im Bereich des Fernabsatzes in besonders großem Maße gegeben.[573] Der Kunde

---

[566] *Mankowski*, WM 2001, 793 (796); *Meents*, Verbraucherschutz bei Rechtsgeschäften im Internet, Dissertation Universität Münster, 1998, S. 187; *Willingmann*, VuR 1998, 395 (399).

[567] *Hoppmann*, VersR 1999, 673 (674).

[568] Vgl. BGH, Urt. v. 17.03.2004 - VIII ZR 265/03, NJW-RR 2004, 1058 (1059); *Artz*, VuR 1999, 393 (394); *Brönnecke*, in: *Roßnagel (Hrsg.)*, Recht der Multimedia-Dienste, 2005, Vor §§ 312b ff. Rn. 2; *Drexl*, in: *Lehmann (Hrsg.)*, Rechtsgeschäfte im Netz - Electronic Commerce, 1999, S. 75 (78); *Hoppmann*, VersR 1999, 673 (674); *Lütcke*, Fernabsatzrecht, 2002, § 312d Rn. 29; *Waldenberger*, in: *Hoeren/Sieber (Hrsg.)*, Handbuch Multimedia-Recht, 2005, Teil 13.4 Rn. 41.

[569] Vgl. *Wendehorst*, in: Münchener Kommentar, Band 2a, 2003, Vor § 312b Rn. 4; *dies.*, in: Münchener Kommentar, Band 2, 4. Aufl., 2001, Vor § 1 FernAbsG Rn. 2; *Willingmann*, VuR 1998, 395 (398).

[570] Vgl. *Bodewig*, DZWir 1997, 447 (450); *Heinrichs*, in: Festschrift für Medicus, 1999, S. 177 (189); *Köhler*, NJW 1998, 185 (186); *Mankowski*, CR 2001, 767 (768); *Willingmann*, a.a.O..

[571] Vgl. BGH, Urt. v. 17.03.2004 - VIII ZR 265/03, NJW-RR 2004, 1058 (1059); *Lütcke*, Fernabsatzrecht, 2002, Einl. Rn. 2; *Thorn*, IPRax 1999, 1; *Waldenberger*, in: *Hoeren/Sieber (Hrsg.)*, Handbuch Multimedia-Recht, 2005, Teil 13.4 Rn. 41.

[572] Vgl. *Meents*, Verbraucherschutz bei Rechtsgeschäften im Internet, Dissertation Universität Münster, 1998, S. 185 f..

[573] Vgl. *Borges*, ZIP 1999, 130; *ders.*, ZIP 1999, 565; *Heinrichs*, in: Festschrift für Medicus, 1999, S. 177 (189); *Köhler*, NJW 1998, 185 (186); *Wilmer*, RTkom 2001, 5 (6).

läuft im Hinblick auf die Vertragsdurchführung Gefahr, dass er nicht, nicht rechtzeitig oder nicht richtig beliefert wird.[574]

Dass sich einige Unternehmer dieses Informationsdefizit des Verbrauchers für illegale Vorgehensweisen zunutze machen, ist durch in Zusammenhang mit dem Erlass der Fernabsatzrichtlinie in Auftrag gegebene Gutachten belegt worden.[575] Insbesondere im Internet werden virtuelle Adressen angegeben, die es dem Verbraucher unter Umständen schwer machen, Kontakt mit dem Unternehmer aufzunehmen und seine Rechte geltend zu machen.[576] Der Verbraucher muss deshalb davor geschützt werden, im Fall der Nichterfüllung durch den Unternehmer schon geleistete Beträge nicht zurückzuerhalten. Dieses Risiko ist besonders groß, wenn das Unternehmen nur schwer identifiziert und lokalisiert werden kann. Auch diese Gefahr wird durch die Informationspflichten kompensiert, da der Unternehmer über seine Identität und seine ladungsfähige Anschrift gemäß § 312c BGB in Verbindung mit § 1 BGB-InfoV informieren muss. Gefahren hinsichtlich der späteren Rechtsdurchsetzung bestehen für den Verbraucher auch aufgrund der Tatsache, dass telefonisch oder elektronisch übermittelte Informationen grundsätzlich mangels körperlicher Fixierung nicht beständig sind.[577] Um dieser Gefahr zu begegnen, muss der Unternehmer die Informationen in Textform erteilen.

*bb. Schutz vor Übereilung*

Weiterhin wird als Schutzzweck des Fernabsatzsrechts der Schutz vor Übereilung diskutiert.[578] Es wird vertreten, die im Bereich des Fernabsatzes bestehende Möglichkeit der sofortigen Bestellung, die Einfachheit des Bestellvorgangs und die Einwirkungen einer massiven Werbung begründeten generell die Gefahr, dass sich der Verbraucher ohne gründliche Prüfung zu unüberlegten Vertragsabschlüssen entschließe.[579] Dies gelte in besonderer Weise für den

---

574 *Heinrichs*, in: Festschrift für Medicus, 1999, S. 177 (189); *Köhler*, a.a.O..

575 Vgl. hierzu *Pützhoven*, Europäischer Verbraucherschutz im Fernabsatz, Dissertation Universität Greifswald, 2001, S. 60.

576 *Schmidt-Räntsch*, VuR 2000, 427. Vgl. zu den Gefahren für den Verbraucher im Bereich des Internets: Schlussbericht der Enquete-Kommission v. 22.06.1998 „Zukunft der Medien in Wirtschaft und Gesellschaft - Der Weg in die Informationsgesellschaft", BT-Drs. 13/11004, S. 21 ff..

577 Vgl. *Bodewig*, DZWir 1997, 447 (448); *Fuchs*, ZIP 2000, 1273 (1274); *Lütcke*, Fernabsatzrecht, 2002, Einl. Rn. 2; *Willingmann*, VuR 1998, 395 (399).

578 Vgl. *Freund*, in: Festschrift für Horn, 1997, S. 228 (245 f.); *Fuchs*, a.a.O.; *Gößmann*, MMR 1998, 88 (89); *Lorenz*, JuS 2000, 833 (838); *Willingmann*, VuR 1998, 395 (399); offen gelassen in RegE FernAbsG, BT-Drs. 14/2658, S. 35.

579 *Gößmann*, a.a.O.; *Heinrichs*, Festschrift für Medicus, 1999, S. 177 (189); *Thorn*, IPRax 1999, 1.

Bereich des Internets, wo Verträge per Mausklick abgeschlossen werden.[580] Die Hemmschwelle für einen Vertragsschluss würde so erheblich gesenkt.[581]

Eine Ansicht will die Überlegungen, die zum Erlass des Haustürwiderrufsrechts führten, für den Bereich des Fernabsatzes heranziehen.[582] Dabei wird auf die nicht selten aggressiven Werbemethoden in diesem Vertriebsbereich abgestellt.[583] Insbesondere im Rahmen des Teleshoppings könne der Verbraucher unter einen gewissen zeitlichen Druck gestellt werden, wenn er auf die „ab sofort" freigeschalteten Telefonleitungen oder auf eine begrenzte Warenmenge hingewiesen werde.[584] Aus diesem Grund sei häufig ein Vergleich mit anderen Anbietern unmöglich.[585]

Die Annahme, der fernkommunikative Rechtsverkehr begründe generell das Risiko eines übereilten Vertragsschlusses,[586] führt zu dem Schluss, der Verbraucher müsse in dem gesamten Bereich des Fernabsatzes vor übereilten Vertragsschlüssen geschützt werden.[587]

*(1) kein genereller Übereilungsschutz im Fernabsatz*

Der Annahme des Schutzzwecks eines generellen Übereilungsschutzes kann jedoch grundsätzlich nicht für alle Anwendungsfälle des Fernabsatzrechts zugestimmt werden.[588] Einen generellen Übereilungsschutz kennt die deutsche Rechtsordnung nämlich nicht.[589] Das Fernabsatzrecht erfasst eine Vielzahl unterschiedlicher Vertragsanbahnungs- und Vertragsabschlusssituationen. Insbesondere ist das Argument einer fehlenden Möglichkeit für den Verbraucher zum Preisvergleich in seiner Pauschalität abzulehnen. Dass dieses Argument nicht für alle Konstellationen, in denen das Fernabsatzrecht Anwendung findet, zutreffend ist, zeigt das Beispiel des Internets, wo für den Verbraucher ein Preis-

---

580 *Willingmann*, VuR 1998, 395 (399).

581 *Arnold*, CR 1997, 526.

582 Vor Einführung des Fernabsatzrechts wollte eine in der Literatur stark vertretene Ansicht das Haustürwiderrufsgesetz auf das Teleshopping mit der Begründung anwenden, es bestünde für den Verbraucher bei dieser Vertriebsmethode die Gefahr eines übereilten Vertragsschlusses, vgl. die Nachweise bei *Ulmer*, in: Münchener Kommentar, Band 3, 3. Aufl., 1995, § 1 HausTWG Rn. 36a, dort Fn. 87 a.E..

583 Vgl. *Fuchs*, ZIP 2000, 1273 (1274).

584 *Arnold*, CR 1997, 526; *Willingmann*, VuR 1998, 395 (399).

585 *Fuchs*, ZIP 2000, 1273 (1274).

586 *Meents*, Verbraucherschutz bei Rechtsgeschäften im Internet, Dissertation Universität Münster, 1998, S. 179.

587 *Fuchs*, ZIP 2000, 1273 (1274).

588 Ähnlich *Pützhoven*, Europäischer Verbraucherschutz im Fernabsatz, Dissertation Universität Greifswald, 2001, S. 166; *Thorn*, IPRax1999, 1 (2); *Willingmann*, VuR 1998, 395 (399).

589 *Willingmann*, a.a.O..

und Produktvergleich im Vergleich zum stationären Einzelhandel sehr viel leichter möglich ist.[590]

Die Verleitung des Verbrauchers zur Bestellung durch Hinweis auf die Begrenztheit des Angebots in zeitlicher und tatsächlicher Hinsicht, wie es insbesondere im Bereich des Teleshoppings üblich ist, findet sich auch im stationären Einzelhandel. Es lassen sich im stationären Einzelhandel sehr viel aggressivere Vertriebsmethoden finden, die nicht durch ein verbraucherschützendes Widerrufsrecht kompensiert werden. Ein erhöhter Entscheidungsdruck, der ein Widerrufsrecht rechtfertigen könnte, lässt sich daher für den gesamten Bereich des Fernabsatzes nicht feststellen.

Die Übertragung der Überlegungen, die zum Erlaß des Haustürwiderrufsrechts geführt haben, auf das Fernabsatzrecht ist nicht praktikabel. Die Situationen, die der Gesetzgeber bei dem Haustürwiderrufsrecht zugrundegelegt hat, stimmen nicht mit allen hier in Betracht kommenden Situationen überein.[591] Tragender Grund des Überrumpelungsschutzes bei den Haustürgeschäften ist der psychologische Vorteil, den der überraschend auftretende Unternehmer gegenüber dem unbedarften Verbraucher hat.[592] Der Verbraucher kann sich häufig nur durch die Unterschrift unter das Angebot aus dieser Zwangssituation befreien.[593] Dieses situative Moment besteht aber bei den von dem Fernabsatzrecht erfassten Distanzgeschäften nur in einem begrenzten Umfang.[594] Aufgrund der räumlichen Distanz kann die Einwirkung auf den Verbraucher nämlich nur in abgeschwächter Weise erfolgen.[595]

Es muss daher bezogen auf Gruppen von Vertragskonstellationen geprüft werden, inwieweit die Intensität der Einwirkung auf den Verbraucher Schutz vor Übereilung gebietet. In diesem Zusammenhang ist auch zu berücksichtigen, dass die Entscheidung zur Kontaktaufnahme häufig von dem Kunden ausgeht, der das Fernkommunikationsmittel einschaltet.[596] Ebenso leicht wie der Kontakt hergestellt werden kann, kann er auch wieder abgebrochen werden, indem das Fernkommunikationsmittel abgeschaltet wird.[597] Würden die bisherigen Über-

---

[590] Gegen das Bestehen des für die Haustürgeschäfte charakteristischen Entscheidungsdrucks im Bereich des Internets *Ende/Klein*, Grundzüge des Vertriebsrechts im Internet, 2001, S. 23.

[591] Vgl. *Ende/Klein*, a.a.O.; *Pützhoven*, Europäischer Verbraucherschutz im Fernabsatz, Dissertation Universität Greifswald, 2001, S. 166; *Köhler*, NJW 1998, 185 (186).

[592] Vgl. BGH, Urt. v. 25.10.1989 - VIII ZR 345/88, BGHZ 109, 127 (130); *Arnold*, CR 1997, 526 (528); *Willingmann*, VuR 1998, 395 (399).

[593] *Willingmann*, a.a.O..

[594] Vgl. *Arnold*, CR 1997, 526 (528); *Köhler*, NJW 1998, 185 (186); *Thorn*, IPRax 1999, 1 (2).

[595] Vgl. *Ende/Klein*, Grundzüge des Vertriebsrechts im Internet , 2001, S. 23; *Pützhoven*, Europäischer Verbraucherschutz im Fernabsatz, Dissertation Universität Greifswald, 2001, S. 167; *Thorn*, a.a.O..

[596] *Thorn*, a.a.O..

[597] Vgl. *Thorn*, a.a.O.; *Willingmann*, VuR 1998, 395 (399).

legungen zu der Überrumpelungssituation auf das gesamte Vertriebssegment des Fernabsatzes ausgedehnt, schüfe man einen allgemeinen Übereilungsschutz, der den Verbraucher im Bereich des Distanzvertriebs gegenüber dem Verbraucher im herkömmlichen stationären Vertrieb erheblich privilegierte.[598] In dem Bereich des Versandhandels, des Teleshoppings und des Electronic Commerce ist ein Schutzbedürfnis des Verbrauchers vor Übereilung deshalb zu verneinen. In diesen Bereichen des Fernabsatzes ist die Intensität der Einwirkung nicht so stark, dass eine Kompensation durch ein Widerrufsrecht gerechtfertigt wäre.

*(2) Ausnahme Telefonmarketing*

Etwas anderes muss jedoch für den Bereich des Telefonmarketings gelten, hier kann das maßgebende Überraschungs- bzw. Überrumpelungsmoment angenommen werden.[599] Nur in diesem Bereich ist eine besonders intensive Einwirkung auf den Verbraucher möglich und es ist daher ein Schutz vor Übereilung geboten.[600] Das Telefonmarketing ist hinsichtlich der Intensität des Kontakts und des Erfolges in Bezug auf die Vertragsabschlüsse mit dem klassischen Vertreterbesuch vergleichbar.[601] Dies ist der Grund für die Tatsache, dass die klassischen Vertreterbesuche zunehmend aus Gründen der Kostenersparnis durch das Telefonmarketing ersetzt werden.[602] Der Verbraucher sieht sich bei einem unerwünschten Telefonanruf unvorbereitet einem verkaufspsychologisch geschulten Gesprächspartner gegenüber und wird psychischen Zwängen ausgesetzt, denen er sich nicht ohne weiteres entziehen kann.[603]

Das Bestehen eines Übereilungsschutzes im Bereich des Telefonmarketings wurde bislang im Hinblick auf die Frage der Anwendbarkeit des Haustürwiderrufsrechts auf Telefongespräche diskutiert.[604] Dabei wurde das Widerrufsrecht für Haustürgeschäfte mit dem Umstand begründet, dass gerade die Verhandlung in den Privaträumen des Kunden eine Situation schaffe, in der der Verbraucher subjektiv das Gefühl bekommen könnte, den Verkäufer nur durch einen Vertragsabschluss zu einem Verlassen der Räume zu bewegen. Eine derartige Situation sei jedoch im Allgemeinen nur bei persönlichen Gesprächen in den Privaträumen des Verbrauchers anzunehmen. Bei telefonischen Verhand-

---

598 Vgl. *Willingmann*, a.a.O..

599 Ebenso *Glöckner*, GRUR Int. 2000, 29.

600 Vgl. auch *Glöckner*, a.a.O.; ablehnend *Pützhoven*, Europäischer Verbraucherschutz im Fernabsatz, Dissertation Universität Greifswald, 2001, S. 167.

601 Vgl. *Töpfer*, Direktmarketing, 1992, S. 670.

602 Vgl. hierzu *Töpfer*, a.a.O..

603 *Nordhausen/Reich*, Verbraucher und Recht, 2000, S. 50.

604 Für eine Anwendung des HausTWG auf das Telefonmarketing *Ulmer*, in: Münchener Kommentar, Band 3, 3. Aufl., 1995, § 1 HausTWG Rn. 35 f. m.w.N.. Vgl. zur Diskussion auch *Pützhoven*, Europäischer Verbraucherschutz im Fernabsatz, Dissertation Universität Greifswald, 2001, S. 167 m.w.N., der darauf hinweist, dass der Gesetzgeber bewusst telefonische Vertragsschlüsse nicht in das Recht der Haustürgeschäfte aufgenommen habe.

lungen sei dem Verbraucher jedoch generell ein leichterer Rückzug als etwa bei einem Hausbesuch möglich.[605] Aus diesem Grund wurde die Anwendung des Widerrufsrechts für Haustürgeschäfte auf das Telefonmarketing abgelehnt.

Demgegenüber muss jedoch berücksichtigt werden, dass durch die beiden Richtlinien zum Fernabsatz das Schutzniveau für die Verbraucher in diesem Vertriebssegment gesteigert werden soll.[606] Es besteht so in rechtlicher Hinsicht eine neue Situation, aufgrund der im Bereich des Telefonmarketings der Schutz vor Übereilung anerkannt werden könnte. Neben der besonders intensiven Einwirkungsmöglichkeit auf den Verbraucher ist die Einräumung eines Übereilungsschutzes insbesondere auch unter dem Gesichtpunkt der Initiative des Unternehmers geboten. Durch die Einräumung einer nachvertraglichen Bedenkzeit muss der Verbraucher einen Ausgleich dafür erhalten, dass er bei einem auf Initiative des Unternehmers beruhenden Vertragsschluss häufig keine Möglichkeit hat, vorab andere Angebote zu prüfen und sich den Vertragsschluss sorgfältig zu überlegen.[607] Es besteht für den Verbraucher die Gefahr, Verträge über Waren und Dienstleistungen zu überhöhten Preisen abzuschließen, weil er von dem Vergleichsmarkt ausgeschlossen wird.

Der Verbraucher muss in diesen Fällen vor der Gefahr der Überforderung in seiner rechtsgeschäftlichen Entscheidungsfreiheit geschützt werden.[608] Daher muss in diesen Situationen, in denen besonders aggressive Vertragsanbahnungs- und Vertragsabschlussmethoden eingesetzt werden, dem Verbraucher auch unter dem Gesichtspunkt des Übereilungsschutzes eine Überlegungsfrist eingeräumt werden und ihm die Möglichkeit gegeben werden, in Ruhe und ungestört über den Vertrag nachzudenken.[609]

Zusammenfassend lässt sich feststellen, dass die Annahme eines generellen Übereilungsschutzes für den Bereich des Fernabsatzes abzulehnen ist. Allein im Bereich des Telefonmarketings muss der Verbraucher unter dem Gesichtspunkt der Initiative des Unternehmers und der besonders intensiven Einwirkungsmöglichkeit vor übereilten Vertragsschlüssen geschützt werden.

---

[605] BGH, Urt. v. 16.01.1996 - XI ZR 57/95, NJW 1996, 929 (930) m.w.N.; vgl. hierzu auch *Reich/Nordhausen,* Verbraucher und Recht im elektronischen Geschäftsverkehr, 2000, S. 49 in Bezug auf das Haustürwiderrufsrecht.

[606] Die allgemeine Fernabsatzrichtlinie bezweckt einen Schutz vor aggressiven Vertriebsmethoden, vgl. hierzu Erwägungsgrund Nr. 5 der FernAbsRL, ABl. EG Nr. L 144 vom 04.06.1997, S. 19.

[607] Es besteht insofern eine Parallele zu dem Recht der Haustürgeschäfte, vgl. hierzu auch Abs. 4 der Erwägungen zur Richtlinie des Rates vom 10.12.1985 betreffend den Verbraucherschutz im Falle von außerhalb von Geschäftsräumen geschlossenen Verträgen, ABl. EG Nr. L 372 v. 31.12.1985, S. 31.

[608] So zum Schutzzweck des Rechts der Haustürgeschäfte *Ulmer*, in: Münchener Kommentar, Band 2a, 2003, Vor §§ 312, 312a Rn. 1.

[609] Sog. Cooling-off-period, vgl. *Boente/Riehm*, Jura 2002, 222 (223); *Roth*, JZ 2001, 475 (481).

*cc. Ausgleich der gestörten Vertragsparität*

Der Gesetzgeber hat die aufgezeigten Risiken der besonderen Vertriebsform des Fernabsatzes für so gewichtig gehalten, dass er als Schutzinstrumente im Fernabsatzrecht eine Informationspflicht des Anbieters gemäß § 312c BGB und ein Vertragslösungsrecht des Verbrauchers gemäß § 312d BGB vorgesehen hat. Insbesondere das Recht des Verbrauchers, sich von dem Vertrag zu lösen, verlangt eine besondere rechtspolitische Rechtfertigung, da es den Rechtsgrundsatz *pacta sunt servanda* durchbricht.[610] Diese Rechtfertigung wird aber bei Verträgen im Fernabsatz wegen der bestehenden Risiken nicht ernstlich in Zweifel gezogen.[611] Es kann dabei offen bleiben, ob jeder der angeführten Risikoumstände für sich allein einen ausreichenden Grund für das Vertragslösungsrecht darstellt. Aus der Zusammenschau der Risikomomente ergibt sich die rechtspolitische Legitimation des Widerrufsrechts.[612]

Durch das Widerrufsrecht wird das Informationsungleichgewicht auf schonende Weise ausgeglichen und Vertragsparität wiederhergestellt.[613] Die Bindung des Verbrauchers an die abgegebene Willenserklärung bzw. an den abgeschlossenen Vertrag (Grundsatz *pacta sunt servanda*), die in § 145 BGB zum Ausdruck kommt, wird durchbrochen.[614] Das Prinzip der Vertragsbindung und Vertragstreue baut auf dem Prinzip der Privatautonomie auf, die aus Art. 1 und 2 des Grundgesetzes folgt.[615] Verträge können nämlich die ihnen von den Vertragsparteien zugedachte Funktion, eine stabile Grundlage für die Zukunft zu bilden, nur erfüllen, wenn sie grundsätzlich verbindlich sind.[616]

Das in dem Fernabsatzrecht vorgesehene Widerrufsrecht des Verbrauchers stellt eine Einschränkung des Prinzips der Vertragsbindung dar. Die Privatautonomie als Voraussetzung des Prinzips der Vertragsbindung unterliegt jedoch den Schranken der verfassungsmäßigen Ordnung, die gebieten, sozialen und wirtschaftlichen Ungleichgewichten entgegenzuwirken.[617] Voraussetzung für die Privatautonomie und ihre Ausflüsse Vertragsfreiheit und Vertragstreue

[610] *Heinrichs*, in: Festschrift für Medicus, 1999, S. 177 (189). Vgl. auch *Hommelhoff*, Verbraucherschutz im System des deutschen und europäischen Privatrechts, 1996, S. 12 und *Meents*, CR 2000, 610 (611), die vor unbeherrschbaren Einbrüchen in die Privatautonomie warnen.

[611] *Artz*, VuR 1999, 393 (395); *Meents*, Verbraucherschutz bei Rechtsgeschäften im Internet, Dissertation Universität Münster, 1998, S. 234.

[612] Vgl. *Heinrichs*, Festschrift für Medicus, 1999, S. 177 (189), der für das Widerrufsrecht im Fernabsatz eine stärkere Legitimation als im Verbraucherkreditrecht sieht.

[613] Vgl. *Bülow*, ZIP 1998, 945; *Meents*, Verbraucherschutz bei Rechtsgeschäften im Internet, Dissertation Universität Münster, 1998, S. 234; *Willingmann*, VuR 1998, 395 (396).

[614] Vgl. *Fuchs*, AcP 196 (1996), 313 (326).

[615] Vgl. *Canaris*, AcP 200 (2000), 273 (277).

[616] Vgl. *Canaris*, a.a.O., S. 279.

[617] Vgl. BVerfG, Beschl. v. 12.11.1958 - 2 BvL 4, 26, 40/56, 1, 7/57, BVerfGE 8, 274 (328); Beschl. v. 07.02.1990 - 1 BvR 26/84, NJW 1990, 1469 (1470).

ist nämlich ein annäherndes Verhandlungsgleichgewicht zwischen den Parteien.[618]

Der Vertragsmechanismus, durch freies Aushandeln der Vertragskonditionen einen angemessenen Interessenausgleich der Parteien zu schaffen, funktioniert nur, wenn ein annäherndes Verhandlungsgleichgewicht der Parteien besteht.[619] Fehlt es infolge schwerwiegender struktureller Störungen an den Bedingungen wirklich freier Selbstbestimmung, an einer im Grundsatz realen Chancengleichheit der Beteiligten, besteht die Gefahr, dass sich das Recht des Stärkeren durchsetzt, dass die Vertragsfreiheit zum Instrument der Fremdbestimmung durch den wirtschaftlich Mächtigeren degeneriert.[620]

Gerade der Ausgleich gestörter Vertragsparitäten gehört zu den Kernaufgaben des Zivilrechts.[621] Der Gesetzgeber und die Rechtsprechung sind nach den Wertentscheidungen des Grundgesetzes gehalten, bei gestörter Vertragsparität ein ausreichendes Maß an Vertragsgerechtigkeit sicherzustellen.[622] Der Gesetzgeber kann nicht nur Regelungen für den Abschluss von Verträgen - wie die Festlegung von Informationspflichten - treffen, sondern er kann auch unter bestimmten Voraussetzungen die Lösung von der vertraglichen Bindung gestatten.[623]

Dem Verbraucher als aufgrund seines Informationsdefizits schwächeren Partei wird die Möglichkeit gegeben, sich von dem Vertrag zu lösen. Ziel ist es letztlich dem Verbraucher seine Wahlfreiheit zu erhalten,[624] es wird so dem auf der strukturellen Informationsasymmetrie beruhenden Marktversagen entgegengesteuert.[625] Durch das Widerrufsrecht wird auf diese Weise echte Vertragsfreiheit realisiert.[626] Der Verbraucher kann nämlich aufgrund der verringerten Informationen im Fernabsatz die Leistung selbst und damit insbesondere den Wert der Leistung des Unternehmers nicht beurteilen. Es besteht die Gefahr der Ausnutzung des aus dem Informationsdefizit resultierenden Verhandlungsungleichgewichtes durch den Unternehmer.

Es erscheint auch nicht unbillig, dem Unternehmer grundsätzlich die Kosten für das Widerrufsrecht aufzuerlegen. Denn der Fernabsatz bringt für den

618 Vgl. *Fuchs*, AcP 196 (1996), 313 (328).

619 Vgl. *Bülow*, ZIP 1998, 945; *Fuchs*, a.a.O..

620 Vgl. *Fuchs*, a.a.O.; *Kothe*, ZBB 1994, 172 (173).

621 Vgl. *Hönn*, JZ 1983, 677 (680).

622 Vgl. insbesondere in Bezug auf das Fernabsatzrecht *Brönnecke*, in: *Roßnagel (Hrsg.)*, Recht der Multimedia-Dienste, 2004, Vor §§ 312b ff., Rn. 28.

623 Vgl. *Kothe*, ZBB 1994, 172 (174 f.).

624 RegE FernAbsG, BT-Drs. 14/2658, S. 15; vgl. auch *Bülow*, ZIP 1998, 945; *Drexl*, in: *Lehmann (Hrsg.)*, Rechtsgeschäfte im Netz - Electronic Commerce, 1999, S. 75 (83); *Freund*, in: Festschrift für Horn, 1997, S. 228 (236); *Reich*, Verbraucherpolitische Hefte 1992, 197 (212).

625 Vgl. *Hoppmann*, VersR 1999, 673 (674); *Roth*, JZ 2001, 475 (480).

626 Vgl. *Fuchs*, AcP 196 (1996), 313 (329).

Unternehmer vor allem den Vorteil, dass er kein stationäres Ladengeschäft vorhalten muss und deutlich weniger Personal beschäftigen muss.[627] Der hieraus resultierenden Kostenersparnis des Unternehmers steht auf Seiten des Verbrauchers als direkte Folge der Nachteil des Informationsdefizits hinsichtlich der Ware bzw. der Dienstleistung gegenüber.

Das Widerrufsrecht kann dem Verbraucher jedoch nur dann gewährt werden, wenn die Vertragsfreiheit typischerweise für den Verbraucher wegen der Störung der Vertragsparität aufgrund des im Distanzvertrieb typischen Informationsdefizits nicht gewährleistet ist. Der Grundsatz der Vertragstreue gebietet es, das Fernabsatzrecht auf die Situationen zu beschränken, in denen das Informationsdefizit des Verbrauchers tatsächlich besteht. Dies sind die Konstellationen, in denen der Vertragsschluss und die Leistungserbringung über eine Distanz erfolgt.

*b. Zweck des Tatbestandsmerkmals des Fernabsatzsystems*

Der Sinn und Zweck des Tatbestandsmerkmals des Fernabsatzsystems muss in dem Kontext des Normzwecks des Fernabsatzrechts interpretiert werden. Ausgangspunkt für die Frage der Anwendbarkeit des Fernabsatzrechts muss stets das Bestehen des Informationsdefizits bei dem Verbraucher sein. Dieses Informationsdefizit besteht nur in der besonderen Vertriebsform des Distanzvertriebs, auf die das Fernabsatzrecht nach seinem Normzweck zugeschnitten ist.[628] Nur bei dieser Vertriebsform besteht die für den Fernabsatz typische Situation, bei der sich Leistungsanbieter und Kunde nicht *face-to-face* gegenüberstehen, bei dem grundsätzlich zu keinem Zeitpunkt des Vertragsverhältnisses eine physische Präsenz der Vertragsparteien gegeben ist. Ziel der Einführung des Tatbestandsmerkmals des Fernabsatzsystems ist, eine Eingrenzung des weiten Anwendungsbereichs des Fernabsatzrechts zu erreichen. Der Anwendungsbereich soll dahingehend beschränkt werden, dass nur solche Verträge erfasst werden, bei denen der Unternehmer ein Fernabsatzsystem vorhält.

*aa. abstrakte Gefährdung des Verbrauchers*

Eine Ansicht will eine Relation zwischen der Gefährdung des Verbrauchers in der konkreten Situation und der Zumutbarkeit der Rechtsfolgen für den Unternehmer herstellen. Es wird darauf abgestellt, ob die durch die Anwendbarkeit des Fernabsatzrechtes ausgelösten Rechtsfolgen angemessen sind.[629] So wird argumentiert, die Informationspflichten seien dem Unternehmer um so eher

---

[627] Vgl. *Schmidt-Räntsch*, in: Bamberger/Roth, Band 1, 2003, § 312d Rn. 2.

[628] Vgl. auch *Lütcke*, Fernabsatzrecht, 2002, Einl. Rn. 4.

[629] Vgl. *Härting/Schirmbacher*, MDR 2000, 917 (918); *Lütcke*, Fernabsatzrecht, 2002, § 312b Rn. 77.

zumutbar, je stärker auch die dem Fernabsatz immanente Gefährdung des Verbrauchers sei.[630]

Diese Ansicht ist jedoch mit dem Wortlaut des Gesetzes, der auf das objektive Vorliegen eines Fernabsatzsystems abstellt und insoweit keinen Raum für Zumutbarkeitserwägungen lässt, nicht zu vereinbaren. Außerdem spricht gegen diese Überlegung, dass bezüglich des Vorliegens eines Fernabsatzsystems nicht von den subjektiven Bedürfnissen des Unternehmers ausgegangen werden darf, dies verbietet die Eigenschaft des Fernabsatzrechts als Verbraucherschutzrecht. Daneben ist zu berücksichtigen, dass diese Ansicht auf eine Abwägung der Interessenlage im Einzelfall hinausläuft und daher nach dem Grundsatz der Rechtsklarheit und -sicherheit abzulehnen ist.

Für eine solche Abwägung besteht auch kein Bedürfnis, wenn hinreichend klare Kriterien zur Bewertung von Sachverhalten als Fernabsatzsystem entwickelt werden können. Zwar mag die konkrete Gefährdung des Verbrauchers im Einzelfall unterschiedlich sein, hierauf kann es jedoch aus den dargelegten Gründen nicht ankommen. Das Fernabsatzrecht muss auf die Situationen angewandt werden, bei denen der Gesetzgeber von dem Vorliegen der abstrakten Gefährdungssituation ausgegangen ist.

In diesem Zusammenhang sind zwei Fallgruppen problematisch, in denen das für den Fernabsatz typische Informationsdefizit nicht besteht. Zum einen sind dies die Fälle, in denen der Vertragsschluss nur gelegentlich bzw. zufällig mittels Fernkommunikationsmitteln erfolgt. Zum anderen handelt es sich um die Fälle, bei denen zwar regelmäßig ein Vertrag mittels Fernkommunikationsmitteln geschlossen wird, bei denen die Leistung jedoch nicht über eine Distanz erbracht wird.

#### *bb. Ausschluss von Gelegenheitsgeschäften*

Zunächst soll auf die Konstellation eingegangen werden, in der der Vertragsschluss nur gelegentlich bzw. zufällig mittels Fernkommunikationsmitteln erfolgt. Das Tatbestandsmerkmal des Fernabsatzsystems ist insbesondere in den Gesetzestext aufgenommen worden, um derartige Rechtsgeschäfte, die unter gelegentlichem, eher zufälligem Einsatz von Fernkommunikationsmitteln geschlossen werden, aus dem Anwendungsbereich auszuschließen.[631] Gelegen-

---

[630] Vgl. *Lütcke*, Fernabsatzrecht, 2002, § 312b Rn. 77.

[631] RegE FernAbsG, BT-Drs. 14/2658, S. 30; vgl. auch: *Bodewig*, DZWir 1997, 447 (448); *Bülow/Artz*, NJW 2000, 2049 (2053); *Gaertner/Gierschmann*, DB 2000, 1601; *Gößmann*, MMR 1998, 88 (89); *Grigoleit*; NJW 2002, 1151; *Grüneberg*, in: Palandt, 65. Aufl., 2006, § 312b Rn. 11; *Härting*, CR 1999, 507 (508); *ders./Schirmbacher*, MDR 2000, 917 (918); *Hoffmann*, in: *Lehmann (Hrsg.)*, Rechtsgeschäfte im Netz - Electronic Commerce, 1999, S. 61 (64); *Hoppmann*, VersR 1999, 673 (675); *Kamanabrou*, WM 2000, 1417 (1420); *Lorenz*, JuS 2000, 833 (838); *Lütcke*, Fernabsatzrecht, 2002, § 312b Rn. 71; *Martis/Meinhof*, Verbraucherschutzrecht, 2. Aufl., 2005, 4. Teil B Rn. 38 f., *Marx*, WRP 2000, 1227 (1229);

heitsbestellungen sind solche Verträge, bei denen sich der Verbraucher mittels Fernkommunikationsmittel an den Unternehmer wendet, ohne dass dieser eine entsprechende Bestellmöglichkeit vorgesehen hat.[632]

Aus der Anerkennung des vorrangigen Normzwecks des Ausgleichs des Informationsdefizits folgt der Ausschluss von solchen Verträgen aus dem Anwendungsbereich des Fernabsatzrechts, die von Unternehmen geschlossen werden, die regelmäßig einen persönlichen Kontakt mit dem Verbraucher herstellen und so dem Verbraucher eine Informationsmöglichkeit verschaffen.[633] Als Argument für den Ausschluss von Gelegenheitsgeschäften eines auf den stationären Vertrieb ausgerichteten Unternehmens ist anzuführen, dass eine Besserstellung des Kunden, der eine solche Gelegenheitsbestellung per Fernkommunikationsmittel abgibt, nicht angebracht ist.[634] Der Verbraucher kann nicht die Anwendung des Fernabsatzrechts dadurch erzwingen, dass er den Unternehmer dazu bewegt, außerhalb seines üblichen Vertriebssystems einen Vertrag über Fernkommunikationsmittel zu schließen.[635] In diesen Fällen ist das Fernabsatzrecht seinem Schutzzweck nach nicht einschlägig. Der Verbraucher kann ein gegebenenfalls bestehendes Informationsdefizit dadurch ausgleichen, dass er das Geschäftslokal des Unternehmers aufsucht, das Produkt prüft und gegebenenfalls weitere Fragen an den Unternehmer stellt.

Der Unternehmer, dessen Unternehmen auf Geschäfte unter Anwesenden zugeschnitten ist, soll nicht durch die hohen Anforderungen des Fernabsatzrechts davon abgehalten werden, ausnahmsweise auf eine telefonische Bestellung hin zu liefern.[636] Nimmt der Unternehmer nur ausnahmsweise Bestellungen über ein Fernkommunikationsmittel entgegen, würde ihn insbesondere die Einhaltung der Informationspflichten überfordern. Die Entwicklung der nach dem

---

*Meub*, DB 2002, 359; *Micklitz*, ZEuP 1999, 875 (877); *Pützhoven*, Europäischer Verbraucherschutz im Fernabsatz, Dissertation Universität Greifswald, 2001, S. 47; *Rath-Glawatz/Dietrich*, AfP 2000, 505 (507); *Reich*, EuZW 1997, 581 (583); *Reich/Nordhausen*, Verbraucher und Recht im elektronischen Geschäftsverkehr, 2000, S. 110; *Reich/Micklitz*, Europäischer Verbraucherschutz, 4. Aufl., 2003, S. 578; *Roth/Schulze*, RIW 1999, 924 (925); *Schirmbacher*, Verbrauchervertriebsrecht, Dissertation Universität Erlangen-Nürnberg, 2005, S. 62; *Schmidt-Räntsch*, VuR 2000, 427 (428); *Schulte-Nölke*, in: Handkommentar BGB, 4. Aufl., 2005, § 312b Rn. 6; *Tonner*, BB 2000, 1413 (1416); *Waldenberger*, in: *Hoeren/Sieber (Hrsg.)*, Handbuch Multimedia-Recht, 2005, Teil 13.4 Rn. 46; *Wendehorst*, in: Münchener Kommentar, Band 2a, 2003, § 312b Rn. 49; *dies.*, in: Münchener Kommentar, Band 2, 4. Aufl., 2001, § 1 FernAbsG Rn. 49.

632 *Oelrich*, ZLR 2001, 45 (49); *Ultsch*, in: *Schwarz (Hrsg.)*, Recht im Internet, 2002, Abschnitt 6 - 3.1, S. 11b.

633 Vgl. *Selenkewitsch*, in: *Bülow/Artz (Hrsg.)*, Handbuch Verbraucherprivatrecht, 2005, 6. Kap. Rn. 24.

634 Vgl. *Roth/Schulze*, RIW 1999, 924 (925).

635 *Wilmer/Hahn*, Fernabsatzrecht, 2. Aufl., 2005, Teil 1 Kap. III Rn. 7.

636 *Schulte-Nölke*, in: Handkommentar BGB, 4. Aufl., 2005, § 312b Rn. 6.

Fernabsatzrecht vorgeschriebenen Informationsstruktur ist wirtschaftlich nur sinnvoll, wenn eine intensive Nutzung des Fernabsatzes als Vertriebskanal angestrebt wird. Der Unternehmer, der nur gelegentlich einen Vertrag im Bereich des Fernabsatzes abschließt, müsste andernfalls ein Fernabsatzsystem einrichten und die erforderlichen Informationen hierin integrieren. Selbst bei einem telefonischen Vertragsschluss müsste der Unternehmer genau den gesetzlichen Vorgaben nachkommen und hierfür beispielsweise in dem Telefongespräch einen vorbereiteten Standardtext verlesen.[637] Die Einhaltung der zwar nach § 1 Abs. 3 BGB-InfoV für Telefongespräche reduzierten, aber dennoch umfangreichen Informationspflichten bei Gelegenheitsgeschäften führte zu einer Erschwerung des Rechtsverkehrs und ist aus diesem Grund abzulehnen.[638]

Es zeigt sich, dass insbesondere die Rechtsfolge der Informationspflichten auf die besonderen Vertriebssysteme des Fernabsatzes zugeschnitten ist. Die Unternehmer, die sich der Vertriebsmethode des Fernabsatzes bedienen und beabsichtigen, auf diesem Vertriebsweg eine Vielzahl von Verträgen abzuschließen, haben die Möglichkeit, sich auf die Rechtsfolgen des Fernabsatzrechts einzustellen. Für den Einzelhändler, der ein stationäres Geschäft betreibt, stellten die Rechtsfolgen eine erhebliche Erschwerung des Geschäftsbetriebs dar.[639]

*cc. Beschränkung auf den Distanzvertrieb*

Problematisch ist das Bestehen eines Fernabsatzsystems in den Fällen, in denen zwar ein Vertrag unter Verwendung von Fernkommunikationsmitteln geschlossen wird, die Leistung jedoch nicht über eine Distanz erbracht wird. Dass der Vertragsschluss im Rahmen eines Fernabsatzsystems mittels Fernkommunikationsmitteln erfolgen muss, ergibt sich als Voraussetzung unmittelbar aus § 312b Abs. 1 Satz 1 Halbsatz 1 BGB. Fraglich ist, ob nicht auch der Leistungsaustausch durch Mittel mit Distanzbezug durchgeführt werden muss.

Der zweigliedrige Begriff des Fernabsatzes, der aus den beiden Komponenten Vertragsschluss über Distanz und Leistungserbringung über Distanz besteht, erfordert eine Beschränkung der Anwendung des Fernabsatzrechts auf solche Verträge, bei denen die Leistungserbringung über eine Distanz erfolgt. Deshalb muss als Voraussetzung für die Einordnung eines Sachverhalts als Fernabsatzsystem sowohl der Vertragsschluss als auch die Leistungserbringung grundsätzlich auf Distanz angelegt sein.[640] Dies bedeutet, dass - sofern es sich

---

637 Vgl. hierzu den Beispielstext für das Telefonmarketing bei *Becker*, Das neue Fernabsatzgesetz, 2000, S. 46 f.. Vgl. auch *Rath-Glawatz/Dietrich*, AfP 2000, 505 (508).

638 Vgl. *Felke/Jordans*, WM 2004, 166 (168).

639 Vgl. das Beispiel von *Schirmbacher*, Verbrauchervertriebsrecht, Dissertation Universität Erlangen-Nürnberg, 2005, S. 185.

640 *Ende/Klein*, Grundzüge des Vertriebsrechts im Internet, 2001, S. 132, bringen das Beispiel eines professionellen Redenschreibers. Das Fernabsatzrecht findet Anwendung, soweit der

bei dem Vertragsgegenstand um eine Ware handelt - diese regelmäßig durch ein Transportunternehmen geliefert wird. Die Vergütung der Leistung wird durch den Verbraucher in der Regel mit Zahlungsmitteln, die eine Zahlung über Distanz ermöglichen, wie z.B. Zahlung mit Kreditkarte, Lastschrift oder Nachnahme vorgenommen. Nur in diesen Fällen, in denen sich der Unternehmer auch bei der Leistungserbringung die Mittel des Fernabsatzes zu Nutze macht, ist deshalb die Anwendung des Fernabsatzrechts angemessen.[641]

Das in dem Bereich des Fernabsatzes vermutete Informationsdefizit besteht typischerweise nur in der Konstellation, in der kein persönlicher Kontakt zwischen den Vertragsparteien erfolgt, so dass es in diesen Situationen grundsätzlich an dem Schutzbedürfnis des Verbrauchers fehlt.[642] Außerdem drohte andernfalls - wie oben ausgeführt - eine Erschwerung des Rechtsverkehrs und die Gewährung des Widerrufsrechts führte zu einer Aushöhlung des Grundsatzes der Vertragstreue (Grundsatz *pacta sunt servanda*). Dies ist mit dem Sinn und Zweck des Fernabsatzrechts, der darin besteht, den Verbraucher in der besonderen Konstellation des Fernabsatzes zu schützen, nicht zu vereinbaren. Es ist daher eine Beschränkung des Fernabsatzrechts auf Distanzgeschäfte erforderlich. In den Fällen, in denen zwar ein Vertrag mittels Fernkommunikationsmitteln abgeschlossen wird, die Leistung jedoch nicht über eine Distanz erbracht wird, liegt demnach kein Fernabsatzsystem vor.

### *II. Kriterien für das Vorliegen eines Fernabsatzsystems*

Ausgehend von dem im Rahmen der Auslegung gewonnenen Ergebnis werden im Folgenden Kriterien für das Vorliegen eines Fernabsatzsystems entwickelt.

#### *1. Grundsatz: eigener Vertriebskanal für den Fernabsatz*

Grundsätzliche Voraussetzung für ein Fernabsatzsystem ist, dass der Unternehmer für den Fernabsatz durch organisatorische Vorkehrungen einen eigenen Vertriebskanal eingerichtet hat.[643] Dies bedeutet, dass der Unternehmer seinen gesamten Vertrieb oder ein bestimmtes Vertriebssegment organisatorisch spe-

---

Redenschreiber seine Aufträge über Fernkommunikationsmittel im Rahmen eines Fernabsatzsystems erhält und dann die fertige Rede über Fernkommunikationsmittel übermittelt. Soweit der Redenschreiber die Rede selbst vor der Festgesellschaft vorträgt, liegt kein Fernabsatzvertrag vor.

641 Vgl. hierzu *Micklitz/Reich*, Die Fernabsatzrichtlinie im deutschen Recht, 1998, S. 7.

642 Vgl. oben 5. b..

643 Vgl. *Härting*, Fernabsatzgesetz, 2000, § 1 Rn. 75; *ders.*, Internetrecht, 2. Aufl., 2005, Rn. 422; *ders./Schirmbacher*, MDR 2000, 917 (918); *Lütcke*, Fernabsatzrecht, 2002, § 312b Rn. 75; *Reich/Nordhausen*, Verbraucher und Recht im elektronischen Geschäftsverkehr, 2000, S. 110; *Schirmbacher*, Verbrauchervertriebsrecht, Dissertation Universität Erlangen-Nürnberg, 2005, S. 62.

ziell auf den Fernabsatz ausgerichtet hat.[644] Der Unternehmer muss in seinem Betrieb die personellen, sachlichen und organisatorischen Voraussetzungen geschaffen haben, die notwendig sind, um regelmäßig Geschäfte im Fernabsatz zu bewältigen.[645] Es müssen von dem Unternehmer Vorkehrungen getroffen worden sein, um mit Verbrauchern im Wege der Fernkommunikation Verträge abzuschließen und diese Verträge über eine Distanz zu erfüllen. So muss der Unternehmer zum einen Maßnahmen getroffen haben, um sich Techniken der Fernkommunikation systematisch zu dem Vertragsabschluss mit Verbrauchern zunutze zu machen.[646] Zum anderen müssen die Einrichtungen darauf ausgerichtet sein, die Leistungen über eine Distanz zu erbringen.

Problematisch ist zunächst, ob es für das Vorliegen eines Fernabsatzsystems Auswirkungen haben kann, wenn verschiedene Vertriebswege, über die die unternehmerische Leistung der Nachfrage durch die Verbraucherseite offeriert wird, in einem Unternehmen kombiniert werden. Weiterhin stellt sich die Frage, ob hinsichtlich des Vorliegens eines Fernabsatzsystems auf die Eröffnung des einzelnen Kommunikationskanals durch den Unternehmer abzustellen ist.

*a. Nutzung verschiedener Vertriebskanäle*

Viele Unternehmen verfolgen eine Multikanalstrategie, d.h. es wird auf unterschiedliche Weise an den Verbraucher herangetreten und es wird ihm die Möglichkeit eingeräumt, auf unterschiedliche Weise Verträge abzuschließen.[647] Die Wahlmöglichkeit des Verbrauchers kann zum einen darin bestehen, dass er die Wahl zwischen verschiedenen Fernkommunikationsmitteln hat, um eine Bestellung zu tätigen. Zum anderen bieten einige Versandhandelsunternehmen

---

644 *Micklitz*, EuZW 2001, 133 (134); *Reich/Nordhausen*, a.a.O.; *Reich*, EuZW 1997, 581 (583).

645 Vgl. RegE FernAbsG, BT-Drs. 14/2658, S. 30; BGH, Urt. v. 21.10.2004 - III ZR 380/03, NJW 2004, 3699 (3701); *Fuchs*, ZIP 2000, 1273 (1275); *Gaertner/Gierschmann*, DB 2000, 1601; *Härting*, Fernabsatzgesetz, 2000, § 1 Rn. 76; *Lorenz*, JuS 2000, 833 (838); *Meub*, DB 2002, 359; *Micklitz*, ZEuP 1999, 875 (877); *Micklitz/Reich*, Die Fernabsatzrichtlinie im deutschen Recht, 1998, S. 7; *Pützhoven*, Europäischer Verbraucherschutz im Fernabsatz, Dissertation Universität Greifswald, 2001, S. 149; *Reich/Nordhausen*, Verbraucher und Recht im elektronischen Geschäftsverkehr, 2000, S. 38; *Ring*, Fernabsatzgesetz, 2000, S. 67; *Selenkewitsch*, in: *Bülow/Artz (Hrsg.)*, Handbuch Verbraucherprivatrecht, 2005, 6. Kap. Rn. 24; *Waldenberger*, in: *Hoeren/Sieber (Hrsg.)*, Handbuch Multimedia-Recht, 2005, Teil 13.4 Rn. 46; *Wendehorst*, in: Münchener Kommentar, Band 2a, 2003, § 312b Rn. 49; *dies.*, in: Münchener Kommentar, Band 2, 4. Aufl., 2001, § 1 FernAbsG Rn. 49; *dies.*, DStR 2000, 1311 (1313 f.).

646 *Wendehorst*, in: Münchener Kommentar, Band 2a, 2003, § 312b Rn. 51; *dies.*, in: Münchener Kommentar, Band 2, 4. Aufl., 2003, § 1 FernAbsG Rn. 51.

647 Vgl. Bericht des Ausschusses für Bildung, Forschung und Technikfolgenabschätzung des Deutschen Bundestages v. 15.10.2002, BT-Drs. 14/10006, S. 33 ff.; Bundesverband des Deutschen Versandhandels e.V. (Hrsg.), Versandhandel in Deutschland, 5. Auflage, 2002, S. 24; *Schirmbacher*, Verbrauchervertriebsrecht, 2005, S. 111 m.w.N..

dem Verbraucher die Möglichkeit, den Vertrag über die gewünschte Ware oder Dienstleistung in dem stationären Geschäft abzuschließen und dort die Möglichkeit wahrzunehmen, die Ware bzw. Dienstleistung zu besichtigen, zu prüfen und gegebenenfalls bei dem Verkaufspersonal ergänzende Fragen zu stellen, oder aber per Fernkommunikationsmittel zu bestellen.[648] Neben der Möglichkeit zum Ausgleich des Informationsdefizits besteht für den Verbraucher in diesem Fall der weitere Vorteil, dass keine Versandkosten anfallen.

Nach einhelliger Ansicht ist es nicht notwendig, dass der Unternehmer sein gesamtes Vertriebsgeschäft im Fernabsatz bewältigt.[649] Auch wenn der Fernabsatz nur einer von mehreren Vertriebskanälen ist, die der Unternehmer nutzt, ist das Fernabsatzrecht anwendbar.[650] Dass für den Verbraucher daneben die Möglichkeit besteht, die betreffende Ware im stationären Handel zu erwerben, muss für die Frage, ob ein Fernabsatzsystem vorliegt, außer Betracht bleiben. Erforderlich ist eine isolierte Betrachtung des Fernabsatzkanals unter Ausklammerung der sonstigen Vertriebsaktivitäten des Unternehmers. So ist es nicht ausgeschlossen, dass ein Teil des Vertriebs eines Unternehmens, das grundsätzlich auf den Vertrieb im Fernabsatz ausgerichtet ist, in herkömmlichen stationären Formen erfolgt.[651] Diese Überlegung lässt sich mit dem für die Anwendung des Fernabsatzrechts maßgeblichen Informationsdefizit des Verbrauchers begründen. Dieses besteht unabhängig von der Tatsache, ob der Unternehmer

---

[648] Beispiele sind hierfür die Versandhandelsunternehmen *Tchibo* oder *Quelle*.

[649] RegE FernAbsG, BT-Drs. 14/2658, S. 30; *Börner/Rath/Sengpiel*, Fernabsatzrecht, 2001, S. 25; *Dilger*, Verbraucherschutz bei Vertragsabschlüssen im Internet, Dissertation Universität Tübingen, 2002, S. 69; *Ende/Klein*, Grundzüge des Vertriebsrechts im Internet, 2001, S. 139; *Fuchs*, ZIP 2000, 1273 (1275); *Härting*, Fernabsatzgesetz, 2000, § 1 Rn. 78; *ders./Schirmbacher*, MDR 2000, 917 (918); *Hoffmann*, in: *Lehmann* (Hrsg.), Rechtsgeschäfte im Netz - Electronic Commerce, 1999, S. 61 (64); *Kamanabrou*, WM 2000, 1417 (1420); *Lorenz*, JuS 2000, 833 (838); *Meents*, CR 2000, 610 (611); *Micklitz*, ZEuP 1999, 875 (877); *ders./Reich*, Die Fernabsatzrichtlinie im deutschen Recht, 1998, S. 7; *Pützhoven*, Europäischer Verbraucherschutz im Fernabsatz, Dissertation Universität Greifswald, 2001, S. 149; *Reich*, EuZW 1997, 581 (583); *ders./Nordhausen*, Verbraucher und Recht im elektronischen Geschäftsverkehr, 2000, S. 38, 110; *Ring*, Fernabsatzgesetz, 2000, S. 67; *Saenger*, in: Erman, 11. Aufl., 2004, § 312b Rn. 5; *Schirmbacher*, Verbrauchervertriebsrecht, Dissertation Universität Erlangen-Nürnberg, 2005, S. 63; *Schmidt-Räntsch*, VuR 2000, 427 (428); *ders.*, DRiZ 2000, 434; *Waldenberger*, K&R 1999, 345 (346); *Wegner*, NJ 2000, 407; *Wilmer/Hahn*, Fernabsatzrecht, 2. Aufl., 2005, Teil 2 Kap. VI Rn. 16.

[650] Vgl. *Aigner/Hofmann*, Fernabsatzrecht im Internet, 2004, Rn. 72; *Börner/Rath/Sengpiel*, Fernabsatzrecht, 2001, S. 25; *Härting*, Fernabsatzgesetz, 2000, § 1 Rn. 78; *ders./Schirmbacher*, MDR 2000, 917 (918); *Meub*, DB 2002, 359; *Micklitz*, in: Handkommentar Vertriebsrecht, 2002, § 312b Rn. 50; *Reich/Micklitz*, Europäischer Verbraucherschutz, 4. Aufl., 2003, S. 578; *Schmidt-Räntsch*, VuR 2000, 427 (428); *ders.*, ZBB 2000, 344 (345); *Wendehorst*, in: Münchener Kommentar, Band 2, 4. Aufl., 2001, § 1 FernAbsG Rn. 55.

[651] Vgl. *Lütcke*, Fernabsatzrecht, 2002, § 312b Rn. 73; *Reich*, EuZW 1997, 581 (583).

ein einheitliches Vertriebskonzept verfolgt oder verschiedene Vertriebskanäle eröffnet hat.

Da das Fernabsatzrecht auf die in dem stationären Vertrieb geschlossenen Verträge keine Anwendung findet,[652] kann es in einigen Konstellationen zu Wertungswidersprüchen in der Behandlung des Vertragsabschlusses im stationären Vertrieb im Vergleich zu dem Vertragsschluss im Fernabsatz kommen. Dies ist beispielsweise der Fall, wenn der Verbraucher eine zuvor im stationären Geschäft besichtigte Ware über das von dem Unternehmer ebenfalls vorgehaltene Fernabsatzsystem bestellt und so von dem Widerrufsrecht nach dem Fernabsatzrecht profitieren kann.[653] Derartige Ungleichbehandlungen sind jedoch unvermeidbar und ergeben sich als Konsequenz aus dem Umstand, dass der europäische Richtliniengeber lediglich eine Harmonisierung des Verbraucherschutzrechts im Bereich des Distanzvertriebs vorgenommen hat, ein Bezug zu den Rechten des Verbrauchers im stationären Vertrieb wurde nicht hergestellt.[654]

Für die Differenzierung zwischen stationärem Vertrieb und Fernabsatz spricht ebenfalls, dass es der Unternehmer andernfalls in der Hand hätte, durch die Zusammenfassung von Unternehmensteilen - von stationärem Vertrieb und Fernabsatzvertrieb - die Anwendung des Fernabsatzrechts zu verhindern. Konsequenz wäre dann nämlich, dass die Unternehmen, die zusätzlich über einen stationären Vertrieb verfügen, nicht dem Fernabsatzrecht unterworfen wären. Es wäre dann nicht zu begründen, weshalb Unternehmen, die mehrere Vertriebskanäle parallel bedienen, gegenüber Unternehmen, die sich auf den Fernabsatz spezialisiert haben und diesen Vertriebskanal ausschließlich verfolgen, privilegiert werden sollten.

Denkbar ist, dass Unternehmen, die ihre Produkte im stationären Vertrieb anbieten, Teile ihres Vertriebes auf Fernabsatz auslagern oder umstellen.[655] Solche Unternehmen werden dann von dem Fernabsatzrecht nur insoweit erfasst, als sie den Vertriebsweg Fernabsatz organisiert nutzen.[656] Es kann jedoch auch umgekehrt Unternehmen geben, die einen zunächst auf den Fernabsatz ausgerichteten Vertrieb um eine stationäre Vertriebsschiene ergänzen, auf die das Fernabsatzrecht keine Anwendung findet.

---

[652] Vgl. *Ring*, Fernabsatzgesetz, 2000, S. 82; *Schirmbacher*, Verbrauchervertriebsrecht, Dissertation Universität Erlangen-Nürnberg, 2005, S. 63; *Selenkewitsch*, in: *Bülow/Artz (Hrsg.)*, Handbuch Verbraucherprivatrecht, 2005, 6. Kap. Rn. 25; *Ultsch*, in: *Schwarz (Hrsg.)*, Recht im Internet, 2002, Abschnitt 6 - 3.1, S. 11b.

[653] Vgl. zu diesem Problem auch oben unter 1. Teil II. 1. b. bb..

[654] Ein allgemeines Widerrufsrecht von Verbrauchern bei Vertragsabschlüssen mit Unternehmern mit dem Zweck, den Leistungswettbewerb über den Vertragsschluss hinaus zu verlängern, befindet sich derzeit in der Diskussion. Vgl. hierzu *Micklitz*, EuZW 1997, 229 (236); *ders.*, ZEuP 1998, 253 (265).

[655] Vgl. *Brönnecke*, in: *Roßnagel (Hrsg.)*, Recht der Multimedia-Dienste, 2005, § 312b Rn. 66; *Schmidt-Räntsch*, VuR 2000, 427 (428).

[656] Vgl. RegE FernAbsG, BT-Drs. 14/2658, S. 30; *Roth*, JZ 2000, 1014 (1015).

*b. einheitliches Fernabsatzsystem*

Fraglich ist, ob hinsichtlich des Vorliegens eines Fernabsatzsystems auf die Ausrichtung des Unternehmens auf den Vertragsabschluss mit dem Verbraucher über ein bestimmtes Fernkommunikationsmittel abzustellen ist. So wird vertreten, noch einmal dahingehend eine Differenzierung zu treffen, ob der Unternehmer darauf eingerichtet ist, Bestellungen mit dem von dem Verbraucher verwendeten Fernkommunikationsmittel entgegenzunehmen.[657] Diese Ansicht geht davon aus, dass jedem Fernkommunikationsmittel ein eigener Vertriebskanal zuzuordnen ist und dass der Unternehmer mit der Öffnung seines Vertriebs im Hinblick auf das jeweilige Fernkommunikationsmittel ein eigenes Fernabsatzsystem errichtet. So soll es beispielsweise auf Seiten des Unternehmers an dem Vorliegen eines Fernabsatzsystems fehlen, wenn der Unternehmer üblicherweise nur Bestellungen über das Fernkommunikationsmittel Internet annimmt und der Verbraucher im konkreten Fall eine telefonische Bestellung abgibt.[658] Diese Bestellung erfolge nicht mehr „im Rahmen" des bestehenden Fernabsatzsystems, es liege insofern ein „Ausreißer" vor.[659] Bei einer solchen Bestellung sei der Unternehmer in derselben Situation wie der Unternehmer, der kein Fernabsatzsystem betreibe.[660] In diesen Fällen sei es dem Unternehmer nicht zumutbar, den Informationspflichten nachzukommen und sich dabei auf die Anforderungen des ausnahmsweise verwendeten Mediums einzustellen.[661]

Eine derartige Differenzierung hinsichtlich der Fernkommunikationsmittel ist jedoch abzulehnen, es ist von einem einheitlichen Fernabsatzsystem auszugehen. In den hier diskutierten Fällen hält der Unternehmer ein Fernabsatzsystem vor, um Waren oder Dienstleistungen über Distanz abzusetzen. Lediglich die Abgabe der Bestellung durch den Verbraucher erfolgt über ein in dem Vertriebssystem nicht vorgesehenes Kommunikationsmittel. Die Auslegung des Begriffes des Fernabsatzsystems hat ergeben, dass es auf den Umstand ankommt, ob sich der Unternehmer darauf eingerichtet hat, seine Produkte im Distanzvertrieb zu vertreiben. Es muss deshalb ausreichend sein, dass sich der Unternehmer auf den Fernabsatz als Vertriebskanal eingerichtet hat. Hierfür spricht insbesondere, dass die Leistungserbringung über die herkömmliche Vertriebsstruktur per Versand erfolgt.[662] Dass die Bestellung im Beispielsfall über

[657] Vgl. *Härting*, Fernabsatzgesetz, 2000, § 1 Rn. 87; *ders.*, Internetrecht, 2. Aufl., 2005, Rn. 422; *Wendehorst*, in: Münchener Kommentar, Band 2, 4. Aufl., 2001, § 1 FernAbsG Rn. 55.

[658] Vgl. *Härting*, Fernabsatzgesetz, 2000, § 1 Rn. 87; *Wendehorst*, in: Münchener Kommentar, Band 2a, 2003, § 312b Rn. 55; *dies.*, in: Münchener Kommentar, Band 2, 4. Aufl., 2001, § 1 FernAbsG Rn. 55.

[659] Vgl. *Härting*, Fernabsatzgesetz, 2000, § 1 Rn. 86 f..

[660] Vgl. *Härting*, a.a.O., § 1 Rn. 87.

[661] *Härting*, a.a.O..

[662] Vgl. Bericht des Ausschusses für Bildung, Forschung und Technikfolgenabschätzung des Deutschen Bundestages v. 15.10.2002, BT-Drs. 14/10006, S. 34.

ein anderes Fernkommunikationsmittel als das von dem Unternehmer vorgesehene angenommen wird, beseitigt nicht das Bestehen eines Fernabsatzsystems, weil die Tatsache entscheidend ist, dass sich der Unternehmer auf die Leistungserbringung über Distanz eingestellt hat. Es darf daher nicht allein darauf abgestellt werden, ob der Vertragsabschluss mittels eines Fernkommunikationsmittels erfolgte, auf das sich der Unternehmer zur Entgegennahme von Bestellungen eingerichtet hat.

Auch unter dem Gesichtspunkt, dass hier bei Gelegenheit ein Vertragsschluss über ein anderes Fernkommunikationsmittel erfolgt als der Unternehmer es in seiner Vertriebsstrategie vorgesehen hat, lässt sich die Ablehnung eines Fernabsatzsystems in diesen Fällen nicht rechtfertigen. Der Begriff des Fernabsatzsystems beschränkt sich nämlich nicht nur auf den Einsatz bestimmter Fernkommunikationsmittel zum Abschluss des Vertrages, so dass bei Nutzung eines nicht vorgesehenen Kommunikationskanals ein zufälliger Vertragsschluss im Bereich des Fernabsatzes vorläge. Der von dem Gesetzgeber bezweckte Ausschluss von Gelegenheitsgeschäften bezieht sich auf solche Verträge, bei denen Betreiber von stationären Vertriebssystemen nur bei Gelegenheit eine Bestellung für den Fernabsatz entgegennehmen.[663] Grund für die Ausnahme derartiger Geschäfte ist, dass der Verbraucher in diesen Fällen das Geschäftslokal des Unternehmers aufsuchen kann und dort sein Informationsdefizit ausgleichen kann.[664] Dies ist in dem Beispielsfall jedoch nicht möglich. In den hier diskutierten Fällen ist das Fernabsatzrecht daher seinem Normzweck nach einschlägig, weil auf Seiten des Verbrauchers das für den Fernabsatz typische Informationsdefizit besteht. Der Verbraucher befindet sich unabhängig von dem Umstand, mit welchem Fernkommunikationsmittel er seine Bestellung tätigt, in dem Bereich des Fernabsatzes unabhängig von dem genutzten Fernkommunikationsmittel im Hinblick auf das Informationsdefizit immer in der gleichen Gefährdungssituation.

Für die Annahme eines einheitlichen Fernabsatzsystems spricht auch die Tatsache, dass - wie bereits im Rahmen der systematischen Auslegung ausgeführt[665] - dem Wortlaut der Fernabsatzrichtlinie und des Umsetzungsgesetzes entsprechend auf das Vorliegen eines „Vertriebs- oder Dienstleistungssystems“ und nicht etwa auf das Vorliegen eines „Fernkommunikationssystems“ abgestellt wird. Der Begriff des Fernabsatzsystems darf daher nicht bezogen auf das einzelne Fernkommunikationsmittel verstanden werden. Es ist nicht erheblich, über welches Fernkommunikationsmittel die Kommunikation zwischen Unternehmer und Verbraucher geführt wird. Entscheidend ist, dass die von dem Unternehmer im Hinblick auf den Fernabsatz getroffenen Maßnahmen auf die

---

[663] Vgl. *Meents*, Verbraucherschutz bei Rechtsgeschäften im Internet, Dissertation Universität Münster, 1998, S. 184; *Tonner*, BB 2000, 1413 (1416).

[664] Vgl. oben unter I. 5. b. bb..

[665] Vgl. oben unter I. 3. b..

Distribution der Waren und Dienstleistungen über eine Distanz ausgerichtet sind.

Weiterhin ist zu berücksichtigen, dass viele Unternehmen im Rahmen einer Multikanalstrategie dem Verbraucher den Zugang zu ihrem Fernabsatzsystem über möglichst viele Fernkommunikationsmittel ermöglichen. Sofern der Verbraucher ein Fernkommunikationsmittel nutzt, dass der Unternehmer in seiner Vertriebsstrategie grundsätzlich nicht vorgesehen hat, muss der Unternehmer die für ein anderes Fernkommunikationsmittel formulierten Informationen über dieses Fernkommunikationsmittel übermitteln. Schließlich hat es der Unternehmer in der Hand, sich auf das Verlangen des Verbrauchers einzulassen. Wenn er eine Bestellung über ein grundsätzlich nicht in seiner Vertriebsstrategie vorgesehenes Fernkommunikationsmittel - mit der Konsequenz der Anwendbarkeit des Fernabsatzrechts - nicht entgegennehmen möchte, muss er diesen Weg der Bestellannahme ablehnen und den Verbraucher entsprechend auf die von ihm vorgesehenen Kommunikationskanäle verweisen.

Als Argument für diese Ansicht ist auch die Regelung des Art. 5 Abs. 3 Satz 2 der Fernabsatzrichtlinie für Finanzdienstleistungen heranzuziehen, wonach der Verbraucher bei Fernabsatzverträgen über Finanzdienstleistungen berechtigt ist, in der Kommunikation mit dem Unternehmer ein anderes Fernkommunikationsmittel zu verwenden, es sei denn, dass dies mit dem abgeschlossenen Fernabsatzvertrag oder der Art der erbrachten Finanzdienstleistung unvereinbar ist.[666] Diese Regelung lässt darauf schließen, dass die Mittel der Fernkommunikation grundsätzlich variabel sind. Entscheidend ist die Ausrichtung des Fernabsatzsystems auf den Distanzvertrieb. Eine Differenzierung dahingehend, dass innerhalb des Fernabsatzkanals unterschieden wird, ob der Unternehmer auf Bestellungen bezüglich des von dem Verbraucher verwendeten Fernkommunikationsmittels eingerichtet ist, ist daher abzulehnen. Es ist von einem einheitlichen Fernabsatzsystem auszugehen.

*2. personelle und sachliche Ausstattung des Unternehmens*

Für die Frage, ob ein Fernabsatzsystem vorliegt, ist nach einhelliger Ansicht darauf abzustellen, ob der Unternehmer in personeller und sachlicher Hinsicht innerhalb seines Betriebes die organisatorischen Voraussetzungen geschaffen hat, um regelmäßig im Distanzvertrieb zu tätigende Geschäfte zu bewältigen.[667]

---

[666] Art. 5 Abs. 3 Satz 2 FernAbsFinanzDLRL, ABl. EG Nr. L 271 v. 09.10.2002, S. 16 (21). Der Gesetzgeber sah bezüglich dieser Regelung kein Umsetzungsbedürfnis, da sich dies bereits aus anderen Regelungen ergebe, vgl. RegE FernAbsÄndG, BT-Drs. 15/2946, S. 22.

[667] Vgl. RegE FernAbsG, BT-Drs. 14/2658, S. 30; BGH, Urt. v. 21.10.2004 - III ZR 380/03, NJW 2004, 3699 (3701); *Fuchs*, ZIP 2000, 1273 (1275); *Gaertner/Gierschmann*, DB 2000, 1601; *Härting*, Fernabsatzgesetz, 2000, § 1 Rn. 76; *Lorenz*, JuS 2000, 833 (838); *Martis/Meinhof*, Verbraucherschutzrecht, 2. Aufl., 2005, 4. Teil B Rn. 36; *Meub*, DB 2002, 359; *Micklitz*, ZEuP 1999, 875 (877); *ders./Reich*, Die Fernabsatzrichtlinie im deutschen

Dabei kann zunächst auf die organisatorischen Maßnahmen des Unternehmers in Hinblick auf die Kommunikation mit dem Verbraucher abgestellt werden. Bezüglich der organisatorischen Voraussetzungen muss in Hinblick auf die verschiedenen Kommunikationsmittel differenziert werden.[668] Dies ergibt sich aus dem Umstand, dass die Fernkommunikationsmittel sehr unterschiedlich funktionieren. Die hierauf aufbauenden Systeme sind dementsprechend unterschiedlich ausgestaltet.[669] Bei der Bewertung der Infrastruktur im Hinblick auf den Fernabsatz ist jedoch zu berücksichtigen, dass die von dem Unternehmer zu schaffenden Einrichtungen nicht nur darauf bezogen sein müssen, Verträge mittels Fernkommunikationsmitteln abzuschließen.[670] Die Auslegung hat ergeben, dass sich der Systemcharakter vielmehr auf die gesamte Vertragsabwicklung beziehen muss. Dies bedeutet, dass die organisatorische Ausrichtung des Unternehmers in Bezug auf die Leistungserbringung grundsätzlich gleichrangig mit der Ausrichtung auf den Vertragsschluss mittels Fernkommunikationsmittel ist.

*a. Anforderungen an den Organisationsgrad des Systems*

Fraglich ist, welche Anforderungen an die Organisationsgrad eines Fernabsatzsystems zu stellen sind. Bei großen Unternehmen wird die Feststellung einer entsprechenden Absatzorganisation nicht besonders schwierig sein, Bedeutung hat diese Frage vor allem bei kleinen Unternehmen.[671] Leitende Grundüberlegung in dieser Frage ist der Umstand, dass es hinsichtlich der Gefährdungssituation des Verbrauchers keinen Unterschied macht, ob der Unternehmer ein hochgradig organisiertes oder ein strukturell einfach ausgestaltetes Fernabsatzsystem vorhält. Das von dem Gesetzgeber vermutete Informationsdefizit besteht nämlich gegenüber einfachen Fernabsatzsystemen ebenso wie gegenüber strukturell hoch entwickelten Fernabsatzsystemen wie den großen Versandhäusern. Als Beispiel ist der Buchhändler zu nennen, der mit der Möglichkeit wirbt, dass bei ihm telefonisch Bücher bestellt werden können, die dann per Post zugesandt werden. In diesem Fall verfügt der Unternehmer nur über ein einfach strukturiertes Fernabsatzsystem, die Anwendung des Fernabsatzrechts ist jedoch auch hier seinem Schutzzweck nach erforderlich, da der Verbraucher keine Möglich-

---

Recht, 1998, S. 7; *Oelrich*, ZLR 2001, 45 (49); *Pützhoven*, Europäischer Verbraucherschutz im Fernabsatz, Dissertation Universität Greifswald, 2001, S. 149; *Reich/Nordhausen*, Verbraucher und Recht im elektronischen Geschäftsverkehr, 2000, S. 38; *Ring*, Fernabsatzgesetz, 2000, S. 67; *Waldenberger*, in: *Hoeren/Sieber (Hrsg.)*, Handbuch Multimedia-Recht, 2005, Teil 13.4 Rn. 46; *Wendehorst*, in: Münchener Kommentar, Band 2a, 2003, § 312b Rn. 49; *dies.*, in: Münchener Kommentar, Band 2, 4. Aufl., 2001, § 1 FernAbsG Rn. 49; *dies.*, DStR 2000, 1311 (1313 f.).

[668] Ähnlich *Ende/Klein*, Grundzüge des Vertriebsrechts im Internet, 2001, S. 137.

[669] Vgl. *Ende/Klein*, a.a.O..

[670] So aber *Härting*, CR 1999, 507 (508).

[671] Vgl. *Wilmer/Hahn*, Fernabsatzrecht, 2. Aufl., 2005, Teil 2 Kap. VI Rn. 15.

keit hat, die Ware vor Vertragsschluss zu begutachten, und er möglicherweise auch den Unternehmer nicht kennt.

Im Interesse eines effektiven Verbraucherschutzes sind deshalb keine hohen Anforderungen an die Organisation eines Fernabsatzsystems zu stellen.[672] Das Vorliegen eines Fernabsatzsystems setzt daher nicht notwendig einen großen sachlichen oder personellen Aufwand voraus.[673] So ist etwa beispielsweise im Bereich des Internets die Unterhaltung einer Website im Internet mit Bestellmöglichkeiten per E-Mail oder Telefon als ausreichend zu erachten.[674] Derart einfach ausgestaltete Vertriebssysteme dürfen nicht gegenüber den aufwendig organisierten Vertriebssystemen bevorzugt werden. Es lässt sich der Schluss ziehen, dass das Vorliegen eines Fernabsatzsystems nicht von dem Organisationsgrad des Unternehmens im Hinblick auf den Fernabsatz abhängen kann.

*b. unternehmenseigenes Fernabsatzsystem*

Fraglich ist, ob es sich bei dem von dem Unternehmer genutzten Fernabsatzsystem um zu dem Unternehmen gehörende Einrichtungen handeln muss, oder ob nicht die Nutzung eines fremden oder zumindest die Nutzung von Elementen eines fremden Fernabsatzsystems ausreichend ist. Vor allem wirtschaftliche Gründe sprechen oftmals für die Nutzung fremder Einrichtungen und Leistungen. Teilweise wird auch - wie dies insbesondere bei Internetauktionen der Fall ist - ein überwiegend fremdes Fernabsatzsystem genutzt.

Der Wortlaut des Gesetzes fordert nicht das Vorliegen eines eigenen Fernabsatzsystems des Unternehmers.[675] So findet sich im Gesetzestext kein Anhaltspunkt, dass das Fernabsatzsystem zu dem Unternehmen gehören muss. Dass der Unternehmer kein eigenes Fernabsatzsystem einsetzen muss, ergibt sich für die Phase der Leistungserbringung im Umkehrschluss aus der Regelung des § 312b Abs. 3 Nr. 5 BGB.[676] Zentrale Voraussetzung dieser Ausnahmevorschrift ist, dass der Unternehmer die Ware selbst oder durch einen Erfül-

---

[672] Ebenso *Brönnecke*, in: *Roßnagel (Hrsg.)*, Recht der Multimedia-Dienste, 2005, § 312b Rn. 66; *Kamanabrou*, WM 2000, 1417 (1420); für eine enge Auslegung des Tatbestandes auch: *Grüneberg*, in: Palandt, 65. Aufl., 2006, § 312b Rn. 11; a.A. *Lütcke*, Fernabsatzrecht, 2002, § 312b Rn. 76.

[673] Vgl. *Grüneberg*, a.a.O.; *Lorenz*, JuS 2000, 833 (838); *Martis/Meinhof*, Verbraucherschutzrecht, 2. Aufl., 2005, 4. Teil B Rn. 37; *Saenger*, in: Erman, 11. Aufl., 2004, § 312b Rn. 5; *Wilmer/Hahn*, Fernabsatzrecht, 2. Aufl., 2005, Teil 2 Kap. VI Rn. 15.

[674] Vgl. *Gaertner/Gierschmann*, DB 2000, 1601; *Lorenz*, JuS 2000, 833 (834); *Martis/Meinhof*, a.a.O.; *Saenger*, a.a.O.; *Schmidt-Räntsch*, DRiZ 2000, 434; *Wilmer/Hahn*, a.a.O., Rn. 18.

[675] Vgl. auch *Teuber/Melber*, MDR 2004, 185 (187).

[676] Die Regelung des § 312b Abs. 3 Nr. 5 BGB beruht auf Art. 3 Abs. 2 Spiegelstrich 1 FernAbsRL, ABl. EG Nr. L 144 v. 04.06.1997, S. 19 (21).

lungsgehilfen ausliefert.[677] Aus dieser Ausnahmevorschrift ist - wie bereits im Rahmen der systematischen Auslegung ausgeführt[678] - im Umkehrschluss zu schließen, dass es für das Vorliegen eines Fernabsatzsystems grundsätzlich nicht darauf ankommen kann, ob die Leistungserbringung durch den Unternehmer selbst, seine Hilfspersonen oder einen Dritten erfolgt.

Das Erfordernis der Nutzung eines eigenen Fernabsatzsystems bei dem Unternehmer würde in der Praxis zu Abgrenzungsschwierigkeiten führen. Dies gilt zunächst für die Phasen der Vertragsanbahnung und des Vertragsabschlusses: Zur Verbreitung der Werbung durch Fernkommunikationsmittel werden in der Regel Fremdunternehmen eingesetzt. Das zeigt sich am einfachen Beispiel der Zeitungsanzeige, die von dem Zeitungsverlag und nicht von dem Unternehmer selbst verbreitet wird. Dies gilt jedoch auch im Rahmen der Leistungserbringung: Hier werden üblicherweise Transportfirmen eingesetzt, die nicht zu dem Unternehmen gehören.[679]

Gegen das Erfordernis eines unternehmenseigenen Fernabsatzsystems spricht auch der Sinn und der Zweck der Regelung. Der Unternehmer könnte sich andernfalls leicht der Anwendung des Fernabsatzrechts entziehen, indem er ein fremdes Fernabsatzsystem nutzte. Demzufolge kann es nicht darauf ankommen, ob der Unternehmer Elemente anderer Unternehmen in sein Fernabsatzsystem integriert, bzw. ob er sich überwiegend oder vollständig des Fernabsatzsystems eines anderen Unternehmens bedient.

### 3. *Außendarstellung des Unternehmens*

Fraglich ist, ob hinsichtlich der Frage, ob ein Fernabsatzsystem vorliegt, allein die interne Organisationsstruktur entscheidend sein kann. Hiergegen spricht, dass dann ein bloßes Internum nach außen hin über die Anwendbarkeit des Fernabsatzrechts entschiede.[680] Für die Beurteilung der Frage, ob der Unternehmer für den Fernabsatz einen eigenen Vertriebskanal eingerichtet hat, ist deshalb auch auf die Außendarstellung des Unternehmens abzustellen.[681] Soweit die

---

[677] Vgl. *Härting*, Fernabsatzgesetz, 2000, § 1 Rn. 138; *Lütcke*, Fernabsatzrecht, 2002, § 312b Rn. 120.

[678] Vgl. oben unter I. 3. c..

[679] Einzelne Versandhäuser verfügen demgegenüber über ein eigenes Transportunternehmen. Es kann hinsichtlich der Anwendbarkeit des Fernabsatzrechts keinen Unterschied machen, ob der unternehmenseigene Transportdienst oder ein drittes Unternehmen die Ware zustellt.

[680] Vgl. *Lütcke*, Fernabsatzrecht, 2002, § 312b Rn. 75.

[681] Vgl. zur Heranziehung des Kriteriums der Werbung: OLG Hamm, Urt. v. 22.11.2001 - 4 U 83/01, S. 4; *Brönnecke*, in: *Roßnagel (Hrsg.)*, Recht der Multimedia-Dienste, 2005, § 312b Rn. 66; *Ende/Klein*, Grundzüge des Vertriebsrechts im Internet, 2001, S. 136, 138; *Kamanabrou*, WM 2000, 1417 (1420); *Lorenz*, JuS 2000, 833 (838); *Lütcke*, Fernabsatzrecht, 2002, § 312b Rn. 76; *Micklitz*, in: Handkommentar Vertriebsrecht, 2002, § 312b Rn. 50; *Reich/Nordhausen*, Verbraucher und Recht im elektronischen Geschäftsverkehr, 2000, S. 110; *Riehm*, Jura 2000, 505 (510); *Härting/Schirmbacher*, MDR 2000, 917 (918); *Stock*,

Außendarstellung des Unternehmens die Ausrichtung auf den Distanzvertrieb ergibt, muss ein Fernabsatzsystem angenommen werden.[682] So ist in den Fällen, in denen sich der Unternehmer durch entsprechende Werbemaßnahmen organisatorisch auf den Fernabsatz eingerichtet hat, von dem Vorliegen eines Fernabsatzsystems auszugehen.[683] Soweit der Unternehmer in seiner Werbung dem Verbraucher die Möglichkeit eröffnet, die Waren und Dienstleistungen mittels Fernkommunikationsmittel zu bestellen, liegt grundsätzlich ein Fernabsatzsystem vor.[684] Dies ist insbesondere der Fall, wenn der Unternehmer Fernkommunikationsmittel wie beispielsweise Kataloge, das Teleshopping oder den Videotext zur Massenwerbung nutzt und zugleich den Verbraucher dazu auffordert, im Wege der Fernkommunikation Bestellungen vorzunehmen.[685] Durch diesen Umstand wird nach außen hin erkennbar, dass der Unternehmer das Ziel verfolgt, mit Verbrauchern in der Vertriebsform des Fernabsatzes Verträge abzuschließen.

Das Kriterium der Außendarstellung erweitert den Anwendungsbereich des Fernabsatzrechts auf solche Fälle, in denen aufgrund der sachlichen und personellen Ausstattung des Unternehmens kein Fernabsatzsystem angenommen werden könnte. Außerdem kann das Kriterium alternativ zu dem Kriterium der sachlichen bzw. personellen Ausstattung herangezogen werden. Dies ist insbesondere für die Rechtspraxis von Bedeutung, da so das Vorliegen eines Fernabsatzsystems einfacher zu beweisen ist. Es kann nämlich anhand der Aussendungen des Unternehmers festgestellt werden, ob ein Fernabsatzsystem besteht. Das Kriterium gilt jedoch nicht in der Umkehrung. Die Außendarstellung des Unternehmens muss nicht zwingend die Ausrichtung auf den Fernabsatz ergeben. So ist es grundsätzlich für die Annahme eines Fernabsatzsystems nicht erforderlich, dass der Unternehmer mit der Bestellmöglichkeit im Fernabsatz wirbt.[686] Das Fernabsatzrecht ist auch anwendbar, wenn der Unternehmer allein aufgrund einer entsprechenden Verkehrssitte in großem Umfang Verträge mit-

---

GewArch 2000, 471 (472); *Wilmer/Hahn*, Fernabsatzrecht, 2. Aufl., 2005, Teil 2 Kap. VI Rn. 17.

[682] Vgl. OLG Hamm, a.a.O.; *Micklitz*, EuZW 2001, 133 (136).

[683] Vgl. OLG Hamm, a.a.O.; *Aigner/Hofmann*, Fernabsatzrecht im Internet, 2004, Rn. 72; *Härting*, Internetrecht, 2. Aufl., 2005, Rn. 422; *ders./Schirmbacher*, MDR 2000, 917 (918); *Riehm*, Jura 2000, 505 (510).

[684] Vgl. *Micklitz*, EuZW 2001, 133 (136); *ders./Reich*, BB 1999, 2093; *dies.*, Europäischer Verbraucherschutz, 4. Aufl., 2003, S. 578; *Reich*, EuZW 1997, 581 (583); *ders./Nordhausen*, Verbraucher und Recht im elektronischen Geschäftsverkehr, 2000, S. 110; *Selenkewitsch*, in: *Bülow/Artz (Hrsg.)*, Handbuch Verbraucherprivatrecht, 2005, 6. Kap. Rn. 24; *Stock*, GewArch 2000, 471 (472); *Ultsch*, in: *Schwarz (Hrsg.)*, Recht im Internet, 2002, Abschnitt 6 – 3.1, S. 11b; *Wendehorst*, DStR 2000, 1311 (1314).

[685] *Härting*, Fernabsatzgesetz, 2000, § 1 Rn. 75; *ders./Schirmbacher*, MDR 2000, 917 (918).

[686] *Wendehorst*, in: Münchener Kommentar, Band 2a, 2003, § 312b Rn. 52; *dies.*, in: Münchener Kommentar, Band 2, 4. Aufl., 2001, § 1 FernAbsG Rn. 52.

tels Fernkommunikationsmittel abschließt und sein Vertriebssystem auch hierauf eingerichtet hat.[687]

*a. fehlender Kompensationscharakters des Fernabsatzrechts*

An dem Kriterium der Außendarstellung wird kritisiert, dass der Kompensationscharakter des Fernabsatzrechts auf diese Weise unterlaufen werde.[688] So wolle insbesondere die Mehrheit der kommerziellen Anbieter im Internet den Eindruck eines professionell organisierten Anbieters vermitteln, auch wenn es sich tatsächlich nur um Gelegenheitsverkäufer handele.[689] Gerade das Internet biete die Möglichkeit, die Grenzen zwischen Großunternehmen und kleinen Anbietern zu verwischen, so dass allein aufgrund der Präsenz im Internet kein Rückschluss auf den tatsächlichen Betätigungsumfang gezogen werden könne.[690]

Diese Auffassung beruht auf der Annahme, dass das Fernabsatzrecht eine Kompensation für die niedrigen Einstiegsvoraussetzungen hinsichtlich des Marktes des Fernabsatzes zu verstehen sei.[691] Diesbezüglich ist zunächst festzustellen, dass die Einstiegsvoraussetzungen für den Markt des Fernabsatzes sehr unterschiedlich und bei einigen Vertriebssystemen (etwa im Bereich des Teleshoppings) sehr hoch sind. Das Fernabsatzrecht hat nicht zum Ziel, den Markt des Fernabsatzes zu reglementieren, indem den Unternehmen der Zutritt zu dem Markt des Fernabsatzes erschwert wird. Im Gegenteil soll durch die Schaffung eines rechtlichen Rahmens das Vertrauen der Verbraucher in die Vertriebssysteme des Fernabsatzes gestärkt werden.[692] Durch die Rechtsfolgen des Fernabsatzrechts soll das Informationsdefizit des Verbrauchers, dass natur-

---

[687] Vgl. *Wendehorst*, a.a.O..

[688] *Meents*, Verbraucherschutz bei Rechtsgeschäften im Internet, Dissertation Universität Münster, 1998, S. 185.

[689] *Meents*, a.a.O.; hierzu kritisch *Wendehorst*, in: Münchener Kommentar, Band 2a, 2003, § 312b Rn. 53; *dies.*, in: Münchener Kommentar, Band 2, 4. Aufl., 2001, § 1 FernAbsG Rn. 53.

[690] *Meents*, a.a.O..

[691] Vgl. *Meents*, a.a.O., S. 185 f..

[692] Die Steigerung des Vertrauens des Verbrauchers ist als Folge der ausführlichen Information, die sich aus der Anwendung des Fernabsatzrechts ergibt, zu erwarten. Insbesondere führen die umfangreichen Informationspflichten im Ergebnis dazu, dass der Verbraucher bei Verträgen im Fernabsatz über das bestellte Produkt regelmäßig besser informiert ist, als bei dem im stationären Geschäft abgeschlossenen Vertrag. Zur Steigerung des Vertrauens der Verbraucher in den Electronic Commerce vgl. auch Bundesministerium der Justiz (Hrsg.), Mitteilung für die Presse Nr. 44/00 v. 30.06.2000.

gemäß durch den Einsatz von Fernkommunikationsmitteln entsteht, ausgeglichen und die Wahlfreiheit des Verbrauchers sichergestellt werden.[693]

Das Abstellen auf den tatsächlichen Zuschnitt des Unternehmens würde weiterhin zu erheblichen Rechtsunsicherheiten führen, da der Verbraucher den geschäftlichen Zuschnitt des Unternehmens nicht kennt. Mit Ausnahme von großen, bekannten Unternehmen wüsste er nicht, ob ihm ein Widerrufsrecht zusteht. Außerdem würden den neu in den Markt eintretenden Unternehmen ungerechtfertigte Wettbewerbsvorteile gegenüber den Mitbewerbern eingeräumt. Diese Unternehmen müssten dann nicht die Kosten, die durch das Widerrufsrecht entstehen, tragen und sie müssten in ihrem Werbematerial auch nicht die Pflichtinformationen aufnehmen. Es soll gerade keine Differenzierung zwischen hochgradig organisierten und einfach strukturierten Fernabsatzsystemen vorgenommen werden. Dies folgt aus dem Normzweck des Fernabsatzrechts, der darin liegt, das Informationsdefizit des Verbrauchers auszugleichen.[694] Dieses Informationsdefizit besteht gegenüber hochgradig organisierten Fernabsatzsystemen ebenso wie gegenüber einfach strukturierten Fernabsatzsystemen.

*b. Initiative zum Vertragsschluss*

Für die Anknüpfung an die Aussendungen des Unternehmens spricht insbesondere die Tatsache, dass dieses Kriterium auch dem von der Kommission entwickelten Tatbestandsmerkmal der „Aufforderung zum Vertragsschluss“, das den Vorläufer des Tatbestandsmerkmals des Fernabsatzsystems in der Fernabsatzrichtlinie darstellt, ähnlich ist. Je nach Art der Außendarstellung bzw. der Intensität der Werbung kann nämlich von einer Initiative des Unternehmers ausgegangen werden. Durch die Aufnahme des Tatbestandsmerkmals des Fernabsatzsystems ist der Anwendungsbereich der allgemeinen Fernabsatzrichtlinie erweitert worden. Die Aufgabe des Tatbestandsmerkmals der Initiative des Unternehmers zum Vertragsschluss durch den Richtliniengeber bedeutet nicht, dass dieses Kriterium zur Beurteilung der Frage, ob ein Fernabsatzsystem vorliegt, nicht mehr herangezogen werden darf.[695] Die Tatsache, dass der Richtliniengeber hier eine Erweiterung des Tatbestandsmerkmals vorgenommen hat, lässt es zu, den Gedanken der Initiative zum Vertragsschluss als Kriterium heranzuziehen.

Aus dem Umstand, dass der Unternehmer initiativ tätig wird und dem Verbraucher mittels Fernkommunikationsmittel einen Vertragsschluss anbietet, wird deutlich, dass er sich darauf vorbereitet hat, Verträge im Bereich des Fernabsatzes abzuschließen. Deshalb muss auch insbesondere in den Fällen, in denen

---

[693] Vgl. RegE FernAbsG, BT-Drs. 14/2658, S. 15. Daneben wird mit dem Fernabsatzrecht im Bereich des Telefonmarketings auch ein Schutz vor Übereilung bezweckt, vgl. oben unter I. 5. a. bb. (2).

[694] Vgl. oben unter I. 5. a. aa..

[695] Vgl. oben II. 4. b. bb..

der Unternehmer den Verbraucher direkt anspricht, von dem Vorliegen eines Fernabsatzsystems ausgegangen werden.[696] Als Beispiel ist der Fall zu nennen, in dem der Unternehmer, der ein Ladengeschäft betreibt, Stammkunden anruft und ihnen telefonisch ein Angebot unterbreitet. In einem solchen Fall macht sich der Unternehmer bewusst die Vorteile des Fernabsatzes zunutze und es muss aus diesem Grund ein Fernabsatzsystem angenommen werden.[697]

*c. Ausschluss von reinen Werbe- und Informationsmaßnahmen*

Reine Werbe- oder Informationsmaßnahmen des Unternehmers, die nicht in einem unmittelbaren Zusammenhang mit Vertragsanbahnung oder -abschluss stehen, begründen demgegenüber keine Anwendbarkeit des Fernabsatzrechts.[698] Solche Maßnahmen erfüllen nur die Funktion der klassischen Werbung, ohne auf einen direkten Vertragsschluss im Fernabsatz abzuzielen. Es ist insbesondere nicht ausreichend, allein auf die Angabe von Fernkommunikationsmitteln in der Werbung des Unternehmens abzustellen.[699] So kann es für die Annahme eines Fernabsatzsystems unter dem Gesichtspunkt der Außendarstellung grundsätzlich nicht genügen, wenn die Telefonnummer, Telefaxnummer, E-Mail-Adresse oder Website in der Werbung angegeben wird.[700] Insbesondere kann die bloße Aufnahme des Unternehmers in ein Branchenverzeichnis nicht ausreichen, um von einem Fernabsatzsystem auszugehen.[701] Dieser Hinweis auf Fernkommunikationsmittel kann nämlich für den Verbraucher auch nur eine Möglichkeit darstellen, allgemeine Informationen, wie z.B. Informationen über Produkte, Preise und Öffnungszeiten abzufragen.[702] Die Angabe der Kommunikationsmöglichkeit dient dann grundsätzlich nur dem Zweck der Kundenpflege und hat nicht zum Ziel, direkt einen Vertragsabschluss herbeizuführen.

---

[696] Für die Anwendung des Fernabsatzrechts, in den Fällen, in denen der Unternehmer die Initiative ergreift, *Lütcke*, Fernabsatzrecht, 2002, § 312b Rn. 74; a.A. *Reich*, EuZW 1997, 581 (583); *Neises*, NZM 2000, 889 (892).

[697] Vgl. *Lütcke*, a.a.O..

[698] Vgl. *Lütcke*, Fernabsatzrecht, 2002, § 312b Rn. 76; *Pützhoven*, Europäischer Verbraucherschutz im Fernabsatz, Dissertation Universität Greifswald, 2001, S. 45; *Reich*, EuZW 1997, 581 (583); *Waldenberger*, K&R 1999, 345 (346).

[699] Vgl. *Wilmer/Hahn*, Fernabsatzrecht, 2. Aufl., 2005, Teil 2 Kap. VI Rn. 15.

[700] Vgl. *Piepenbrock/Schmitz*, K&R 2000, 378 (379); *Waldenberger*, in: *Hoeren/Sieber (Hrsg.)*, Handbuch Multimedia-Recht, 2005, Teil 13.4 Rn. 46; *Wendehorst*, in: Münchener Kommentar, Band 2a, 2003, § 312b Rn. 54; *dies.*, in: Münchener Kommentar, Band 2, 4. Aufl., 2001, § 1 FernAbsG Rn. 54; *dies.*, DStR 2000, 1311 (1314).

[701] Vgl. *Pützhoven*, Europäischer Verbraucherschutz im Fernabsatz, Dissertation Universität Greifswald, 2001, S. 45.

[702] Vgl. *Wendehorst*, in: Münchener Kommentar, Band 2a, 2003, § 312b Rn. 54; *dies.*, in: Münchener Kommentar, Band 2, 4. Aufl., 2001, § 1 FernAbsG Rn. 54; *dies.*, DStR 2000, 1311 (1314).

Diese Überlegungen gelten jedoch ausschließlich für das Kriterium der Außendarstellung. Auch wenn sich die Außendarstellung auf einen Eintrag in einem Telefonbuch mit der bloßen Angabe einer Telefonnummer beschränkt oder wenn das Kriterium der Außendarstellung überhaupt nicht ergiebig ist, kann in solchen Fällen, in denen ein Vertragsschluss mittels Fernkommunikationsmitteln aufgrund einer Verkehrssitte erfolgt, ein Fernabsatzsystem angenommen werden.

*d. Hinweis auf eine Bestellmöglichkeit*

Um unter Heranziehung des Kriteriums der Außendarstellung das Vorliegen eines Fernabsatzsystems anzunehmen, ist es erforderlich, dass solche Mitteilungen über Kommunikationsmöglichkeiten über die bloße Angabe des Fernkommunikationsmittels hinaus mit einem Zusatz versehen sind, der auf eine Bestellmöglichkeit hinweist.[703] Mit diesen Hinweisen macht das Unternehmen deutlich, auf Vertragsabschlüsse mittels Fernkommunikationsmittel eingerichtet zu sein. Dieser Zusatz impliziert die Aufforderung an den Verbraucher, Bestellungen im Fernabsatz zu tätigen. In diesen Fällen ist aufgrund des Kriteriums der Außendarstellung und des Kriteriums der Initiative zum Vertragsschluss davon auszugehen, dass der Unternehmer für den Fernabsatz einen eigenen Vertriebskanal eingerichtet hat.

*e. kein Rückschluss aus dem Unternehmensnamen*

Eine Ansicht will im Rahmen des Kriteriums der Außendarstellung auf den Unternehmensnamen abstellen und bei Bestehen eines Zusammenhangs zum Fernabsatz, insbesondere zum Electronic Commerce, auf das Vorliegen eines Fernabsatzsystems schließen.[704] Diese Ansicht ist jedoch abzulehnen. Es existieren nämlich Unternehmen, die nur stationäre Ladengeschäfte betreiben und nicht im Fernabsatz tätig sind und trotzdem im Geschäftsverkehr unter einem Namen auftreten, der zugleich eine Internetadresse ist. Unter dieser Adresse können dann allgemeine Informationen zu dem Unternehmen und den von diesem angebotenen Leistungen abgerufen werden, ohne dass dem Verbraucher unter dieser Adresse eine Bestellmöglichkeit eingeräumt wird. Der Schluss von dem Unternehmensnamen auf eine Bestellmöglichkeit im Internet ist daher nicht in allen Fällen zutreffend. Das Kriterium der Außendarstellung würde auf diese Weise überdehnt. Außerdem ist es denkbar, dass Unternehmen, die derzeit ausschließ-

---

[703] Vgl. *Härting/Schirmbacher*, MDR 2000, 917 (918); *Micklitz*, EuZW 2001, 133 (136); *Schirmbacher*, Verbrauchervertriebsrecht, Dissertation Universität Erlangen-Nürnberg, 2005, S. 63; *Schulte-Nölke*, in: Handkommentar BGB, 4. Aufl., 2005, § 312b Rn. 6; *Waldenberger*, in: *Hoeren/Sieber (Hrsg.)*, Handbuch Multimedia-Recht, 2005, Teil 13.4 Rn. 46; *Wendehorst*, in: Münchener Kommentar, Band 2a, 2003, § 312b Rn. 54; *dies.*, in: Münchener Kommentar, Band 2, 4. Aufl., 2001, § 1 FernAbsG Rn. 54; *dies.*, DStR 2000, 1311 (1314).

[704] *Ende/Klein*, Grundzüge des Vertriebsrechts im Internet, 2001, S. 137.

lich im Bereich des Electronic Commerce bzw. im Bereich des Fernabsatzes allgemein tätig sind, stationäre Geschäfte errichten. Die hier getätigten Vertragsabschlüsse erfolgten dann nicht im Rahmen eines Fernabsatzsystems. Das Kriterium des Unternehmensnamens ist daher abzulehnen.

*f. Außendarstellung als objektives Kriterium*

Im Zusammenhang mit dem Kriterium der Außendarstellung ist umstritten, ob es sich um ein subjektives oder objektives Kriterium handelt. Eine Ansicht will die Sichtweise des vernünftigen Durchschnittsverbrauchers heranziehen.[705] Wenn sich dem Verbraucher das Angebot im Fernabsatz nur als Nebengeschäft des Anbieters darstelle, solle das Fernabsatzrecht nicht eingreifen. Habe der Verbraucher dagegen den Eindruck, dass der Anbieter häufiger Methoden des Fernabsatzes einsetze, sei der sachliche Anwendungsbereich des Fernabsatzrechts eröffnet. In diesen Fällen soll auf den von dem Unternehmer hervorgerufenen Anschein abgestellt werden.[706] Dem Unternehmer soll in diesen Fällen das Führen des Beweises, dass er über kein organisiertes Fernabsatzsystem verfüge, verwehrt werden.[707]

Diese Ansicht ist jedoch dahingehend problematisch, als ein subjektives Kriterium eingeführt wird und auf den Anschein eines Fernabsatzsystems abgestellt wird.[708] Im Ergebnis wird auf diese Weise der Verbraucher privilegiert.[709] Die Anwendung des Fernabsatzrechts hängt so letztlich von dem subjektiven Empfinden des Verbrauchers ab.[710] Insbesondere in dem Bereich des Internets ist der subjektive Eindruck des Verbrauchers aus dem oben genannten Grund kein geeigneter Maßstab für die Anwendbarkeit des Fernabsatzrechts.[711] Es ist entsprechend dem Wortlaut des Gesetzes von objektiven Voraussetzungen auszugehen.[712]

Die Verwendung des Begriffs „Anschein" impliziert, dass aus der subjektiven Sicht des Verbrauchers der Unternehmer Strukturen darstellt, die objektiv

---

[705] *Gößmann*, MMR 1998, 88 (89), Fn. 4; *Reich*, EuZW 1997, 581 (583); *Willingmann*, VuR 1998, 395 (398).

[706] *Reich/Micklitz*, Europäischer Verbraucherschutz, 4. Aufl., 2003, S. 578; *Reich/Nordhausen*, Verbraucher und Recht im elektronischen Geschäftsverkehr, 2000, S. 110; *Willingmann*, VuR 1998, 395 (397 f.).

[707] *Reich/Nordhausen*, a.a.O..

[708] So auch *Pützhoven*, Europäischer Verbraucherschutz im Fernabsatz, Dissertation Universität Greifswald, 2001, S. 47.

[709] *Meents*, Verbraucherschutz bei Rechtsgeschäften im Internet, Dissertation Universität Münster, 1998, S. 185; im Ergebnis ähnlich: *Kamanabrou*, WM 2000, 1417 (1421).

[710] Gegen die Heranziehung der subjektiven Sicht des Verbrauchers auch *Kamanabrou*, WM 2000, 1417 (1420); *Micklitz*, in: Handkommentar Vertriebsrecht, 2002, § 312b Rn. 49.

[711] *Meents*, Verbraucherschutz bei Rechtsgeschäften im Internet, Dissertation Universität Münster, 1998, S. 185.

[712] Insoweit zutreffend *Meents*, a.a.O..

nicht gegeben sind. Dies ist insofern problematisch, als diese Formulierung die Möglichkeit beinhaltet, dass der Anschein auch widerlegt werden könnte. Dies erscheint aber im Hinblick auf einfache Fernabsatzsysteme bedenklich. Die Einrichtungen in Bezug auf Ausrichtung des Unternehmens auf den Fernabsatz müssen nämlich - wie bereits festgestellt - nicht besonders aufwendig sein.[713] Im einfachsten Fall ist hierfür die Nutzung eines einfachen Telefonanschlusses ausreichend, wenn der Verbraucher durch entsprechende Werbemaßnahmen zu einer telefonischen Bestellung aufgefordert wird.[714] Bei derart einfachen Fernabsatzsystemen, bei denen in Bezug auf die innerbetriebliche Organisation die Annahme eines Fernabsatzsystems problematisch wäre, könnte der Anschein dieses Fernabsatzsystems zerstört werden. Der Unternehmer könnte durch einen entsprechenden Zusatz das Vorliegen eines Fernabsatzsystems ausschließen. Damit hätte es der Unternehmer in diesem Bereich in der Hand, über die Anwendbarkeit des Fernabsatzrechts zu entscheiden. Auf diese Weise wäre ein Missbrauch des Tatbestandsmerkmals des Fernabsatzsystems möglich. Außerdem muss das Fernabsatzrecht nach seinem Schutzzweck auch in diesen Fällen anwendbar sein, da auch hier das Informationsdefizit besteht.

Das Problem löst sich jedoch auf, wenn man die Außendarstellung als objektives Kriterium heranzieht. Die Werbemaßnahmen sind als organisatorische Vorkehrungen zu werten, die von dem Unternehmer im Hinblick auf den Fernabsatz getroffen werden. Der Unternehmer setzt in diesen Fällen organisatorisch Fernkommunikationsmittel ein, um Bestellungen zu generieren. Die für die Werbung eingesetzten Fernkommunikationsmittel sind Teil des Fernabsatzsystems.[715] Die so getroffenen Maßnahmen sind einer objektiven Überprüfung zugänglich. Eine Bewertung dieser Maßnahmen muss dahingehend erfolgen, ob ein Vertragsschluss im Fernabsatz angeboten wird. Wird die Bestellmöglichkeit per Fernkommunikationsmittel angeboten, liegt ein Fernabsatzsystem vor. Dabei ist der Eigenschaft des Fernabsatzrechts als Verbraucherschutzrecht entsprechend auf die Sicht des Verbrauchers abzustellen.

### *4. Vereinbarung der Leistungserbringung über Distanz*

Die Auslegung des Tatbestandsmerkmals des Fernabsatzsystems hat ergeben, dass bei der Beurteilung der Frage, ob ein Sachverhalt ein Fernabsatzsystem darstellt, die Erbringung der vertraglich geschuldeten Leistung einzubeziehen

---

[713] Vgl. *Brönnecke*, in: *Roßnagel (Hrsg.)*, Recht der Multimedia-Dienste, 2005, § 312b Rn. 66; *Kamanabrou*, WM 2000, 1417 (1420); *Lorenz*, JuS 2000, 833 (838); *Ring*, Fernabsatzgesetz, 2000, S. 66; *Wilmer/Hahn*, Fernabsatzrecht, 2. Aufl., 2005, Teil 2 Kap. VI Rn. 15.

[714] Vgl. *Wilmer/Hahn*, a.a.O..

[715] Diesbezüglich kann darauf abgestellt werden, ob der Unternehmer seinen Vertrieb mittels Fernkommunikationsmitteln organisiert, vgl. *Micklitz/Reich*, BB 1999, 2093.

ist.[716] Es ist demnach von einem zweigliedrigen Fernabsatzbegriff auszugehen, der aus zwei Komponenten besteht: Die eine Komponente betrifft den Vertragsschluss mittels Fernkommunikationsmitteln, die andere betrifft die Leistungserbringung über Distanz.

Der zweigliedrige Fernabsatzbegriff folgt zunächst aus der sprachlich-grammatikalischen Auslegung der Begriffe „Vertrieb“ und „Fernabsatz“. Unter dem Begriff „Vertrieb“ ist die Vorbereitung und Durchführung betrieblicher Maßnahmen zu verstehen, die darauf abzielen, dass die gefertigten Produkte auf den entsprechenden Markt gelangen, um dort angeboten zu werden.[717] Der Begriff „Vertrieb“ umfasst somit den Abschluss von Verträgen und die Erbringung der Leistung. Aus dem Wortbestandteil „Fern-“ in dem Begriff „Fernabsatz“ folgt, dass zwischen dem Unternehmer und dem Verbraucher eine räumliche Distanz bestehen muss. Diese Tatsache lässt den Schluss zu, dass das Fernabsatzrecht nur auf Geschäfte im Rahmen des Distanzvertriebs Anwendung finden soll.[718]

Die systematische Auslegung hat zu dem Ergebnis geführt, dass der Distanzvertrieb als besondere Vertriebsform von dem Fernabsatzrecht erfasst werden soll.[719] Die Ausrichtung dieses Rechtsgebietes auf den Distanzvertrieb folgt aus der Überschrift des Untertitels „Besondere Vertriebsformen“ und aus der Gesamtschau der Regelungsmaterie der Fernabsatzrichtlinien.[720] Ebenso hat die historische Auslegung ergeben, dass die Entwicklung des Fernabsatzrechts in Bezug auf diese Vertriebsform erfolgte.[721] Die teleologische Auslegung steht dem zweigliedrigen Fernabsatzbegriff nicht entgegen, da das für den Fernabsatz typische Informationsdefizit grundsätzlich nur im Bereich des Distanzvertriebs besteht.[722]

Als Einschränkung des Anwendungsbereichs des Fernabsatzrechts ist demnach unter Zugrundelegung des zweigliedrigen Fernabsatzsbegriffs zu fordern, dass das von dem Unternehmer verfolgte Vertriebskonzept auf den Distanzvertrieb von Waren bzw. Dienstleistungen ausgerichtet sein muss.[723] Deshalb ist auch das Element der Leistungserbringung als Kriterium für das Vorliegen eines Fernabsatzsystems heranzuziehen.[724] Das Abstellen allein auf

---

[716] Vgl. auch *Ende/Klein*, Grundzüge des Vertriebsrechts im Internet, 2001, S. 132; *Wendehorst*, in: Münchener Kommentar, Band 2a, 2003, § 312b Rn. 50; *dies.*, in: Münchener Kommentar, Band 2, 4. Aufl., 2001, § 1 FernAbsG Rn. 50; ablehnend *Lütcke*, Fernabsatzrecht, 2002, § 312b Rn. 58.

[717] Vgl. oben I. 2. a..

[718] Vgl. oben I. 2. b..

[719] Vgl. oben I. 3..

[720] Vgl. oben I. 3. d..

[721] Vgl. oben I. 4..

[722] Vgl. oben I. 5..

[723] Vgl. oben I. 5. b. cc..

[724] So auch *Ende/Klein*, Grundzüge des Vertriebsrechts im Internet, 2001, S. 132.

die Kriterien der Außendarstellung und der internen Organisation im Hinblick auf den Fernabsatz als Vertriebskanal hätte zur Folge, dass auch solche Verträge von dem Anwendungsbereich des Fernabsatzrechts erfasst würden, die nach ihrem Gesamtbild nicht dem Vertriebskonzept des Fernabsatzes entsprechen.[725]

Der Fernvertrieb ist daher von dem stationären Vertrieb abzugrenzen, da ein Fernabsatzsystem nur in den Fällen des Distanzvertriebs vorliegen kann. Für diese Abgrenzung ist darauf abzustellen, ob bei Vertragsschluss vereinbart worden ist, dass der Unternehmer die Leistung über Distanz erbringen soll. Aus der Auslegung des konkreten Vertrags ergibt sich somit, ob ein Distanzgeschäft vorliegt.

*a. Erbringung der Leistung im persönlichen Kundenkontakt*

Aus dieser Überlegung ergibt sich, dass solche Verträge nicht dem Fernabsatzrecht unterfallen, bei denen das Element der Leistungserbringung im persönlichen Kundenkontakt im Vordergrund steht.[726] Sofern die Leistungserbringung im persönlichen Kundenkontakt erfolgen soll, liegt kein Distanzgeschäft vor und ein Fernabsatzsystem ist ausgeschlossen. Aus diesem Grund fehlt es bei Berufsgruppen, mit denen der Verbraucher in der Regel mittels Fernkommunikationsmitteln eine Terminvereinbarung trifft, die Leistungserbringung aber in einem persönlichen Kontakt mit dem Verbraucher erfolgt, an einem Fernabsatzsystem.[727] Hierbei handelt es sich um Verträge über Dienstleistungen, bei denen zwar unter ausschließlicher Verwendung von Fernkommunikationsmitteln eine Vereinbarung getroffen werden kann, das Element der Leistungserbringung im unmittelbaren Kundenkontakt aber ganz im Vordergrund steht.[728]

Die Einbeziehung solcher Verträge in den Anwendungsbereich, bei denen sich der Unternehmer bei der Leistungserbringung selbst nicht der Mittel des Fernabsatzes - also Fernkommunikationsmittel oder Transportmittel - bedient,

---

[725] Es wäre zum Beispiel wertungswidersprüchlich, wenn dem telefonisch bestellten Handwerker umfangreiche Verpflichtungen auferlegt würden, die ihn nicht träfen, wenn der Kunde selbst in der Werkstatt erschiene, vgl. Beschluss des Bundesrates v. 25.09.1992, BR-Drs. 445/92, S. 2.

[726] Ebenso *Ende/Klein*, Grundzüge des Vertriebsrechts im Internet, 2001, S. 132; *Martis/Meinhof*, Verbraucherschutzrecht, 2. Aufl., 2005, 4. Teil Rn. 30; *Saenger*, in: Erman, 11. Aufl., 2004, § 312b Rn. 6; *Wendehorst*, in: Münchener Kommentar, Band 2a, 2003, § 312b Rn. 50, *dies.*, in: Münchener Kommentar, Band 2, 4. Aufl., 2001, § 1 FernAbsG Rn. 50.

[727] Beispiele hierfür sind insbesondere Verträge mit Handwerkern, Rechtsanwälten oder Steuerberatern. Vgl. *Micklitz/Reich*, Die Fernabsatzrichtlinie im deutschen Recht, 1998, S. 7; *Bürger*, NJW 2002, 465. Zur Frage, ob nicht in diesen Konstellationen bereits ein Vertragsschluss zu verneinen ist, vgl. 3. Teil III. 2..

[728] Vgl. *Wendehorst*, in: Münchener Kommentar, Band 2a, 2003, § 312b Rn. 50; *dies.*, in: Münchener Kommentar, Band 2, 4. Aufl., 2001, § 1 FernAbsG Rn. 50.

entspräche nicht dem Schutzzweck des Fernabsatzrechts.[729] Das Fernabsatzrecht soll nämlich nach seinem Zuschnitt vor den Gefahren der Konstellation schützen, in der eine räumliche Distanz zwischen den Vertragsparteien besteht. Es fehlt in der vorgenannten Konstellation an der von dem Gesetzgeber vorausgesetzten abstrakten Gefährdung des Verbrauchers. Wenn sich der Verbraucher in räumlicher Nähe zu dem Unternehmer befindet, kann er durch ein persönliches Gespräch mit dem Unternehmer sein Informationsdefizit ausgleichen. Die Gewährung eines Widerrufsrechts erscheint aufgrund des nicht bestehenden Informationsdefizits in diesen Fällen unbillig.[730]

In Anwendung dieses Kriteriums können die Fälle von dem Anwendungsbereich des Fernabsatzrechts ausgeschlossen werden, bei denen sich der Unternehmer bei der Leistungserbringung nicht der Methoden des Fernabsatzes bedient. Dies ist insbesondere der Fall, wenn die Leistungserbringung im persönlichen Kontakt mit dem Verbraucher erfolgen soll. Dann liegt kein Distanzvertrieb vor und ein Fernabsatzsystem besteht nicht. Inwieweit die Leistungserbringung im persönlichen Kontakt mit dem Verbraucher erfolgt, ist jeweils im konkreten Einzelfall zu beurteilen. Das Bestehen eines Fernabsatzsystems ist daher ausgeschlossen, wenn die Leistungserbringung im Büro, im Geschäft bzw. über ein stationäres Vertriebssystem erfolgt. So ist die Annahme eines Fernabsatzsystems abzulehnen, wenn beispielsweise ein Zahnarzt seine Leistungen im Internet anbietet.[731] Da die von Ärzten zu erbringende Leistung nur im persönlichen Kontakt mit dem Patienten erfolgen kann, ist in diesem Beispielsfall ein Fernabsatzsystem zu verneinen.[732]

*b. persönlicher Kontakt im Rahmen der Auslieferung*

An dem Ausschluss eines Fernabsatzsystems bei Erbringung der Leistung im persönlichen Kundenkontakt kritisiert eine Ansicht, dass die Vorschriften des Fernabsatzrechts unterlaufen werden könnten, indem der Unternehmer die Ware

---

[729] AG Wiesloch, Urt. v. 16.11.2001 - 1 C 282/01, JZ 2002, 671 m. Anm. *Bürger*, der jedoch das Gericht dahingehend missversteht, dass die Leistungserbringung unter Einsatz von Fernkommunikationsmitteln erfolgen muss. Vgl. auch *Berger*, NJW 2001, 1530 (1535); *Wendehorst*, in: Münchener Kommentar, Band 2a, 2003, § 312b Rn. 50; *dies.*, DStR 2000, 1311 (1314).

[730] Besonders deutlich wird dies, wenn man sich beispielsweise die Rückabwicklung des widerrufenen Anwaltsvertrags betrachtet, bei dem auch im Falle einer Honorarvereinbarung bei Widerruf durch den Verbraucher nur die üblichen Gebühren zu erstatten sind, vgl. *Bürger*, NJW 2002, 465 (469). Das Widerrufsrecht erlischt jedoch gemäß § 312d Abs. 3 Nr. 2 BGB, wenn der Rechtsanwalt als Unternehmer mit der Ausführung der Dienstleistung mit ausdrücklicher Zustimmung des Verbrauchers vor Ablauf der Widerrufsfrist begonnen hat.

[731] A.A. *Micklitz*, EuZW 2001, 133 (136).

[732] Dies gilt für Ärzte insbesondere unter Berücksichtigung des Verbots der Ferndiagnose und der Fernbehandlung, vgl. *Laufs/Uhlenbruck*, Handbuch des Arztrechts, 3. Aufl., 2002, § 49 Rn. 2, § 50 Rn. 17 m.w.N..

persönlich bzw. durch seine Hilfspersonen ausliefern ließe.[733] Im Rahmen der Auslieferung käme es dann zu einem persönlichen Kontakt, der das Vorliegen eines Fernabsatzsystems ausschlösse. Für die Anwendung des Fernabsatzrechts könne es jedoch nicht darauf ankommen, ob die Versendung der Ware durch den Unternehmer selbst oder durch Dritte erfolge.[734] In diesem Zusammenhang wird auf die Bereichsausnahme des § 312b Abs. 3 Nr. 5 BGB verwiesen.[735] Aus dieser Vorschrift ergebe sich im Umkehrschluss, dass auch Verträge, bei denen eine Direktlieferung erfolgt und es zu einem persönlichen Kontakt zwischen den Vertragsparteien kommt, dem Fernabsatzrecht unterfallen sollen.[736]

Dieser Ansicht ist insoweit zu folgen, als zutreffend - wie dies bereits oben ausgeführt worden ist[737] - festgestellt wird, dass ein persönlicher Kontakt mit dem Erfüllungsgehilfen des Unternehmers im Rahmen der Auslieferung nicht das Vorliegen eines Fernabsatzsystems in Frage stellt. Dieser Ansicht ist aber entgegenzuhalten, dass sie keine Differenzierung hinsichtlich des Kontaktes trifft. Es ist zwischen dem Kontakt im Rahmen der Leistungserbringung und dem Kontakt bei der Auslieferung zu unterscheiden. Ein Fernabsatzsystem entfällt nur dann, wenn die Leistung in Absprache mit dem Verbraucher erbracht wird, da es in diesem Fall an dem Distanzbezug der Leistungserbringung fehlt. In den Fällen, in denen es zu einem persönlichen Kontakt bei der Auslieferung kommt, entfällt der Distanzbezug dagegen nicht. Der Kontakt des Verbrauchers mit dem Unternehmer ist dem Kontakt mit dem Mitarbeiter eines Transportunternehmens gleichzustellen. Die Leistung wird in dieser Konstellation über eine Distanz erbracht mit der Besonderheit, dass der Unternehmer den Transport durchführt und nicht ein Transportunternehmen. Es besteht für den Verbraucher die im Bereich des Fernabsatzes typische Gefährdungslage, da ein Ausgleich des Informationsdefizits nicht möglich ist.

*c. Beurteilungszeitpunkt Vertragsschluss*

An dem Ausschluss eines Fernabsatzsystems bei Erbringung der Leistung in einem persönlichen Kontakt mit dem Verbraucher kritisiert eine Ansicht, dass bei bestimmten Vertragsverhältnissen erst nach Vertragsschluss beurteilt werden könne, ob die Leistung im persönlichen Kontakt erbracht wird.[738] Diese Ansicht argumentiert, dass insbesondere bei Verträgen über die Erbringung von Dienstleistungen noch keine Partei wisse, wie die Vertragserfüllung erfolge. So könne es sein, dass die persönliche Leistungserbringung im Kontakt mit dem Verbrau-

---

[733] *Neises*, NZM 2000, 889 (891).
[734] *Neises*, a.a.O..
[735] Diese Regelung beruht auf Art. 3 Abs. 2 Spiegelstrich 1 FernAbsRL, ABl. EG Nr. L 144 v. 04.06.1997, S. 19 (21).
[736] Vgl. oben I. 3. c..
[737] Vgl. oben I. 3. c..
[738] *Bürger*, JZ 2002, 671 (672).

cher im Vordergrund stehen solle, dann aber ausschließlich telefonischer oder brieflicher Kontakt stattfinde.[739] Es seien auch Fälle denkbar, in denen die Leistung teils unter Zuhilfenahme von Fernkommunikationsmitteln, teils im persönlichen Kontakt erbracht werde.[740] Die Anwendbarkeit des Fernabsatzrechts sei so erst im Nachhinein feststellbar. Es werden somit im Ergebnis Bedenken hinsichtlich der Rechtssicherheit und -klarheit geltend gemacht.

Dieser Argumentation ist entgegenzuhalten, dass es bereits bei Vertragsschluss aufgrund der von den Parteien vereinbarten Art der Leistungserbringung möglich ist, zu beurteilen, ob ein Sachverhalt ein Fernabsatzsystem darstellt.[741] Sofern die Parteien vereinbart haben, dass der Unternehmer die Leistung über eine Distanz zu erbringen hat, muss von dem Vorliegen eines Fernabsatzsystems ausgegangen werden. Die Anwendbarkeit des Fernabsatzrechts steht somit von dem Beginn des Vertragsverhältnisses fest. Sofern es nach Vertragsschluss zu einer Änderung in Bezug auf die Leistungserbringung kommt, kann dies nicht zu der Aufhebung des Fernabsatzsystems führen. Entscheidend muss nämlich das anhand der Vereinbarung hinsichtlich der Leistungserbringung zu ermittelnde Bild des Vertriebssystems bei Vertragsschluss sein. Das festgestellte Fernabsatzsystem besteht auch dann fort, wenn es später ausnahmsweise und abredewidrig zu einem persönlichen Kontakt zwischen den Vertragsparteien kommt. Als Beispiel ist der Fall zu nennen, dass ein Vertrag mit einem Rechtsanwalt im Rahmen eines Fernabsatzsystems (z.B. Anwaltshotline, Beratung über Internet) abgeschlossen wird. Kommt es später auf Wunsch des Mandanten zu einem persönlichen Beratungsgespräch, führt dieser Umstand nicht dazu, dass das Fernabsatzsystem aufgehoben wird.

#### *d. Veränderung der Leistungserbringung*

Fraglich ist, wie die Fälle zu behandeln sind, in denen bei Vertragsschlus zwischen Unternehmer und Verbraucher die Vereinbarung getroffen wird, dass der Verbraucher die Ware bei dem Unternehmer abholen soll, oder in denen das Vertriebssystem des Unternehmers insgesamt so strukturiert ist, dass der Verbraucher die Ware generell bei dem Unternehmer abholen soll. Zwar entspricht diese Konstellation nicht dem typischen Bild des Fernabsatzsystems, da der Unternehmer nicht die Distanz zu dem Verbraucher überwindet. Es ist jedoch auch in diesen Fällen von dem Vorliegen eines Fernabsatzsystems auszugehen.[742] Es kann nämlich keinen Unterschied machen, ob im Rahmen der Leistungserbringung der Verbraucher oder der Unternehmer die Distanz über-

---

[739] *Bürger*, a.a.O..

[740] *Bürger*, a.a.O..

[741] Vgl. auch *Wendehorst*, in: Münchener Kommentar, Band 2a, 2003, § 312b Rn. 51; *dies.*, in: Münchener Kommentar, Band 2, 4. Aufl., 2001, § 1 FernAbsG Rn. 50.

[742] Vgl. *Neises*, NZM 2000, 889 (891); *Schirmbacher*, Verbrauchervertriebsrecht, Dissertation Universität Erlangen-Nürnberg, 2005, S. 59; *Wendehorst*, a.a.O..

windet. Das Schutzbedürfnis des Verbrauchers besteht auch in dieser Konstellation im Hinblick auf das vermutete Informationsdefizit bei Vertragsschluss.[743]

*5. abzulehnende Kriterien*

Neben den bisher diskutierten Kriterien wird in der Literatur noch die Anwendung der folgenden Kriterien vertreten, die jedoch nach der hier vertretenen Ansicht ungeeignet sind, um eine sachgerechte Einordnung von Sachverhalten als Fernabsatzsystem vorzunehmen.

*a. Umsatz/Marktanteil*

So wird vorgeschlagen, auf die Stellung des jeweiligen Unternehmens im Markt abzustellen. Zur Beantwortung der Frage, ob ein Fernabsatzsystem vorliegt, soll nach einer Ansicht der Umsatz und der Marktanteil des Unternehmens herangezogen werden.[744] Diese Ansicht erscheint als nicht vereinbar mit dem Wortlaut des Gesetzes, denn es wird mit dem Begriff des Fernabsatzsystems klar auf die Einrichtung des Unternehmens und seine Maßnahmen im Hinblick auf die Ausrichtung auf den Fernabsatz abgestellt. Das Fernabsatzrecht muss seinem Wortlaut nach auch dann anwendbar sein, wenn der Unternehmer gerade erst in den Markt, den er mittels Fernabsatz bedienen will, eingetreten ist und ein entsprechendes Vertriebssystem eingerichtet hat.

Weiterhin widerspricht die Ansicht auch dem Schutzzweck des Gesetzes, der in einem gleichmäßigen Verbraucherschutz liegt. Stellte man auf den Umsatz und den Marktanteil des Unternehmers ab und bejahte man die Anwendbarkeit des Fernabsatzrechts erst bei Überschreiten eines bestimmten Schwellenwertes, so würden die vor Überschreiten der Schwelle geschlossenen Verträge nicht von dem Fernabsatzrecht erfasst werden. Die Verbraucher, die vor Überschreiten des Schwellenwertes einen Vertrag geschlossen haben, sind aber genauso schutzwürdig wie die Verbraucher, die nach Überschreiten des Schwellenwertes kontrahieren. Es kann daher nicht darauf ankommen, ob und in welchem Umfang der Unternehmer in der Vergangenheit Verträge im Fernabsatz abgeschlossen hat.[745] Zudem würde sich der Verbraucher bei neu am Markt auftretenden Unternehmen in Unsicherheit befinden, ob ihm die Rechte des Fernabsatzrechts zustünden. Diese Ansicht ist abzulehnen, weil sie der Rechtsunsicherheit Vorschub leistete.

Daneben bestünde das praktische Problem der Festlegung eines entsprechenden Schwellenwertes. Wie noch darzulegen sein wird, existieren ganz

---

[743] Vgl. *Neises*, a.a.O..

[744] Vgl. *Ende/Klein*, Grundzüge des Vertriebsrechts im Internet, 2001, S. 137; *Freund*, in: Festschrift für Horn, 1997, S. 228 (245); *Meents*, Verbraucherschutz bei Rechtsgeschäften im Internet, Dissertation Universität Münster, 1998, S. 184; *Reich/Micklitz*, Europäischer Verbraucherschutz, 4. Aufl., 2003, S. 578; a.A. *Neises*, NZM 2000, 889 (891).

[745] Vgl. *Härting*, Fernabsatzgesetz, 2000, § 1 Rn. 77.

unterschiedliche Fernabsatzsysteme, über die auch ganz unterschiedlich teure Waren und Dienstleistungen vertrieben werden. Dementsprechend unterschiedlich fällt auch der Umsatz der einzelnen Vertriebssysteme aus. So würde beispielsweise bei einem Onlineshop für Computerhardware der Schwellenwert im Hinblick auf den Umsatz schneller erreicht als bei einem Onlineshop für Bücher.

Auch das Kriterium des Marktanteils stößt auf ähnliche praktische Bedenken. Zunächst stellt sich die Frage, auf welchen Markt abgestellt werden sollte. Fraglich ist, ob auf den Markt des Fernabsatzes allgemein abgestellt werden könnte oder ob eine Differenzierung nach Waren- oder Dienstleistungssparten vorgenommen werden muss. Weiterhin ist problematisch, wer diesen Marktanteil ermitteln sollte. Zudem müsste theoretisch der Marktanteil permanent festgestellt werden, damit der Verbraucher Kenntnis davon hätte, ob ihm ein Widerrufsrecht zusteht oder nicht. Außerdem liefe diese Ansicht auf eine Privilegierung neuer Anbieter hinaus, die noch keinen oder nur einen geringen Marktanteil haben. Eine solche Privilegierung ist abzulehnen, weil sie den neu am Markt auftretenden Unternehmer gegenüber den Mitbewerbern ungerechtfertigte Wettbewerbsvorteile verschaffen würde. Aus diesen Gründen muss die bloße Einrichtung eines Vertriebskanals für den Fernabsatz für die Annahme eines Fernabsatzsystems ausreichen.[746] Der Schutz des Fernabsatzrechts muss dann ab dem ersten mit einem Verbraucher geschlossenen Vertrag gewährt werden.[747] Es kann keine Rolle spielen, ob dieser Vertriebsweg erst im Aufbau begriffen ist, entscheidend ist die bloße Einrichtung dieses Vertriebsweges.[748] Das Abstellen auf den Umsatz oder den Marktanteil eines Unternehmens begegnet erheblichen rechtlichen und praktischen Bedenken und ist daher als Kriterium zur Einordnung eines Sachverhaltes als Fernabsatzsystem unbrauchbar.

*b. Nachhaltigkeit*

Eine Ansicht fordert, dass der Unternehmer den Vertriebsweg des Fernabsatzes „nachhaltig" verfolgen muss.[749] Voraussetzung für das Vorliegen eines Fernabsatzsystems sei es, dass der Unternehmer dauerhaft Verträge über Fernkommunikationsmittel abschließen wolle. Sofern das Internet nur für eine auf kurze Zeit befristete Sonderaktion genutzt werde, könne nicht von der erforderlichen Nachhaltigkeit ausgegangen werden.[750] Dabei wird auf den „ernsthaften Willen" des Unternehmers abgestellt, Waren oder Dienstleistungen im Fern-

---

[746] Vgl. *Ende/Klein*, Grundzüge des Vertriebsrechts im Internet, 2001, S. 139; *Härting*, Fernabsatzgesetz, 2000, § 1 Rn. 77.

[747] Vgl. *Ende/Klein*, a.a.O.; *Härting*, a.a.O..

[748] *Ende/Klein*, a.a.O..

[749] So *Ende/Klein*, a.a.O., S. 138.

[750] *Ende/Klein*, a.a.O., S. 138 f.; ähnlich *Wiebe*, in: *Wiebe/Spindler (Hrsg.)*, Internet-Auktionen und Elektronische Marktplätze, 2. Aufl., 2005, Kap. 4 Rn. 83.

absatz zu vertreiben.[751] Erst wenn ein solcher Wille deutlich werde, könne von einem Fernabsatzsystem ausgegangen werden.

Gegen diese Ansicht spricht, dass sie mit dem von dem Fernabsatzrecht intendierten Verbraucherschutz nur schwer in Einklang zu bringen ist. Das Kriterium der Nachhaltigkeit ist den beiden zuvor diskutierten Kriterien des Umsatzes bzw. des Marktanteils ähnlich. Es unterscheidet sich insofern, als diese Kriterien um eine subjektive Komponente erweitert werden und auf den Willen des Unternehmers abgestellt wird. Zunächst kann dieser Ansicht daher ebenfalls die Kritik der zuvor genannten Kriterien entgegengehalten werden. Daneben spricht gegen dieses Kriterium, dass die subjektive Einstellung des Unternehmers als bloßes Internum über die Anwendung des Fernabsatzrechts im Außenverhältnis zum Verbraucher entschiede. Das vorgeschlagene Kriterium ist unbrauchbar, da es der Rechtsunsicherheit Vorschub leistete.

---

751 *Ende/Klein*, a.a.O., S. 139, die als Kriterium für diesen Willen die Umsatzzahlen des Unternehmens im Fernabsatz heranziehen wollen.

# 3. Teil: Die Vertriebssysteme des Fernabsatzes

Der folgende Teil der Arbeit umfasst eine Kasuistik des Fernabsatzes. Es werden die im zweiten Teil entwickelten Kriterien exemplarisch auf bestimmte Fälle angewandt. Es soll so geprüft werden, in welchen Anwendungsfällen von dem Vorliegen eines Fernabsatzsystems auszugehen ist.

*I. Einleitung*

Im Folgenden werden die herkömmlichen und modernen Vertriebsmethoden des Fernabsatzes dargestellt und es wird eine Einordnung dieser Vertriebsformen in den rechtlichen Kontext anhand der entwickelten Kriterien vorgenommen. Dabei wird insbesondere auf die Konstellationen eingegangen, bei denen Ansätze für ein Fernabsatzsystem vorhanden sind, die Einordnung des betreffenden Sachverhalts als Fernabsatzsystem jedoch problematisch erscheint. Fraglich ist, welcher Anknüpfungspunkt für die Beurteilung der Frage, ob ein Fernabsatzsystem vorliegt, zu wählen ist. Hierbei könnte zum einen auf den Vertragsabschluss und zum anderen auf die Ansprache des Verbrauchers abgestellt werden.

Für die Vertragsanbahnung kann der Unternehmer sowohl Massenkommunikationsmittel, als auch Individualkommunikationsmittel einsetzen.[752] Die für den Vertragsschluss erforderliche Reaktion des Verbrauchers ist demgegenüber nur durch die Nutzung von Individualkommunikationsmitteln möglich.[753] Eine genaue Abgrenzung zwischen Massenkommunikationsmittel und Individualkommunikationsmittel ist grundsätzlich nicht erforderlich, entscheidend ist, dass die eingesetzten Medien konkret zur Vertragsanbahnung bzw. zum Vertragsabschluss dienen, damit der Vertragsschluss über Fernkommunikationsmittel erfolgen kann.[754] Dies setzt allgemein voraus, dass nicht nur abstrakt ein Produkt ohne Benennung einer Bezugsquelle beworben wird oder dass die Werbung ausschließlich für den stationären Handel betrieben wird.[755] Es ist vielmehr erforderlich, dass der Verbraucher die Möglichkeit erhält, einen Vertragsschluss mittels Fernkommunikationsmitteln herbeizuführen.

*1. Vertragsschluss*

Die Differenzierung hinsichtlich der medialen Ansprache des Verbrauchers kann nur hinsichtlich des Zustandekommens eines Vertrages Bedeutung erlangen. Bei

---

[752] Vgl. hierzu *Brönnecke*, in: *Roßnagel (Hrsg.)*, Recht der Multimedia-Dienste, 2005, § 312b Rn. 58; *Pützhoven*, Europäischer Verbraucherschutz im Fernabsatz, Dissertation Universität Greifswald, 2001, S. 45.

[753] Vgl. *Pützhoven*, a.a.O..

[754] *Brönnecke*, in: *Roßnagel (Hrsg.)*, Recht der Multimedia-Dienste, 2005, § 312b Rn. 59.

[755] *Brönnecke*, a.a.O..

einer Ansprache des Verbrauchers mittels eines Massenmediums, werden diese Maßnahmen der Vertragsanbahnung in der Regel als *invitatio ad offerendum* einzustufen sein.[756] Die Werbung richtet sich an eine unbestimmte Vielzahl von Personen (sog. Offerte *ad incertas personas*), daher kann die Nachfrage das Leistungsvermögen des Unternehmers übersteigen. Bei Annahme einer rechtlichen Bindung könnte sich der Unternehmer wegen Nichterfüllung der Verträge schadensersatzpflichtig machen. Zum anderen möchte sich der Unternehmer seinen Vertragspartner auswählen, da er regelmäßig die Absicht verfolgt, ausschließlich mit solchen Personen zu kontrahieren, die über die erforderliche Bonität verfügen, um ihrerseits den Vertrag zu erfüllen. Ein wirksamer Vertrag kann daher in diesen Fällen erst dann angenommen werden, wenn der Unternehmer die rechtlich verbindliche Bestellung des Verbrauchers annimmt, z.B. durch ein Bestätigungsschreiben oder gemäß § 151 BGB durch Lieferung der Ware.[757] Lediglich bei den Internetauktionen und bei einer gezielten individuellen Ansprache des Verbrauchers durch den Unternehmer wird eine andere Bewertung vorzunehmen sein.[758] So wird man im Bereich des Telefonmarketings regelmäßig von einem rechtlich verbindlichen Angebot des Unternehmers im Sinne des § 145 BGB ausgehen können.

Die rechtliche Konstruktion des Vertragsschlusses hat Bedeutung für den Zeitpunkt der Übermittlung der Informationen gemäß § 312c Abs. 1 Satz 1, Abs. 2 Satz 1 Nr. 1 BGB. Die nach dieser Vorschrift zu übermittelnden Informationen müssen dem Verbraucher vor dessen Vertragserklärung zugehen. Für die Frage, ob die Informationen in die Werbung des Unternehmers mit aufgenommen werden müssen, ist darauf abzustellen, welche Möglichkeiten der

---

[756] Vgl. OLG Schleswig, Urt. v. 03.07.2003 - 7 U 240/01, NJW 2004, 231; *Backu*, DAR 2001, 106 (111); *Cichon*, Internet-Verträge, 2. Aufl., 2005, Rn. 812; *Drexl*, in: *Lehmann (Hrsg.)*, Rechtsgeschäfte im Netz - Electronic Commerce, 1999, S. 75 (83); *Ernst*, RRa 2001, 111; *Godefroid*, DStR 2001, 400 (402); *Härting*, CR 2000, 691 (694); *ders.*, Fernabsatzgesetz, 2000, § 1 Rn. 49; *Hoeren/Oberscheid*, VuR 1999, 371; *Hoppmann*, VersR 1999, 673 (677); *Kaiser/Vogt*, K&R 1999, 445 (446); *Martis/Meinhof*, Verbraucherschutzrecht, 2. Aufl., 2005, 4. Teil C Rn. 18; *Moritz*, CR 2000, 61 (62); *Präve*, VersR 1993, 1066 (1068); *Pützhoven*, Europäischer Verbraucherschutz im Fernabsatz, Dissertation Universität Greifswald, 2001, S. 139, 146; *Reich/Nordhausen*, Verbraucher und Recht im elektronischen Geschäftsverkehr, 2000, S. 4, 20; *Selenkewitsch*, in: *Bülow/Artz (Hrsg.)*, Handbuch Verbraucherprivatrecht, 2005, 6. Kap. Rn. 9; *Stock*, GewArch 2000, 471 (472); *Taupitz/Kritter*, JuS 1999, 839 (840); *Waldenberger*, BB 1996, 2365.

[757] Vgl. *Cichon*, a.a.O.; *Härting*, Fernabsatzgesetz, 2000, § 1 Rn. 49; *Micklitz*, VuR 2001, 71 (76); *Reich/Nordhausen*, a.a.O.; *Stock*, GewArch 2000, 471 (472).

[758] Vgl. zu dem Vertragsschluss bei Internetauktionen: BGH, Urt. v. 07.11.2001 - VIII ZR 13/01, BGHZ 149, 129 (132) = NJW 2002, 363 (364); Urt. v. 03.11.2004 - VIII ZR 375/03, NJW 2005, 53 (54); OLG Hamm, Urt. v. 14.12.2000 - 2 U 58/00, NJW 2001, 1142; *Härting*, Internetrecht, 2. Aufl., 2005, Rn. 346; *Teuber/Melber*, MDR 2004, 185; Wiebe, MMR 2001, 109; a.A. LG Münster, Urt. v. 21.01.2000 - 4 O 429/99, JZ 2000, 730 = MMR 2000, 280.

Bestellung nach dem Fernabsatzsystem des Unternehmers vorgesehen sind. Soll der Verbraucher seine Bestellung mittels eines Individualkommunikationsmittels ohne Möglichkeit zu einer gleichzeitigen Kommunikation mit dem Unternehmer abgeben, so müssen die Informationen bereits in die Werbung mit aufgenommen werden. Ist dagegen für den Verbraucher eine Bestellmöglichkeit mit gleichzeitiger Kommunikation mit dem Unternehmer gegeben, so können die Informationen noch vor der bindenden Erklärung des Verbrauchers übermittelt werden.

*2. Unterteilung nach Fernkommunikationsmitteln*

Da die Bestimmung des Vertragsschlusses im Einzelfall vorzunehmen ist, ist das Mittel des Vertragsschlusses im Einzelfall ungeeignet, um als Kriterium zur Beurteilung der Frage, ob ein Fernabsatzsystem vorliegt, herangezogen zu werden. Anknüpfungspunkt der folgenden Untersuchung ist die Art der Ansprache des Verbrauchers in der Werbung des Unternehmers, da zum einen an diese Ansprache grundsätzlich die Informationspflichten gemäß § 312c BGB anknüpfen und zum anderen dies auch Beurteilungskriterium für das Vorliegen eines Fernabsatzsystems ist.[759]

Die Vertriebssysteme des Fernabsatzes lassen sich in unterschiedliche Fallgruppen unterteilen. Fernabsatzverträge kommen regelmäßig aufgrund von Werbung, die der Verbraucher in Form eines Verkaufsprospektes, eines Kataloges, per Internet oder in ähnlicher Weise erhält, zustande.[760] Da die Informationspflichten gemäß § 312c BGB an die Kontaktaufnahme des Unternehmers mit dem Verbraucher anknüpfen und weil bereits aufgrund der Außendarstellung des Unternehmers ein Fernabsatzsystem angenommen werden kann, muss von den Werbemaßnahmen des Unternehmers ausgegangen werden. Das Kriterium des Vertragsschlusses kann hingegen zur Unterscheidung der unterschiedlichen Fernabsatzsysteme nicht entscheidend sein, da die verschiedenen Stufen der Vertragsanbahnung wie Information, Zurverfügungstellen von Werbematerial, Vorbereitung eines Vertragsabschlusses häufig nicht zu trennen sind.[761]

Kriterium für die Unterteilung der Vertriebssysteme sind die Fernkommunikationsmittel gemäß § 312b Abs. 2 BGB, die von dem Unternehmer in seiner Werbung für die Darstellung des Angebots genutzt werden. Diese Fernkommunikationsmittel lassen sich nach dem derzeitigen Stand der Technik in

---

[759] Vgl. hierzu *Härting*, DB 2000, 2312.

[760] *Härting*, CR 2000, 691 (692). An diesen Zeitpunkt knüpfen die Informationspflichten gemäß § 312c Abs. 1 BGB an.

[761] Vgl. *Micklitz/Reich*, Die Fernabsatzrichtlinie im deutschen Recht, 1998, S. 64.

vier Gruppen einteilen.[762] Der jeweiligen Gruppe lässt sich jeweils ein Vertriebssystem zuordnen:

- Kommunikation über Printmedien (insbesondere Versandhandel),
- telefonisch oder über das Telefon vermittelte Kommunikation (insbesondere Telefonmarketing),
- Kommunikation über das Fernsehen oder den Hörfunk (insbesondere Teleshopping),
- Kommunikation über das Internet (insbesondere Electronic Commerce).

Dabei kann in Bezug auf bestimmte Fallgruppen differenziert werden. Es handelt sich hierbei um typische Konstellationen, bei denen zum Abschluss von Verträgen Fernkommunikationsmittel eingesetzt werden. Teilweise wird eine Multikanalstrategie verfolgt, d.h. es werden unterschiedliche Fernkommunikationsmittel eingesetzt, um mit dem Verbraucher in Kontakt zu treten. Aufgrund dieser Tatsache kommt es zu Überschneidungen zwischen den einzelnen Gruppen der Kommunikationsmittel. Der Vertragsabschluss selbst erfolgt meist unter Einsatz eines anderen Fernkommunikationsmittels als die Vertragsanbahnung.[763]

*3. wettbewerbsrechtliche Zulässigkeit der Ansprache des Verbrauchers*

In Bezug zu der werblichen Ansprache des Verbrauchers stellt sich die Frage, ob die Kontaktaufnahme des Unternehmers mit dem Verbraucher unter lauterkeitsrechtlichen Gesichtspunkten zulässig ist. Die Werbung gegenüber dem Verbraucher ist in bestimmten Fällen nicht zugelassen, die Anwendung eines Fernabsatzsystems wird daher beschränkt. Dabei wird nach Fernkommunikationstechniken unterschieden, die eine vorherige Zustimmung des Verbrauchers erfordern (Opt-in-System) und solchen, die nur dann lauterkeitsrechtlich unzulässig sind, wenn eine ausdrückliche oder zumindest offenkundige Ablehnung des Verbrauchers besteht (Opt-out-System).[764]

Nach Art. 10 Abs. 1 beider Fernabsatzrichtlinien ist die Verwendung von Voice-Mail-Systemen und Telefax ohne Einwilligung des Verbrauchers unzulässig (Opt-in-System).[765] Art. 10 Abs. 2 der allgemeinen Fernabsatzrichtlinie sieht für die übrigen Mittel der Individualkommunikation ein Opt-out-System

[762] Vgl. die beispielhafte Liste der gängigen Fernkommunikationsmittel in Anhang 1 der FernAbsRL, ABl. EG Nr. L 144 v. 04.06.1997, S. 19 (26); zur Einteilung vgl.: *Micklitz*, ZEuP 1999, 875 (876); *ders.*, EuZW 2001, 133 (134); *ders.*, in: Handkommentar Vertriebsrecht, 2002, § 312b Rn. 36; *ders./Reich*, Die Fernabsatzrichtlinie im deutschen Recht, 1998, S. 9; *dies.*, Europäischer Verbraucherschutz, 4. Aufl., 2003, S. 578.

[763] Vgl. hierzu *Meub*, DB 2002, 359 (360).

[764] Vgl. *Micklitz/Reich*, Die Fernabsatzrichtlinie im deutschen Recht, 1998, S. 66.

[765] Art. 10 Abs. 1 FernAbsRL (ABl. EG Nr. L 144 v. 04.06.1997, S. 19 (24)); Art. 10 Abs. 1 FernAbsFinanzDLRL (ABl. EG Nr. L 271 v. 09.10.2002, S. 16 (22)).

vor, d.h. die Kommunikation soll zulässig sein, sofern der Verbraucher ihre Verwendung nicht offenkundig abgelehnt hat.[766] Jedoch ist es den Mitgliedstaaten aufgrund der Mindestklausel des Art. 14 der allgemeinen Fernabsatzrichtlinie möglich, strengere Bestimmungen und damit auch ein Opt-in-System festzulegen.[767] Nach Art. 10 Abs. 2 der Fernabsatzrichtlinie für Finanzdienstleistungen besteht für die Mitgliedstaaten für die übrigen Mittel der Individualkommunikation ein Wahlrecht zwischen einem Opt-in-System und einem Opt-out-System.[768]

Von einer besonderen Umsetzung der Art. 10 der beiden Fernabsatzrichtlinien hat der Gesetzgeber abgesehen.[769] Bisher hat der Gesetzgeber im Hinblick auf die in Deutschland von der höchstrichterlichen Rechtsprechung entwickelten Grundsätze auf eine Umsetzung verzichtet.[770] Viele Formen der individuellen Kontaktaufnahme des Unternehmers mit dem Verbraucher wurden von der deutschen Rechtsprechung zum damaligen Zeitpunkt sowohl als Verstoß gegen § 1 UWG a.F. als auch als rechtswidrige Verletzung des allgemeinen Persönlichkeitsrechts des Verbrauchers gewertet, die zu Unterlassungsansprüchen analog §§ 823, 1004 BGB führt.

Für unaufgeforderte Briefpostwerbung galt das Opt-out-System, d.h. die Werbung per Briefpost ist solange zulässig, bis der Verbraucher von dem werbenden Unternehmen die Unterlassung verlangt. Dagegen war für Werbung mittels Telefon oder Telefax im Kontakt zu Verbrauchern das Opt-in-System festgelegt, d.h. der Angerufene muss dem anrufenden Unternehmen seine Zustimmung zu dieser Art von Werbung erteilt haben. Das Opt-in-System galt ebenso für die Werbung per Telefax und E-Mail. Mit der Regelung des § 7 UWG hat der Gesetzgeber sowohl die Regelung des Art. 13 der Datenschutzrichtlinie für elektronische Kommunikation (RL 2002/58/EG),[771] die teilweise

---

766 Art. 10 Abs. 2 FernAbsRL, ABl. EG Nr. L 144 v. 04.06.1997, S. 19 (24). Zu Recht kritisch zu dieser Regelung *Pützhoven*, Europäischer Verbraucherschutz im Fernabsatz, Dissertation Universität Greifswald, 2001, S. 116: Insbesondere bei der telefonischen und der elektronischen Fernkommunikation stellt sich die Frage, wie der Verbraucher seine Ablehnung artikulieren soll. Im Bereich der Briefwerbung kann sich der Verbraucher vor der ungewollten Ansprache durch eine Eintragung in die sog. Robinsonliste schützen.

767 Art. 14 FernAbsRL, ABl. EG Nr. L 144 v. 04.06.1997, S. 19 (24).

768 Art. 10 Abs. 2 FernAbsFinanzDLRL, ABl. EG Nr. L 271 v. 09.10.2002, S. 16 (22).

769 Vgl. hierzu RegE FernAbsG, BT-Drs. 14/2658, S. 24-26; RegE FernAbsÄndG, BT-Drs. 15/2946, S. 17.

770 Vgl. RegE FernAbsG, BT-Drs. 14/2658, S. 24. Der damit bestehen bleibende überschießende Verbraucherschutz ist aufgrund der Regelung des Art. 14 S. 1 FernAbsRL (ABl. EG Nr. L 144 v. 04.06.1997, S. 19 (24)) unproblematisch. Vgl. zu der niedrigeren Schwelle der Zulässigkeit der Ansprache des Verbrauchers durch den Unternehmer nach der allgemeinen Fernabsatzrichtlinie *Schulte-Nölke*, NJW 1998, 210 (211).

771 Richtlinie 2002/58/EG des Europäischen Parlaments und des Rates vom 12.07.2002 über die Verarbeitung personenbezogener Daten und den Schutz der Privatsphäre in der elektroni-

strengere Vorschriften als die Fernabsatzrichtlinien enthält, indem sie etwa auch die E-Mail-Kommunikation zwingend dem Opt-in-System unterstellt, als auch die von der Rechtsprechung entwickelten Grundsätze als Gesetz umgesetzt.

*II. Kommunikation über Printmedien (insbesondere Versandhandel)*

Im Bereich der Kommunikation mit dem Verbraucher über Printmedien werden Kataloge, Werbebriefe und Werbung in Pressemedien eingesetzt. Diese Fernkommunikationsmittel werden im Rahmen des Vertriebskonzeptes des klassischen Versandhandels eingesetzt.

*1. Versandhandel*

Das Vertriebssystem Versandhandel ist von drei grundsätzlichen Charakteristika gekennzeichnet:[772] Die Waren oder Dienstleistungen werden mittels Katalog, Anzeige, Prospekt, inzwischen auch mittels Internet, Fernsehen oder über andere Formen der Werbung dem Kunden angeboten.[773] Der Kunde gibt seine Bestellung schriftlich, telefonisch oder elektronisch ab. Die bestellte Ware wird per Post, über versandhauseigene Zustellunternehmen, private Paketdienste oder auf anderen Wegen versandt. Eine wichtige Voraussetzung für den Versandhandel ist das Vorhandensein moderner Transport- und Kommunikationssysteme, die es erlauben, die räumliche Trennung zwischen Angebot und Nachfrage, zwischen Versandunternehmen und Kunden, rasch zu überwinden. Dazu gehört auch ein reibungsloser Zahlungsverkehr. Anders als in anderen Ländern ist in Deutschland der Kauf auf Rechnung der meistgebrauchte Zahlungsweg.

*a. Entwicklung des Versandhandels*

In Deutschland begann der Kauf per Katalog in den letzten Jahrzehnten des 19. Jahrhunderts. Nach der Reichsgründung 1871 wurden die Gewerbefreiheit eingeführt, ein funktionierender Postpaketdienst mit Einheitsporto etabliert und die Postanweisung sowie der Nachnahmeverkehr aufgenommen.[774] Dies waren die Voraussetzungen für das Entstehen des Versandhandels.

Die erste Gründungswelle in dem deutschen Versandhandel lag in den zwanziger Jahren des 20. Jahrhunderts. Der Versandhandel hatte einen guten Ruf, da der Einkauf größtenteils direkt bei dem Hersteller erfolgte und auf zusätzliche Vertriebsstufen verzichtet wurde. Die eingesparten Kosten wurden über niedrige Preise an die Kunden weitergegeben. In der Zeit nach dem zweiten

---

schen Kommunikation (Datenschutzrichtlinie für elektronische Kommunikation), ABl. EG Nr. L 201 v. 31.07.2002, S. 37 (45).

[772] Vgl. *Freund*, in: Festschrift für Horn, 1997, S. 228 (237).

[773] Vgl. auch *Pützhoven*, Europäischer Verbraucherschutz im Fernabsatz, Dissertation Universität Greifswald, 2001, S. 14.

[774] Vgl. Bundesverband des Deutschen Versandhandels e.V. (Hrsg.), Versandhandel in Deutschland, 5. Aufl., 2002, S. 10.

Weltkrieg erfolgte eine zweite Gründungswelle.[775] Ende der siebziger Jahre wurde die neu aufkommende Computertechnik eingesetzt. Versand und Kundendienst per elektronischer Datenverarbeitung wurden aufgebaut und das Bestellwesen durch neue technische Möglichkeiten verfeinert.[776] In der zweiten Hälfte der neunziger Jahre des 20. Jahrhunderts entstand mit dem Internet ein neuer Vertriebskanal, der in die bestehenden Vertriebssysteme integriert wurde.[777] Der Anteil des Internetgeschäfts am gesamten Versandhandelsumsatz nimmt inzwischen rund 6 % ein.[778] Seit die kommerzielle Nutzung des Internets begann, ist das elektronische Angebot fester Bestandteil des Versandgeschäfts.[779] Der Vorteil der Nutzung des Electronic Commerce für das Versandhandelsunternehmen liegt vor allem in der Kostenersparnis, da der Internetshop und die Vertriebslogistik verknüpft werden können und so Personal für die Erfassung der Kundenbestellungen mittels Telefon oder Telefax eingespart werden kann.

*b. Ansprache des Verbrauchers*

Die Ansprache des Verbrauchers erfolgt im Rahmen des klassischen Versandhandels durch Kataloge, Werbebriefe und Anzeigen. Neben den Katalogen als Hauptwerbemittel werden als aktivierende Zwischenwerbungen auch die klassischen Werbemittel, wie die Presse, der Hörfunk und das Fernsehen zwischen den Erscheinungsterminen für die Kataloge eingesetzt.[780] Einige Versandhandelsunternehmen haben ihr Vertriebssystem durch Verkaufsstellen und Agenturen ergänzt.[781] Dort können sich Kunden über technische Geräte informieren, Warenmuster begutachten und die Beratung durch die Mitarbeiter in Anspruch nehmen.[782] Hierbei wurde der Zweck verfolgt, den Mangel des Distanzgeschäfts auszugleichen und insbesondere Rückgaben zu vermeiden.[783]

---

[775] In der Nachkriegszeit stieg der Umsatz des Versandhandels stetig an. Im Jahr 2001 betrug der Gesamtumsatz des Versandhandels 20,7 Milliarden Euro, dies machte einen Anteil am Umsatz des Einzelhandels von 5,6 % aus. Vgl. hierzu Bundesverband des Deutschen Versandhandels e.V. (Hrsg.), a.a.O., S. 12; *Flohr*, in: Handbuch des Vertriebsrechts, 1996, § 24 Rn. 2.

[776] Vgl. Bundesverband des Deutschen Versandhandels e.V. (Hrsg.), Versandhandel in Deutschland, 5. Aufl., 2002, S. 14.

[777] Vgl. Bundesverband des Deutschen Versandhandels e.V. (Hrsg.), a.a.O., S. 15, 56.

[778] Vgl. Bundesverband des Deutschen Versandhandels e.V. (Hrsg.), a.a.O., S. 15.

[779] Vgl. Bundesverband des Deutschen Versandhandels e.V. (Hrsg.), a.a.O., S. 56.

[780] Vgl. hierzu *Lehr*, Versandhandel und Direktmarketing, 2002, S. 345.

[781] Vgl. hierzu *Lehr*, a.a.O., S. 330.

[782] Vgl. Bundesverband des Deutschen Versandhandels e.V. (Hrsg.), Versandhandel in Deutschland, 5. Aufl., 2002, S. 55; *Lehr*, a.a.O..

[783] Vgl. *Lehr*, a.a.O., S. 330.

Es werden unter Anknüpfung des Mediums der Ansprache des Verbrauchers verschiedene Arten des Versandhandels unterschieden.[784] Katalogversender bieten ihre Ware oder Dienstleistung per Katalog, mit Prospekten oder adressierten Werbesendungen an. Der Internetversender bedient sich der neuen technischen Möglichkeiten des Internets. Während sich bis zu den neunziger Jahren des 20. Jahrhunderts die Versender in der Regel nur jeweils einer dieser Ausprägungen bedienten, hat sich im Zuge der Verbreitung des Internets diese klare Trennung verwischt.[785] So treten die Katalog- und Internetversender im Rahmen einer Multikanalstrategie über verschiedene Wege an den Kunden heran.

*aa. Katalog*

Der Katalog ist im Bereich des klassischen Versandhandels das dominierende Instrument der Warenpräsentation.[786] Ein Katalog enthält regelmäßig eine Übersicht über das Angebot an Waren und Dienstleistungen eines Unternehmens.[787] Neben Produktbeschreibungen und Produktabbildungen enthält er Preisangaben sowie Informationen über Liefer- und Zahlungsbedingungen. Im Versandhandel ist der Katalog das wichtigste und oft auch das einzige Verkaufsinstrument. In dieses Vertriebsinstrument ist eine Bestellmöglichkeit integriert, der Verbraucher kann die aus dem Katalog ausgewählten Produkte schriftlich, telefonisch oder über das Internet bestellen.[788]

*bb. Werbebrief*

Im Rahmen des Versandhandels bedient sich der Unternehmer zur Ansprache des Verbrauchers in der Regel des Instruments der Direktwerbung.[789] Hierunter wird die schriftliche werbliche Ansprache des Verbrauchers verstanden. Mittel der Direktwerbung sind adressierte Werbebriefe, Prospekte und Kataloge. Es wird zwischen adressierten und unadressierten Werbesendungen unterschieden.[790] Die adressierte Werbesendung wird bevorzugt verwandt, da bei ihr eine

---

[784] Vgl. Bundesverband des Deutschen Versandhandels e.V. (Hrsg.), Versandhandel in Deutschland, 5. Aufl., 2002, S. 24.

[785] Vgl. Bundesverband des Deutschen Versandhandels e.V. (Hrsg.), a.a.O..

[786] Diese Verkaufshilfe ist jedoch auch besonders kostspielig, so kostet ein Katalog eines großen Versandhauses in der Herstellung bis zu acht Euro je Stück. Vgl. Bundesverband des Deutschen Versandhandels e.V. (Hrsg.), a.a.O., S. 54 f..

[787] Vgl. hierzu *Holland*, Direktmarketing, 1993, S. 145.

[788] Vgl. hierzu *Holland*, a.a.O..

[789] Vgl. zu diesem Begriff *Hilke*, Direkt-Marketing, 1993, S. 11. Ausführlich zu den Vorteilen der Direktwerbung für den Unternehmer *Holland*, Direktmarketing, 1993, S. 10.

[790] Die klassische Form der adressierten Werbesendung (sog. Mailing oder Direktwerbe-Package) besteht in der Regel aus vier Teilen: aus einem adressierten Versandumschlag, dem adressierten Werbebrief, einem Prospekt, der die Ware bzw. die Dienstleistung werblich gesondert herausstellt, sowie einer Antwort- bzw. Bestellkarte. Vgl. hierzu *Gutsche*, Das

höhere Empfangswahrscheinlichkeit besteht.[791] Unadressierte Werbesendungen tragen demgegenüber keine aufgedruckte Adresse des Empfängers.[792] Diese Form der Werbung wird als Direct-Response-Werbung bezeichnet und hat zum Ziel, eine Reaktion bei dem Empfänger auszulösen.[793] Diese Reaktionen können unterschiedlicher Art sein. Im Konsumgüterbereich besteht das Ziel von Direktwerbung darin, bei dem Verbraucher als Reaktion unmittelbar eine Bestellung hervorzurufen.[794] Demgegenüber wird bei teuren Produkten, bei denen eine Hemmschwelle zur Bestellung besteht, regelmäßig auf erster Stufe eine Möglichkeit zur Anforderung von weitergehenden Informationen angeboten und erst auf zweiter Stufe versucht, den Verbraucher zu einer Bestellung zu bewegen.

*(1) wettbewerbsrechtliche Beschränkungen der Briefwerbung*

Im Hinblick auf das Lauterkeitsrecht unterliegt die Briefwerbung nur geringen Beschränkungen. Gemäß § 7 Abs. 1, Abs. 2 Nr. 1 i.V.m. § 3 UWG liegt in einer Werbung, die gegen den erkennbaren Willen des Empfängers erfolgt, eine unzumutbare Belästigung.[795] Dieses Opt-out-System entspricht der früheren Rechtsprechung zu § 1 UWG a.F..[796] Unaufgeforderte Briefpostsendungen sind demnach lauterkeitsrechtlich grundsätzlich statthaft, es sei denn, das werbende Unternehmen missachtet eine ausdrückliche Aufforderung des Empfängers, von entsprechenden Werbesendungen verschont zu bleiben.[797]

---

Mailing im Dialogmarketing, 2002, S. 247; *Hilke*, Direkt-Marketing, 1993, S. 19; *Holland*, Direktmarketing, 1993, S. 16.

[791] *Hilke*, a.a.O.. Adressierte Werbebriefe werden regelmäßig an die bezeichnete Person weitergegeben. Vgl. hierzu *Lehr*, Versandhandel und Direktmarketing, 2002, S. 340.

[792] Es handelt sich dabei um Handzettel oder Prospekte, die auch Warenproben oder Gutscheine enthalten können, und durch Verteiler oder Postboten den Haushalten zugestellt werden. Vgl. hierzu *Holland*, Direktmarketing, 1993, S. 17.

[793] *Holland*, a.a.O., S. 11. Der Begriff der Direct-Response-Werbung ist der Oberbegriff für Werbung, bei der dem Verbraucher die Möglichkeit zu einer unmittelbaren Bestellung per Fernkommunikationsmittel gegeben wird.

[794] Oft ist es jedoch problematisch, Nichtkunden mit einem Werbebrief direkt zum Kauf zu bewegen. Daher wird in einer zweistufigen Aktion zunächst auf erster Stufe Interessenten geworben. In einem Werbebrief werden zunächst einige Informationen über das Angebot gegeben. Die Interessenten haben dann die Möglichkeit, weitergehende Informationen anzufordern. Erst in einem zweiten Schritt wird versucht, die Interessenten in Käufer umzuwandeln. Vgl. hierzu *Holland*, Direktmarketing, 1993, S. 11.

[795] Diese Vorschrift entspricht dem in Art. 10 Abs. 2 der allgemeinen Fernabsatzrichtlinie vorgesehenen Opt-out-System (Art. 10 Abs. 2 FernAbsRL, ABl. EG Nr. L 144 v. 04.06.1997, S. 19 (24)) und der in der Fernabsatzrichtlinie für Finanzdienstleistungen vorgesehenen Wahlmöglichkeit zwischen einem Opt-in-System und einem Opt-out-System (Art. 10 Abs. 2 FernAbsFinanzDLRL, ABl. EG Nr. L 271 v. 09.10.2002, S. 16 (22)).

[796] BGH, Urt. v. 16.02.1973 - I ZR 160/71, NJW 1973, 1119 (1120); vgl. auch *Ring*, Fernabsatzgesetz, 2000, S. 48.

[797] Vgl. RegE UWG, BT-Drs. 15/1487, S. 21.

Die Gefahr einer unzumutbaren Belästigung ist in dem Bereich der Briefwerbung erheblich geringer als bei der Einzelansprache des Verbrauchers durch andere Fernkommunikationsmittel.[798] Das Werbematerial ist in der Regel sofort erkennbar und kann bei Desinteresse umgehend entsorgt werden.[799] Viele Umworbene haben außerdem ein berechtigtes Interesse an einer Information durch derartige Werbeschriften.[800] Bei der Postwerbung kann daher nicht von vornherein angenommen werden, dass der Umworbene diese Art der Werbung ablehnt.[801] Nur bei einer Aufforderung des Empfängers an das werbende Unternehmen, keine Werbesendungen an ihn zu schicken, liegt eine Verletzung des allgemeinen Persönlichkeitsrechts vor.[802] Die Äußerung eines entgegenstehenden Willens kann in konkreter Form, etwa durch Mitteilung an den Werbenden, oder in genereller Form, z.B. durch einen Aufkleber am Briefkasten oder einen Eintrag in die sog. Robison-Liste, erfolgen.[803]

*(2) Funktion der Briefwerbung*

Da im Bereich der Direktwerbung auch die Ansprache von Verbrauchern zulässig ist, zu denen noch keine Geschäftsverbindung besteht, ist es möglich, mit diesem Instrument der Ansprache Neukunden zu gewinnen. Zu diesem Zweck werden von den Unternehmen Adressen von erfolgversprechenden Zielgruppen angemietet und mit dem Ziel angeschrieben, sie als Kunden für das Unternehmen zu gewinnen.[804] Voraussetzung für eine effektive Direktwerbekampagne ist, dass zielgruppengenau selektierte Adressen von potentiellen Kunden verfügbar sind.[805] Durch die Entwicklung der Direktwerbung sind Adressen zu einem Wirtschaftsgut geworden, es hat sich eine Branche herausgebildet, die sich speziell mit der Vermarktung von Adressen befasst.[806] Die Adressverlage bieten diese Adressen in katalogisierter Form mit Zielgruppenbeschreibungen anderen Unternehmen für vorher genau festgelegte Werbekampagnen an.[807]

---

[798] BGH, Urt. v. 16.02.1973 - I ZR 160/71, NJW 1973, 1119 (1120).
[799] *Freund*, in: Festschrift für Horn, 1997, S. 228 (241).
[800] BGH, Urt. v. 16.02.1973 - I ZR 160/71, NJW 1973, 1119 (1120).
[801] BGH, a.a.O..
[802] BGH, a.a.O..
[803] Vgl. hierzu *Freund*, in: Festschrift für Horn, 1997, S. 228 (241).
[804] *Holland*, Direktmarketing, 1993, S. 11.
[805] Vgl. hierzu *Wuermeling*, Die Rahmenbedingungen des Adresseinsatzes, 2002, S. 128.
[806] Die Adressverlage beziehen ihre Daten häufig aus öffentlich zugänglichen Quellen wie Telefonverzeichnissen, Branchenverzeichnissen, Berufsgruppenverzeichnissen sowie von Unternehmen, die die Adressen ihrer Kunden gegen Entgelt zur Verfügung stellen. Vgl. *Wuermeling*, a.a.O., S. 128, 130.
[807] Das werbetreibende Unternehmen darf die Adresslisten in der Regel nur vorübergehend nutzen. Größtenteils werden die Adresssätze nicht dem Unternehmen überlassen, sondern nur dem die Werbesendungen erstellenden Unternehmen (sog. Lettershops) zur Verfügung gestellt. Andernfalls wird mit in den Datensätzen enthaltenen Kontrolladressen überprüft, ob

Dem Unternehmen kommt es nicht nur auf die postalische Anschrift des Verbrauchers an, den eigentlichen Wert solcher Datenbanken machen konsumrelevante Zusatzinformationen aus.[808] Hierunter fällt die Zugehörigkeit der erfassten Person zu einer bestimmten, möglichst homogenen Konsumentengruppe, bei der ein potentielles Interesse an den angebotenen Waren und Dienstleistungen vermutet wird.[809]

*cc. Werbung in Pressemedien*

Eine weitere Fallgruppe stellt die Werbung in Pressemedien dar. Hierunter fällt die Werbung mittels Anzeigen, Beilagen und Beiheftern. So enthalten Anzeigen in Zeitungen und in Zeitschriften teilweise die Aufforderung an den Leser, in Kontakt mit dem Unternehmer zu treten.[810] Dies kann über Coupons oder Rückantwortkarten geschehen.[811] Um den Zielpersonen eine Antwortmöglichkeit zu eröffnen, reicht es jedoch aus, in der Anzeige eine Telefonnummer, Telefaxnummer oder eine E-Mail-Adresse anzugeben.[812] Häufig werden hierbei für den Anrufer kostenlose Telefonnummern verwendet, um die Hemmschwelle für Interessenten herabzusetzen und so eine höhere Antwortquote zu erreichen.[813]

Eine weitere Verbreitungsform für Anzeigen stellt das Anzeigenheft dar.[814] Im Gegensatz zu Anzeigen in Zeitungen oder Zeitschriften besteht hier kein redaktionelles Umfeld, eine Anzahl von Anzeigen wird gebunden als Heft an Verbraucher verteilt.[815]

Auch Beilagen und Beihefter gehören zu der Gruppe der klassischen Medien, die sich auch zu den Zwecken des Fernabsatzes einsetzen lassen.[816] Sie

---

die Adressen übernommen oder weitergegeben wurden. Vgl. *Wuermeling*, Die Rahmenbedingungen des Adresseinsatzes, 2002, S. 129.

808 *Wuermeling*, a.a.O., S. 128.

809 *Wuermeling*, a.a.O..

810 *Holland*, Direktmarketing, 1993, S. 24; *Hilke*, Direktmarketing, 1993, S. 26.

811 Diese Anzeigen werden als Coupon-Anzeigen bezeichnet, vgl. *Holland*, Direktmarketing, 1993, S. 24. Bei Coupon-Anzeigen ist der Reaktionsteil Bestandteil der Anzeige und kann vom reagierenden Leser ausgeschnitten oder abgetrennt werden, vgl. *Hilke*, Direktmarketing, 1993, S. 26.

812 *Hilke*, a.a.O.. Es ist auch möglich die Anzeige so zu gestalten, dass der Verbraucher sie als Formular für eine Bestellung per Telefax benutzen kann. Vgl. hierzu das Beispiel bei *Holland*, Direktmarketing, 1993, S. 139.

813 Die Entgegennahme der Telefonanrufe erfolgt dann durch passives Telefonmarketing. Vgl. *Holland*, Direktmarketing, 1993, S. 23, 139.

814 Vgl. hierzu *Holland*, a.a.O., S. 143.

815 Für verschiedene Zielgruppen stellen die Verlage Hefte zusammen, die nur aus Coupons bestehen. Diese Postkarten können als Responseelement von Interessenten benutzt werden. Die Coupons bieten meistens die Möglichkeit, Informationen, Kataloge oder Muster abzurufen, teilweise finden sich auch direkt bestellfähige Angebote. Die Anzeigenhefte werden in Wartezimmern von Arztpraxen ausgelegt, an Vereine oder direkt an Interessenten versandt.

816 Vgl. hierzu *Holland*, Direktmarketing, 1993, S. 131.

finden sich vor allem in Presseerzeugnissen, wie Zeitungen und Zeitschriften. Beihefter werden fest in die Zeitschrift eingeklebt oder eingeheftet.[817] Beilagen werden dagegen ohne feste Verbindung in eine Zeitschrift eingelegt.[818] Bei den für diesen Vertriebsweg konzipierten Werbemitteln wird eine Bestellmöglichkeit für den Verbraucher durch Antwortcoupon, Rückantwortkarte, Telefonnummer oder Internetadresse integriert.[819]

*2. Versandhandel als Fernabsatzsystem*

Im Rahmen des Versandhandels erfolgt sowohl der Vertragsschluss als Absatzanbahnung als auch die Lieferung der Ware oder die Erbringung der Dienstleistung als Absatzdurchführung über Distanz.[820] Der klassische Versandhandel ist grundsätzlich ausschließlich auf den Vertriebskanal des Fernabsatzes ausgerichtet. Der Umstand, dass einige Versandhandelsunternehmen ein Vertriebsnetz mit stationären Geschäften eingerichtet haben, ist unerheblich, da es diesbezüglich allein auf den Fernabsatz als eigenen Vertriebskanal ankommt. Das stationäre Vertriebsnetz hat keinen Einfluss auf das Vorliegen eines Fernabsatzsystems und die Anwendbarkeit des Fernabsatzrechts.[821]

*a. Kriterium Außendarstellung*

Die Einordnung als Fernabsatzsystem ergibt sich zunächst unter der Heranziehung des Kriteriums der Außendarstellung. Im Bereich des Versandhandels wird der Verbraucher von dem Unternehmer mittes Katalogen und Werbesendungen angesprochen. Der Verbraucher bestellt die Ware per Bestellschein, Telefon, Telefax oder E-Mail. Bereits die Bereitstellung der Druckwerke als Werbemaßnahme in Verbindung mit der Einräumung der Möglichkeit zur Bestellung und Zusendung der Produkte lässt auf die Tatsache schließen, dass der Unternehmer das Konzept des Fernabsatzes verfolgt. Durch derartige Werbemaßnahmen wird deutlich, dass sich der Unternehmer organisatorisch auf den Fernabsatz eingerichtet hat. So kann bei Vorliegen dieser Voraussetzungen anhand des Kriteriums der Außendarstellung von einem Fernabsatzsystem ausgegangen werden.

---

[817] Oft haben die Beihefter das gleiche Format wie die Zeitschrift und werden von vielen Lesern als Bestandteil der Zeitschrift wahrgenommen. Dies wird von vielen Verlagen noch dadurch gefördert, dass die Seitennummerierung der Zeitschrift im Beihefter weitergeführt wird, vgl. *Holland*, a.a.O..

[818] Der Nachteil von Beilagen gegenüber den Beiheftern ist, dass diese aus dem Werbeträger herausfallen können und eher von dem Verbraucher in den Papierkorb geworfen werden als die fest mit der Zeitschrift verbundenen Beihefter, vgl. *Holland*, Direktmarketing, 1993, S. 131.

[819] Vgl. hierzu *Holland*, a.a.O., S. 23.

[820] Vgl. hierzu *Lehr*, Versandhandel und Direktmarketing, 2002, S. 345.

[821] Vgl. oben 2. Teil II. 1. a..

*b. Kriterium sachliche und personelle Ausstattung*

Von dem Kriterium der Außendarstellung abgesehen wird man in der Regel auch aufgrund der sachlichen und personellen Ausstattung ein Fernabsatzsystem annehmen können. So stellt das Unternehmen regelmäßig einen Call Center bereit oder trifft andere Vorkehrungen, um die eingehenden Bestellscheine, Telefaxe oder E-Mails der Verbraucher zu bearbeiten. Außerdem besteht in der Regel eine ausreichende Logistik, um die Bereitstellung der Waren und ihre Versendung zum Kunden sicherzustellen. Daher wird das Unternehmen regelmäßig über eine ausreichende sachliche und personelle Ausstattung verfügen, um Geschäfte im Fernabsatz abzuschließen.[822]

Die großen Versandhäuser sind der Grundtypus des Fernabsatzsystems, an deren Beispiel das Fernabsatzrecht entwickelt worden ist. Die Anbieter sprechen gezielt und ausschließlich Kunden für den Fernabsatz an, in diesem Bereich ist daher von dem Vorliegen der Voraussetzung einer entsprechenden Organisation im Sinne eines Fernabsatzsystems auszugehen.[823] So wird man etwa den großen Versandhäusern nicht den Systemcharakter ihrer Vertriebsstrukturen absprechen können.[824]

*c. einfach strukturierte Fernabsatzsysteme*

Das Vorliegen einer derart komplexen Organisationsstruktur ist jedoch nicht zwangsläufig Voraussetzung für die Annahme eines Fernabsatzsystems. Das Vertriebssystem Versandhandel setzt nicht notwendig eine aufwendige Organisation voraus. Ein solches Vertriebssystem ist auch in einfachen Varianten denkbar. Als Beispiel ist der Buchhändler zu nennen, der in seinen Zeitungsanzeigen mit der Möglichkeit der telefonischen Bestellung und der Zusendung der Ware wirbt. Eine derartige Geschäftspraktik lässt sich dem Vertriebssystem des Versandhandels zuordnen, da es sich der gleichen Mittel bedient. Die Annahme eines Fernabsatzsystems ist in diesen Fällen auch dem Schutzzweck nach zu bejahen, da bei dem Verbraucher ein Informationsdefizit sowohl in Bezug auf den Vertragsgegenstand, als auch in Bezug auf den Vertragspartner besteht. Es sind daher auch einfach ausgestaltete Vertriebssysteme als Fernabsatzsystem einzuordnen.

*d. Einordnung von Zweifelsfällen*

In der Praxis bestehen in dem Bereich des Versandhandels einige Zweifelsfälle, bei denen das Vorliegen eines Fernabsatzsystems problematisch ist. Es bestehen hier zumeist Ansätze eines Fernabsatzsystems, so dass anhand der entwickelten Kriterien zu ermitteln ist, ob in diesen Fällen ein Fernabsatzsystem vorliegt.

---

[822] Ebenso *Härting*, Fernabsatzgesetz, 2000, § 1 Rn. 79.

[823] Vgl. hierzu *Bodewig*, DZWir 1997, 447 (448).

[824] Vgl. *Meents*, Verbraucherschutz bei Rechtsgeschäften im Internet, Dissertation Universität Münster, 1998, S. 185.

*aa. Abholung der Ware durch den Verbraucher*

Fraglich ist, wie die Fälle zu behandeln sind, in denen ein Vertragsschluss aufgrund eines Versandhandelskatalogs erfolgt, bei Vertragsschluss jedoch vereinbart wird, dass der Verbraucher die Ware bei dem Unternehmer abholt. So bieten manche Möbelhäuser ein Versandsystem an, d.h. der Verbraucher kann sich die in einem Katalog dargestellten Einrichtungsgegenstände mittels Fernkommunikationsmittel bestellen und sich nach Hause liefern lassen.[825] In einem solchen Fall liegt ein Fernabsatzsystem vor. Es stellt sich jedoch die Frage, ob in dem Fall, in dem der Verbraucher die Ware telefonisch bestellt und mit dem Unternehmer bei Vertragsschluss vereinbart, diese dann selbst in dem Möbelhaus abzuholen, ein Fernabsatzsystem zu verneinen ist.[826] Auch in dieser Konstellation ist von dem Vorliegen eines Fernabsatzsystems auszugehen, da es keinen Unterschied machen kann, ob im Rahmen der Leistungserbringung der Verbraucher oder der Unternehmer die Distanz überwindet. Im Hinblick auf das vermutete Informationsdefizit besteht die Schutzbedürftigkeit des Verbrauchers.[827]

*bb. Abholung bestellter Ware im stationären Geschäft*

Einige Versandhandelsunternehmen haben sog. Paketshops eingerichtet, in denen den Kunden die Möglichkeit gegeben wird, die bestellten Waren abzuholen.[828] Diese Möglichkeit ist interessant für Kunden, die tagsüber nicht durchgehend zuhause sind und deshalb die Waren nicht entgegennehmen können. Der Paketshop dient jedoch nur als Aufbewahrungsstation. Von dem Verbraucher müssen regelmäßig die üblichen Versandkosten entrichtet werden. Bestellungen werden in den Paketshops nicht entgegengenommen. Ein Paketshop hat demnach keine das Fernabsatzsystem unterbrechende Funktion. Zwar sind derartige Außenstellen in das Zustellsystem des Versandhauses integriert, sie werden jedoch in der Regel von selbständigen Gewerbetreibenden betrieben.[829]

*cc. Auslage von Bestellkatalogen im stationären Vertrieb*

In der Praxis üblich ist die Verknüpfung von stationärem Vertrieb und Fernabsatz. So werden in Ladengeschäften Kataloge zur Mitnahme durch den Kunden ausgelegt, in denen Waren angeboten werden, die ausschließlich im Versand

---

[825] Diese Möglichkeit bietet z.B. das Einrichtungsunternehmen *IKEA* seinen Kunden an.

[826] Vgl. das Beispiel bei *Wendehorst*, in: Münchener Kommentar, Band 2a, 2003, § 312b Rn. 51; *dies.*, in: Münchener Kommentar, Band 2, 4. Aufl., 2001, § 1 FernAbsG Rn. 50.

[827] Vgl. oben unter 2. Teil II. 4..

[828] Diese Möglichkeit bietet z.B. das Versandhandelsunternehmen *Otto* seinen Kunden an, das mit dem *Hermes*-Versandservice über einen konzerneigenen Zustelldienst verfügt.

[829] Außerdem sind diese Paketshops vergleichbar mit der Aufbewahrung von Paketen bei der *Deutschen Post AG* nach einem gescheiterten Zustellversuch, diese Tatsache berührt das bestehende Fernabsatzsystem auch nicht.

erhältlich sind.[830] Hierbei handelt es sich zumeist um Waren, die aufgrund ihrer Größe bzw. Sperrigkeit nicht zum Verkauf in kleinen Verkaufsräumen geeignet sind. In diesem Fall werden zwei Vertriebssysteme miteinander kombiniert: ein stationäres Vertriebssystem und der Versandhandel als Fernabsatzsystem. Der Fall ist in gleicher Weise zu behandeln wie der herkömmliche Versandhandel, bei dem der Verbraucher den Katalog zugesandt erhält. Es kann insoweit keinen Unterschied machen, ob der Verbraucher den Katalog in seinem Briefkasten findet oder sich ihn im Geschäft mitnimmt.

*dd. Annahme von Bestellungen im stationären Geschäft*

Im Rahmen ihres Vertriebskonzeptes haben einige Versandhandelsunternehmen stationäre Geschäftsstellen errichtet, in denen Bestellungen der Kunden entgegengenommen werden.[831] Diese Geschäfte sind direkt in das Vertriebssystem eingebunden und werden entweder selbst von den Versandhandelsunternehmen oder von autorisierten Personen im Rahmen einer selbständigen beruflichen Tätigkeit geführt. Diese stationären Vertriebsstellen verfügen über ein eingeschränktes Warensortiment. Die Bestellungen der Verbraucher werden in der Regel per Fernkommunikationsmittel an das Versandhandelsunternehmen weitergegeben. Die Kunden können die bestellten Waren dann in dem Geschäft abholen, hierfür fallen dann keine Versandkosten an.

In diesen Fällen ist das Vorliegen eines Fernabsatzsystems anhand des Zustandekommens des Vertrags zu beurteilen. Sofern das Versandhandelsunternehmen das stationäre Geschäft selbst betreibt oder die selbständig tätige Person als Stellvertreter des Versandhandelsunternehmens fungiert, liegt kein Fernabsatzsystem vor, da dann schon der Vertragsschluss nicht unter ausschließlicher Verwendung von Fernkommunikationsmitteln erfolgt. In der Regel wird der selbständige Betreiber des stationären Geschäfts aber nur als Bote auftreten, der die Bestellung des Verbrauchers mittels Fernkommunikationsmittel an das Versandhaus übermittelt. Es ist nämlich davon auszugehen, dass das Versandhandelsunternehmen erst nach einer Bonitätsprüfung eine rechtliche Bindung eingehen will. In diesem Fall liegt ein Fernabsatzsystem vor, da der Vertragsschluss mittels Fernkommunikationsmitteln zustande kommt.

*ee. Vertragsanbahnung mittels Werbebrief*

Im Rahmen des Vertriebskonzeptes des stationären Handels werden teilweise Werbebriefe, Prospekte oder Kataloge verteilt, um den Verbraucher dazu zu bewegen, ein stationäres Geschäft aufzusuchen, um dort einen Vertrag abzu-

---

[830] Eines derartigen Vertriebskonzepts bedient sich das Versandhandelsunternehmen *Tchibo*. Es werden in den stationären Geschäften Kataloge mit Waren ausgelegt, die von den Verbrauchern bestellt werden können.

[831] Diese Möglichkeit zur Abgabe einer Bestellung bietet das Versandhandelsunternehmen *Otto* seinen Kunden an.

schließen.[832] Der Vertragsschluss erfolgt in diesen Fällen in dem stationären Geschäft ohne Einsatz von Fernkommunikationsmitteln, so dass das Vorliegen eines Fernabsatzsystems zu verneinen ist. Es ist für die Anwendbarkeit des Fernabsatzrechts nicht ausreichend, dass im Rahmen der Vertragsanbahnung Fernkommunikationsmittel eingesetzt werden. Der Vertragsschluss selbst muss unter Einsatz von Fernkommunikationsmitteln erfolgen (§ 312b Abs. 1 S. 1 BGB). Außerdem wird die Leistung in diesen Fällen regelmäßig nicht über eine Distanz erbracht, so dass aus diesem Grund ein Fernabsatzsystem ausgeschlossen ist.

*III. telefonische oder über das Telefon vermittelte Kommunikation (insbesondere Telefonmarketing)*

Die nächste zu untersuchende Fallgruppe ist die telefonisch oder über das Telefon vermittelte Kommunikation. Im Bereich der telefonisch vermittelten Kommunikation bestehen Abgrenzungsprobleme, die aus dem Umstand resultieren, dass bei der Entwicklung der Fernabsatzrichtlinie dieser Bereich der Fernkommunikation vernachlässigt worden ist.[833] Bei dem Telefon handelt es sich nicht um ein neues Kommunikationsmittel, für Vertragsschlüsse über das Telefon wurde bisher kein besonderes Schutzbedürfnis des Verbrauchers anerkannt.[834] Es muss daher genau untersucht werden, wann ein Fernabsatzsystem vorliegt. In diesem Zusammenhang kommt dem Schutzbedürfnis des Verbrauchers besonderes Gewicht zu, denn ein bloß gelegentlicher oder zufälliger Vertragsschluss per Telefon oder Telefax darf nicht in den Anwendungsbereich des Fernabsatzrechts fallen.[835] So wäre es insbesondere wertungswidersprüchlich, wenn ein

[832] Derartige Maßnahmen sind z.B. Teil des Vertriebskonzeptes des Möbelunternehmens *IKEA*. Dieses Unternehmen verteilt Kataloge als sog. Vorverkäufer an die Haushalte.

[833] Vgl. hierzu den Tagungsbericht bei *Schulte-Nölke*, NJW 1998, 210 (211), wonach bei der Entwicklung der Fernabsatzrichtlinie das Problem der am Telefon geschlossenen Verträge nicht bedacht wurde.

[834] Vgl. Beschluss des Bundesrates v. 25.09.1992, BR-Drs. 445/92, S. 4.

[835] Vgl. RegE FernAbsG, BT-Drs. 14/2658, S. 30; vgl. auch: *Bodewig*, DZWir 1997, 447 (448); *Bülow/Artz*, NJW 2000, 2049 (2053); *Gaertner/Gierschmann*, DB 2000, 1601; *Gößmann*, MMR 1998, 88 (89); *Grigoleit*; NJW 2002, 1151; *Grüneberg*, in: Palandt, 65. Aufl., 2006, § 312b Rn. 11; *Härting*, CR 1999, 507 (508); *ders./Schirmbacher*, MDR 2000, 917 (918); *Hoffmann*, in: *Lehmann (Hrsg.)*, Rechtsgeschäfte im Netz - Electronic Commerce, 1999, S. 61 (64); *Hoppmann*, VersR 1999, 673 (675); *Kamanabrou*, WM 2000, 1417 (1420); *Lorenz*, JuS 2000, 833 (838); *Lütcke*, Fernabsatzrecht, 2002, § 312b Rn. 71; *Martis/Meinhof*, Verbraucherschutzrecht, 2. Aufl., 2005, 4. Teil B Rn. 38 f., *Marx*, WRP 2000, 1227 (1229); *Meub*, DB 2002, 359; *Micklitz*, ZEuP 1999, 875 (877); *Pützhoven*, Europäischer Verbraucherschutz im Fernabsatz, Dissertation Universität Greifswald, 2001, S. 47; *Rath-Glawatz/Dietrich*, AfP 2000, 505 (507); *Reich*, EuZW 1997, 581 (583); *Reich/Nordhausen*, Verbraucher und Recht im elektronischen Geschäftsverkehr, 2000, S. 110; *Reich/Micklitz*, Europäischer Verbraucherschutz, 4. Aufl., 2003, S. 578; *Roth/Schulze*, RIW 1999, 924 (925); *Schirmbacher*, Verbrauchervertriebsrecht, Dissertation Universität

Verbraucher bei der telefonischen Bestellung einer zuvor besichtigten Ware ein Widerrufsrecht haben sollte, bei der unmittelbaren Mitnahme im Geschäft dagegen nicht.[836]

Für die weitere Untersuchung wird die Kommunikation mittels Telefon in die Bereiche aktives und passives Telefonmarketing sowie Werbung mittels Telefax unterteilt.

*1. aktives Telefonmarketing*

Das aktive Telefonmarketing ist die gezielte fernmündliche Einzelansprache des Verbrauchers mit dem Ziel der Geschäftsanbahnung.[837] Zu der Kommunikation mit dem Verbraucher wird regelmäßig ein Call Center eingesetzt, dies ist jedoch nicht zwingende Voraussetzung des Telefonmarketings.[838] Bei dem aktiven Telefonmarketing ruft das Unternehmen oder eine beauftragte Agentur bei Zielpersonen an, in dem Telefongespräch werden Waren oder Dienstleistungen verkauft oder es werden Informationen weitergegeben oder gesammelt.[839] Das aktive Telefonmarketing setzt in organisatorischer Hinsicht keine umfangreiche Ausstattung voraus. Entscheidend für das Vorliegen dieses Vertriebskonzeptes ist, dass der Unternehmer das Ziel verfolgt, aktiv mittels Telefon Verbraucher zu dem Zweck des Vertragsabschlusses anzusprechen.

*a. Entwicklung des aktiven Telefonmarketings*

Das Vertriebsinstrument des aktiven Telefonmarketings wurde in den Vereinigten Staaten entwickelt und in den achtziger Jahren in Deutschland eingeführt.[840] Die Anfang der achtziger Jahre aufgetretenen Sättigungserscheinungen traditioneller Wachstumsmärkte und die damit verbundene Stagnation der Umsätze bei vielen Unternehmen führte dazu, dass sich viele Unternehmen entschlossen, dieses Vertriebsinstrument einzusetzen.[841] Der telefonische Kontakt bot sich insbesondere als kostengünstige Alternative zu einem Außendienst an, da diese Form des Kontaktes dem persönlichen Kundengespräch von Angesicht zu

---

Erlangen-Nürnberg, 2005, S. 62; *Schmidt-Räntsch*, VuR 2000, 427 (428); *Schulte-Nölke*, in: Handkommentar BGB, 4. Aufl., 2005, § 312b Rn. 6; *Tonner*, BB 2000, 1413 (1416); *Waldenberger*, in: *Hoeren/Sieber (Hrsg.)*, Handbuch Multimedia-Recht, 2005, Teil 13.4 Rn. 46; *Wendehorst*, in: Münchener Kommentar, Band 2a, 2003, § 312b Rn. 49; *dies.*, in: Münchener Kommentar, Band 2, 4. Aufl., 2001, § 1 FernAbsG Rn. 49.

836 So auch schon: Beschluss des Bundesrates v. 25.09.1992, BR-Drs. 445/92, S. 2.

837 *Hilke*, Direkt-Marketing, 1993, S. 16; vgl. auch *Bruhn/Homburg (Hrsg.)*, Gabler Marketing Lexikon, 2001, S. 716; *Töpfer*, Direktmarketing mit neuen Medien, 1992, S. 670

838 Vgl. *Bruhn/Homburg (Hrsg.)*, a.a.O.; *Hilke*, Direkt-Marketing, 1993, S. 10.

839 *Holland*, Direktmarketing, 1993, S. 21; *Töpfer*, a.a.O..

840 Vgl. zur Entwicklung des Telefonmarketings, *Gilles*, NJW 1988, 2424 (2425); *Greff*, Telefonmarketing und Call Center, 2002, S. 252.

841 *Töpfer*, Direktmarketing mit neuen Medien, 1992, S. 670.

Angesicht am nächsten kommt.[842] So ist auch bei dem Telefonkontakt eine direkte Rückantwort des Verbrauchers ohne zeitliche Verzögerung möglich, wobei sich die Kommunikation auf sprachliche Information beschränkt.[843] Im Vergleich zu dem Außendienst, der einen noch höheren Wirkungsgrad hat, sind die Kosten des Telefonmarketings wesentlich niedriger.[844] Heute ist das aktive Telefonmarketing meist Bestandteil von komplexen Direktmarketingkampagnen.[845] Dabei ist der Dialog mit dem Verbraucher oft vorformuliert, der Kundenkontakt wird durch aufwändige Software gesteuert.[846]

*b. wettbewerbsrechtliche Beschränkungen des aktiven Telefonmarketings*

Das Telefonmarketing wird durch das Lauterkeitsrecht erheblich beschränkt. Gemäß § 7 Abs. 1, Abs. 2 Nr. 2 i.V.m. § 3 UWG ist Werbung mit Telefonanrufen gegenüber Verbrauchern ohne deren Einwilligung unzulässig.[847] Der Gesetzgeber hat sich für das Opt-in-System entschieden, das der bisherigen Rechtsprechung des Bundesgerichtshofs entspricht.[848] Nach dieser Rechtsprechung verstieß es gegen die guten Sitten des Wettbewerbs gemäß § 1 UWG a.F., unaufgefordert Inhaber von Fernsprechanschlüssen, zu denen bis zu diesem Zeitpunkt keine Beziehungen bestanden, in ihrem privaten Bereich anzurufen, um Geschäftsabschlüsse anzubahnen, vorzubereiten oder sonstige Leistungen anzubieten.[849] Das Verbot des Cold Calling[850] wird mit dem Schutz des Verbrauchers

---

[842] Vgl. hierzu *Töpfer*, a.a.O..

[843] *Töpfer*, a.a.O..

[844] *Holland*, Direktmarketing, 1993, S. 10.

[845] Vgl. *Greff*, Telefonmarketing und Call Center, 2002, S. 253.

[846] Derartige Software Systeme werden als Customer-Relationship-Management-Systeme bezeichnet, vgl. *Greff*, a.a.O..

[847] Dem Gesetzgeber stand hier gemäß Art. 13 Abs. 3 der Datenschutzrichtlinie für elektronische Kommunikation (ABl. EG Nr. L 201 v. 31.07.2002, S. 37 (46)), Art. 10 Abs. 2 FernAbsRL (ABl. EG Nr. L 144 v. 04.06.1997, S. 19 (24)), Art. 10 Abs. 2 FernAbsFinanzDLRL (ABl. EG Nr. L 271 v. 09.10.2002, S. 16 (22)) ein Wahlrecht zwischen einem Opt-in-System und einem Opt-out-System zu.

[848] RegE UWG, BT-Drs. 15/1487, S. 21. Kritisch zu dem Opt-in-System *Micklitz/Reich*, Die Fernabsatzrichtlinie im deutschen Recht, 1998, S. 87, 120, die die Aufhebung des Opt-in-Systems und die Einführung eines Mischsystems fordern.

[849] BGH, Urt. v. 19.06.1970 - I ZR 115/68 (Telefonwerbung I), NJW 1970, 1739; Urt. v. 08.06.1989 - I ZR 178/87 (Telefonwerbung II), NJW 1989, 2820; Urt. v. 08.11.1989 - I ZR 55/88 (Telefonwerbung III), NJW-RR 1990, 359; Urt. v. 24.01.1991 - I ZR 133/89 (Telefonwerbung IV), NJW 1991, 2087; Urt. v. 08.12.1994 - I ZR 189/92 (Telefonwerbung V), NJW-RR 1995, 613; vgl. auch *Bülow*, WRP 1978, 774; *Schmittmann*, DuD 1997, 636 (637). Kritisch zur Ungleichbehandlung von Telefonwerbung und Briefwerbung *Zöller*, GRUR 1992, 297 (299).

[850] Der Begriff „Cold Calling" bedeutet, dass eine Beziehung zu dem Angerufenen nicht besteht, Anrufe in einer bestehenden Beziehung zu dem Verbraucher werden als „Warm Calling" bezeichnet, vgl. hierzu *Gilles*, NJW 1988, 2424 (2425).

vor einem unkontrollierten Eindringen in die Privatsphäre begründet.[851] Der Verbraucher wird veranlasst, das Gespräch entgegenzunehmen, da nicht erkennbar ist, wer zu welchem Zweck anruft.[852] Der Anschlussinhaber ist daher genötigt das Telefongespräch anzunehmen, da es sich auch um einen für ihn wichtigen Anruf handeln kann.[853] Auch im Falle eines höflichen Gesprächs bedarf es ebenso höflicher Rückfragen bis erkannt wird, wer da zu welchem Zweck anruft.[854] Dies muss auch unter Berücksichtigung des Umstandes gelten, dass der Unternehmer gemäß § 312c Abs. 1 Satz 2 BGB bereits zu Beginn des Telefongesprächs seine Identität und den geschäftlichen Zweck des telefonischen Kontakts darlegen muss.[855] Denn trotz der Offenlegung des Zwecks, kommt es schon alleine durch den Anruf zu einer Störung der Privatsphäre.[856] Es kann je nach Temperament des Angerufenen zu emotionalen Reaktionen kommen, die auch nach Beendigung des Telefonats noch nicht abgeklungen sein können und eine gesonderte Art der Belästigung darstellen.[857]

Daneben ist auf den Schutz des Verbrauchers vor den Auswüchsen des Wettbewerbs abzustellen.[858] Die Vorteile der Werbeform des Telefonmarketings liegen darin, dass sie wirtschaftlich nicht besonders aufwendig ist und auf der anderen Seite eine kaum zu übertreffende Nähe des Werbenden zu den angesprochenen Personen mit einer optimalen Zeitausnutzung verbindet.[859] Aus diesem Grund besteht die Gefahr, dass sich auch andere Unternehmen aus Wettbewerbsgründen dieser Werbemethode bedienen und es somit insgesamt zu einer Zunahme dieser Werbeform kommt.[860]

---

[851] RegE UWG, BT-Drs. 15/1487, S. 21; BGH, Urt. v. 19.06.1970 - I ZR 115/68 (Telefonwerbung I), NJW 1970, 1738 (1739); Urt. v. 24.01.1991 - I ZR 133/89 (Telefonwerbung IV), NJW 1991, 2087 (2088); *Bülow*, WRP 1978, 774; *Gilles*, Das Recht des Direktmarketings, 1982, Rn. 99; *Hofmann*, WRP 1970, 8 (9); *Ring*, Fernabsatzgesetz, 2000, S. 49; *Vehslage*, GRUR 1999, 656; kritisch *Micklitz/Reich*, Die Fernabsatzrichtlinie im deutschen Recht, 1998, S. 87, die einen Wertungswiderspruch im Vergleich zu dem zulässigen Eingriff in die Privatsphäre im Rahmen eines Vertreterbesuches sehen.

[852] Vgl. RegE UWG, BT-Drs. 15/1487, S. 21.

[853] BGH, Urt. v. 19.06.1970 - I ZR 115/68 (Telefonwerbung I), NJW 1970, 1738 (1739); Urt. v. 24.01.1991 - I ZR 133/89 (Telefonwerbung IV), NJW 1991, 2087 (2088).

[854] BGH, a.a.O..

[855] Vgl. hierzu *Leible/Sosnitza*, K&R 1998, 183 (286, 290).

[856] A.A. *Leible/Sosnitza*, a.a.O., S. 290.

[857] BGH, Urt. v. 19.06.1970 - I ZR 115/68 (Telefonwerbung I), NJW 1970, 1738 (1739); Urt. v. 24.01.1991 - I ZR 133/89 (Telefonwerbung IV), NJW 1991, 2087 (2088).

[858] Vgl. *Gilles*, Das Recht des Direktmarketing, 1982, Rn. 99.

[859] BGH, Urt. v. 19.06.1970 - I ZR 115/68 (Telefonwerbung I), NJW 1970, 1738 (1739); vgl. hierzu auch *Hofmann*, WRP 1970, 8 (9).

[860] BGH, a.a.O.; ebenso *Hofmann*, a.a.O.; kritisch hierzu *Micklitz/Reich*, Die Fernabsatzrichtlinie im deutschen Recht, 1998, S. 87, die es für rechtsstaatlich unhaltbar halten, dem Werbetreibenden die Folgeverantwortung für sein Verhalten aufzuerlegen.

Für die Zulässigkeit des aktiven Telefonmarketings ist es daher erforderlich, dass der Verbraucher hierzu sein Einverständnis erklärt hat.[861] Ein solches Einverständnis ist anzunehmen, wenn der Kunde vorher selbst um telefonische Information gebeten hat. Außerdem kann er bei Aufnahme des Geschäftskontakts erklären, mit einer telefonischen Betreuung einverstanden zu sein.[862] Eine in Allgemeinen Geschäftsbedingungen enthaltene Klausel, in der der Kunde sein Einverständnis mit telefonischer Werbung erklärt, ist jedoch unwirksam.[863] Das Einverständnis kann auch telefonisch erteilt werden, beispielsweise bei einem durch den Verbraucher vorgenommenen Anruf.[864]

Daneben kann auch von einer konkludenten Erteilung des Einverständnisses in solchen Fällen ausgegangen werden, in denen der Kunde neben seiner Adresse auch seine Telefonnummer in der Kenntnis mitteilt, diese werde von dem werbenden Unternehmen zur Fortführung des geschäftlichen Kontakts genutzt.[865] Ein solches mutmaßliches Einverständnis bezieht sich dann jedoch nur auf das bereits bestehende Vertragsverhältnis und nicht auf die Werbung zur Begründung eines neuen Vertragsverhältnisses.[866]

Insgesamt ist der Einsatz von Telefon und Telefax im Rahmen eines Fernabsatzsystems daher nur vorstellbar, wenn entweder der Erstkontakt über ein anderes Medium erfolgt oder ein fester Kreis von Kunden vorhanden ist, der sich mit dem Erhalt von Werbung per Telefon oder Telefax einverstanden erklärt hat.[867]

*c. aktives Telefonmarketing als Fernabsatzsystem*

In dem Bereich des aktiven Telefonmarketings, d.h. in den Fällen, in denen der Unternehmer aktiv telefonisch Verbraucher mit dem Ziel eines Vertragsabschlusses anspricht, tritt die Außendarstellung des Unternehmens als Kriterium zu der Beurteilung des Vorliegens eines Fernabsatzsystems in den Hintergrund. Der Grund hierfür liegt darin, dass der Kontakt zwischen Verbraucher und Unternehmer auf die mündliche Kommunikation beschränkt ist und andere

[861] BGH, Urt. v. 08.06.1989 - I ZR 178/87 (Telefonwerbung II), NJW 1989, 2820; Urt. v. 08.11.1989 - I ZR 55/88 (Telefonwerbung III), NJW-RR 1990, 359 (360); Urt. v. 08.12.1994 - I ZR 189/92 (Telefonwerbung V), NJW-RR 1995, 613 (614). Nach der Rechtsprechung des Bundesgerichtshofes genügt das mutmaßliche Einverständnis des Verbrauchers.

[862] BGH, Urt. v. 08.06.1989 - I ZR 178/87 (Telefonwerbung II), NJW 1989, 2820.

[863] BGH, Urt. v. 16.03.1999 - XI ZR 76/98, NJW 1999, 1864.

[864] *Greff*, Telefonmarketing und Call Center, 2002, S. 254.

[865] BGH, Urt. v. 08.06.1989 - I ZR 178/87 (Telefonwerbung II), NJW 1989, 2820.

[866] BGH, Urt. v. 08.12.1994 - I ZR 189/92 (Telefonwerbung V), NJW-RR 1995, 613 (614); kritisch zur Beschränkung der Zulässigkeit der telefonischen Kontaktaufnahme auf das bereits bestehende Vertragsverhältnis *Nordemann*, AfP 1991, 484 (486).

[867] Vgl. hierzu *Härting*, Fernabsatzgesetz, 2000, § 1 Rn. 82; *Leible/Sosnitza*, K&R 1998, 283 (289).

Informationsquellen nicht zur Verfügung stehen. Der Unternehmer stellt sich lediglich über das Telefongespräch dar. Es kann daher nur in Ausnahmefällen auf die Außendarstellung des Unternehmens abgestellt werden.

*aa. Kriterium Initiative zum Vertragsschluss*

In diesen Fällen ist das Kriterium der Initiative zum Vertragsschluss heranzuziehen.[868] Sofern der Unternehmer Verbrauchern telefonisch Vertragsabschlüsse anbietet, wird aus diesem Vorgehen deutlich, dass der Unternehmer das Konzept des Fernabsatzes verfolgt. Die Annahme eines Fernabsatzsystems ist in diesem Fall auch dem Schutzzweck nach zu bejahen, da zu dem im Bereich des Fernabsatzes allgemein bestehenden Informationsdefizit das Schutzbedürfnis des Verbrauchers vor Übereilung tritt. Im Rahmen des Telefonmarketings erfolgt ein Vertragsschluss auf Initiative des Unternehmers, der Verbraucher hat keine Möglichkeit, andere Angebote zu prüfen. Aus diesem Grund ist es erforderlich, dem Verbraucher eine nachvertragliche Bedenkzeit einzuräumen.[869]

*bb. Kriterium sachliche und personelle Ausstattung*

Der Unternehmer wird zwar regelmäßig einen Call Center und eine entsprechende technische Unterstützung durch Computer und entsprechende Software einrichten, so dass auch unter dem Gesichtspunkt der technischen und personellen Ausstattung von einem Fernabsatzsystem ausgegangen werden könnte. Es sind jedoch in organisatorischer Hinsicht einfachere Varianten denkbar, in denen sich der Unternehmer nicht derartiger Einrichtungen bedient. Als ein Beispiel für ein einfach strukturiertes Fernabsatzsystem im Bereich des Telefonmarketings ist der Fall des Winzers zu nennen, bei dem der Verbraucher an einer Weinprobe teilnimmt und dort seine Adresse hinterlässt. Zwei Jahre später bietet der Winzer dem Verbraucher dann telefonisch seinen neuen Jahrgangswein an. Die Vorgehensweise des telefonischen Anbietens des Weines in Verbindung mit dem Angebot der Zusendung lässt den Schluss auf einen systematischen Vertrieb im Fernabsatz zu. Die Annahme eines Fernabsatzsystems ist in diesem Fall auch dem Schutzzweck nach zu bejahen, da bei dem Verbraucher ein Informationsdefizit in Bezug auf das angebotene Produkt gegeben ist. Daneben besteht auch ein Schutzbedürfnis des Verbrauchers vor Übereilung, da der Vertragsschluss auf Initiative des Unternehmers erfolgt und es deshalb erforderlich ist, dem Verbraucher eine nachvertragliche Bedenkzeit einzuräumen.

*cc. Vertragsanbahnung mittels Telefon*

Das Telefonmarketing wird auch dazu genutzt, den Verbraucher dazu zu bewegen, ein Ladengeschäft aufzusuchen, um dort einen Vertrag abzuschließen. In

---

[868] Vgl. oben unter 2. Teil II. 3. a..

[869] Vgl. hierzu ausführlich oben 2. Teil I. 5. a. bb..

diesem Fall findet jedoch nur die Vertragsanbahnung unter Einsatz von Fernkommunikationsmitteln statt. Der eigentliche Vertragsschluss erfolgt im Ladenlokal ohne Einsatz von Fernkommunikationsmitteln. Auch dem Schutzzweck des Fernabsatzrechts nach muss das Vorliegen eines Fernabsatzsystems verneint werden. Der Verbraucher kann sein Informationsdefizit durch die Begutachtung der Ware bzw. durch gezieltes Befragen der Mitarbeiter des Unternehmens ausgleichen. Ein Schutz vor Übereilung ist in diesem Fall ebenfalls nicht erforderlich, da der Verbraucher vor dem Besuch des Ladengeschäfts Vergleichsangebote einholen kann. Aus diesen Gründen ist das Vorliegen eines Fernabsatzsystems abzulehnen.

*2. passives Telefonmarketing*

Die Annahme von Telefonanrufen wird als passives Telefonmarketing bezeichnet.[870] Zum Zweck der Kommunikation mit dem Verbraucher setzen zahlreiche Unternehmer sog. Hotlines ein. Hierbei handelt es sich um eine Telefonnummer, unter der Kunden oder Interessenten anrufen können, um mit dem Unternehmen in Kontakt zu treten.[871] Von den Telefongesellschaften werden heute eine Reihe unterschiedlicher Servicetelefonnummern angeboten, die von den Unternehmen abgestimmt auf das jeweilige Angebot eingesetzt werden können.[872] Sehr häufig handelt es sich bei der Hotline um eine Telefonnummer, die für den Verbraucher kostenlos zu erreichen ist und von dem Unternehmen rund um die Uhr oder zu bestimmten Geschäftszeiten mit Personal besetzt wird.[873] Der Telefonkontakt wird von dem Unternehmer zumeist durch Werbung in Fernseh- und Rundfunkspots oder in Zeitungen und Werbebriefen angeregt, die eigentliche Aktivität des Anrufens geht jedoch von dem Verbraucher aus.[874]

---

[870] *Holland*, Direktmarketing, 1993, S. 21. Die wichtigsten Anwendungsbereiche des passiven Telefonmarketings sind neben der Bestellannahme die Erteilung von Informationen und die Entgegennahme von Beschwerden, vgl. *Töpfer*, Direktmarketing mit neuen Medien, 1992, S. 670.

[871] *Bruhn/Homburg (Hrsg.)*, Gabler Marketing Lexikon, 2001, S. 258.

[872] Die Servicevorwahl 0900 ist für Expertendienste gedacht. Sie ist geeignet für alle Arten von Beratungen am Telefon, je nach Art der Beratung können die Tarife unterschiedlich gestaltet werden. Bei der Servicevorwahl 0800 übernimmt der Unternehmer die anfallenden Telefonkosten. Diese Telefonvorwahl wird vorwiegend für die Bestellannahme oder Anmeldedienste benutzt. Bei der Telefonvorwahl 0180 teilen sich Anrufer und Unternehmer die anfallenden Telefonkosten. Den Anteil an den Telefonkosten, den der Verbraucher zu zahlen hat, variiert und hängt davon ab, welche Ziffer der Vorwahl folgt. Vgl. *Greff*, Telefonmarketing und Call Center, 2002, S. 262.

[873] Vgl. *Bruhn/Homburg (Hrsg.)*, Gabler Marketing Lexikon, 2001, S. 258.

[874] *Töpfer*, Direktmarketing mit neuen Medien, 1992, S. 670.

Der Geschäftsbereich eines Unternehmens, der für den telefonischen Kontakt mit den Kunden zuständig ist, wird als Call Center bezeichnet.[875] Die von den Kunden eingehenden Anrufe werden durch ein Computersystem auf freie Arbeitsplätze verteilt, wobei meist eine Verknüpfung der Anrufe mit einem Datenbanksystem erfolgt.[876] Die Einführung der Multikanalstrategie führte zu der Entwicklung, dass die klassische Telefonzentrale zunehmend von den Unternehmen zu einem Kundenkommunikationszentrum weiterentwickelt wird.[877] So stellt das Beantworten von E-Mails neben der telefonischen Kommunikation mit den Kunden heute eine wichtige Aufgabe dar.[878]

*a. passives Telefonmarketing als Fernabsatzsystem*

Grundsätzlich ist die bloße Angabe einer Telefon- oder Telefaxnummer nicht geeignet, das Vorliegen eines Fernabsatzsystems zu indizieren.[879] Dem Verbraucher wird häufig nur die Möglichkeit gegeben, generell mit dem Unternehmer in Kontakt zu treten. Dies muss noch nicht bedeuten, dass der Unternehmer bereit ist, telefonisch Verträge abzuschließen. Die Angabe der Telefonnummer soll dem Verbraucher vielfach nur die Möglichkeit geben, allgemeine Informationen beispielsweise über Produkte, Preise, Öffnungszeiten zu erhalten. Aus dieser Tatsache kann jedoch nicht generell geschlossen werden, dass der Unternehmer bereit ist, telefonisch Verträge abzuschließen.

*aa. Kriterium Außendarstellung*

Eine andere Bewertung ist jedoch dann vorzunehmen, wenn die Angabe einer Telefon- oder Telefaxnummer mit dem Hinweis auf eine Bestellmöglichkeit versehen wird.[880] So ist davon auszugehen, dass die Grenze zum organisierten

---

[875] Vgl. *Bruhn/Homburg (Hrsg.)*, Gabler Marketing Lexikon, 2001, S. 93. Der Begriff „Call Center" stammt aus den Vereinigten Staaten und wurde Anfang der achtziger Jahre in Deutschland eingeführt. Allein in Deutschland arbeiten nach Schätzungen zwischen 250.000 und 300.000 Menschen in Call Centern, vgl. *Greff*, Telefonmarketing und Call Center, 2002, S. 253.

[876] Derartige Computersysteme werden als Automatic-Call-Distribution-Systeme bezeichnet. Diese Technologie ermöglicht eine Direkteingabe von Daten durch den Mitarbeiter und die Anzeige von Kundeninformationen während des Gesprächs, beispielsweise die Kontakthistorie und die Klassifizierung des Kunden. Für den Fall, dass keine freien Plätze verfügbar sind, erlauben sprachgesteuerte Computersysteme die automatische Anrufbeantwortung und -steuerung. Vgl. *Bruhn/Homburg (Hrsg.)*, Gabler Marketing Lexikon, 2001, S. 94.

[877] Vgl. hierzu *Bruhn/Homburg (Hrsg.)*, a.a.O.; *Greff*, Telefonmarketing und Call Center, 2002, S. 253.

[878] Mit der Zunahme des „Unified Messaging", einer Kommunikationstechnik, bei der alle Arten von Kommunikation, also Telefonanrufe, Faxe, E-Mails und SMS-Nachrichten über eine Telefonleitung übermittelt werden können, wird sich die Vielfalt der Aufgaben der Call Center erheblich erweitern, vgl. *Greff*, Telefonmarketing und Call Center, 2002, S. 254.

[879] Vgl. *Lütcke*, Fernabsatzrecht, 2002, § 312b Rn. 76.

[880] Vgl. *Micklitz*, EuZW 2001, 133 (136); *Wendehorst*, DStR 2000, 1311 (1314).

Fernabsatzsystem überschritten ist, wenn der Inhaber eines Geschäftes mit dem Angebot der Bestellung mittels Fernkommunikationsmittel („Bestell-Hotline") und der Zusendung der Ware wirbt.[881] In solchen Fällen ist aufgrund der Außendarstellung des Unternehmens das Vorliegen eines Fernabsatzsystems anzunehmen. Durch derartige Maßnahmen wird nach außen hin deutlich, dass der Unternehmer sein Vertriebssystem auf den Fernabsatz ausgerichtet hat.

*bb. Kriterium sachliche und persönliche Ausstattung*

Regelmäßig, aber nicht zwingend, wird sich dieses Ergebnis auch durch die Heranziehung des Kriteriums der sachlichen und personellen Ausstattung des Unternehmens stützen lassen. Im Bereich des passiven Telefonmarketings kann gegebenenfalls schon aufgrund der Nutzung eines aufwendigen Call Centers von dem Bestehen eines Fernabsatzsystems ausgegangen werden.[882] Das Vorhalten eines Call Centers ist jedoch nicht unbedingte Voraussetzung für das Vorliegen eines Fernabsatzsystems. Grundsätzlich ist die Nutzung eines Telefonanschlusses ausreichend, wenn dieses technische bzw. personelle Defizit durch eine auf den Fernabsatz ausgerichtete Außendarstellung kompensiert wird oder wenn der Vertragsschluss mittels Telefon der Verkehrssitte entspricht. Das Kriterium der Außendarstellung bzw. der Verkehrssitte muss jedoch durch eine Gesamtbetrachtung des Vertragsverhältnisses - wie es sich bei Vertragsschluss darstellt - eingeschränkt werden. Es müssen auf diese Weise die Fälle ausgesondert werden, bei denen die vertraglich geschuldete Leistung ohne Distanzbezug und insbesondere in einem persönlichen Kontakt mit dem Verbraucher erbracht wird.

*b. Einordnung von Zweifelsfällen*

In Anschluss an die vorstehenden Überlegungen besteht eine Reihe von Zweifelsfällen, bei denen das Vorliegen eines Fernabsatzsystems fraglich ist. Dabei kann die Ablehnung eines Fernabsatzsystems auf zwei Stufen erfolgen: Zum Teil muss schon der Abschluss eines Vertrages mittels Fernkommunikationsmitteln abgelehnt werden. Weiterhin erfolgt teilweise die Leistungserbringung nicht über eine Distanz, so dass aufgrund der Gesamtbetrachtung des Vertragsverhältnisses das Vorliegen eines Fernabsatzsystems abzulehnen ist.

*aa. Bestellung von Handwerkern*

Die Kontaktaufnahme des Verbrauchers mit Handwerkern erfolgt üblicherweise telefonisch. Handwerkervermittlungen bieten dem Verbraucher die Möglichkeit,

---

[881] Vgl. RegE FernAbsG, BT-Drs. 14/2658, S. 30 f.; BGH, Urt. v. 21.10.2004 – III ZR 380/03, NJW 2004, 3699 (3701); *Grüneberg*, in: Palandt, 65. Aufl., 2006, § 312b Rn. 11; *Lütcke*, Fernabsatzrecht, 2002, § 312b Rn. 72.

[882] Vgl. *Wilmer/Hahn*, Fernabsatzrecht, 2. Aufl., 2005, Teil 2 Kap. VI Rn. 15.

telefonisch Handwerker anzufordern.[883] Zwar sind Handwerksbetriebe in der Regel darauf ausgerichtet, aufgrund eines telefonischen Kontaktes mit dem Verbraucher tätig zu werden.[884] In diesen Fällen scheidet jedoch ein Fernabsatzsystem aufgrund des fehlenden Distanzbezugs der Leistungserbringung aus, da die Leistungen von den Handwerkern im persönlichen Kontakt mit dem Verbraucher erbracht werden.[885] Der Verbraucher kann in einem persönlichen Gespräch mit dem Unternehmer den Inhalt des Vertrages festlegen. Es fehlt daher an einem Informationsdefizit.

*bb. Bestellung in einem stationären Geschäft*

Fraglich ist, inwieweit bei einer telefonischen Bestellung einer Ware oder Dienstleistung in einem stationären Geschäft von dem Vorliegen eines Fernabsatzsystems ausgegangen werden kann.[886] Das Tatbestandsmerkmal des Fernabsatzsystems ist insbesondere in den Gesetzestext aufgenommen worden, um derartige Rechtsgeschäfte, die unter gelegentlichem, eher zufälligem Einsatz von Fernkommunikationsmitteln geschlossen werden, aus dem Anwendungsbereich auszuschließen.[887] Die Ausführung gelegentlicher telefonischer Bestellungen eines im Prinzip auf stationären Handel ausgelegten Unternehmens soll daher nicht von dem Anwendungsbereich erfasst werden.[888] Aufgrund der

---

883 Diese Dienstleistung bieten Tochterunternehmen von Versandhandelsunternehmen und Baumärkten an.

884 Vgl. *Wendehorst*, in: Münchener Kommentar, Band 2a, 2003, § 312b Rn. 52; *dies.*, in: Münchener Kommentar, Band 2, 4. Aufl., 2001, § 1 FernAbsG Rn. 52.

885 Vgl. oben 2. Teil II. 4. a..

886 Vgl. hierzu auch oben 2. Teil I. 5. b. bb..

887 RegE FernAbsG, BT-Drs. 14/2658, S. 30; vgl. auch: *Bodewig*, DZWir 1997, 447 (448); *Bülow/Artz*, NJW 2000, 2049 (2053); *Gaertner/Gierschmann*, DB 2000, 1601; *Gößmann*, MMR 1998, 88 (89); *Grigoleit*; NJW 2002, 1151; *Grüneberg*, in: Palandt, 65. Aufl., 2006, § 312b Rn. 11; *Härting*, CR 1999, 507 (508); *ders./Schirmbacher*, MDR 2000, 917 (918); *Hoffmann*, in: *Lehmann (Hrsg.)*, Rechtsgeschäfte im Netz - Electronic Commerce, 1999, S. 61 (64); *Hoppmann*, VersR 1999, 673 (675); *Kamanabrou*, WM 2000, 1417 (1420); *Lorenz*, JuS 2000, 833 (838); *Lütcke*, Fernabsatzrecht, 2002, § 312b Rn. 71; *Marx*, WRP 2000, 1227 (1229); *Meub*, DB 2002, 359; *Micklitz*, ZEuP 1999, 875 (877); *Pützhoven*, Europäischer Verbraucherschutz im Fernabsatz, Dissertation Universität Greifswald, 2001, S. 47; *Rath-Glawatz/Dietrich*, AfP 2000, 505 (507); *Reich*, EuZW 1997, 581 (583); *Reich/Nordhausen*, Verbraucher und Recht im elektronischen Geschäftsverkehr, 2000, S. 110; *Reich/Micklitz*, Europäischer Verbraucherschutz, 4. Aufl., 2003, S. 578; *Roth/Schulze*, RIW 1999, 924 (925); *Schmidt-Räntsch*, VuR 2000, 427 (428); *Schulte-Nölke*, in: Handkommentar BGB, 4. Aufl., 2005, § 312b Rn. 6; *Tonner*, BB 2000, 1413 (1416); *Waldenberger*, in: *Hoeren/Sieber (Hrsg.)*, Handbuch Multimedia-Recht, 2005, Teil 13.4 Rn. 46; *Wendehorst*, in: Münchener Kommentar, Band 2a, 2003, § 312b Rn. 49; *dies.*, in: Münchener Kommentar, Band 2, 4. Aufl., 2001, § 1 FernAbsG Rn. 49.

888 Vgl. *Ende/Klein*, Grundzüge des Vertriebsrechts im Internet, 2001, S. 136; *Meents*, Verbraucherschutz bei Rechtsgeschäften im Internet, Dissertation Universität Münster, 1998,

Außendarstellung kann sich jedoch auch in diesen Fällen ein Fernabsatzsystem ergeben, wenn der Unternehmer damit wirbt, telefonisch Verträge abzuschließen und dem Verbraucher die Waren zuzusenden.[889]

*cc. Rechtsanwaltskanzlei als Fernabsatzsystem*

Diskutiert wird das Vorliegen eines Fernabsatzsystems insbesondere im Zusammenhang mit Vertragsabschlüssen zwischen Verbrauchern und Rechtsanwälten.[890] Es stellt sich die Frage, in welchen Konstellationen das Fernabsatzrecht Anwendung findet.

*(1) Terminvereinbarung*

Fraglich ist zunächst, ob bei der bloßen Terminvereinbarung bereits von einem Vertragsschluss auszugehen ist. Dies ist nach der hier vertretenen Ansicht zu verneinen.[891] Hierfür spricht im Fall des Rechtsanwalts, dass er in der Regel zunächst prüfen möchte, ob er dass Mandat annehmen kann. Es ist beispielsweise möglich, dass ein Rechtsanwalt ein Mandat, das nicht seinen üblichen Tätigkeitsbereich betrifft und das deshalb unter dem Gesichtspunkt der Einarbeitungszeit nicht effektiv beabeitet werden kann, ablehnen möchte. Daneben kann auch das Berufsrecht oder Gesichtspunkte der Haftung einen Ablehnungsgrund darstellen. Ein Vertragsschluss kann erst nach einer kurzen Prüfung der Angelegenheit durch den Rechtsanwalt dahingehend, ob er das Mandat annehmen kann bzw. darf, angenommen werden. Insbesondere stellt die Verweisung an einen anderen Anwalt kein Gebühren auslösendes Verhalten dar.

*(2) Übertragung von Mandaten per Telefon*

Eine andere Konstellation stellt die Übertragung von neuen Mandaten im Rahmen einer bereits bestehenden Mandatsbeziehung dar. So ist es möglich, dass sich aus einem bereits bestehenden Mandat ein neues ergibt. Weiterhin ist es denkbar, dass ein Mandant dem Rechtsanwalt, den er üblicherweise mit seinen Rechtsangelegenheiten betraut, beispielsweise eine an ihn gerichtete Klageschrift per Telefax übermittelt und mit dem Rechtsanwalt dann telefonisch das weitere Vorgehen bespricht. In dieser Konstellation ist ein Vertragsschluss mittels Fernkommunikationsmitteln zu bejahen. Dann kommt der Frage, ob ein

---

S. 184; *Ring*, Fernabsatzgesetz, 2000, S. 67; *Roth/Schulze*, RIW 1999, 924 (925); *Tonner*, BB 2000, 1413 (1416).

[889] Vgl. oben 2. Teil II. 3. c..

[890] Die Erörterung erfolgt exemplarisch am Beipiel der Rechtsanwaltskanzlei. Die Ausführungen lassen sich jedoch entsprechend auf ähnliche Fälle und insbesondere auf Vertragsschlüsse mit Steuerberatern übertragen.

[891] Ebenso *Grüneberg*, in: Palandt, 65. Aufl., 2006, § 312b Rn. 11; a.A. *Martis/Meinhof*, Verbraucherschutzrecht, 2. Aufl., 2005, 4. Teil Rn. 29.

Fernabsatzsystem vorliegt entscheidende Bedeutung für die Anwendbarkeit des Fernabsatzrechts zu.

Eine Ansicht hält es diesbezüglich für ausreichend, dass der Rechtsanwalt Fernkommunikationsmittel wie Telefon, Telefax oder E-Mail vorhält.[892] Dem ist entgegenzuhalten, dass Rechtsanwaltskanzleien grundsätzlich nicht auf den Fernabsatz ausgerichtet sind.[893] Bei der herkömmlichen Rechtsanwaltskanzlei fehlt es nämlich an dem Distanzbezug der Leistungserbringung. Denn üblicherweise wird die anwaltliche Leistung in einer persönlichen Absprache und aufgrund eines besonderen Vertrauensverhältnis zu dem Mandanten erbracht. Nur in Ausnahmefällen kann ein Fernabsatzsystem angenommen werden. Dies ist dann der Fall, wenn der Rechtsanwalt über die Bereitstellung von Fernkommunikationsmitteln hinausgehende Maßnahmen getroffen hat. Eine Ausrichtung auf den Fernabsatz kann sich insbesondere aus der Außendarstellung ergeben, wenn der Anwalt damit wirbt, Verträge mittels Fernkommunikationsmitteln abzuschließen.[894]

Für das Vorliegen eines Fernabsatzsystems ist es dann weiterhin erforderlich, dass bei Vertragsschluss vereinbart wird, dass der Rechtsanwalt die geschuldete Leistung über eine Distanz erbringen soll. Diese Voraussetzung liegt nicht vor, wenn bei Vertragsschluss die Vereinbarung getroffen wird, dass ein persönliches Beratungsgespräch erfolgen soll, dann entfällt nämlich der Distanzbezug der Leistungserbringung. Soll dagegen die anwaltliche Leistung über eine Distanz erbracht werden, ohne dass ein persönliches Beratungsgespräch stattfindet, liegt ein Fernabsatzsystem vor. Dann ist es auch unerheblich, wenn es nach Vertragsschluss entgegen der Absprache zu einem persönlichen Beratungsgespräch kommt. Dieser Umstand hat nicht zur Folge, dass das Fernabsatzsystem aufgehoben wird.[895]

*(3) Rechtsanwaltshotline*

Eine besondere Form der Rechtsberatung stellt die Rechtsanwaltshotline dar, deren Konzept in den vergangenen Jahren entwickelt worden ist.[896] In dieser Form der Rechtsberatung wird eine sinnvolle Erweiterung des Angebots anwaltlicher Dienstleistungen gesehen, weil sie dem Rechtssuchenden auf ein-

---

[892] *Baum/Trafkowski*, CR 2001, 459 (461); *Schöttle*, NJW 2005, 1979.

[893] Ebenso *Wilmer/Hahn*, Fernabsatzrecht, 2. Aufl., 2005, Teil 2 Kap. VI Rn. 15; vgl. auch *Lütcke*, Fernabsatzrecht, 2002, § 312b Rn. 76.

[894] Als Beispiel ist die Informationsschrift der Zentralstelle für die Vergabe von Studienplätzen („ZVS-Info") zu nennen. Hier finden sich zahlreiche Inserate von Rechtsanwälten, die sich auf den Bereich des Hochschulzulassungsrechts spezialisiert haben und die Mandatsübernahme mittels Fernkommunikationsmittel anbieten.

[895] Vgl. oben 2. Teil II. 4. c..

[896] Ausführlich zu der Rechtsanwaltshotline *Römermann/Funke*, MDR 2001, 1. Kritisch zu der Qualität der anwaltlichen Beratung *Büring/Edenfeld*, MDR 1999, 532 (534).

fache Weise ermögliche, bei überschaubaren Kosten einen einfachen Rechtsrat bzw. eine einfache Rechtsauskunft zu erhalten.[897]

In der Praxis sind zwei Ausgestaltungen der Rechtsanwaltshotline üblich. Bei der in der Praxis überwiegenden Form wählt der Rechtsuchende eine 0900-Telefonnummer, die Vergütung der Beratung erfolgt über ein erhöhtes Verbindungsentgelt, das von der Telefongesellschaft über die Telefonrechnung eingezogen wird. Alternativ kann dem Verbraucher die Kontaktaufnahme über eine für ihn kostenfreie 0800-Telefonnummer bzw. über eine herkömmliche Telefonnummer ermöglicht werden, die Abrechnung erfolgt dann mittels Rechnung.

Die Zulässigkeit der Rechtsanwaltshotline wird unter den Gesichtspunkten des Verstoßes gegen das Rechtsberatungsgesetz, der Gefahr eines berufswidrigen Verhaltens des Rechtsanwalts und des Gebührenrechts diskutiert.[898] In dem Umstand, dass die Rechtsanwaltshotlines von Betreiberunternehmen organisiert werden, die wiederum mit den beteiligten Rechtsanwälten Teilnehmerverträge abschließen, wird zum Teil ein Verstoß gegen Art. 1 § 1 RBerG gesehen, wonach nur Rechtsanwälte zur rechtlichen Beratung befugt sind.[899] Dem ist jedoch entgegenzuhalten, dass der Beratungsvertrag im Zweifel mit dem die Beratung durchführenden Rechtsanwalt und nicht mit dem Betreiber des telefonischen Beratungsdienstes zustande kommt.[900] Dies ergibt eine Auslegung des Vertrages, die sich an dem Grundsatz orientiert, dass der Wille der vertragsschließenden Parteien im Zweifel auf eine den Vertragszweck nicht gefährdende Gestaltung gerichtet ist.[901]

Weiterhin wurde in der Teilnahme an den Rechtsanwaltshotlines ein Verstoß gegen das Verbot der Vertretung widerstreitender Interessen (§ 43a Abs. 4 BRAO) gesehen. Die Gefahr einer Vertretung widerstreitender Interessen ist im Vergleich zu herkömmlichen Mandantenbeziehungen jedoch geringer, da üblicherweise Anrufe aus dem gesamten Bundesgebiet entgegengenommen wer-

---

[897] Vgl. Antwort der Bundesregierung auf eine Große Anfrage, BT-Drs. 14/3959, S. 10 f.; BGH, Urt. v. 26.09.2002 - I ZR 44/00, BGHZ 152, 153 (166) = NJW 2003, 819 (822) = GRUR 2003, 349 (353).

[898] Vgl. zu der Diskussion *Römermann/Funke*, MDR 2001, 1.
Zur Zulässigkeit der Steuerberaterhotline vgl. BGH, Urt. v. 30.09.2004 - I ZR 89/02, NJW 2005, 1268 = GRUR 2005, 436; KG, Urt. v. 09.10.2001 - 5 U 3550/00, DStRE 2003, 316 = MMR 2002, 635 (Ls.); LG Berlin, Urt. v. 14.02.2000 - 97 O 188/99, DStRE 2000, 613 = MMR 2001, 61.

[899] OLG München, Urt. v. 24.06.1998 - 6 U 1752/99, MDR 1999, 1290.

[900] BGH, Urt. v. 26.09.2002 - I ZR 44/00, BGHZ 152, 153 (156 ff.) = NJW 2003, 819 f. = GRUR 2003, 349 (350 f.); vgl. auch LG Erfurt, Beschl. v. 16.02.1998 - 7 O 461/98, JZ 1998, 527 = CR 1998, 289.

[901] BGH, a.a.O..

den, so dass der Telefondienst unter diesem Gesichtspunkt nicht unzulässig ist.[902]

Die an der Telefonberatung über eine 0900-Telefonnummer teilnehmenden Rechtsanwälte verstoßen auch nicht gegen das Verbot der Abtretung anwaltlicher Honorarforderungen gemäß § 49b Abs. 4 Satz 2 BRAO.[903] Der Verbraucher, der den telefonischen Beratungsdienst in Anspruch nimmt, schuldet der Telefongesellschaft die Gebühren für diesen Telefonmehrwertdienst unabhängig von dem mit dem Rechtsanwalt geschlossenen Beratungsvertrag. Der bestehende Gebührenanspruch bedarf bei dieser Abwicklung nicht der Abtretung, er stellt lediglich den Rechtsgrund für das Behaltendürfen des Gebührenanteils dar, der dem Rechtsanwalt über die Telefongesellschaft und den Betreiber zugeflossen ist.[904] Ebenfalls scheidet eine Umgehung des Abtretungsverbots, das der Durchsetzung des Verschwiegenheitsgebots dient, aus. Im Zuge der telefonischen Rechtsberatung im Rahmen eines Mehrwertdienstes offenbart der Rechtsanwalt keine Umstände, die der Verschwiegenheit unterliegen.[905]

Nach der überwiegenden Ansicht stellt die zeitabhängige Vergütung auch keinen Verstoß gegen das geltende Gebührenrecht dar.[906] Mit der Zeitvergütung, die in vielen Bereichen anwaltlicher Tätigkeit üblich ist, wählen die Parteien des Anwaltvertrages bewusst eine Berechnungsweise, die sich von der streitwertabhängigen Berechnung vollständig löst.[907] Der Anrufer, der die über die Hotline angebotene Rechtsberatung in Anspruch nehmen möchte, erklärt sich durch seinen Anruf mit der Vereinbarung einer Zeitvergütung einverstanden.[908]

Das Gesetz sieht in § 4 Abs. 2 Satz 1 RVG in außergerichtlichen Angelegenheiten unter anderem eine Zeitvergütung vor, die niedriger sein kann, als die gesetzlichen Gebühren.[909] Zwar empfiehlt das Gesetz für den Fall der Gebühren-

---

902 BGH, Urt. v. 26.09.2002 - I ZR 44/00, BGHZ 152, 153 (164 f.) = NJW 2003, 819 (822) = GRUR 2003, 349 (352); vgl. auch LG Berlin, Urt. v. 18.08.1998 - 16 O 121/98, CR 1999, 369 (370); *Römermann/Funke*, MDR 2001, 1 (4).

903 BGH, Urt. v. 26.09.2002 - I ZR 44/00, BGHZ 152, 153 (163) = NJW 2003, 819 (821) = GRUR 2003, 349 (352); *Römermann/Funke*, MDR 2001, 1 (7 f.).

904 BGH, a.a.O..

905 BGH, Urt. v. 26.09.2002 - I ZR 44/00, BGHZ 152, 153 (163 f.) = NJW 2003, 819 (821) = GRUR 2003, 349 (352).

906 BGH, Urt. v. 30.09.2004 - I ZR 261/02, NJW 2005, 1266; Urt. v. 26.09.2002 – I ZR 44/00, BGHZ 152, 153 (160) = NJW 2003, 819 (821) = GRUR 2003, 349 (351); a.A. OLG Frankfurt, Urt. v. 05.11.1998 - 6 U 130/98, NJW 1999, 152 = MDR 1999, 63 = CR 1999, 233; OLG München, Urt. v. 02.03.2000 - 29 U 4401/99, DB 2000, 919; AnwGH NRW, Beschl. v. 15.01.1999 - 1 ZU 49/98, MDR 1999, 768 = CR 1999, 433.

907 BGH, Urt. v. 30.09.2004 - I ZR 261/02, NJW 2005, 1266 (1267); Urt. v. 26.09.2002 - I ZR 44/00, BGHZ 152, 153 (161) = NJW 2003, 819 (821) = GRUR 2003, 349 (351).

908 BGH, Urt. v. 30.09.2004 - I ZR 261/02, NJW 2005, 1266 (1267); Urt. v. 26.09.2002 - I ZR 44/00, BGHZ 152, 153 (160) = NJW 2003, 819 (821) = GRUR 2003, 349 (351).

909 Im Rahmen einer Gebührenvereinbarung dürfen auch die Mindestbeträge, die sich aus § 13 Abs. 2 RVG und aus dem Gebührenrahmen des Vergütungsverzeichnisses zu § 2 RVG erge-

unterschreitung eine schriftliche Vereinbarung (§ 4 Abs. 2 Satz 4 RVG), das Nichtbefolgen dieser Empfehlung stellt jedoch kein berufswidriges Verhalten dar.[910]

Denkbar ist auch eine Überschreitung der gesetzlichen Gebühren, etwa bei besonders langen Beratungsgesprächen in Angelegenheiten mit niedrigem Gegenstandswert. Anders als für den Fall der Unterschreitung der gesetzlichen Gebühren sieht das Gesetz für den Fall der Gebührenüberschreitung an sich zwingend die Schriftform vor (§ 4 Abs. 1 Satz 1 RVG). Die Nichtbeachtung dieser Form stellt jedoch nicht notwendig ein berufswidriges Verhalten dar.[911] Es ist auch eine nicht schriftlich fixierte Gebührenüberschreitung zulässig, wenn der Mandant die höhere Vergütung freiwillig und ohne Vorbehalt zahlt.[912] In diesem Fall ist die Rückforderung gemäß § 4 Abs. 1 Satz 3 RVG ausgeschlossen.[913]

Bei den Anwaltshotlines, bei denen anwaltliche Beratung über Telefonleitungen angeboten werden, die über ein erhöhtes Entgelt für die Telefonverbindung abgerechnet wird, ist von dem Vorliegen eines Fernabsatzsystems auszugehen.[914] In diesen Fällen erfolgt der Vertragsschluss und die Leistungserbringung über eine Distanz, ein persönlicher Kontakt zwischen den Vertragsparteien ist grundsätzlich nicht vorgesehen. Es liegt in diesen Fällen regelmäßig ein Fernabsatzvertrag vor.

### *3. Werbung mittels Telefax*

Zur Kommunikation zwischen Unternehmer und Verbraucher wird häufig das Fernkommunikationsmittel Telefax eingesetzt. Die Nutzung des Telefaxdienstes erfolgt mit einem Fernkopierer (Telefaxgerät) oder einem telefaxfähigen Perso-

---

ben unterschritten werden, da es sich lediglich um Mindestsätze für gesetzliche Gebühren handelt, vgl. BGH, Urt. v. 09.06.2005 - I ZR 135/02, NJW 2006, 780 (Ls.) = NJW-RR 2006, 215 (216).

[910] BGH, Urt. v. 30.09.2004 - I ZR 261/02, NJW 2005, 1266 (1267); Urt. v. 26.09.2002 - I ZR 44/00, BGHZ 152, 153 (161) = NJW 2003, 819 (821) = GRUR 2003, 349 (352).

[911] BGH, Urt. v. 30.09.2004 - I ZR 261/02, NJW 2005, 1266 (1267); Urt. v. 26.09.2002 - I ZR 44/00, BGHZ 152, 153 (161) = NJW 2003, 819 (821) = GRUR 2003, 349 (352).

[912] BGH, Urt. v. 30.09.2004 - I ZR 261/02, NJW 2005, 1266 (1267 f.); Urt. v. 26.09.2002 - I ZR 44/00, BGHZ 152, 153 (161) = NJW 2003, 819 (821) = GRUR 2003, 349 (352).

[913] Freiwilligkeit setzt voraus, dass der Mandant von der Gebührenüberschreitung Kenntnis hat. Er muss wissen, dass er mehr zahlt, als ohne besondere Vereinbarung nach dem Gesetz zu zahlen wäre. Die Unklagbarkeit der Forderung braucht ihm dagegen nicht bekannt zu sein. Vgl. hierzu BGH, Urt. v. 26.09.2002 - I ZR 44/00, BGHZ 152, 153 (163 f.) = NJW 2003, 819 (821) = GRUR 2003, 349 (352).

[914] Vgl. *Baum/Trafkowski*, CR 2001, 459 (460); *Selenkewitsch*, in: *Bülow/Artz (Hrsg.)*, Handbuch Verbraucherprivatrecht, 2005, 6. Kap. Rn. 23; *Wendehorst*, in: Münchener Kommentar, Band 2, 4. Aufl., 2001, § 1 FernAbsG Rn. 50.

nalcomputer. Als Fax bezeichnet man das Faksimile des übertragenen Schriftstücks, das von dem Fernkopierer des Empfängers ausgegeben wird.[915]

*a. wettbewerbsrechtliche Beschränkungen der Telefaxwerbung*

Telefaxwerbung ist ohne Einwilligung des Adressaten gemäß § 7 Abs. 1, Abs. 2 Nr. 3 i.V.m. § 3 UWG unzulässig.[916] Dieses Opt-in-System entspricht der Rechtsprechung des Bundesgerichtshofes zu § 1 UWG a.F..[917] Das Telefaxsystem dient dazu, den anfallenden Schriftverkehr zu rationalisieren, Geschäftspartner schnell und zuverlässig zu erreichen und für Mitteilungen ohne Verzögerung erreichbar zu sein, ohne auf eine schriftliche Mitteilung verzichten zu müssen.[918] Da das Telefaxgerät zur gleichen Zeit nur jeweils ein Schreiben empfangen oder absenden kann, hat der Anschlussinhaber ein berechtigtes Interesse daran, die Anlage von jeder Inanspruchnahme freizuhalten, die deren bestimmungsgemäße Funktion beeinträchtigt.[919] Daher kann nicht generell angenommen werden, dass der Teilnehmer mit der Installation eines Telefaxgerätes sein Einverständnis damit erklärt hat, mittels dieses Gerätes von jedem Gewerbetreibenden zu Werbezwecken angesprochen zu werden.[920]

Neben der Blockierung des Empfangs tritt das Argument der Kostenverursachung durch den Unternehmer.[921] Der Empfänger der Werbung wird mit den Kosten für das Material der Werbung, wie insbesondere dem Papier belastet.[922] Es besteht die Gefahr, dass es bei Zulassung dieser Werbeform aufgrund der Vorteile für den Unternehmer zu einer weiteren Verbreitung käme.[923]

*b. Telefaxwerbung als Fernabsatzsystem*

Eine aktive Ansprache des Verbrauchers ohne dessen Einwilligung durch den Unternehmer per Telefax ist demnach aus lauterkeitsrechtlichen Gründen aus-

---

[915] Vgl. Brockhaus, Computer und Informationstechnologie, 2003, S. 339.

[916] Der Gesetzgeber hat mit dieser Regelung Art. 13 Abs. 1 der Datenschutzrichtlinie für elektronische Kommunikation (ABl. EG Nr. L 201 v. 31.07.2002, S. 37 (45)) umgesetzt. Das Opt-in-System entspricht auch Art. 10 Abs. 1 Spiegelstrich 2 FernAbsRL (ABl. EG Nr. L 144 v. 04.06.1997, S. 19 (24)) und Art. 10 Abs. 1 Buchstabe b FernAbsFinanzDLRL (ABl. EG Nr. L 271 v. 09.10.2002, S. 16 (22)).

[917] BGH, Urt. v. 06.10.1972 - I ZR 54/71, NJW 1973, 42; Urt. v. 25.10.1995 - I ZR 255/93, NJW 1996, 660; vgl. auch *Schmittmann*, DuD 1997, 636 (637).

[918] BGH, a.a.O..

[919] BGH, a.a.O.; *Steckler*, GRUR 1993, 865 (870); *Unger/Sell*, GRUR 1993, 24 (25).

[920] BGH, Urt. v. 25.10.1995 - I ZR 255/93, NJW 1996, 660.

[921] Vgl. *Leible/Sosnitza*, K&R 1998, 283 (285); *Micklitz/Reich*, Die Fernabsatzrichtlinie im deutschen Recht, 1998, S. 91; *Steckler*, GRUR 1993, 865 (872); *Unger/Sell*, GRUR 1993, 24.

[922] BGH, Urt. v. 06.10.1972 - I ZR 54/71, NJW 1973, 42 (43); Urt. v. 25.10.1995 - I ZR 255/93, NJW 1996, 660 (661), vgl. hierzu auch *Leible/Sosnitza*, K&R 1998, 283 (285); *Micklitz/Reich*, a.a.O.. Der Werbetreibende ist free rider an den Ressourcen des Verbrauchers.

[923] BGH, Urt. v. 25.10.1995 - I ZR 255/93, NJW 1996, 660 (661).

geschlossen. Denkbar bleibt jedoch, dass das Unternehmen dem Verbraucher auf dessen Anforderung auf zweiter Stufe Informationen per Telefax übersendet. Das Vorliegen eines Fernabsatzsystems ergibt sich in diesen Fällen aus der Anwendung des Kriteriums der Initiative zum Vertragsschluss. Der Unternehmer, der Verbrauchern mittels Telefax Vertragsschlüsse anbietet, macht durch diese Vorgehensweise deutlich, dass er das Konzept des Fernabsatzes verfolgt.

*IV. Kommunikation über das Fernsehen oder den Hörfunk (insbesondere Teleshopping)*

Das Vertriebssystem Teleshopping umfasst die Präsentation von Waren und Dienstleistungen in Radio, Fernsehen und Videotext.[924] Gilt allgemein, dass die modernen Einrichtungen der Telekommunikation zunehmend als Mittel für den Absatz von Waren und Dienstleistungen genutzt werden, so muss dies insbesondere für den Vertriebsweg des Teleshoppings gelten, der in den vergangenen Jahren besonders an Bedeutung gewonnen hat.

*1. Entwicklung des Teleshoppings*

Das Teleshopping wurde Ende der siebziger Jahre des 20. Jahrhunderts in den Vereinigten Staaten von Amerika entwickelt.[925] Seit dem Jahr 1982 existiert dort ein ganztägiges Teleshoppingprogramm, das seit dem Jahr 1985 national über Satellit empfangen werden kann.[926] In Deutschland wurden in den achtziger Jahren ebenfalls Teleshoppingprojekte gegründet, die jedoch nach kurzer Zeit wieder eingestellt wurden, da ein zu geringer Gewinn erzielt wurde.[927] Dies hatte seinen Grund in den restriktiven rundfunkrechtlichen Regelungen, die nur die Ausstrahlung von wenigen Stunden Teleshoppingsendungen am Tag zuließen.[928] Außerdem ist in Deutschland der traditionelle Versandhandel per Katalog stark etabliert, so dass das Bedürfnis nach Teleshopping nicht besonders groß war.[929] Im Jahr 1995 ging der erste deutsche Teleshoppingsender auf Sendung.[930] Nach einer Lockerung der rundfunkrechtlichen Bestimmungen ist das Teleshopping inzwischen fest in dem deutschen Rundfunksystem etabliert. Neben der Form von reinen Teleshoppingsendern wird Teleshopping auch in Form von Pro-

---

[924] Vgl. *Bruhn/Homburg (Hrsg.)*, Gabler Marketing Lexikon, 2001, S. 148.

[925] Vgl. zur Entstehung des Teleshoppings in den USA *Woldt*, Media Perspektiven 1988, 421 (422-425).

[926] *Biernoth*, Zivilrechtlicher Erwerberschutz beim Teleshopping, Dissertation Universität Gießen, 1999, S. 17.

[927] Vgl. hierzu *Woldt*, Media Perspektiven 1988, 421 (430 f.).

[928] *Biernoth*, Zivilrechtlicher Erwerberschutz beim Teleshopping, Dissertation Universität Gießen, 1999, S. 17.

[929] *Woldt*, Media Perspektiven 1988, 421 (427 f.).

[930] Vgl. *Dafner*, Das Wirtschaftrecht der Teledienste, Dissertation Universität München, 2003, S. 30.

grammfenstern dargeboten.[931] Hierbei werden einzelne Teleshoppingsendungen in das Voll- bzw. Spartenprogramm der herkömmlichen Fernsehsender eingebettet. Fast alle privatrechtlichen deutschen Fernsehsender haben in jüngster Zeit die Attraktivität solcher Teleshoppingfenster entdeckt und damit begonnen, diese als einen festen Bestandteil in ihr Programm aufzunehmen.

*2. Funktion des Teleshoppings*

Unter dem Begriff des Teleshoppings im ursprünglichen Sinn werden Fernsehsendungen verstanden, in denen der Zuschauer zu der in der Regel telefonischen Bestellung von Waren oder Dienstleistungen aufgefordert wird.[932] Das Teleshopping ist mit dem Bestellen aufgrund eines Kataloges vergleichbar. Während der Katalog jedoch eine schriftliche Bestellunterlage darstellt, der dem Käufer einen Überblick über die Produkte verschafft und diesem die Möglichkeit gibt, Angebote der Konkurrenz einzuholen, ist die Warenpräsentation im Teleshopping flüchtiger Natur.[933]

Die Stärke des Teleshoppings im Vergleich zu dem klassischen Versandhandel ist die Möglichkeit der Präsentation der Produktanwendungsmöglichkeiten und der besonderen Vorteile der angebotenen Produkte.[934] Es können so vor einer Vielzahl von Verbrauchern innovative oder komplizierte Produkte durch fachkundiges Personal erklärt werden.

Für den Anbieter ist der entscheidende Vorteil des Teleshoppings die Verknüpfung von werblicher Anpreisung mit der Möglichkeit für den Zuschauer, den geweckten Kaufwunsch spontan in die Tat umzusetzen.[935] Die Teleshoppingsendung soll nicht - wie herkömmliche Werbung - lediglich eine Ware oder Dienstleistung anpreisen, sondern sie soll unmittelbar zum Verkaufsakt führen.[936]

---

[931] Vgl. hierzu *Dafner*, a.a.O., S. 33.

[932] Teilweise wird der Begriff des Teleshoppings als Oberbegriff für alle mediengestützten Formen des Angebotsempfangs durch den Konsumenten im Haushalt mit der Möglichkeit der sofortigen medialen Bestellung verstanden, diese Ansicht fasst unter den Begriff des Teleshoppings auch den Electronic Commerce. Vgl. hierzu *Bruhn/Homburg (Hrsg.)*, Gabler Marketing Lexikon, 2001, S. 716; *Köhler,* NJW 1998, 185. Für ein derartig weites Verständnis des Begriffs besteht jedoch kein Bedürfnis. Auch in der Aufzählung der Kommunikationstechniken nach Art. 2 Nr. 4 in Anhang 1 FernAbsRL (ABl. EG Nr. L 144 v. 04.06.1997, S. 19 (26)) wird Teleshopping dem Fernsehen zugeordnet.

[933] Vgl. *Flohr*, in: Handbuch des Vertriebsrechts, 1996, § 24 Rn. 59.

[934] Vgl. *Ory,* AfP 1988, 120.

[935] *Ridder,* Media Perspektiven 1995, 414 (415). Zur betriebswirtschaftlichen Bedeutung des Marketingkonzepts Teleshopping vgl. *Eckert,* DB 1994, 717.

[936] Vgl. *Degenhard,* ZUM 1995, 353 (355); *Hök,* MDR 1989, 769; *Ory,* AfP 1988, 120; *Woldt,* Media Perspektiven 1988, 421. Es wird so die zwischen herkömmlicher Werbung und möglicher Kaufhandlung liegende Zeitspanne überbrückt und das Risiko vermieden, dass der Verbraucher von seinem durch die Werbung bewirkten Kaufentschluss wieder abrückt, vgl.

In den Teleshoppingsendungen haben Zuschauer die Möglichkeit, vorgestellte Waren oder Dienstleistungen telefonisch über eine eingeblendete Telefonnummer oder mittels Internet von zu Hause aus zu bestellen.[937] Die Produkte werden in Bild und Ton unter Angabe der besonderen Merkmale, Vorzüge und des Preises vorgestellt, es werden Preise und Lieferbedingungen genannt.[938] Der Zuschauer kann die vorgestellten Produkte bzw. Dienstleistungen durch Telefonanruf bei dem Sender oder bei einem kooperierenden Vertriebsunternehmen bestellen.[939] Die Anrufe werden regelmäßig von Angestellten des Anbieters entgegengenommen, daneben besteht häufig auch die Möglichkeit, die Bestellungen an einen Anrufautomaten (Voice Box) abzugeben.[940] Die Produkte werden von Transportunternehmen geliefert oder im Fall von Dienstleistungen anderweitig erbracht.

### *3. Formen des Teleshoppings*

Die Präsentation der Waren oder Dienstleitungen kann zum einen durch einen Moderator im Rahmen einer Verkaufsshow erfolgen.[941] Vielfach werden die Qualitäten der Waren aber auch lediglich in einem Werbespot angepriesen, in dem die Telefonnummer für eine sofortige Bestellung eingeblendet wird.[942] Für die Zuordnung einer Vertriebsmethode zum Teleshopping ist die jeweilige Art der Produktpräsentation jedoch nicht entscheidend.[943] Vielmehr kommt es allein darauf an, dass Waren oder Dienstleistungen im laufenden Rundfunk- oder

---

*Kessler,* WRP 1991, 285 m.w.N., zur Markt- und Werbepsychologie. Auf diese Weise soll ein fließender Übergang von dem Verkaufsprogramm hin zum Kaufentschluss geschaffen werden, vgl. *Micklitz,* NJW 1990, 1569 (1573). Teleshoppingsendungen sollen eine unmittelbare Reaktion des Zuschauers erzeugen, die erste halbe Stunde nach Ausstrahlung entscheidet über den Erfolg, vgl. hierzu *Ridder,* Media Perspektiven 1995, 414 (415).

937 Vgl. *Freund*, in: Festschrift für Horn, 1997, S. 228 (242); *Kronke*, RIW 1996, 987; *Micklitz*, VuR 1993, 129 (130); *Ory,* AfP 1988, 120; *Pützhoven*, Europäischer Verbraucherschutz im Fernabsatz, Dissertation Universität Greifswald, 2001, S. 14.

938 Vgl. *Bultmann/Rahn,* NJW 1988, 2432; *Freund*, in: Festschrift für Horn, 1997, S. 228 (242); *Micklitz,* NJW 1990, 1569; *Ory,* AfP 1988, 120.

939 *Bultmann/Rahn,* a.a.O.; *Eckert,* DB 1994, 717; *Flohr*, in: Handbuch des Vertriebsrechts, 1996, § 24 Rn. 56; *Hök,* MDR 1989, 769; *Micklitz,* NJW 1990, 1569; *Ory,* AfP 1988, 120; *Schroeder,* ZUM 1994, 471; *Woldt,* Media Perspektiven 1988, 421.

940 Der Zuschauer gibt in diesen Fällen seine Bestellung entweder durch Sprache oder durch das Impulswählverfahren des Telefons an einen Anrufautomaten ab, vgl. *Biernoth*, Zivilrechtlicher Erwerberschutz beim Teleshopping, Dissertation Universität Gießen, 1999, S. 24; *Pützhoven*, a.a.O.. Diese Voice Box Systeme arbeiten dabei insoweit selbständig, als sie während der Auswahl durch den Anrufer den Warenvorrat prüfen und bei Lieferfähigkeit die Daten der Bestellung bearbeiten.

941 Vgl. hierzu *Bultmann/Rahn,* NJW 1988, 2432; *Micklitz,* NJW 1990, 1569; *Schroeder,* ZUM 1994, 471.

942 Vgl. *Eckert,* DB 1994, 717; *Schroeder,* a.a.O..

943 Vgl. *Kessler,* WRP 1991, 285; *Hök,* MDR 1989, 769 (769 f.).

Fernsehprogramm mit der Möglichkeit angepriesen werden, durch direkten telefonischen Kontakt von zu Hause aus eine Bestellung abzugeben.[944] Es werden nach Art und Dauer der Präsentation folgende Arten des Teleshoppings unterschieden:[945]

*a. Verkaufsshow*

In den sog. Verkaufsshows werden die Vorzüge der angebotenen Waren oder Dienstleistungen von einem oder mehreren Moderatoren beschrieben und vorgeführt.[946] Die Telefonnummer, über die der Verbraucher Bestellungen tätigen kann, wird permanent oder in regelmäßigen Abständen eingeblendet.[947] Die Verkaufsshows sind die üblichen Sendeformate der Teleshoppingsender.[948] Sie geben den Veranstaltern hohe Flexibilität, da sie das Angebot und den Preis laufend der Nachfrage anpassen können. So können bei schleppender Nachfrage Preisnachlässe gewährt werden oder es kann das Produkt aus dem Angebot genommen werden, wenn es ausverkauft ist. Die von den Teleshoppingveranstaltern verfolgten Marketingstrategien unterscheiden sich nach der Art der zu verkaufenden Produkte.[949] Je nach gewählter Vertriebsstrategie unterscheidet sich das Erscheinungsbild der Sender.[950]

*b. Informical*

Sog. Informicals sind vorproduzierte Sendungen von 15 bis 60 Minuten Länge, in denen nur ein Produkt bzw. eine Produktlinie von einem Moderator vorgestellt wird.[951] Diese Sendeform bietet sich vor allem für höherwertige Produkte an, die einen hohen zeitlichen Erklärungsbedarf haben.[952] Informicals werden meist als halb- oder mehrstündige Programmstrecken innerhalb eines Fernsehprogramms ausgestrahlt.[953] Redaktionelle Elemente in der Sendung sollen dabei eine Verkaufsatmosphäre herstellen, die bei den Zuschauern das Vertrauen in

---

944 So auch *Borges*, ZIP 1999, 130 (132); *Eckert*, DB 1994, 717; *Hök*, MDR 1989, 769 (770).

945 Vgl. hierzu *Bruhn/Homburg (Hrsg.)*, Gabler Marketing Lexikon, 2001, S. 148.

946 *Ridder*, Media Perspektiven 1995, 414 (415).

947 *Biernoth*, Zivilrechtlicher Erwerberschutz beim Teleshopping, Dissertation Universität Gießen, 1999, S. 30; *Ridder*, a.a.O..

948 Vgl. *Ridder*, a.a.O., die auf die Situation in den Vereinigten Staaten verweist.

949 Dies wird bedingt durch den Umstand, ob hoch- oder geringwertige Güter verkauft werden.

950 Vgl. hierzu *Schroeder*, ZUM 1994, 471; *Woldt*, Media Perspektiven 1988, 421 (422).

951 *Bruhn/Homburg (Hrsg.)*, Gabler Marketing Lexikon, 2001, S. 148. Informical ist eine Wortschöpfung aus den Begriffen Information und Commercial, vgl. *Biernoth*, Zivilrechtlicher Erwerberschutz beim Teleshopping, Dissertation Universität Gießen, 1999, S. 28; *Ridder*, Media Perspektiven 1995, 414 (415).

952 *Biernoth*, a.a.O., S. 29; Vgl. hierzu auch *Bruhn/Homburg (Hrsg.)*, Gabler Marketing Lexikon, 2001, S. 148; *Ridder*, Media Perspektiven 1995, 414 (415).

953 *Ridder*, a.a.O..

die Qualität der Produkte hervorrufen soll.[954] Durch regelmäßige Wiederholungen der einzelnen Teile der Sendung werden Zuschauer, die erst später das Programm einschalten, ebenfalls umfassend informiert. Zur Aufrechterhaltung der Aufmerksamkeit der Zuschauer wechseln sich die Elemente Produktbeschreibung, Interview und redaktionelle Information ständig ab. Die Informicals werden überwiegend von Direktvermarktungsunternehmen geschaltet, die keinen eigenen Teleshoppinsender betreiben, sondern bei privaten Fernsehsendern Werbezeiten ankaufen.[955]

*c. Direct-Response-Werbespot*

Als Direct-Response-Werbespots werden kürzere Werbespots bis zu zwei Minuten Länge bezeichnet, die in gewöhnlichen Werbeblöcken sowohl im Radio als auch im Fernsehen platziert werden.[956] Darin werden Produkte präsentiert, deren Nutzwert bekannt oder leicht zu erklären ist.[957] Der Zuschauer wird in dem Spot zum Kauf aufgefordert und es wird eine Telefonnummer eingeblendet, unter der das Produkt bestellt werden kann.[958] Zentrales Merkmal dieser Werbeform und entscheidender Unterschied zu dem klassischen Werbespot ist die Einblendung einer Telefonnummer und die Aufforderung des Verbrauchers zu der Abgabe einer Bestellung, in diesem Response-Element besteht der Unterschied zu einem klassischen Werbespot.[959]

*d. Videotext*

Weiterhin besteht im Rahmen des Teleshoppings die Möglichkeit zur Bereitstellung von Informationen durch den Unternehmer mittels Videotext. Bei dem Videotext handelt es sich um ein Verfahren zur Übertragung von Nachrichten und Daten innerhalb des Fernsehsignals und ihre Darstellung auf dem Bildschirm.[960] Außer Texten und Daten können auch grob gerasterte Grafiken dargestellt werden. Die Textinformation ist in Form durchnummerierter Seiten

---

[954] *Biernoth*, Zivilrechtlicher Erwerberschutz beim Teleshopping, Dissertation Universität Gießen, 1999, S. 29.

[955] Vgl. *Dafner*, Das Wirtschaftsrecht der Teledienste, Dissertation Universität München, 2003, S. 33.

[956] Hierbei wird differenzierend danach, ob die Spots im Fernsehen oder im Radio ausgestrahlt werden, von Direct Response Television oder von Direct Response Radio gesprochen. Vgl. hierzu auch *Biernoth*, Zivilrechtlicher Erwerberschutz beim Teleshopping, Dissertation Universität Gießen, 1999, S. 27; *Eberle*, ZUM 1994, 530 (535); *Neuhausen*, Möglichkeiten und Grenzen des Direct Response Television, 2002, S. 282; *Ridder*, Media Perspektiven 1995, 414 (415).

[957] *Biernoth*, a.a.O.; *Ridder*, a.a.O..

[958] *Neuhausen*, Möglichkeiten und Grenzen des Direct Response Television, 2002, S. 280; *Ridder*, a.a.O..

[959] *Neuhausen*, a.a.O., S. 280, 282.

[960] Vgl. Brockhaus, Computer und Informationstechnologie, 2003, S. 952.

(Videotexttafeln) aufbereitet, die von dem Benutzer mit Hilfe der Fernbedienung aus dem Inhaltsverzeichnis ausgewählt werden. Dieses Fernkommunikationssystem wird von den Fernsehsendern teilweise genutzt, um Waren und Dienstleistungen anzubieten.[961] Die Waren und Dienstleistungen werden auf Videotextseiten dargestellt, die Bestellung kann der Verbraucher telefonisch vornehmen.

*4. Teleshopping als Fernabsatzsystem*

Bei dem Teleshopping wird die Präsentation von Waren und Dienstleistungen mit der Möglichkeit für den Verbraucher verbunden, die Produkte unmittelbar zu bestellen und sich zusenden zu lassen. Auf diese Weise wird die Werbung mit der Möglichkeit zur Bestellung verknüpft. Durch diese Vorgehensweise macht der Unternehmer deutlich, dass er das Konzept des Fernabsatzes verfolgt. Aufgrund der Außendarstellung ist in allen Ausprägungen des Teleshoppings von dem Vorliegen eines Fernabsatzsystems auszugehen.

Ergänzend zu der Außendarstellung kann in den Fällen des Teleshoppings regelmäßig auch auf die sachliche Ausstattung abgestellt werden. Das Teleshopping ist ein Instrument des Massenvertriebs, dessen Einsatz ohne ein organisiertes Fernabsatzsystem schwer vorstellbar ist. Die Veranstaltung derartiger Werbesendungen erfordert einen hohen organisatorischen Aufwand und ist regelmäßig mit hohen Kosten verbunden.[962] Die Veranstaltung von Teleshoppingsendungen macht in ökonomischer Hinsicht erst dann Sinn, wenn der Unternehmer Vorkehrungen trifft, um die durch die Fernseh- oder Hörfunksendungen hervorgerufene Nachfrage bewältigen zu können. So wird der wirtschaftlich vernünftig handelnde Unternehmer ein Call Center einrichten, um die eingehenden Anrufe der Verbraucher zu bearbeiten. Auch im Rahmen der Leistungserbringung ist regelmäßig - ebenso wie im Bereich des Versandhandels - eine hinreichende sachliche und personelle Ausstattung erforderlich.[963] Im Bereich des Teleshoppings ist deshalb von einem für den Fernabsatz organisierten Vertriebs- oder Dienstleistungssystem im Sinne des § 312b Abs. 1 Satz 1 BGB auszugehen.

*V. Kommunikation über das Internet (insbesondere Electronic Commerce*

Abschließend soll der Bereich der Kommunikation über das Internet unter besonderer Berücksichtigung der Internetauktion untersucht werden. Das Fernkommunikationsmittel Internet ist das weltweit größte Computernetzwerk, das aus vielen miteinander verbundenen Netzwerken besteht und eine vielfältige

---

[961] So bieten viele Fernsehsender in ihren Videotextsystemen Sonderangebote an.
[962] Vgl. *Ridder,* Media Perspektiven 1995, 414 (415).
[963] Vgl. auch *Härting*, Fernabsatzgesetz, 2000, § 1 Rn. 80.

Kommunikationsinfrastruktur zur Verfügung stellt.[964] Zu den Leistungen des Internets gehören insbesondere die Dienste Electronic Mail, die elektronische Post, und das World Wide Web, ein Dokumentensystem.[965]

### *1. Entwicklung des Internets*

Die Anfänge des Internets reichen bis in die fünfziger Jahre des letzten Jahrhunderts zurück.[966] Das amerikanische Verteidigungsministerium gründete eine Forschungsbehörde, die ein dezentrales Computernetzwerk entwickeln sollte. Dieses Netzwerk sollte die Funktionsfähigkeit der Kommandostruktur im Falle eines sowjetischen Nuklearangriffs sichern.[967] Es wurde eine Methode entwickelt, die die Datenübertragung innerhalb eines Netzwerks auch nach einem Teilausfall des Netzwerks gewährleisten sollte.[968] In den achtziger Jahren wurden dann die Computernetzwerke einzelner amerikanischer Universitäten miteinander verbunden. Populär wurde das Internet erst mit der Einführung des World Wide Webs.

### *2. Electronic Commerce*

Der Verkauf von Waren und Dienstleistungen über das Internet wird als Electronic Commerce bezeichnet.[969] Sowohl aus Sicht des Kunden als auch aus Sicht des Anbieters hat der Electronic Commerce Vorteile gegenüber dem klassischen Ladenverkauf. Der wichtigste Vorteil des Electronic Commerce für den Verbraucher ist die hohe Angebotstransparenz und die Preistransparenz,[970] da sich im Bereich des Internets auf einfache Weise Preisvergleiche anstellen lassen.[971] Es bietet sich für den Verbraucher auch die Möglichkeit, einen Preisver-

---

964 Brockhaus, Computer und Informationstechnologie, 2003, S. 465; *Dörner*, AcP 202 (2002), 363.

965 *Borges*, ZIP 1999, 130; *Dörner*, a.a.O.; *Taupitz/Kritter*, JuS 1999, 839.

966 Vgl. zur Entwicklung des Internets *Dilger*, Verbraucherschutz bei Vertragsabschlüssen im Internet, Dissertation Universität Tübingen, 2002, S. 10 ff.; *Ruff*, Vertriebsrecht im Internet, 2003, S. 2.

967 *Waldenberger*, BB 1996, 2365.

968 Vgl. *Wilmer/Hahn*, Fernabsatzrecht, 2. Aufl., 2005, Teil 1 Kap. II Rn. 3.

969 Vgl. Brockhaus, Computer und Informationstechnologie, 2003, S. 293; *Bruhn/Homburg (Hrsg.)*, Gabler Marketing Lexikon, 2001, S. 520. Zur Zukunft des Electronic Commerce vgl. *Hoeren*, NJW 2002, 37.

970 Vgl. *Marx*, WRP 2000, 1227 (1228); *Moritz*, CR 2000, 61; *Pützhoven*, Europäischer Verbraucherschutz im Fernabsatz, Dissertation Universität Greifswald, 2001, S. 12.

971 Aus diesem Grund kommt der Bündelung des Angebots im Rahmen des Electronic Commerce eine besondere Bedeutung zu. Ein Beispiel hierfür sind die Autobörsen im Internet. Derartige Börsen sind mit Suchfunktionen ausgestattet, mit deren Hilfe sich der Verbraucher einen gezielten Überblick über das Angebot verschaffen kann. Demgegenüber hat der einzelne Händler im Internet eine schwächere Position, da er regelmäßig für den Verbraucher schwerer zu finden ist und nur über ein eingeschränktes Angebot verfügt. Vgl. hierzu *Backu*, DAR 2001, 106 (107).

gleich durch Preisagenturen durchführen zu lassen. Oftmals ist der Kauf im Internet so kostengünstiger als im stationären Geschäft.[972] Weiterhin bestehen im Rahmen des Electronic Commerce keine Ladenschlusszeiten und der Einkauf kann - wie generell im Bereich des Fernabsatzes - bequem von zuhause aus getätigt werden.[973]

Gegenüber dem klassischen Versandhandel liegen die Vorteile des Electronic Commerce aus Verbrauchersicht in der Aktualität der Angebotspräsentation, in einem mitunter einfacheren Bestellvorgang und einem effizienten Selektionsprozess des Angebotes.[974] Anders als bei dem herkömmlichen Versandhandel, der mit Katalogen und Prospekten mit bestimmter Geltungsdauer arbeitet, können im Rahmen des Electronic Commerce die Angebote bzw. Preise jederzeit geändert werden.[975] Im Vergleich zu einem Versandhauskatalog bestehen im Bereich des Electronic Commerce bessere Darstellungs- und Informationsmöglichkeiten.[976]

Gegenüber dem Teleshopping hat der Electronic Commerce den Vorteil, dass der Verbraucher selbst entscheiden kann, wann er sich die Produkte ansehen möchte, und er sich nicht nach einer bestimmten Programmierung des Unternehmers richten muss.[977]

*a. Anbieter des Electronic Commerce*

Zum einen treten im Electronic Commerce die klassischen Handelsunternehmen wie im traditionellen stationären Vertrieb als Absatzmittler zwischen Herstellern und Kunden auf.[978] Mit dem Electronic Commerce können die Unternehmen ihren Kunden den Zusatznutzen bieten, die gewünschte Leistung von zuhause aus bestellen zu können und sich die Leistung dann anliefern zu lassen.[979]

Zum anderen ist auch für die Herstellerunternehmen der Vertrieb mittels Electronic Commerce besonders attraktiv. So handelt es sich bei dem Electronic Commerce zum Teil um eine Erscheinungsform des Direktvertriebs, bei dem die

---

972 *Borges*, ZIP 1999, 565.

973 Vgl. *Borges*, a.a.O.; *Drexl*, in: *Lehmann* (Hrsg.), Rechtsgeschäfte im Netz - Eletronic Commerce, 1999, S. 75 (76); *Moritz*, CR 2000, 61; *Pützhoven*, Europäischer Verbraucherschutz im Fernabsatz, Dissertation Universität Greifswald, 2001, S. 12; *Ruff*, Vertriebsrecht im Internet, 2003, S. 11.

974 *Borges*, ZIP 1999, 130; *Bruhn/Homburg (Hrsg.)*, Gabler Marketing Lexikon, 2001, S. 520.

975 Vgl. *Köhler*, NJW 1998, 185.

976 *Borges*, ZIP 1999, 130.

977 Vgl. zu diesem Nachteil des Teleshoppings *Woldt*, Media Perspektiven 1988, 421 (425). Der E-Commerce unterscheidet sich zum Teleshopping durch die Tatsache, dass bei dem Teleshopping die Bestellungen nicht über dasselbe Telekommunikationsmedium abgegeben werden, vgl. *Biernoth*, Zivilrechtlicher Erwerberschutz beim Teleshopping, Dissertation Universität Gießen, 1999, S. 213.

978 Vgl. *Ruff*, Vertriebsrecht im Internet, 2003, S. 33.

979 Vgl. hierzu auch das Beispiel bei *Ruff*, a.a.O..

Waren oder Dienstleistungen des Herstellers via Internet erworben werden können.[980] Die Kostenvorteile, die durch die Ausschaltung des Zwischenhandels entstehen, können an den Verbraucher weitergegeben werden.[981] Es besteht im Bereich des Direktvertriebs außerdem die Möglichkeit, dass der Verbraucher sich das Produkt nach seinen persönlichen Vorstellungen zusammenstellt (Build-to-order-Verfahren).[982]

*b. Leistungserbringung im Rahmen des Electronic Commerce*

Während der Vertragsschluss im Rahmen des Electronic Commerce immer über das Internet erfolgt, kann hinsichtlich der Leistungserbringung differenziert werden:[983] Zum größten Teil erfolgt die Leistungserbringung heutzutage noch durch Transport auf dem Postweg.[984] Für körperliche Gegenstände stellt sich das Internet somit lediglich als Kommunikationsplattform für die Werbung und den Vertragsschluss dar.[985] Teilweise wird jedoch auch die Leistung über das Internet erbracht.[986] Voraussetzung hierfür ist, dass das Produkt digitalisierbar ist.[987] Ein Beispiel hierfür ist die Lieferung von Software,[988] aber auch andere Informationsgüter, wie etwa Informationen aus Datenbanken, Musikdateien oder Spielfilmdateien können dem Verbraucher über das Internet zugänglich gemacht

---

980 Vgl. *Bruhn/Homburg (Hrsg.)*, Gabler Marketing Lexikon, 2001, S. 520.

981 Vgl. *Pützhoven*, Europäischer Verbraucherschutz im Fernabsatz, Dissertation Universität Greifswald, 2001, S. 12.

982 Zum Ausschluss des Widerrufsrechts in diesen Fällen gemäß § 312d Abs. 4 Nr. 1 BGB vgl. oben 1. Teil II. 2. b. cc. (1).

983 *Drexl*, in: *Lehmann (Hrsg.)*, Rechtsgeschäfte im Netz - Electronic Commerce, 1999, S. 75 (76); *Moritz*, CR 2000, 61 (62); *Ruff*, Vertriebsrecht im Internet, 2003, S. 8; zu den verschiedenen Varianten der Leistungserbringung im Rahmen des elektronischen Geschäftsverkehrs vgl. *Reich/Nordhausen*, Verbraucher und Recht im elektronischen Geschäftsverkehr, 2000, S. 5.

984 *Drexl*, in: *Lehmann (Hrsg.)*, Rechtsgeschäfte im Netz - Electronic Commerce, 1999, S. 75 (86); *Piepenbrock/Schmitz*, K&R 2000, 378 (380).

985 *Backu*, DAR 2001, 106; *Drexl*, a.a.O..

986 Vgl. hierzu *Arnold*, CR 1997, 526 (531); *Backu*, a.a.O.; *Borges*, ZIP 1999, 445 (451); *Drexl*, in: *Lehmann (Hrsg.)*, Rechtsgeschäfte im Netz - Electronic Commerce, 1999, S. 75 (76); *Ende/Klein*, Grundzüge des Vertriebsrechts im Internet, 2001, S. 15; *Flegel*, Electronic Shopping, 1995, S. 556; *Moritz*, CR 2000, 61 (62); *Piepenbrock/Schmitz*, K&R 2000, 378 (380); *Ruff*, Vertriebsrecht im Internet, 2003, S. 198; *Wilmer/Hahn*, Fernabsatzrecht, 2. Aufl., 2005, Teil 1 Kap. II Rn. 65. Der Vertrieb von digitalisierbaren Gütern wird als Online Distribution bezeichnet, vgl. *Bruhn/Homburg (Hrsg.)*, Gabler Marketing Lexikon, 2001, S. 518.

987 Vgl. *Dilger*, Verbraucherschutz bei Vertragsabschlüssen im Internet, Dissertation Universität Tübingen, 2002, S. 33; *Moritz*, a.a.O., *Ruff*, a.a.O..

988 Vgl. hierzu *Arnold*, CR 1997, 526 (531); *Backu*, DAR 2001, 106, *Borges*, ZIP, 445 (451); *Ende/Klein*, Grundzüge des Vertriebsrechts im Internet, 2001, S. 15; *Flegel*, Electronic Shopping, 1995, S. 556; *Köhler*, NJW 1998, 185; *Ruff*, Vertriebsrecht im Internet, 2003, S. 8, 198; *Schmitt*, CR 2001, 838 (842); *Wilmer/Hahn*, Fernabsatzrecht, 2. Aufl., 2005, Teil 1 Kap. II Rn. 65.

werden.[989] Die Bezahlung der Ware bzw. Dienstleistung erfolgt per Rechnung, per Lastschrift, per Nachnahme oder per Zahlung mit Kreditkarte.[990]

*c. Mobile Commerce*

Eine Weiterentwicklung des Electronic Commerce stellt der Mobile Commerce dar.[991] Die Datenübertragung erfolgt hier drahtlos an mobile Endgeräte, insbesondere an Mobiltelefone oder mobile Computer.[992] Der Verbraucher profitiert davon, jederzeit und unabhängig von seinem Standort mit dem Unternehmen in Kontakt zu treten.[993] Die besondere Attraktivität erhält der Mobile Commerce durch die Tatsache, dass der Verbraucher das Kommunikationsmedium jederzeit bei sich trägt.[994] So können dem jeweiligen Verbraucher auf ihn individuell zugeschnittene, also personalisierte, Angebote gemacht werden.[995]

*3. Electronic Mail*

Ein Mittel zum Vertragsabschluss im Rahmen des Electronic Commerce stellt der Internetdienst Electronic Mail dar. Electronic Mail ist eine Methode der Übermittlung von schriftlichen Nachrichten über Netzwerke.[996] Dieser Internetdienst bietet die Möglichkeit, Informationen von der kurzen Mitteilung bis zum umfangreichen Datenpaket schnell und kostengünstig an beliebig viele Empfänger zu versenden.[997] Hierfür existieren verschiedene Übertragungsprotokolle, die auch das Übermitteln von Dateien in Form von Attachments (Anhängen) ermöglichen.[998] Für die Zustellung ist lediglich die Angabe einer E-Mail-Adresse erforderlich.[999]

---

[989] Vgl. hierzu *Backu*, DAR 2001, 106; *Ende/Klein*, Grundzüge des Vertriebsrechts im Internet, 2001, S. 15, 32.

[990] Zu den verschiedenen Varianten der Bezahlung im Rahmen des elektronischen Geschäftsverkehrs vgl. *Köhler*, NJW 1998, 185 (189); *Reich/Nordhausen*, Verbraucher und Recht im elektronischen Geschäftsverkehr, 2000, S. 5.

[991] Vgl. *Ende/Klein*, Grundzüge des Vertriebsrechts im Internet, 2001, S. 128 Fn. 2.

[992] Vgl. Brockhaus, Computer und Informationstechnologie, 2003, S. 568; *Ende/Klein*, a.a.O..

[993] Vgl. *Dallmer*, Das System des Direktmarketing, 2002, S. 18.

[994] Durch den Mobile Commerce soll eine neue Phase des Electronic Commerce eingeleitet werden. Es wird davon ausgegangen, dass der Mobile Commerce im Vergleich zu dem ortsgebundenen Electronic Commerce eine Steigerung der Benutzerfreundlichkeit und der Anwendungsmöglichkeiten mit sich bringen wird. Vgl. hierzu *Link*, Direct Marketing: Chancen im E-Business, 2002, S. 102.

[995] Vgl. hierzu *Dallmer*, Das System des Direct Marketing, 2002, S. 19.

[996] Brockhaus, Computer und Informationstechnologie, 2003, S. 309; *Bruhn/Homburg (Hrsg.)*, Gabler Marketing Lexikon, 2001, S. 180.

[997] Vgl. hierzu auch *Pernice*, Internetrecht in der Praxis, 2001, S. 9.

[998] Brockhaus, Computer und Informationstechnologie, 2003, S. 309; *Ruff*, Vertriebsrecht im Internet, 2003, S. 4.

[999] Vgl. *Eichhorn*, Internet-Recht, 2001, S. 25.

*a. Funktion des E-Mail-Marketing*

E-Mails werden von Unternehmen zum Versand von Werbung an den Verbraucher eingesetzt. Bei Marketingkampagnen werden inhaltsgleiche E-Mails an eine große Zahl von Kunden versandt. Für die Unternehmen hat diese elektronische Kommunikation vor allem Kostenvorteile, so entstehen bei dem Versand von E-Mails nur ein Bruchteil der Kosten des Versands von Werbebriefen.[1000] Daneben steht die Schnelligkeit dieser Marketingform im Vordergrund, so können große Mengen an personalisierten E-Mails innerhalb von Sekunden an die Verbraucher übermittelt werden.[1001] Gerade kleinere Unternehmen, die bislang aus Kostengründen auf ein effizientes Direktmarketing verzichten mussten, können nun den gleichen oder einen besseren Nutzen als mit herkömmlicher Briefwerbung erreichen.[1002]

Werbung bzw. Kommunikation per E-Mail kann sich auf ganz unterschiedliche Weise vollziehen.[1003] Zum einen kann der Verbraucher individuell durch das Unternehmen nur auf Anfrage bzw. mit einer einzelnen E-Mail angesprochen werden, zum anderen kann ein Unternehmen E-Mails mit Werbeinhalten regelmäßig an Kunden bzw. Interessenten senden.[1004] Sofern eine periodische Information an einen größeren Personenkreis erfolgen soll, bietet sich die Institutionalisierung als elektronisches Rundschreiben (sog. Newsletter) an.[1005] Bei einem Newsletter handelt es sich um eine von Unternehmen regelmäßig verschickte, meist kostenlose Sammlung von aktuellen Nachrichten. In der Regel wird der Newsletter nur an Abonnenten verschickt, die Abbestellung ist meistens problemlos möglich.[1006] Häufig werden in den Newslettern Verknüpfungen zu anderen einschlägigen Datenquellen mit Möglichkeit zur Vertiefung der Informationen angeboten. Durch einen Link kann auch auf einen Internetshop verwiesen werden, in dem der Verbraucher die angepriesene Ware oder Dienstleistung bestellen kann.[1007]

Im Hinblick auf die Adressengewinnung wurden die Methoden der Direktwerbung auf den elektronischen Geschäftsverkehr übertragen. Die E-Mail-Adressen werden im Rahmen herkömmlicher Marketingmaßnahmen,

---

[1000] Vgl. hierzu *Dallmer*, Das System des Direktmarketing, 2002, S. 18; *Hoeren/Oberscheid*, VuR 1999, 371 (380); *Wülfing/Dieckert*, Praxishandbuch Multimediarecht, 2002, S. 20.

[1001] Vgl. *Dallmer*, Das System des Direktmarketing, 2002, S. 18, der darauf hinweist, dass es hier außerdem möglich ist, die Nutzung der in die Mails integrierten Links zu verfolgen.

[1002] *Leupold*, WRP 1998, 270.

[1003] Vgl. hierzu *Link*, Direct Marketing: Chancen im E-Business, 2002, S. 93.

[1004] Vgl. *Link*, a.a.O..

[1005] *Link*, a.a.O., S. 94.

[1006] Diese Werbemethode wird als Permission Marketing bezeichnet, vgl. *Wülfing/Dieckert*, Praxishandbuch Multimediarecht, 2002, S. 21.

[1007] Vgl. hierzu *Hoeren/Oberscheid*, VuR 1999, 371 (380).

etwa Befragungen oder Gewinnspielen, ermittelt oder bei Adresshändlern eingekauft.[1008]

*b. wettbewerbsrechtliche Beschränkungen der Ansprache mittels Electronic Mail*

In wettbewerbsrechtlicher Hinsicht wird das E-Mail-Marketing erheblich beschränkt. Die Versendung von Werbung mittels elektronischer Post ist ohne Einwilligung des Adressaten gemäß § 7 Abs. 1, Abs. 2 Nr. 3 i.V.m. § 3 UWG unzulässig.[1009] Dieses Opt-in-System entspricht auch der Rechtsprechung zu § 1 UWG a.F., wonach in der Zusendung einer unverlangten E-Mail zu Werbezwecken ein Verstoß gegen die guten Sitten im Wettbewerb lag.[1010]

Die Versendung von Werbung per E-Mail stellt eine unzumutbare Belästigung der angesprochenen Verkehrskreise dar.[1011] Zum einen entsteht bei dem Empfänger ein Arbeitsaufwand, der mit dem Sichten und Sortieren der E-Mails verbunden ist.[1012] Zum anderen werden die Ressourcen des Empfängers genutzt, denn die unerbeten zugesandte E-Mail nimmt Speicherkapazitäten des Empfängers in Anspruch.[1013] Der Empfänger muss weiterhin die Kosten für die Verbindung zum Provider bezahlen.[1014]

---

[1008] Brockhaus, Computer und Informationstechnologie, 2003, S. 310.

[1009] Mit dieser Regelung hat der Gesetzgeber das zwingend vorgeschriebene Opt-in-System nach Art. 13 Abs. 1 der Datenschutzrichtlinie für elektronische Kommunikation (ABl. EG Nr. L 201 v. 31.07.2002, S. 37 (45)) umgesetzt. In der allgemeinen Fernabsatzrichtlinie war diesbezüglich in Art. 10 Abs. 2 (ABl. EG Nr. L 144 v. 04.06.1997, S. 19 (24)) ein Opt-out-System vorgesehen. Die Fernabsatzrichtlinie für Finanzdienstleistungen sah in Art. 10 Abs. 2 (ABl. EG Nr. L 271 v. 09.10.2002, S. 16 (22)) ein Wahlrecht zwischen einem Opt-in-System und einem Opt-out-System vor.

[1010] BGH, Urt. v. 11.03.2004 - I ZR 81/01, NJW 2004, 1655; LG Traunstein, Beschl. v. 18.12.1997 - 2 HK O 3755/97, CR 1998, 171; LG Berlin, Urt. v. 13.10.1998 - 16 O 320/98, CR 1999, 187; LG Ellwangen, Urt. v. 27.08.1999 - 2 KfH O 5/99, MMR 1999, 675 (676); vgl. auch *Ring*, Fernabsatzgesetz, 2000, S. 49 f..

[1011] BGH, Urt. v. 11.03.2004 - I ZR 81/01, NJW 2004, 1655 (1656); vgl. auch die Rechtsprechung zum Btx-Mitteilungsdienst: BGH, Urt. v. 03.02.1988 - I ZR 222/85, NJW 1988, 1670 (1671). Der Btx-Mitteilungsdienst gilt als Vorläufer der heutigen E-Mail-Dienste. Dieser Dienst ist jedoch in technischer Hinsicht nur bedingt mit dem heutigen E-Mail-Dienst vergleichbar, da insbesondere das Löschen von E-Mails schneller möglich ist.

[1012] BGH, Urt. v. 11.03.2004 - I ZR 81/01, NJW 2004, 1655 (1657); LG Berlin, Urt. v. 14.05.1998 - 16 O 301/98, CR 1998, 499; vgl. auch BGH, Urt. 03.02.1988 - I ZR 222/85, NJW 1988, 1670 (1671) zum Btx-Mitteilungsdienst. Ähnliche Argumente wie bei der E-Mail-Werbung sprechen gegen die Zulässigkeit der Short-Message-Service-Werbung, vgl. hierzu *Schmittmann*, MMR 1998, 346.

[1013] In der unaufgeforderten E-Mail-Werbung liegt mithin ein free riding an den Ressourcen des Verbrauchers.

[1014] Vgl. BGH, Urt. v. 11.03.2004 - I ZR 81/01, NJW 2004, 1655 (1657); LG Berlin, Urt. v. 14.05.1998 - 16 O 301/98, CR 1998, 499; LG Ellwangen, Urt. v. 27.08.1999 - 2 KfH O 5/99, MMR 1999, 675 (676).

Zwar ist die einzelne E-Mail-Werbebotschaft weder von der Belästigungswirkung noch von der Beanspruchung von Gerät und Material her vergleichbar mit der Werbung per Telefon oder Telefax.[1015] Jedoch ist auf die Nachahmungsgefahr dieser Werbeform abzustellen, die auf ein immer weiteres Umsichgreifen angelegt ist.[1016] Ohne Einschränkung der E-Mail-Werbung ist auf Grund ihrer Vorteilhaftigkeit für den Werbenden mit einem Nachahmungseffekt bei denjenigen Wettbewerbern zu rechnen, die bislang nicht mittels E-Mail geworben haben, sich aus Wettbewerbsgründen aber hierzu gezwungen sehen.[1017] Es besteht so die Gefahr der Überflutung der Verbraucher mit E-Mails, die im Extremfall - wie in den Vereinigten Staaten bereits geschehen - ganze Computernetze zusammenbrechen lassen kann.[1018]

Eine Ausnahmevorschrift zu dem in § 7 Abs. 2 Nr. 3 UWG festgelegten Opt-in-System stellt die Regelung des § 7 Abs. 3 UWG dar.[1019] Danach kann der Unternehmer, wenn er von seinem Kunden im Zusammenhang mit dem Verkauf eines Produkts oder einer Dienstleistung dessen elektronische Postadresse erhalten hat, diese zur Direktwerbung für eigene ähnliche Produkte oder Dienstleistungen verwenden.[1020] Dies gilt allerdings nur, wenn der Kunde der Verwendung nicht widersprochen hat und er bei Erhebung der Adresse und bei jeder Verwendung klar und deutlich darauf hingewiesen wird, dass er der Verwendung jederzeit widersprechen kann. Weitere Voraussetzung ist, dass für die Aufforderung zur Einstellung der Nutzung nur die Kosten für den Basistarif für die Übermittlung einer solchen Erklärung anfallen.[1021]

Werbung mittels E-Mail ist demnach nur zulässig, wenn der Verbraucher sein Einverständnis hierzu erteilt hat. So können Unternehmen bei vorliegendem Einverständnis unproblematisch einzelne E-Mails an den betreffenden Verbraucher senden. Hinsichtlich periodisch erfolgender Verbraucherinformation per E-Mail in Form von Newslettern ist es als erforderlich zu erachten, dem Verbraucher außerdem eine einfache Möglichkeit zu bieten, um sein einmal erteiltes Einverständnis zu widerrufen.

---

[1015] Vgl. BGH, Urt. v. 11.03.2004 - I ZR 81/01, NJW 2004, 1655 (1656 f.). Vgl. hierzu auch *Leupold*, WRP 1998, 270 (277).

[1016] Vgl. BGH, Urt. v. 11.03.2004 - I ZR 81/01, NJW 2004, 1655 (1656).

[1017] BGH, a.a.O.; vgl. auch BGH, Urt. v. 03.02.1988 - I ZR 222/85, NJW 1988, 1670 (1671) zum Btx-Mitteilungsdienst.

[1018] Vgl. hierzu *Pernice*, Internetrecht in der Praxis, 2001, S. 10.

[1019] Mit dieser Reglung hat der Gesetzgeber Art. 13 Abs. 2 der Datenschutzrichtlinie für elektronische Kommunikation (ABl. EG Nr. L 201 v. 31.07.2002, S. 37 (45)) umgesetzt.

[1020] Vgl. hierzu *Hoeren*, NJW 2004, 3513 (3514).

[1021] Diese Voraussetzung ist dann nicht erfüllt, wenn eine Mehrwertdienstnummer angerufen werden muss, vgl. RegE UWG, BT-Drs. 15/1487, S. 22.

### *c. E-Mail-Marketing als Fernabsatzsystem*

Im Bereich des E-Mail-Marketings sind zwei Fallgruppen zu unterscheiden. Zum einen besteht die Möglichkeit, dass der Unternehmer den Verbraucher mittels E-Mail anspricht und ihm einen Vertragsabschluss anbietet.[1022] Zum anderen ist die Möglichkeit gegeben, dass der Verbraucher dem Unternehmer eine E-Mail zum Zweck des Vertragsabschlusses zusendet.[1023]

#### *aa. aktives E-Mail-Markting*

Bei dem aktiven E-Mail-Marketing, also in den Fällen, in denen der Unternehmer aktiv Verbraucher mittels E-Mail mit dem Ziel eines Vertragsschlusses anspricht, tritt das Kriterium der Außendarstellung in den Hintergrund, da der Kontakt grundsätzlich auf die einzelne E-Mail beschränkt ist. Unter Heranziehung des Kriteriums der Initiative zum Vertragsschluss lässt sich jedoch in diesen Fällen ein Fernabsatzsystem annehmen. Aus der Vorgehensweise des Unternehmers, Verbrauchern mittels E-Mail Vertragsabschlüsse anzubieten, wird deutlich, dass der Unternehmer das Vertriebskonzept des Fernabsatzes verfolgt.

#### *bb. passives E-Mail-Marketing*

Bei dem passiven E-Mail-Marketing sendet der Verbraucher seine Bestellung per E-Mail an die Adresse des Unternehmers, die er im Internet auf einer Website aufgefunden hat oder die der Unternehmer außerhalb des Internets beispielsweise in einer Zeitungsanzeige, auf einem Plakat oder über ein anderes Medium mitgeteilt hat. Ebenso wie die bloße Angabe einer Telefonnummer ist die bloße Angabe einer E-Mail-Adresse nicht ausreichend, um auf Seiten des Unternehmers ein Fernabsatzsystem anzunehmen.[1024] So kann die Angabe einer E-Mail-Adresse in der Absicht erfolgen, dem Verbraucher eine Möglichkeit zu bieten, mit dem Unternehmer in Kontakt zu treten, um z.B. Fragen zu stellen. Eine solche Angabe dient dann nur der Kundenpflege und dem Service. Ein Fernabsatzsystem kann nur dann angenommen werden, wenn die Angabe der E-Mail-Adresse mit einem Zusatz versehen wird, der auf eine Bestellmöglichkeit hinweist. Sofern insbesondere auf einer Website eine E-Mail-Adresse als Kontaktmöglichkeit genannt wird, kommt es darauf an, ob der Unternehmer nach dem Inhalt der Website die Bestellung von Waren oder Dienstleistungen über diese Adresse zulassen will.[1025] Wenn die E-Mail-Adresse nach dem Kontext ihrer Angabe mit dem Zweck angegeben wird, dem Verbraucher eine

---

[1022] Diese Form des E-Mail-Marketing wird im Folgenden als aktives E-Mail-Marketing bezeichnet.

[1023] Diese Form des E-Mail-Marketing wird im Folgenden passives E-Mail-Marketing genannt.

[1024] Vgl. oben 2. Teil II. 3. c..

[1025] *Wilmer/Hahn*, Fernabsatzrecht, 2. Aufl., 2005, Teil 2 Kap. VI Rn. 18.

Bestellung zu ermöglichen, ist die Annahme eines Fernabsatzsystems zu bejahen.[1026]

*4. Website*

Weiterhin kann im Bereich des Electronic Commerce ein Vertragsschluss zwischen einem Verbraucher und einem Unternehmer über eine Website erfolgen.

*a. Funktionen der Website*

Viele Unternehmen stellen im Rahmen ihrer Marketingstrategie Websites in das Internet.[1027] Zum überwiegenden Teil werden die Websites jedoch nur als Informations- und Werbemedium genutzt, Vertragsschluss und -abwicklung finden außerhalb des Internets statt.[1028] Für den Verbraucher besteht in diesem Fall die Möglichkeit, Informationen zu dem Unternehmen und seinen Produkten zu erhalten, die Website dient dann lediglich als Werbeplattform.[1029]

Von manchen Unternehmen wird die Website auch nur dafür genutzt, dem Verbraucher erste Informationen über die betreffenden Waren und Dienstleistungen zu erteilen. Der eigentliche Vertragsschluss erfolgt dann jedoch außerhalb des Internets über ein anderes Fernkommunikationsmittel. So wird teilweise eine Telefonnummer angegeben, über die ein Vertrag geschlossen werden kann.[1030] Einige Websites verfügen auch über ein Formular, mit der ein Nutzer einen Anruf des entsprechenden Unternehmens veranlassen kann, die Telefonkosten bezahlt dann das Unternehmen.[1031] Eine telefonische Kontaktaufnahme bietet sich insbesondere bei erklärungsbedürftigen Waren und Dienstleistungen an, da per Telefon ein unmittelbarer Informationsaustausch möglich ist und so Fragen direkt beantwortet werden können.

Teilweise bieten Unternehmen den Kunden weitergehend eine Bestellmöglichkeit auf ihrer Website an.[1032] Die Bestellung erfolgt durch das Ausfüllen eines Formulars oder durch ein komplexes Warenkorbsystem.[1033] Das Internet als Massenmedium ermöglicht es, den Internetauftritt auf der Website auf den Einzelkunden auszurichten, dies bedeutet, dass die Website personalisiert

---

[1026] Vgl. *Wilmer/Hahn*, a.a.O..

[1027] Vgl. *Hoenike/Hülsdunk*, MMR 2002, 415 (417).

[1028] Vgl. hierzu *Burgard*, WM 2001, 2102; *Ende/Klein*, Grundzüge des Vertriebsrechts im Internet, 2001, S. 15.

[1029] *Burgard*, a.a.O.. Zu den verschiedenen Formen der Website als Werbemedium vgl. *Link*, Direct Marketing: Chancen im E-Business, 2002, S. 91.

[1030] *Hoenike/Hülsdunk*, MMR 2002, 415.

[1031] Sog. Call-Back-Button, vgl. hierzu *Dallmer*, Das System des Direktmarketing, 2002, S. 13.

[1032] Vgl. hierzu *Burgard*, WM 2001, 2102; *Ende/Klein*, Grundzüge des Vertriebsrechts im Internet, 2001, S. 15; *Hoenike/Hülsdunk*, MMR 2002, 415.

[1033] *Hoenike/Hülsdunk*, a.a.O..

wird.[1034] Aufgrund der bisherigen Informationsnachfrage und seines Bestellverhaltens werden dem einzelnen Kunden speziell auf ihn abgestimmte Informationen gegeben.[1035] Dies bedingt eine Verknüpfung der Website mit den Kundenprofilen auf der Kundendatenbank.[1036] Jedes Mal, wenn sich ein Kunde identifiziert, bekommt er statt des Standardangebotes automatisch das genau auf ihn zugeschnittene Informations- und Leistungsangebot.[1037] Es besteht so die Möglichkeit dem Verbraucher Angebote in Form von personalisierten Sortimenten zu machen.[1038]

*b. Werbung von Kunden*

Voraussetzung für den Abschluss von Verträgen über eine Website ist zunächst, das Interessenten auf die Website des Unternehmens gelangen.[1039] Der Verbraucher kann die gewünschten Angebote mit einer Suchmaschine suchen.[1040] Daneben kann der Verbraucher durch Werbemaßnahmen des Unternehmens auf dessen Website geleitet werden.[1041] Diese Werbemaßnahmen können im Internet selbst erfolgen: Zum einen besteht für Unternehmen die Möglichkeit, Werbebanner auf fremden Websites zu schalten. Durch das Anklicken der Werbebanner gelangt der Verbraucher dann auf die Website des Unternehmens. Zum anderen besteht die bereits oben genannte Möglichkeit des E-Mail-Marketings. Weiterhin haben die Unternehmen die Möglichkeit, den Verbraucher durch klassische Medien wie z.B. durch Zeitungs- und Zeitschriftenanzeigen, Plakate, Radio- und Fernsehspots zum Aufruf dieser Website zu bewegen.

---

[1034] Vgl. hierzu *Link*, Direct Marketing: Chancen im E-Business, 2002, S. 93.

[1035] *Hoenike/Hülsdunk*, MMR 2002, 415.

[1036] Eine derartige personalisierte Website wird als Databased Site bezeichnet, vgl. *Link*, Direct Marketing: Chancen im E-Business, 2002, S. 93.

[1037] Derartige Websites werden im Rahmen des sog. Customer Relationship Management erstellt, vgl. *Hübner*, EuZW 2001, 225; *Link*, a.a.O..

[1038] Vgl. *Meffert*, Direct Marketing und marktorientierte Unternehmensführung, 2002, S. 47. Die Erfahrungen von Anbietern mit derartigen individualisierten Websites zeigen, dass die Einrichtung einer solchen eigenen Website bei richtiger Vorgehensweise vom Kunden als Vorteil aufgefasst wird und die Kundenbindung erheblich erhöhen kann, vgl. *Link*, Direct Marketing: Chancen im E-Business, 2002, S. 93.

[1039] *Hoeren/Oberscheid*, VuR 1999, 371; *Wülfing/Dieckert*, Praxishandbuch Multimediarecht, 2002, S. 20; zu den Varianten der Vertragsanbahnung im elektronischen Geschäftsverkehr vgl. *Reich/Nordhausen*, Verbraucher und Recht im elektronischen Geschäftsverkehr, 2000, S. 4.

[1040] Vgl. *Bruhn/Homburg (Hrsg.)*, Gabler Marketing Lexikon, 2001, S. 520; *Wilmer/Hahn*, Fernabsatzrecht, 2. Aufl., 2005, Teil 1 Kap. II Rn. 8.

[1041] *Borges*, ZIP 1999, 130 (131).

*c. Funktion des Intershops*

Die E-Commerce-Systeme basieren auf Katalog- und Buchungsanwendungen, die die Suche nach Produkten unterstützt.[1042] Auf der Website des Unternehmens sucht der Verbraucher dann nach für ihn interessanten Waren oder Dienstleistungen. Hat der Verbraucher ein Produkt gefunden, kann er es durch einen Mausklick seinem virtuellen Warenkorb hinzufügen.[1043] Diesen Vorgang kann er beliebig oft wiederholen. Sind alle gewünschten Produkte im Warenkorb, wird eine Seite aufgerufen, die - vergleichbar mit einem ausgefüllten Bestellschein - alle zuvor aufgewählten Waren mit Bezeichnung, Stückzahl, Preis und weiteren Angaben anzeigt.[1044] Ist der Kunde mit der Warenbestellung einverstanden, schickt er diesen virtuellen Bestellschein durch einen Mausklick ab, was in rechtlicher Hinsicht regelmäßig die Abgabe eines Angebots darstellt.[1045]

*d. Website als Fernabsatzsystem*

Fraglich ist, in welchen Konstellationen eine Website als Bestandteil eines Fernabsatzsystems anzusehen ist. Bloße Werbemaßnahmen auf einer Website können für sich allein nicht die Annahme eines Fernabsatzsystems begründen.[1046] Derartige Websites können zwar Informationen über das Unternehmen und seine Leistungen enthalten, dies muss jedoch nicht zwangsläufig bedeuten, dass sich das betreffende Unternehmen organisatorisch auf Vertragsschlüsse im Fernabsatz vorbereitet hat. Auf der Website können nämlich Leistungen des Unternehmers dargestellt werden, deren Erwerb dann jedoch den Besuch des stationären Ladengeschäfts voraussetzen.[1047] Eine solche vorbereitende Präsentation indiziert noch nicht das Bestehen eines Fernabsatzsystems. Um ein Fernabsatzsystem anzunehmen, muss nämlich zur bloßen Werbung stets auch eine Bestellmöglichkeit hinzutreten.[1048] Nach richtiger Ansicht ist daher bei der Bereitstellung einer Bestellmöglichkeit auf einer Website von dem Bestehen eines Fernabsatzsystems auszugehen.[1049] Insbesondere unter dem Gesichtspunkt

---

[1042] *Ruff*, Vertriebsrecht im Internet, 2003, S. 11.

[1043] *Hoeren/Oberscheid*, VuR 1999, 371.

[1044] *Borges*, ZIP 1999, 130 (131); *Hoeren/Oberscheid*, a.a.O.; *Roth/Groß*, K&R 2002, 127 (132).

[1045] *Roth/Groß*, a.a.O.. Differenzierend hinsichtlich der Einordnung der Willenserklärungen als Angebot und Annahme *Wiebe*, in: *Spindler/Wiebe (Hrsg.)*, Internet-Auktionen und elektronische Marktplätze, 2. Aufl., 2005, Kap. 4 Rn. 49.

[1046] Vgl. *Wilmer/Hahn*, a.a.O..

[1047] Vgl. *Becker*, Das neue Fernabsatzgesetz, 2000, S. 15.

[1048] Vgl. *Wilmer/Hahn*, Fernabsatzrecht, 2. Aufl., 2005, Teil 2 Kap. VI Rn. 18.

[1049] Vgl. *Becker*, Das neue Fernabsatzgesetz, 2000, S. 15; *Börner/Rath/Sengpiel*, Fernabsatzrecht, 2001, S. 25 f.; *Dilger*, Verbraucherschutz bei Vertragsabschlüssen im Internet, 2002, S. 69; *Lorenz*, JuS 2000, 833 (838); *Wilmer/Hahn*, a.a.O..

der Außendarstellung muss man daher zu dem Ergebnis gelangen, dass in diesen Fällen regelmäßig ein Fernabsatzsystem vorliegt.[1050]

*aa. Kriterium sachliche Ausstattung*

Auch bei Anwendung des Kriteriums der sachlichen Ausstattung gelangt man zu dem Ergebnis, dass ein Fernabsatzsystem vorliegt. Der mit der Einrichtung eines Internetshops betriebene sachliche Aufwand ist ausreichend, um von einem für den Fernabsatz organisierten Vertriebssystem auszugehen. Für das Vorliegen eines Fernabsatzsystems ist neben der erforderlichen Hardware der Einsatz von standardisierten E-Commerce-Softwareprogrammen ausreichend.[1051] Um Internetshops eröffnen zu können, werden zahlreiche vorgefertigte und entsprechend preisgünstige Standardsoftwareprogramme angeboten.[1052] Die Einrichtung eines Internetshops durch Installation der Software und einer entsprechenden Konfiguration stellt eine ausreichende sachliche Ausstattung dar, um von einem entsprechenden Vertriebssystem auszugehen.

Wer einen Internetshop einrichtet, eröffnet damit einen Vertriebskanal für den Fernabsatz. Deshalb wird man für die Fallgruppe der Bestellmöglichkeit über das Internet zu dem Ergebnis gelangen müssen, dass hier grundsätzlich immer von dem Vorliegen eines Fernabsatzsystems auszugehen ist. Hierfür spricht zum einen das Kriterium der Außendarstellung und zum anderen der organisatorische Aufwand der mit der Installation eines Internetshops betrieben wird. Im Bereich des Internets ist daher bei der Bereitstellung von Bestellmöglichkeiten von dem Vorliegen eines Fernabsatzsystems auszugehen.[1053]

Eine Ansicht will nach der sachlichen Ausstattung der Website differenzieren:[1054] So wird das Vorliegen eines Fernabsatzsystems für den Fall, dass der Unternehmer die Website nur mit bescheidenen Mitteln ausstattet und nicht in erheblichen Umfang bewirbt, verneint. Zur Begründung wird vorgetragen, dass es das Internet Unternehmen, die zuvor keinen Versandhandel betrieben haben, ermögliche, einen neuen Vertriebskanal zu testen.[1055] Anderes soll für Internet-Kaufhäuser und aufwendig eingerichtete Internet-Plattformen, die auf einen großen Umsatz abzielen, gelten.[1056] In diesen Fällen soll ein Fernabsatzsystem vorliegen.

Eine solche Differenzierung anhand des Kriteriums der Ausstattung der Website ist abzulehnen, da davon auszugehen ist, dass ein Fernabsatzsystem

---

[1050] Im Ergebnis übereinstimmend: *Riehm*, Jura 2000, 505 (509); *Gaertner/Gierschmann*, DB 2000, 1601.

[1051] Vgl. *Ende/Klein*, Grundzüge des Vertriebsrechts im Internet, 2001, S. 137.

[1052] *Ende/Klein*, a.a.O., S. 137 Fn. 1.

[1053] Ebenso *Härting*, CR 1999, 507 (508).

[1054] *Härting*, Fernabsatzgesetz, 2000, § 1 Rn. 85; *Meents*, CR 2000, 610 (611).

[1055] *Härting*, a.a.O..

[1056] *Härting*, a.a.O..

nicht notwendig einen erheblichen sachlichen Aufwand voraussetzt. Entscheidend ist vielmehr, dass sich der Unternehmer der Methode des Fernabsatzes bedient. Zwar geht die Gegenansicht zutreffend davon aus, dass die Mehrheit der kommerziellen Anbieter im Internet den Eindruck eines professionell organisierten Anbieters erwecken wollen, auch wenn es sich tatsächlich nur einen Gelegenheitsverkäufer handelt.[1057] Es ist auch zutreffend, dass gerade das Internet die Möglichkeit bietet, mit einfachen Mitteln den Anschein eines großen Unternehmens zu erwecken.[1058]

Der Schutzzweck des Fernabsatzrechts verbietet jedoch eine Differenzierung hinsichtlich der sachlichen Ausstattung. Denn gerade im Bereich des Internets, wo virtuelle Adressen angegeben werden, kann die Identifizierung und Lokalisierung des Vertragspartners schwer sein. Aus diesem Grund bestehen für den Verbraucher besondere Gefahren für die spätere Rechtsdurchsetzung. Hier stellt die Leistungserbringung gegen Vorauszahlung die Regel dar und aus diesem Grund besteht ein besonderes Schutzbedürfnis des Verbrauchers. Da im Bereich des Internets mit einfachen Mitteln eine auf den Vertriebsweg des Fernabsatzes ausgerichtete Absatzorganisation aufgebaut werden kann, tritt in diesem Bereich besonders der Schutz des Verbrauchers vor unseriösen Unternehmern neben dem auch hier gegebenen Schutzbedürfnis aufgrund des Informationsdefizits des Verbrauchers im Hinblick auf die Leistung des Unternehmers in den Vordergrund. Außerdem erfährt der Anwendungsbereich durch die Beschränkung in persönlicher Hinsicht auf Unternehmer eine ausreichende Begrenzung.

*bb. Einordnung von Zweifelsfällen*

Im Folgenden werden Fälle untersucht, bei denen Zweifel hinsichtlich einer Einordnung als Fernabsatzsystem bestehen.

*(1) Beratung über das Internet*

Ein solcher Fall ist die Beratung über das Internet, die exemplarisch an dem Beispiel der Rechtsberatung erörtert werden soll. Mit der Ausweitung der elektronischen Kommunikation wird es für Rechtsanwälte immer interessanter, Rechtsberatung auch im Internet anzubieten.[1059] Im Vordergrund steht dabei die Kommunikation über Website und E-Mail, diese Fernkommunikationsmittel werden zur Anbahnung und zur Durchführung von Beratungsverträgen einge-

---

[1057] Vgl. die insoweit zutreffende Analyse bei *Meents*, Verbraucherschutz bei Rechtsgeschäften im Internet, Dissertation Universität Münster, 1998, S. 185.

[1058] *Meents*, CR 2000, 610 (611).

[1059] Vgl. hierzu *Berger*, NJW 2001, 1530; *Baum/Trafkowski*, CR 2001, 459 (461). Es existieren Rechtsanwaltskanzleien, die ihre Leistungen ausschließlich im Internet anbieten, vgl. zu diesem Konzept *Ebbing*, in: *Hartung/Römermann (Hrsg.)*, Marketing- und Management-Handbuch für Rechtsanwälte, 1999, § 15.

setzt.[1060] Problematisch erscheinen in diesem Zusammenhang die Übertragungsrisiken des Internets und die hierdurch eingeschränkte Vertraulichkeit elektronisch versandter Nachrichten.

Ein Fernabsatzsystem liegt in diesen Fällen vor, wenn eine Gesamtbetrachtung zum Zeitpunkt des Vertragsschlusses ergibt, dass die gesamte Mandatsabwicklung von der ersten Kontaktaufnahme durch den Mandanten bis hin zu der Abrechnung des Honorars ohne persönlichen Kontakt erfolgen soll. So liegt in den Fällen, in denen eine Beratung über das Internet angeboten wird, regelmäßig ein Fernabsatzsystem vor.[1061]

Wenn der Mandant ein auf einer Website angebotenes Beratungsangebot wahrgenommen hat und insoweit von dem Vorliegen eines Fernabsatzsystems auszugehen ist, steht auch ein späterer persönlicher Kontakt zwischen Rechtsanwalt und Mandant der Annahme eines Fernabsatzsystems nicht mehr entgegen.[1062] Entscheidend für das Vorliegen eines Fernabsatzsystems ist allein die Tatsache, dass bei Vertragsschluss vereinbart wird, dass die Leistung über Distanz erbracht werden soll. Sofern nachträglich ein persönliches Beratungsgespräch erfolgt, führt dies nicht zur Aufhebung des Fernabsatzsystems.[1063]

In dem Fall, in dem die Website allein der Information dient und ein Beratungsvertrag nur bei einem Besuch in der Kanzlei abgeschlossen werden kann, liegt hingegen kein Fernabsatzsystem vor.[1064] Die Website dient dann nur als Werbeplattform. Es ist kein Fernabsatzsystem gegeben, da es aufgrund der Bearbeitung des Mandates im persönlichen Kundenkontakt an dem Distanzbezug fehlt.

*(2) Kombination von stationärem Geschäft und Bestellmöglichkeit über das Internet*

Fraglich ist, wie die Fälle zu behandeln sind, bei denen der stationäre Vertrieb mit einer Bestellmöglichkeit über das Internet verknüpft wird. So haben sich aufgrund der Tatsache, dass Bücher zunehmend über das Internet bestellt werden, viele Buchhändler dazu entschlossen, ihren Kunden die Bestellung von Büchern auf diese Weise zu ermöglichen. Die Infrastruktur wird hier oftmals von Großhändlern zur Verfügung gestellt, die einzelne Buchhandlung erhält

---

[1060] Vgl. *Berger*, NJW 2001, 1530; *Bürger*, NJW 2002, 465 (466).

[1061] Vgl. *Micklitz/Reich*, Die Fernabsatzrichtlinie im deutschen Recht, 1998, S. 7. Zu den in diesem Zusammenhang bestehenden berufrechtlichen Restriktionen vgl. *Ende/Klein*, Grundzüge des Vertriebsrechts im Internet, 2001, S. 36.

[1062] Vgl. *Baum/Trafkowski*, CR 2001, 459 (460), die zutreffend darauf hinweisen, dass dies auch dann gilt, wenn das bestehende Mandat mittels Fernkommunikationsmittel abgeändert oder erweitert wird.

[1063] Vgl. oben unter 2. Teil II. 4. c..

[1064] *Berger*, NJW 2001, 1530 (1532). Zur Werbung von Rechtsanwälten im Internet vgl. *Schneider*, MDR 2000, 133; *Steinbeck*, NJW 2003, 1481.

jedoch eine individuell gestaltete Website. Sofern dem Verbraucher die Ware zugesandt wird, liegt ein Fernabsatzsystem vor. Fraglich ist, ob etwas anderes gelten muss, wenn nach der Konzeption des Vertriebssystems die Bestellung mittels Fernkommunikationsmittel erfolgt, der Verbraucher die bestellte Ware jedoch nur im Geschäft abholen kann. Aber auch in dem Fall, in dem der Verbraucher die Distanz zu dem Unternehmer überwindet, muss von dem Vorliegen eines Fernabsatzsystems ausgegangen werden. Es kann nämlich keinen Unterschied machen, ob im Rahmen der Leistungserbringung der Verbraucher oder der Unternehmer die Distanz überwindet.[1065] Die Schutzbedürftigkeit des Verbrauchers besteht auch in dieser Konstellation im Hinblick auf das vermutete Informationsdefizit bei Vertragsschluss.

*5. Internetauktionen*

Eine spezielle Form des Electronic Commerce ist die Onlineauktion.[1066] Die Möglichkeit zu günstigen Einkäufen macht die Attraktivität von Onlineauktionen aus, so gehören Auktionsplattformen zu den am häufigsten frequentierten Websites im Internet.[1067] Die besondere Beliebtheit der Internetauktionen bei den Verbrauchern hat dazu geführt, dass nicht mehr ausschließlich Privatpersonen, sondern auch immer mehr Unternehmer ihre Waren oder Dienstleistungen über derartige Onlineauktionen anbieten.[1068] In der vergangenen Zeit sind verstärkt Unternehmen aufgetreten, die sich auf den Vertriebskanal der Onlineauktion spezialisiert haben. Die Onlineauktionshäuser haben auf diese Entwicklung reagiert und bieten besonders umsatzstarken Marktteilnehmern, sog. Powersellern, spezielle Serviceangebote an.[1069]

Für den Unternehmer besteht die Chance durch einen größeren Kundenkreis und ein wechselseitiges Überbieten der Interessenten für die von ihm angebotene Leistung einen höheren Preis zu erzielen als bei einem Vertragsschluss zu einem Festpreis.[1070] Das demgegenüber bestehende Risiko eines Verlustgeschäfts kann der Unternehmer in für ihn frei bestimmbaren Grenzen halten, indem er einen Mindestpreis festlegt und entsprechend hohe Bietschritte bestimmt.[1071] In diesem Zusammenhang ist zu berücksichtigen, dass das wirtschaftliche Risiko zumindest bei Auktionsplattformen mit einer großen Zahl

[1065] Vgl. oben unter 2. Teil II. 4. d..

[1066] Vgl. hierzu *Ende/Klein*, Grundzüge des Vertriebsrechts im Internet, 2001, S. 2, 15. Zu den Gründen für die Attraktivität von Internetauktionen vgl. *Roth/Schulze*, RIW 1999, 924 (926).

[1067] *Härting*, Internetrecht, 2. Aufl., 2005, Rn. 333.

[1068] Schätzungen gehen davon aus, dass ca. 10.000 Menschen ihren Lebensunterhalt durch den Handel über die Onlineauktionsplattform *eBay* bestreiten, vgl. *Teuber/Melber*, MDR 2004, 185.

[1069] Der Status als Powerseller ist neben dem Umsatz an ein positives Bewertungsprofil, das durch die übrigen Nutzer erstellt wird, geknüpft.

[1070] Vgl. *Obert*, ZUM 2001, 249; *Ulrici*, NJW 2001, 1112 (1113).

[1071] *Obert*, a.a.O..

von Teilnehmern überschaubar ist, denn der Marktmechanismus bietet aufgrund der großen Zahl der potentiellen Marktteilnehmer, der Zugänglichkeit und der Transparenz des Marktes Gewähr für die Bildung eines angemessenen Preises.[1072]

*a. Funktion der Internetauktion*

Bei der Onlineauktion wird den Nutzern von dem Auktionsunternehmen eine Plattform zur Versteigerung von Waren oder Dienstleistungen zur Verfügung gestellt.[1073] Das Auktionsunternehmen stellt den Nutzern zum einen die technischen Voraussetzungen und zum anderen den organisatorischen Rahmen der Online-Auktion zur Verfügung.[1074] In der Regel handelt es sich bei den im Internet durchgeführten Auktionen um Aufwärtsauktionen, bei denen die Nutzer während des von dem Anbieter gewählten Zeitraums Gebote abgeben können und der Vertrag mit dem Bieter zustande kommt, dessen Gebot nach Ablauf der Transaktion das höchste ist.

Der Anbieter gibt über eine Bildschirmmaske die Daten zu dem Auktionsgegenstand sowie die Konditionen des Kaufs ein.[1075] Der Auktionsgegenstand wird von dem Auktionsunternehmen auf der Website präsentiert und kann dort abgerufen werden. Der Bieter, der ein Gebot abgeben will, kann über eine weitere Bildschirmmaske ein höheres Angebot abgeben. Er wird regelmäßig per E-Mail über jede Änderung seines Gebotsstandes informiert. Der Bieter wird gegebenenfalls nach Ablauf der Auktion darüber in Kenntnis gesetzt, dass er das höchste Angebot abgegeben hat. Mit Beendigung der Auktion werden sowohl dem Anbieter als auch dem Ersteigerer die Daten des jeweils anderen zur gegenseitigen Kontaktaufnahme mitgeteilt. Die weitere Abwicklung wie Zahlung und Lieferung der Ware findet ausschließlich zwischen den beiden Mitgliedern statt. Die Vergütung des Auktionshauses liegt regelmäßig in einer Provision.[1076]

---

[1072] Vgl. hierzu *Rüfner*, JZ 2000, 715 (719) m.w.N..

[1073] Vgl. *Ende/Klein*, Grundzüge des Vertriebsrechts im Internet, 2001, S. 36; zu den unterschiedlichen Versteigerungsformen vgl. *Ernst*, in: *Spindler/Wiebe (Hrsg.)*, Internet-Auktionen und elektronische Marktplätze, 2. Aufl., 2005, Kap. 1.

[1074] Bei der Internetauktion handelt es sich nach der überwiegenden Ansicht nicht um Versteigerungen im Sinne des § 34b der Gewerbeordnung. Dies hätte andernfalls nämlich zur Folge, dass die Versteigerungen erlaubnispflichtig wären und keine Neuwaren versteigert werden dürften. Begründen lässt sich dies insbesondere damit, dass derartige Versteigerungen typischerweise mit Ablauf der vorgegebenen Zeit und nicht mit dem Zuschlag auf das Höchstgebot enden. Konsequenz ist, dass die Durchführung derartiger Versteigerungen keiner Erlaubnis bedarf und auch neuwertige Waren versteigert werden dürfen. Vgl. zur Anwendung gewerberechtlicher Vorschriften auf die Onlineauktion *Ernst*, in: *Spindler/Wiebe (Hrsg.)*, Internet-Auktionen und Elektronische Marktplätze, 2. Aufl., 2005, Kap. 2 m.w.N..

[1075] Vgl. *Ende/Klein*, Grundzüge des Vertriebsrechts im Internet, 2001, S. 37.

[1076] Vgl. *Ende/Klein*, a.a.O., S. 38.

*b. Festpreisformat*

Neben den typischen Auktionen bieten die Auktionsunternehmen zumeist auch eine sog. Sofortkaufoption an. Das klassische Auktionsformat wird in diesem Fall mit dem Festpreisformat kombiniert.[1077] Dabei bestimmt der Einsteller einen Preis, zu dem er - ohne weitere Versteigerung - bereit ist, den Vertrag abzuschließen. Die Auktion wird dann in dem Augenblick, in dem ein Nutzer dem Versteigerer das geforderte Entgelt anbietet, abgebrochen und es kommt ein Vertragsschluss zustande. Dieses Festpreisformat ist vergleichbar mit einer herkömmlichen Bestellmöglichkeit auf einer Website.[1078]

*c. Implementierung einer Marktordnung*

Die Rechtsbeziehungen zwischen dem Betreiber der Auktionsplattform und den einzelnen Nutzern wird als Benutzungsverhältnis, die Rechtsbeziehungen zwischen den an einer Transaktion beteiligten Nutzern wird als Marktverhältnis bezeichnet.[1079] Voraussetzung für das Funktionieren der Internetauktion ist stets, dass eine Marktordnung implementiert wird, die festlegt, auf welche Weise die Verträge geschlossen werden.[1080]

Eingeführt werden diese Regeln gewöhnlich in der Weise, dass sich die Marktteilnehmer bei dem Betreiber anmelden und dessen Allgemeine Geschäftsbedingungen mit der darin enthaltenen Marktordnung akzeptieren müssen, bevor sie auf dem Marktplatz handeln dürfen.[1081] Rechtlich handelt es sich dabei um den Abschluss eines Benutzungsvertrags, der jedoch nicht nur das Verhältnis der Marktteilnehmer zu dem Auktionsunternehmen regelt, sondern auch Bestimmungen über das Marktgeschehen selbst enthält, die für das Verhältnis der Marktteilnehmer maßgeblich sein sollen.[1082] Zumeist enthalten die Versteigerungsbedingungen weitere, über den bloßen Vertragsschluss hinausgehende Regelungen, etwa über die Vertragsabwicklung, Informations-, Gewährleistungs- und sonstigen Pflichten der Versteigerer.[1083]

*aa. Heranziehung als Auslegungsgrundlage*

Nach der zutreffenden Ansicht entfalten die von dem Betreiber gestellten Allgemeinen Geschäftsbedingungen keine unmittelbare Wirkung im Marktverhältnis, da diese von keinem Nutzer als Verwender in das Marktverhältnis im Sinne

---

[1077] Vgl. hierzu *Teuber/Melber*, MDR 2004, 185 (187).

[1078] Für diese Option besteht unstreitig ein Widerrufsrecht des Verbrauchers, der Ausschlusstatbestand des § 312d Abs. 4 Nr. 5 BGB findet keine Anwendung, da der Vertragsschluss außerhalb einer Versteigerung erfolgt.

[1079] Vgl. *Rüfner*, JZ 2001, 768; *ders.*, MMR 2000, 587 (598).

[1080] Vgl. hierzu *Burgard*, WM 2001, 2102; *Spindler*, ZIP 2001, 809.

[1081] Vgl. *Ende/Klein*, Grundzüge des Vertriebsrechts im Internet, 2001, S. 37.

[1082] *Burgard*, WM 2001, 2102 (2103); *Rüfner*, MMR 2000, 597.

[1083] *Burgard*, WM 2001, 2102; *Wiebe*, MMR 2001, 109 (110).

des § 305 BGB einbezogen werden.[1084] Sie können daher nur als Auslegungsgrundlage für die rechtlichen Handlungen der Nutzer herangezogen werden.[1085] Eine Inhaltskontrolle der Allgemeinen Geschäftsbedingungen muss daher bereits auf der Stufe der Einbeziehung durch das Auktionsunternehmen erfolgen.[1086] Nur sofern sie dieser Kontrolle genügen, dürfen sie im Verhältnis Einlieferer/Bieter berücksichtigt werden.

*bb. Gegenansicht: vorab geschlossener Rahmenvertrag*

Nach der Gegenansicht werden die Allgemeinen Geschäftsbedingungen über die Konstruktion eines vorab geschlossenen Rahmenvertrages nach § 305 Abs. 3 BGB in das Marktverhältnis einbezogen.[1087] Mit dem Abschluss des Benutzungsvertrags ist danach ein Angebot an alle anderen Nutzer verbunden, einen Rahmenvertrag über den zukünftigen Abschluss der Marktverträge zu schließen, das durch die anderen Nutzer, ebenfalls bei Registrierung, angenommen wird. Das Auktionsunternehmen fungiert gemäß § 164 Abs. 3 BGB als Empfangsvertreter aller Beteiligten.

Da auch nach dieser Ansicht die Teilnehmer nicht als Verwender anzusehen sind und daher eine direkte Kontrolle der Allgemeinen Geschäftsbedingungen ausscheidet, soll in Anlehnung an die Rechtsprechung zur Prüfung von typisierten Verträgen von Publikumsgesellschaften eine Inhaltskontrolle nach § 242 BGB erfolgen.[1088] Gegen eine entsprechende Anwendung dieser Grundsätze spricht jedoch, dass die Benutzungsverträge für die Onlineauktionsplattformen keine vergleichbare Komplexität aufweisen.

---

[1084] BGH, Urt. v. 07.11.2001 - VIII ZR 13/01, BGHZ 149, 129 (136) = NJW 2002, 363 (365); OLG Hamm, Urt. v. 14.12.2000 - 2 U 58/00, NJW 2001, 1142 (1143); *Grapentin*, GRUR 2001, 713 (714); *Ulrici*, NJW 2001, 1112.

[1085] BGH, Urt. v. 07.11.2001 - VIII ZR 13/01, BGHZ 149, 129 (135) = NJW 2002, 363 (364); OLG Hamm, Urt. v. 14.12.2000 - 2 U 58/00, NJW 2001, 1142 (1143); *Hartung/Hartmann*, MMR 2001, 278 (281); kritisch *Sester*, CR 2001, 98 (102); *Spindler*, ZIP 2001, 809 (811 f.). Die Frage, ob die Allgemeinen Geschäftsbedingungen der Auktionsunternehmen einer Inhaltskontrolle unterliegen, hat der Bundesgerichtshof offen gelassen, vgl. BGH, Urt. v. 07.11.2001 - VIII ZR 13/01, BGHZ 149, 129 (136 f.) = NJW 2002, 363 (365). In dem konkreten Fall war nämlich eine entsprechende Erklärung des Anbieters ausdrücklich in der Eingabemaske vorformuliert. Diese Erklärung erschien zwar nicht auf der Angebotsseite, wurde aber gegenüber dem Auktionshaus abgegeben, das als Empfangsvertreter für den Bieter fungierte.

[1086] *Ernst*, CR 2001, 121 (122); *Hartung/Hartmann*, MMR 2001, 278 (283); *Wenzel*, DB 2001, 2233; kritisch *Burgard*, WM 2001, 2102 (2106).

[1087] *Burgard*, WM 2001, 2102 (2105 f.); *Sester*, CR 2001, 98 (107); *Spindler*, ZIP 2001, 809 (812).

[1088] *Sester*, CR 2001, 98 (108); *Spindler*, ZIP 2001, 809 (816).

Sofern eine andere Ansicht den Benutzungsvertrag als Vertrag zu Gunsten Dritter einstufen will,[1089] ist dem entgegenzuhalten, dass die Allgemeinen Geschäftsbedingungen auch für den Nutzer nachteilige Bedingungen enthält und es sich daher insoweit um einen unzulässigen Vertrag zu Lasten Dritter handelte. Weiterhin wäre es dem Unternehmer nicht mehr möglich, seine eigenen Allgemeinen Geschäftsbedingungen in das Vertragsverhältnis einzubeziehen.[1090]

*d. Vertragsschluss im Rahmen der Internetauktion*

Der Vertragsschluss vollzieht sich bei Onlineauktionen nach den Grundsätzen der §§ 145 ff. BGB durch Angebot und Annahme der Willenserklärungen der Parteien.[1091] Die rechtlich relevante Handlung des Versteigerers ist das Einstellen einer Transaktion, die des Bieters die Abgabe eines Gebots.[1092] Die Marktordnungen der Onlineauktionsplattformen unterscheiden sich im Detail, es lassen sich jedoch zwei Grundmodelle in der rechtlichen Konstruktion des Vertragsschlusses feststellen. In dem ersten Modell erklärt der Anbieter bereits mit der Einrichtung seiner Auktion die Annahme des bei Ablauf der Auktion höchsten abgegebenen Angebots eines Bieters, der seinerseits auf den Zugang einer gesonderten Annahmeerklärung gemäß § 151 Satz 1 BGB verzichtet.[1093] Nach dem zweiten Modell unterbreitet der Anbieter mit dem Einstellen seines Artikels ein Vertragsangebot und bestimmt dabei eine Frist innerhalb derer das Angebot angenommen werden kann.[1094] Der Vertrag kommt dann mit dem Bieter zustande, der bei Fristablauf das höchste Gebot abgegeben hat.

Das Höchstgebot des Bieters stellt demnach entweder sein Vertragsangebot oder seine Annahmeerklärung dar. Im Ergebnis führen jedoch beide Modalitäten des Vertragsschlusses zu dem selben Ergebnis.[1095] Bei der Einordnung der Willenserklärung des Versteigerers ist jedoch zu berücksichtigen, dass er der den Vertragsschluss initiierende Nutzer ist und dass das kennzeichnende Merk-

---

[1089] ausführlich *Wiebe*, in: *Wiebe/Spindler (Hrsg.)*, Internet-Auktionen und Elektronische Marktplätze, 2. Aufl., 2005, Kap. 4 Rn. 134; *ders.*, MMR 2001, 109 (110).

[1090] Vgl. *Grapentin*, GRUR 2001, 713 (714).

[1091] BGH, Urt. v. 07.11.2001 - VIII ZR 13/01, BGHZ 149, 129 (133) = NJW 2002, 363 (364).

[1092] Nach Ansicht des LG Münster, Urt. v. 21.01.2000 - 4 O 429/99, JZ 2000, 730 (731) = MMR 2000, 280 (281 f.) soll das Einstellen der Transaktion durch den Einlieferer lediglich eine *invitatio ad offerendum* darstellen. In dem dort entschiedenen Fall hat das Gericht einen Vertragsschluss verneint.

[1093] LG Hof, Urt. v. 29.08.2003 - 22 S 28/03; *Hartung/Hartmann*, MMR 2001, 278 (279); *Ulrici*, JuS 2000, 947 (948).

[1094] Diesem Modell folgt der Bundesgerichtshof, vgl. BGH, Urt. v. 03.11.2004 - VIII ZR 375/03, NJW 2005, 53 (54); ebenso AG Menden, Urt. v. 10.11.2003 - 4 C 183/03, NJW 2004, 1329 = MMR 2004, 502.

[1095] Vgl. BGH, Urt. v. 07.11.2001 - VIII ZR 13/01, BGHZ 149, 129 (134) = NJW 2002, 363 (364); *Burgard*, WM 2001, 2102 (2104); *Hartung/Hartmann*, MMR 2001, 278 (282); *Obert*, ZUM 2001, 249.

mal des Angebots ist, dass es der Annahme zeitlich vorangeht.[1096] Daher entspricht die Willenserklärung des Verkäufers aus der Sicht eines objektiven Empfängers einem auf den Abschluss eines Vertrags gerichteten Antrag und nicht einer antizipierten Annahme des nach Ende der Transaktion im Höchstgebot des Bieters zu sehenden Antrags.

Gegen diese Annahme könnte eingewandt werden, dass zum Zeitpunkt der Einstellung der Transaktion noch nicht die *essentialia negotii* festgelegt sind, wenn man für das Vorliegen eines Angebots die inhaltliche Bestimmtheit dahingehend voraussetzt, dass die Annahme durch bloße Zustimmung erfolgen kann.[1097] Aus den Regelungen der §§ 315 ff. BGB, die eine Leistungsbestimmung nach Vertragsschluss ermöglichen, wird jedoch deutlich, dass die Gegenleistung bei Abgabe des Angebots nicht zwangsläufig bestimmt sein muss.

Die Abgabe des Gebots ist ebenfalls eine auf den Abschluss eines Vertrags gerichtete Willenserklärung. Der Versteigerer will jedoch nur dann an diese Willenserklärung gebunden sein, wenn sie auch bei Ablauf der von ihm vorgegebenen Laufzeit der Auktion das höchste Gebot ist. Die Abgabe des Gebots steht deshalb unter der aufschiebenden Bedingung im Sinne des § 158 Abs. 1 BGB, bis zum Ablauf der Auktion nicht von einem anderen Nutzer überboten zu werden. Das nach Ablauf der Auktion höchste abgegebene Gebot ist die Annahme des Antrags des Versteigerers, die dem Versteigerer über den Betreiber der Auktionsplattform als Empfangsvertreter gemäß § 164 Abs. 3 BGB unmittelbar zugegangen ist.

*e. Anwendbarkeit des Fernabsatzrechts*

Voraussetzung für die Anwendbarkeit des Fernabsatzrechts auf die Internetauktion ist, dass der persönliche Anwendungsbereich eröffnet ist, der Versteigerer folglich Unternehmer ist.[1098] Dies richtet sich nach den Voraussetzungen des § 14 Abs. 1 BGB, wonach eine natürliche oder juristische Person oder eine rechtsfähige Personengesellschaft als Unternehmer anzusehen ist, wenn sie bei Abschluss eines Rechtsgeschäfts in Ausübung ihrer gewerblichen oder selbständigen beruflichen Tätigkeit handelt.[1099] Die sog. Powerseller sind in der Regel als Unternehmer anzusehen, da dieser Status an ein hohes Handelsvolumen geknüpft ist.[1100]

---

[1096] Vgl. auch OLG Hamm, Urt. v. 14.12.2000 - 2 U 58/00, NJW 2001, 1142 (1143).

[1097] Vgl. zur Definition des Angebots *Brox*, Allgemeiner Teil des BGB, 28. Aufl., 2004, Rn. 166; *Larenz/Wolf*, Allgemeiner Teil des Bürgerlichen Rechts, 9. Aufl., 2004, § 29 Rn. 17.

[1098] Vgl. *Riehm*, Jura 2000, 505 (510).

[1099] Zur Einordnung als Unternehmer vgl. *Heinrichs*, in: Palandt, 65. Aufl., 2006, § 14 Rn. 2, wonach eine nebenberufliche Tätigkeit zur Bejahung der Unternehmereigenschaft ausreicht.

[1100] Vgl. OLG Frankfurt, Urt. v. 27.07.2004 - 6 W 80/04, NJW 2004, 3433; Urt. v. 22.12.2004 - 6 W 153/04, NJW 2005, 1438; LG Mainz, Urt. v. 06.07.2005 - 3 O 184/04, NJW 2006, 783; LG Radolfzell, Urt. v. 29.07.2004 - 3 C 553/03, NJW 2004, 3342; AG Bad *f. Anwendung des Ausnahmetatbestands des § 312d Abs. 4 Nr. 5 BGB*

Umstritten ist, ob für Verträge, die im Rahmen von Onlineauktionen abgeschlossenen werden, das Widerrufsrecht nach dem Fernabsatzrecht besteht. Diese Frage wird im Hinblick auf das Eingreifen des Ausschlusstatbestandes des § 312d Abs. 4 Nr. 5 BGB diskutiert, wonach ein Widerrufsrecht nicht bei Verträgen besteht, die in Form von Versteigerungen geschlossen werden.

*aa. kein Ausschluss des Widerrufsrechts*

Nach der zutreffenden Rechtsprechung des Bundesgerichtshofs und einem Teil des Schrifttums ist der Ausschlusstatbestand des § 312d Abs. 4 Nr. 5 BGB bei Onlineauktionen nicht einschlägig, so dass dem Verbraucher bei Vorliegen eines Fernabsatzvertrags ein Widerrufsrecht zusteht.[1101] Dies folgt zunächst aus der ausdrücklichen Bezugnahme des Wortlauts auf § 156 BGB und der auf die Art des Zustandekommens des Vertrags abstellende Formulierung „in der Form".[1102] Aus der systematischen Stellung der Vorschrift als Ausnahme von dem Grundsatz der Anwendbarkeit folgt eine restriktive Auslegung des Tatbestandes.[1103] Auch die historische Auslegung ergibt, dass der Gesetzgeber eine Anwendung der Ausnahmevorschrift auf die Onlineauktion nicht gewollt hat.[1104] Versteigerungen sollten nach der Regelung des Art. 3 Abs. 1 der allgemeinen Fernabsatzrichtlinie von dem Anwendungsbereich des Fernabsatzrechts ausgenommen werden.[1105] Der Gesetzgeber hat von der nach Art. 14 Satz 1 der allgemeinen Fernabsatzrichtlinie bestehenden Möglichkeit, strengere Bestimmungen zum Verbraucherschutz zu erlassen, Gebrauch gemacht.[1106] Er hat Versteigerungen in den Anwendungsbereich des Fernabsatzrechts einbezogen und nur für

---

Kissingen, Urt. v. 04.04.2005 - 21 C 185/04, NJW 2005, 2463; vgl. auch *Becker/Föhlisch*, NJW 2005, 3377; *Martis/Meinhof*, Verbraucherschutzrecht, 2. Aufl., 2005, 4. Teil B Rn. 15; *Teuber/Melber*, MDR 2004, 185 f.; a.A. LG Hof, Urt. v. 29.08.2003 - 22 S 28/03, CR 2003, 854, wonach allein aus der Tatsache, dass eine Person eine Vielzahl von Rechtsgeschäften über eine Auktionsplattform tätigt, noch nicht auf ihre Unternehmereigenschaft geschlossen werden könne.

[1101] BGH, Urt. v. 03.11.2004 - VIII ZR 375/03, NJW 2005, 53; LG Memmingen, Urt. v. 23.06.2004 - 1H O 1016/04, NJW 2004, 2389 (2390); LG Hof, Urt. v. 26.04.2002 - 22 S 10/02, MMR 2002, 760 = CR 2002, 844 = K&R 2002, 614; AG Kehl, Urt. v. 19.04.2002 - 4 C 716/01, NJW-RR 2003, 1060 (1061); AG Itzehoe, Urt. v. 18.05.2004 - 57 C 361/04, MMR 2004, 637; *Aigner/Hofmann*, Fernabsatzrecht im Internet, 2004, Rn. 110; *Grüneberg*, in: Palandt, 64. Aufl., 2005, § 312d Rn. 13; *Lorenz*, JuS 2000, 833 (840); *Martis/Meinhof*, Verbraucherschutzrecht, 2. Aufl., 2005, 4. Teil B Rn. 15; *Teuber/Melber*, MDR 2004, 187.

[1102] BGH, Urt. v. 03.11.2004 - VIII ZR 375/03, NJW 2005, 53 (54); AG Itzehoe, a.a.O..

[1103] BGH, a.a.O..

[1104] BGH, Urt. v. 03.11.2004 - VIII ZR 375/03, NJW 2005, 53 (55); AG Itzehoe, Urt. v. 18.05.2004 - 57 C 361/04, MMR 2004, 637.

[1105] Art. 3 Abs. 1 Spiegelstrich 5 FernAbsRL, ABl. EG Nr. L 144 v. 04.06.1997, S. 19 (21).

[1106] Art. 14 S. 1 FernAbsRL, ABl. EG Nr. L 144 v. 04.06.1997, S. 19 (24).

Versteigerungen im Sinne des § 156 BGB eine Ausnahme von dem Widerrufsrecht geschaffen. Diese gesetzestechnische Konstruktion erfolgte auf Vorschlag des Rechtsausschusses des Bundestags, der in seiner Begründung ausdrücklich ausführte, dass Internetversteigerungen nicht von dieser Ausnahme erfasst werden sollten.[1107]

Das Bestehen eines Widerrufsrechts des Verbrauchers folgt auch aus der teleologischen Auslegung der Vorschrift des § 312d Abs. 4 Nr. 5 BGB.[1108] Es drohte andernfalls eine Umgehung der Vorschriften des Fernabsatzrechts, das nach seinem Schutzzweck anwendbar ist.[1109] Zwar ist die Annahme eines Übereilungsschutzes bei Internetauktionen abzulehnen,[1110] da dem Verbraucher bei herkömmlichen Versteigerungen auch kein Widerrufsrecht zusteht. Das Schutzbedürfnis des Verbrauchers ergibt sich jedoch aus dem durch die Distanz begründeten Informationsdefizit.[1111] Durch das Widerrufsrecht soll dem Verbraucher die Augenscheinsnahme der Ware ermöglicht werden.[1112] Bei Internetauktionen ist zudem für den Verbraucher auch die Gefahr besonders groß, unseriösen Unternehmern aufzusitzen.[1113] Der Verbraucher, der einen Gegenstand im Rahmen einer Internetauktion von einem Unternehmer erwirbt, ist den gleichen Risiken ausgesetzt und in der gleichen Weise schutzwürdig wie bei anderen Vertriebsformen des Fernabsatzes.[1114] Lehnte man die Anwendung des Widerrufsrechtes auf im Rahmen von Onlineversteigerungen geschlossen Verträgen ab, könnten sich Unternehmer durch Vertragsschlüsse in diesem Verfahren den Vorschriften des Fernabsatzrechts entziehen.[1115]

*bb. Gegenansicht: Ausschluss des Widerrufsrechts*

Die Gegenansicht will dagegen die Regelung des § 312d Abs. 4 Nr. 5 BGB auch auf Onlineauktionen anwenden.[1116] Als Hauptargument wird auf die vermeint-

---

1107 Vgl. Beschlussempfehlung und Bericht des Rechtsausschusses, BT-Drs. 14/3195, S. 30.

1108 Vgl. BGH, Urt. v. 03.11.2004 - VIII ZR 375/03, NJW 2005, 53 (56).

1109 Vgl. *Heiderhoff*, MMR 2001, 640 (642). *Teuber/Melber*, MDR 2004, 185 weisen darauf hin, dass zahlreiche Händler in der Absicht, die Vorschriften des Fernabsatzrechts zu umgehen, auf Onlineauktionen auswichen.

1110 So aber *Heiderhoff*, MMR 2001, 640 (642 f.); *Hoffmann/Höpfner*, EWS 2003, 107 (110).

1111 Ebenso *Heiderhoff*, a.a.O..

1112 BGH, Urt. v. 03.11.2004 - VIII ZR 375/03, NJW 2005, 53 (56); LG Memmingen, Urt. v. 23.06.2004 - 1H O 1016/04, NJW 2004, 2389 (2390).

1113 Vgl. LG Memmingen, a.a.O..

1114 BGH, Urt. v. 03.11.2004 - VIII ZR 375/03, NJW 2005, 53 (56); LG Memmingen, Urt. v. 23.06.2004 - 1H O 1016/04, NJW 2004, 2389 (2390); AG Itzehoe, Urt. v. 18.05.2004 - 57 C 361/04, MMR 2004, 637; *Roth/Schulze*, RIW 1999, 924 (925 f., 933).

1115 Vgl. *Heiderhoff*, MMR 2001, 640 (642).

1116 AG Bad Hersfeld, Urt. v. 22.03.2004 - 10 C 153/04 (70), MMR 2004, 500 = CR 2004, 625; *Cichon*, Internet-Verträge, 2. Aufl., 2005, Rn. 882 m.w.N.; *Härting*, Internetrecht, liche Ähnlichkeit der Onlineauktion mit der Versteigerung im Sinne des § 156 BGB abgestellt. Es wird vertreten, dass die Benachrichtigung des Bieters durch das Auktionsunternehmen als automatisierter Zuschlag anzusehen sei.[1117] Diese Ansicht widerspricht jedoch dem Verständnis des Zuschlags als Willenserklärung, d.h. als einer auf die Herbeiführung eines rechtsgeschäftlichen Erfolgs gerichteten Äußerung einer Person.[1118] Der bloße Zeitablauf, mit dem die Auktion endet, ist keine Willenserklärung und kann eine Willenserklärung auch nicht ersetzen.[1119] Daneben fehlt es bei der Onlineauktion an der Rolle des treuhänderisch steuernden Auktionators und an dem für die Versteigerung typischen Ausbieten.[1120] In diesen Tatsachen liegen Abweichungen von dem Leitbild der Versteigerung, wie es sich aus § 156 BGB ergibt.

Eine andere Ansicht will den Ausschluss des Widerrufsrechts durch eine analoge Anwendung des § 312d Abs. 4 Nr. 5 BGB erreichen.[1121] Diesbezüglich fehlt es jedoch schon an einer Regelungslücke als Voraussetzung der Analogie, da der Gesetzgeber in Kenntnis der Funktion von Onlineauktionen den Ausnahmetatbestand auf Versteigerungen im Sinne des § 156 BGB beschränkt hat.[1122] Daneben spricht der Charakter der anzuwenden Norm als Ausnahmevorschrift gegen ihre Analogiefähigkeit.[1123]

*g. Internetauktion als Fernabsatzsystem*

Zusammenfassend lässt sich feststellen, dass die Onlineauktion ein typisches Fernabsatzgeschäft darstellt, das sich von herkömmlichen Verträgen des Electronic Commerce lediglich im Hinblick auf das Verfahren der Preisbildung unterscheidet. Die im Rahmen der Beurteilung von Websites mit Bestellmöglichkeit entwickelten Grundsätze lassen sich auch auf die Internetauktion übertragen.

*aa. Nutzung eines fremden Fernabsatzsystems*

Es kann dabei keinen Unterschied machen, ob die Infrastruktur von dem Unternehmer selbst oder - wie in diesem Fall - von einem Dritten, nämlich dem

---

2. Aufl., 2005, Rn. 585; *Wiebe*, in: *Spindler/Wiebe (Hrsg.)*, Internet-Auktionen und Elektronische Marktplätze, 2. Aufl., 2005, Kap. 4 Rn. 98 ff..

[1117] AG Bad Hersfeld, a.a.O.; *Wenzel*, DB 2001, 2233 (2238).

[1118] BGH, Urt. v. 07.11.2001 - VIII ZR 13/01, BGHZ 149, 129 (134) = NJW 2002, 363 (364); Urt. v. 03.11.2004 - VIII ZR 375/03, NJW 2005, 53 (54).

[1119] BGH, Urt. v. 03.11.2004 - VIII ZR 375/03, NJW 2005, 53 (54).

[1120] Vgl. *Sester*, CR 2001, 98 (104).

[1121] *Hoffmann/Höpfner*, EWS 2003, 107 (113 f.).

[1122] Vgl. Beschlussempfehlung und Bericht des Rechtsausschusses, BT-Drs. 14/3195, S. 30; BGH, Urt. v. 03.11.2004 - VIII ZR 375/03, NJW 2005, 53 (56); AG Kehl, Urt. v. 19.04.2002 - 4 C 716/01, NJW-RR 2003, 1060 (1061).

[1123] Vgl. BGH, Urt. v. 03.11.2004 - VIII ZR 375/03, NJW 2005, 53 (54).

Auktionsunternehmen, gestellt wird.[1124] In diesem Zusammenhang ist auch zu beachten, dass das Auktionsunternehmen nur den Rahmen der Auktion stellt. Das Unternehmen schafft mit entsprechender Software den tatsächlichen und durch die Festlegung der Versteigerungsbedingungen den rechtlichen Rahmen der Auktion. Daneben wird durch Marketingmaßnahmen dafür gesorgt, dass die Website von einer möglichst hohen Anzahl von potentiellen Bietern besucht wird, um die Funktion des Marktmechanismus zu gewährleisten. Mit der Zahl der Bieter steigt die Attraktivität der Auktionsplattform für die Versteigerer, da diese die Gewähr für die Bildung eines angemessenen Preises bildet. Sicherheitsprogramme und Garantieversprechen sollen bei dem Verbraucher das Vertrauen in den elektronischen Marktplatz steigern.

Der Unternehmer selbst muss jedoch den ihm überlassenen Raum ausfüllen. Er muss für die Darstellung der Ware oder die Beschreibung der Dienstleistung sorgen. Weiter muss er die Abwicklung des Vertrages besorgen, in diesem Bereich erfolgt keine Unterstützung durch das Auktionsunternehmen. Ausschlaggebend für die Einordnung derartiger Sachverhalte als Fernabsatzsystem ist der Umstand, dass sich der Unternehmer zu dem Vertrieb seiner Waren oder Dienstleistungen des hochgradig organisierten Vertriebssystems Onlineauktion bedient. Die Internetauktionen sind daher auch als Fernabsatzsysteme einzustufen.[1125]

*bb. Gegenansicht: Umfang der Nutzung maßgeblich*

Eine Ansicht will das Vorliegen eines Fernabsatzsystems bei Internetauktionen dann verneinen, wenn dieser Vertriebsweg von dem Unternehmer nicht regelmäßig sondern nur im Rahmen einer Sonderaktion genutzt wird.[1126] Gegen diese Ansicht spricht, dass nach dem Wortlaut des Gesetzes auf die Einrichtung des Unternehmens und seine Maßnahmen im Hinblick auf den Fernabsatz abzustellen ist. Das Fernabsatzrecht muss dem Wortlaut nach auch anwendbar sein, wenn der Unternehmer gerade erst in den Markt, den er mittels Fernabsatz bedienen will, eintritt und sich eines entsprechenden Fernabsatzsystems bedient. Das Unternehmen nutzt bereits mit der ersten Auktion das Fernabsatzsystem Internetauktion und eröffnet damit für den Fernabsatz einen Vertriebskanal. Weiterhin folgt dies aus dem Schutzzweck des Fernabsatzrechts, das Informationsdefizit des Verbrauchers zu kompensieren. Dieses Informationsdefizit besteht jedoch unabhängig von dem Umfang der Nutzung dieses Vertriebssystems durch den Unternehmer.[1127]

---

[1124] Vgl. *Teuber/Melber*, MDR 2004, 185 (187).
[1125] Im Ergebnis ebenso *Hoffmann/Höpfner*, EWS 2001, 107 (108); *Teuber/Melber*, a.a.O..
[1126] *Wiebe*, in: *Spindler/Wiebe (Hrsg.)*, Internet-Auktionen und elektronische Marktplätze, 2. Aufl., 2005, Kap. 4 Rn. 83.
[1127] Vgl. hierzu auch oben 2. Teil II. 5..

# Endergebnis

Gegenstand der Arbeit war es, den Begriff des „für den Fernabsatz organisierten Vertriebs- oder Dienstleistungssystems“ im Sinne des § 312b Absatz 1 Satz 1 Halbsatz 2 BGB zu untersuchen. Im Ergebnis haben sich die **folgenden Kriterien** als brauchbar erwiesen, um das Vorliegen eines Fernabsatzsystems zu beurteilen:

**1.** Als **Grundsatz** ist festzustellen, dass ein Fernabsatzsystem vorliegt, wenn aus **objektiven Gesichtspunkten** aus **Sicht des Verbrauchers** erkennbar ist, dass sich der Unternehmer **auf den Vertrieb im Fernabsatz eingerichtet** hat.

**2.** Es ist zu prüfen, ob der Unternehmer innerhalb seines Betriebes durch **organisatorische Vorkehrungen** einen eigenen Vertriebskanal für den Fernabsatz eingerichtet hat.

> **a.** Dies ist der Fall, wenn der Unternehmer in **sachlicher** und/oder **personeller Hinsicht Maßnahmen** getroffen hat, um Verträge im Wege des Distanzvertriebs abzuschließen und zu erfüllen. Im Hinblick auf den Schutzzweck des Fernabsatzrechts sind jedoch **keine hohen Anforderungen** an die Organisation des Fernabsatzsystems zu stellen.
>
> **b. Unerheblich** ist, ob der Unternehmer Einrichtungen oder **Leistungen fremder Unternehmen** nutzt oder sich überwiegend eines **fremden Fernabsatzsystems** bedient.

**3.** Neben dem Kriterium der sachlichen und personellen Ausstattung kann **alternativ** auf die **Außendarstellung** des Unternehmens abgestellt werden.

> **a.** Von dem Vorliegen eines Fernabsatzsystems ist dann auszugehen, wenn der Unternehmer den Verbraucher mittels Fernkommunikationsmittel dazu **auffordert**, im Wege der **Fernkommunikation Bestellungen vorzunehmen**.
>
> **b.** Ein Fernabsatzsystem liegt vor, wenn die **Initiative** zum Vertragsschluss von dem **Unternehmer** ausgeht.

**4.** Als **Einschränkung** ist zu fordern, dass sich die mittels Fernkommunikationsmitteln abgeschlossenen Verträge nach ihrem Gesamtbild und unter Berücksichtigung der **Leistungserbringung** als Distanzgeschäfte darstellen.

**a.** Ein Distanzgeschäft liegt nur vor, wenn bei Vertragsschluss vereinbart wird, dass die **Leistung über eine Distanz** erbracht werden soll.

**b.** Kommt es **nach Vertragsschluss** zu einer **Änderung** hinsichtlich der **Leistungserbringung**, lässt dieser Umstand das **Fernabsatzsystem nicht entfallen**.

**5.** Die von Ansichten in der Literatur vorgeschlagenen **Kriterien** des **Umsatzes** bzw. des **Marktanteils** in dem Bereich des Fernabsatzes oder die Motivation des Unternehmers sind zu der Beurteilung der Frage, ob ein Fernabsatzsystem vorliegt, **ungeeignet**.

Julia Andrzejewski

# Die Umsetzung der Fernabsatzrichtlinie in Deutschland und Polen

**Die Umsetzung der Richtlinie 1997/7/EG des Europäischen Parlaments und des Rates vom 20.05.1997 über den Verbraucherschutz bei Vertragsabschlüssen im Fernabsatz in Deutschland und Polen**

Frankfurt am Main, Berlin, Bern, Bruxelles, New York, Oxford, Wien, 2008.
128 S., zahlr. Tab.
Pforzheimer wirtschaftsrechtliche Studien.
Herausgegeben von Rainer Gildeggen und Andreas Willburger. Bd. 2
ISBN 978-3-631-56946-7 · br. € 27.50*

Die Fernabsatzrichtlinie reguliert u.a. Verträge, die ohne direkten Kontakt zwischen Unternehmern und Verbrauchern geschlossen werden. Da sie nur ein Mindestschutzniveau regelt und die einzelnen Mitgliedsstaaten der EU strengere Vorschriften erlassen dürfen, ergeben sich in den jeweiligen Umsetzungen Unterschiede. Mit diesem Buch soll ein Überblick über die deutsche und polnische Umsetzung der Fernabsatzrichtlinie gewährt werden. In diesem Zusammenhang wird auch die Umsetzung eines Teils der E-Commerce-Richtlinie in den beiden Ländern erläutert und verglichen, da sich aus diesen Regelungen zusätzliche Pflichten eines Unternehmers beim Abschluss von Fernabsatzverträgen ergeben können.

*Aus dem Inhalt*: Inhalt der Fernabsatzrichtlinie · Die Umsetzung der Fernabsatzrichtlinie in Deutschland und in Polen · Die Umsetzung des Abschnitt 3 der E-Commerce-Richtlinie in Deutschland und in Polen · Gegenüberstellung und Vergleich der deutschen und der polnischen Umsetzung

FSC
www.fsc.org
MIX
Papier | Fördert
gute Waldnutzung
FSC® C083411

Kolibri 360 GmbH
Ferdinand-Jühlke-Straße 7
99095 Erfurt, Deutschland
produktsicherheit@kolibri360.de

Druck:
CPI Druckdienstleistungen GmbH
im Auftrag der
Kolibri 360 GmbH
Ferdinand-Jühlke-Str. 7
99095 Erfurt